DIE AXT

ULI BOROWKA
VOLLE PULLE

ULI BOROWKA
VOLLE PULLE
Mein Doppelleben als Fußballprofi und Alkoholiker

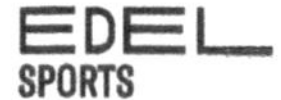

INHALT

Menschen, die sich nicht zu ihrer Vergangenheit bekennen mögen, mogeln sich durch die Gegenwart.

Reinhold Ruthe

VORWORT
Jupp Heynckes

Für einen Trainer in den achtziger Jahren war das Alltag. Dass mehr oder weniger bekannte Gesichter auf dem Vereinsgelände auftauchten, einen zur Seite nahmen und einem zuraunten: »Ich hab da ein echtes Talent für dich. Schau ihn dir doch mal im Training an.« So war es auch 1980, als mich nach dem Training ein Bekannter von einem jungen Kerl namens Uli Borowka ansprach und um ein Probetraining bat. Ich willigte ein und lernte Uli kennen. Ein Kraftpaket, das beim ersten Schusstraining die Bälle über den Fangzaun jagte, aber sonst doch eher ungeschliffen wirkte. Einige Tage lang schaute ich mir den Jungen an, dann sagte ich ihm: »Nun kannst du auch hier bleiben!« Uli hatte etwas, das mich nachhaltig beeindruckte. Es war weniger Talent als vielmehr eine unglaubliche Portion Willensstärke, Ehrgeiz und Disziplin. Uli sollte mich in den folgenden Jahren nicht enttäuschen. Schon im ersten Trainingslager war er einfach nicht kleinzukriegen. Ich habe wenige Fußballer in meiner Karriere gesehen, die so hart und unerbittlich arbeiten konnten wie Uli Borowka. Gleichzeitig blieb er immer der freundliche und nette Junge aus Hemer, der stets den Schalk im Nacken hatte.

Er entwickelte sich zum Prototyp eines Fußballers, der fehlendes Talent mit Fleiß und Ehrgeiz ausgleicht und damit Erfolg hat. Ein Kämpfer, ein Arbeiter. Aber auch jemand, der die Brüche des Lebens erfahren musste. Schon als junger Fußballer musste er aufpassen, durch den plötzlichen Ruhm nicht den Boden unter den Füßen zu verlieren. Wie viele andere vor und nach ihm war er empfänglich für die Vorzüge des Lebens als prominenter Fußballer. Doch letztlich hat er sich auch dagegen erfolgreich gewehrt. Nach meinem Wechsel 1987 zum FC Bayern verloren wir uns aus den Augen, Uli ging zu Werder Bremen, wurde Nationalspieler, Deutscher Meister und Europapokalsieger. Ich habe mich stets aus der Ferne für seine so erfolgreiche Karriere gefreut. Als ihn die Alkoholabhängigkeit fast komplett aus der Bahn geworfen hätte, arbeitete ich gerade als Trainer in Spanien und Portugal. Erst nach seiner erfolgreichen Therapie erfuhr ich von seinem Kampf gegen die Sucht. Typisch Uli: So mutig und unerschrocken wie er auf dem Fußballplatz seinen Gegenspielern gegenübertrat, hat er auch den Kampf gegen die Abhängigkeit aufgenommen. Dass er diesen Kampf bis heute erfolgreich bestreitet, spricht für Ulis Charakter und einen Willen, der sprichwörtlich Berge versetzen kann.

Ulis Biografie ist auch ein Beispiel dafür, dass es im Leben vor allem darauf ankommt, nie aufzugeben, nie zu resignieren, den Kampf immer anzunehmen. Egal wie übermächtig der Gegner auch wirkt. Ich habe in meinem Leben viele Menschen kennengelernt, die auf halber Strecke aufgegeben haben. Uli gehört nicht dazu. Er war ein Nobody, der sich ganz nach oben gearbeitet hat, abgestürzt ist und sich doch wieder aufgerappelt hat. Ein feiner Kerl. Ich denke zurück an 1980 und unsere erste Begegnung auf den Trainingsplätzen von Borussia Mönchengladbach. Und daran, dass ich damals eine gute Entscheidung getroffen habe.

EINLEITUNG
Alex Raack

Wir trafen uns das erste Mal im Frühjahr 2011. Für ein Interview in der 11FREUNDE-Reihe »Der Fußball, mein Leben und ich« hatte mein Kollege Dirk Gieselmann ein Treffen in einer Kneipe in Berlin-Friedrichshain vereinbart. In einer Kneipe. Mit Uli Borowka. Ich wusste nicht, was ich davon halten sollte. Die typischen Vorurteile und Unsicherheiten im Umgang mit Alkoholikern. Was ich von Uli Borowka hielt, das wusste ich. Als Fan von Werder Bremen war mir der »Eisenfuß« natürlich ein Begriff. Ein kantiger Verteidiger, der lieber die einfache Grätsche wählte als einen komplizierten Doppelpass. Der den Gegenspielern Angst machte und damit seinen Fans das sichere Gefühl gab, den Härtesten der Harten auf ihrer Seite zu haben. Der Fan in mir wollte genau das hören: Die Kloppergeschichten, die legendären Zweikämpfe mit den Urviechern der achtziger und neunziger Jahre, Heldengeschichten, die nach Schweiß und ein bisschen Blut schmecken. Der Journalist wollte das natürlich auch, aber vor allem den trockenen Alkoholiker kennenlernen, der davon berichtet, wie man sich in der Nacht dem Suff hingeben und am anderen Morgen ein Bundesligaspiel bestreiten kann. Normalerweise sprechen Fußballer nicht über solche Sachen.

Nach dem etwa 90-minütigen Interview waren mein Kollege und ich wie erschlagen. Uns war sofort klar: das eben war kein normales Interview. Keine Aneinanderreihung von nostalgischen Erinnerungen, sondern die Biografie eines Mannes, der so viel Dreck gefressen hat, dass andere wohl dran erstickt wären, und der heute trotzdem mit sich im Reinen ist. So etwas hatte ich noch nie bei einem Gesprächspartner erlebt. Ausgerechnet der brutal coole Haudegen der achtziger Jahre, der vielleicht größte »Bad Boy« der Bundesliga, hatte für uns die Hosen runtergelassen. Ohne sich dabei in Klagen über die Ungerechtigkeit des Lebens zu ergehen oder sich auf peinliche Art und Weise selbst zu geißeln. Auf eine beeindruckend eindringliche Art hatte es Uli Borowka geschafft, uns seine Geschichte nahezubringen.

Die Resonanz auf das Interview war überwältigend. Nicht nur für uns, sondern auch für Uli und seine Frau Claudia. Wildfremde Menschen bedankten sich für die offenen Worte. Viele von ihnen hatten selbst mit der Sucht zu kämpfen. Alkoholismus, das wurde durch dieses Interview mal wieder deutlich, ist das große gesellschaftliche Tabuthema unserer Zeit. Und die Menschen sind dankbar, wenn mal jemand den Mund aufmacht, von seinem eigenen Versagen, aber auch dem erfolgreichen Kampf gegen den Alkohol berichtet – und damit all denen Mut macht, die Mut brauchen.

Deshalb bin ich stolz darauf, dass Ulis Frau Claudia, die ihren Mann von diesem Buch schließlich überzeugte, mir im Spätsommer 2011 den Auftrag gab, Ulis Biografie zu schreiben. Viele Stunden sprachen wir über die Stationen seines Lebens, dass ich sie letztlich in der Ich-Form zu Papier gebracht habe, ist der stilistischen Auswahl geschuldet. Es ist die Geschichte von Uli Borowka, Fußballer und Alkoholiker, aber es ist auch eine Geschichte von Aufstieg, Erfolgen, Abstieg, Niederlagen – und letztlich Zuversicht. Denn das ist Uli: Fleischgewordene Zuversicht und Hoffnung darauf, dass das Leben nicht zwangsläufig beendet sein muss, selbst wenn man das eigene Leben mit Vollgas gegen die Wand gefahren hat.

ANPFIFF

März 1996. Vor vier Jahren war ich auf dem Gipfel. Damals in Lissa-bon. 2:0 mit Werder Bremen im Finale des Europapokals der Pokalsieger gegen den AS Monaco. Europapokalsieger. Was für ein schönes Wort. Dieter Eilts schor mir eine Glatze, ich sah aus wie eine Bowlingkugel. Eine Bowlingkugel, die gerade den Europapokal gewonnen hatte! Werder und Monaco. Lissabon. Allofs und Rufer. Rehhagel betritt deutschen Boden. Die Fans. Der Jubel. Der Ruhm. Das Gefühl, einer der besten Fußballer der Welt zu sein. Der Eisenfuß. Die Axt. Ein Held. Meine Fresse, ist das lange her.

Jetzt sitze ich auf einer dreckigen Matratze in meinem leeren Wohnzimmer in meiner leeren Villa. Voll bin nur ich und das nicht zu knapp. Habe einen Kasten Bier und vier Flaschen Wein gesoffen. Oder waren es nur zwei Flaschen? Drei? Fünf? Scheißegal. Vor vier Jahren stand an dieser Stelle noch ein teures Designersofa. Als ich nach Hause kam, saß dort meine Frau mit meinen beiden Kindern und wartete auf mich. Ich erzählte ihnen eine Gute-Nacht-Geschichte aus dem Stadion des Lichts in Lissabon. Zwei wunderbare Kinder, eine bildhübsche Frau. Eine 250-Quadratmeter-Villa im noblen Bremer Stadtteil Oberneuland. Drei Autos vor der Tür. Stammspieler bei Werder Bremen. Der meist gefürchtete Abwehrspieler der Bundesliga. Europapokalsieger. Ich hatte alles.

Jetzt sind sie alle weg. Meine Frau ist mit unseren beiden Kindern zu ihren Eltern geflohen. Weil ich sie sturzbetrunken im Streit mit dem Kopf gegen die Wand geschlagen habe. Sie wird nicht mehr zurückkommen. Bei Werder Bremen haben sie mich rausgeschmissen. Sie sagen, ich habe ein Alkoholproblem. Ich bin 33 Jahre alt, die Knie tun weh, meine Karriere ist im Eimer. Die Autos vor der Tür habe ich verkauft. Vergangene Woche habe ich ein Umzugsunternehmen angerufen. Die Möbel, die Klamotten, die Fotos an den Wänden, Tische, Schränke, Stühle, Teller, Tassen, Gläser, Pokale, Medaillen und Urkunden, alles ist weg. Ich habe den Möbelpackern die neue Adresse von meiner Frau und von meinen Eltern in die Hände gedrückt. Weg, bloß weg mit dem ganzen Zeugs. Der Makler war schon hier, die Villa wird verkauft. Nur noch ich bin da. Ich, die Matratze, ein Kühlraum voller Alkohol und die Hausapotheke.

Ich besaufe mich, das kann ich gut. Erstaunlich, wie viel ein Mensch verträgt, bis er den Verstand verliert.

Da! Ein Schrei! Der kam von oben, aus den Kinderzimmern! Mein Sohn Tomek ist fünf Jahre alt und hatte früher immer so schlimme Ohrenschmerzen. Jetzt schreit er wieder. Nach mir, seinem Papa!

Ich renne die Stufen nach oben, stürze über den Flur und öffne die Tür zu Tomeks Zimmer. Aber da ist nichts. Ich höre den Schrei, ganz klar und deutlich, aber das Zimmer ist leer. Tomeks Kinderbettchen, seine Spielsachen, das bunte Poster an der Wand, nichts ist mehr da. Ich höre meinen Sohn schreien, aber er ist gar nicht hier. Die Einsamkeit frisst sich durch meine Eingeweide, ich schließe die Augen. Das Schreien verstummt.

Zurück auf der Matratze. Ich öffne die nächste Flasche Wein. Leere sie, öffne die nächste. Versuche, die Einsamkeit, die Leere, die Angst und die Trauer zu ertränken. Aber heute klappt das nicht. Heute nicht. Heute muss ich zu drastischeren Maßnahmen greifen.

Ich gehe ins Badezimmer und hole den Karton mit den Tabletten.

Schmerztabletten, Schlaftabletten, der ganze Karton ist voll damit. In der Küche steht noch ein letztes großes Glas. Tabletten und Glas stelle ich vor meine Matratze. Mir ist da eben ein Gedanke gekommen. Was, wenn ich morgen nicht mehr aufwache? Würde mich jemand vermissen? Braucht mich noch jemand? Brauche ich mich noch? Wäre es nicht besser, der ganzen Scheiße ein Ende zu bereiten? Sich hier und jetzt zu verabschieden? Was hindert mich daran?

Ich schütte die Tabletten ins Glas. Eine Handbreit Schmerzmittel und Schlaftabletten vermengt mit Rotwein und Bier. Minutenlang sitze ich da und starre auf den selbstgemachten Cocktail. Oder sind es Stunden? Jetzt. Ich nehme das Glas und leere es in einem Zug.

Mein Name ist Uli Borowka und ich werde mir jetzt das Leben nehmen.

TRÄUME AUF ROTER ASCHE

Kindheit und Jugend im Sauerland

»Ulrich, spiel doch endlich Fußball!« Das musste mein Vater Ernst sein. Er stand hinter der Bande, wild gestikulierend. Selbstvergessen hockte ich auf dem Boden und formte behutsam Türmchen aus der roten Asche. Für mich war das hier ein herrlicher und riesengroßer Spielplatz. Erst die Worte meines Vaters rüttelten mich auf. Das hier war kein Sandkasten, sondern mein allererstes Fußballspiel. Auch wenn ich nur auf Probe für die ruhmreiche SG Hemer 08 antrat: Ich ließ die Türmchen Türmchen sein und stellte mich dem Angriff der gegnerischen Mannschaft entgegen. Jetzt würde ich meinem Vater zeigen, was für ein großartiger Fußballer ich doch war! KLATSCH! Vom Fuß meines Gegenspielers prallte der Ball direkt in mein Gesicht. Meine Wangen, meine Nase, meine Lippen, alles brannte wie Feuer. Wie reagierte ich als fünfjähriger Debütant? Lächelte ich den Schmerz einfach weg und fegte den Schuldigen bei nächster Gelegenheit über die Seitenlinie? Von wegen. Ich fing an zu heulen. Die Tränen kullerten mir nur so über die Wangen, hilfesuchend schaute ich zur Seitenlinie. Da standen sie: Meine Eltern Ernst und Erika. Meine kleine Schwester Astrid, meine Großeltern. Meine Familie. Und jetzt stand ich hier und jaulte wie ein Schlosshund. Meine Mutter wäre am

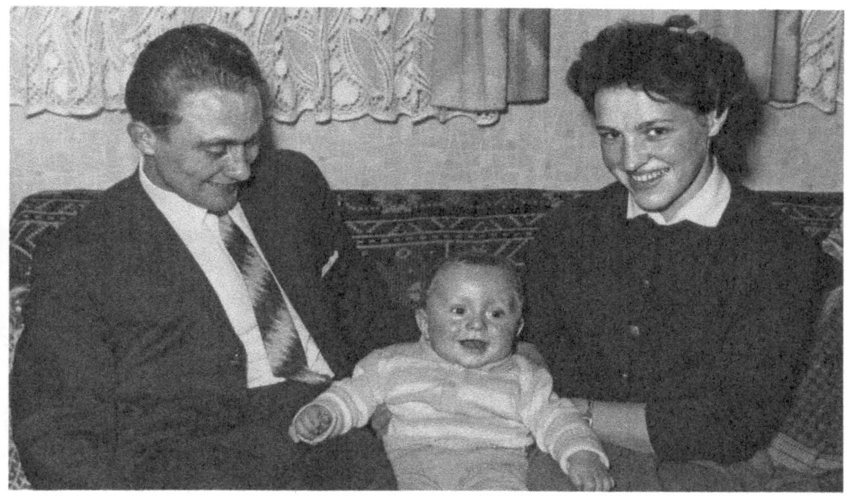

Mein Vater Ernst, der Neuzugang Uli und meine Mutter Erika.

liebsten auf den Platz gerannt, um mich in den Arm zu nehmen. Mein Vater aber sah mich nur an. Ganz ruhig, so wie es seine Art war. Er sagte kein Wort, aber ich wusste auch so, was er mir mitteilen wollte: Stell dich nicht so an! Und jetzt spiel endlich Fußball …

Ich bin am 19. Mai 1962 in Menden, einer kleinen Stadt im Sauerland, geboren. Meine Mutter, eine gebürtige Oberschlesierin, war 1956 nach Becke-Oese gekommen und hatte dort meinen Vater, einen gelernten Armaturenschleifer, kennen- und lieben gelernt. 1964 kam meine Schwester Astrid zur Welt. Mit zwei Kindern im Gepäck wagten meine Eltern dann den großen Schritt in die Selbstständigkeit – und eröffneten im Sommer 1970 die Vereinsgaststätte »Zum Hillebach« vom FC Oese 49. Die Gaststätte wurde unser Lebensmittelpunkt und unser Zuhause, schließlich wohnten wir direkt über der Kneipe. Lediglich der Bach und eine kleine Brücke trennten unser Grundstück vom Sportplatz.

In den frühen siebziger Jahren war der kleine Ascheplatz der Mittelpunkt des örtlichen sozialen Lebens. Und wer in Oese zum Fuß-

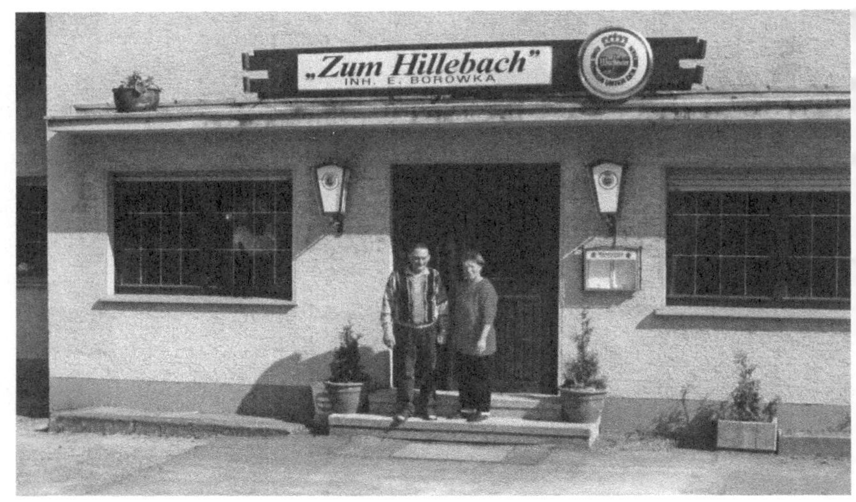

Der Anlaufpunkt der gesamten Familie: Die Gaststätte »Zum Hillebach« ganz in der Nähe des örtlichen Ascheplatzes. Davor meine Eltern. © Uli Borowka privat

ball ging, der schaute auch bei Ernst und Erika Borowka auf ein paar selbst gemachte Frikadellen oder ein Glas Bier vorbei. Arbeit ist das halbe Leben, heißt es. Für meine Eltern gab es nichts anderes. Um sechs Uhr morgens wurde die Gaststätte geputzt, dann eingekauft und das Essen zubereitet. Mittags kamen die ersten Gäste und bestellten ihr Schnitzel, abends schauten die Dorfkicker auf ein Feierabendpils vorbei. Ohne fremde Hilfe, nur zu zweit, hielten meine Eltern den Laden am Laufen. Die Gaststätte war ihr Leben.

Für mich war es das Paradies! Da war der große Saal für die Festlichkeiten. Der Besprechungsraum mit dem Billardtisch, in dem die Trainer mit ihren Spielern vor jeder Partie noch einmal die Aufstellung durchgingen. Der Garten mit den Schirmen und Tischen und dem gleich dahinter verlaufenden Hillebach, der unserer Gaststätte ihren Namen gegeben hatte. Oder der Keller mit dem Tischkicker, in dem es immer ein wenig nach Zigaretten und Bier müffelte. Jahrelang ließ ich hier den kleinen Ball zwischen den Holzfiguren rotieren, bis ich irgendwann so gut war, dass ich bei den Deutschen Meisterschaften teilnahm (und dort am Ende immerhin den neunten Platz belegte). Und natürlich der Ascheplatz, spätestens seit meinen ersten Erfahrungen als Fußballer Dreh- und Angelpunkt meines jungen Lebens.

Wenn ich heute an diese Jahre denke, dann schmeckt die Luft nach Mutterns Frikadellen. Ich sehe meinen Vater hinter dem Tresen, wie er das schäumende Bier aus dem Hahn in die Gläser sprudeln lässt. Ich sehe meine Großeltern, wie sie die Hühner füttern. Ich höre die Schlacke unter meinen Schuhen knirschen und den Motor unseres VW-Käfers mit den Doppelfenstern aufheulen. Und ich denke daran, wie ich mit meinen Kumpels hinter unserem Haus lauerte, bis der Platzwart fort war, damit wir wieder auf das Feld stürmen konnten. Schöne Jahre.

Die Rollenverteilung bei uns zu Hause erschloss sich erst auf den zweiten Blick: Mein Vater war die meiste Zeit sehr ausgeglichen, ein entspannter, in sich ruhender Typ. Natürlich trank er als Gastwirt auch mal eine Runde mit seinen Gästen. Wenn der Andrang am Tresen gerade nicht so groß war, knobelte er mit den Stammkunden um die Wette. Der Verlierer musste die Runden bezahlen, da kamen dann schon einmal mehrere Gläser Bier zusammen. Nur selten verlor mein Vater die Fassung, doch wenn das passierte, konnte er sehr böse werden. Meistens blieben die Streitereien jedoch ohne Folgen, weil meine Mutter die Gefahr roch und das Problem auf ihre Weise löste. »Ernst«, sagte sie immer, »geh doch mal in die Küche und iss einen Happen.« Wenn mein Vater verschwunden war, regelte meine Mutter die Angelegenheit. Sie hatte alles im Griff und war die gute Seele unserer Familie. Hatte ich etwas ausgefressen, dann ging ich selbstverständlich zu ihr. Von meinem Vater brauchte ich kein Mitleid zu erwarten. Das war noch später so, als ich in meinem ersten Trainingslager für Borussia Mönchengladbach vor lauter Schmerzen nachts nicht schlafen konnte und mit zitternden Muskeln in mein Kissen weinte. Wenn ich dann zu Hause anrief, hoffte ich stets, dass meine Mutter den Apparat abheben würde. Mein Vater hätte nur gesagt: Hör auf zu jammern

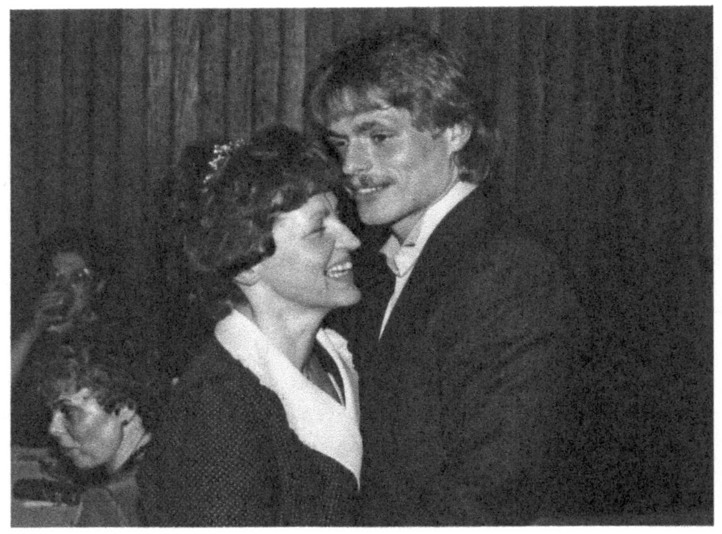

Silberhochzeit von Ernst und Erika. Natürlich im Klammerblues: der Sohnemann. © Uli Borowka privat

und beiß dich durch. Harte Schale, weicher Kern, so war Ernst Borowka. Nur einmal habe ich als Kind meinen Vater weinen sehen. 1972 lag meine Mutter, der von Geburt an ein Gerinnungsstoff im Blut fehlt, nach einer schweren Unterleibsoperation im Krankenhaus. Fast wäre sie gestorben. Gemeinsam mit meinem Vater und meiner Schwester saß ich bei uns in Oese auf dem elterlichen Bett und betete für meine Mutter. Meinem alten Herrn, unserem starken Beschützer, rollten die Tränen über das Gesicht. Für mich als zehnjährigen Jungen war das schlimmer als jede väterliche Ohrfeige.

Ich glaube, ich war ein relativ anständiges Kind. Auch wenn ich Katastrophen anzog wie ein Magnet Eisensplitter. Im örtlichen Krankenhaus in Hemer war ich Stammgast. Mit vier Jahren fiel ich vom Kletterturm im Kindergarten und biss mir bei der Landung fast die Zunge ab. Mit Lederriemen schnallten mich die Ärzte an Beinen, Armen und Kopf fest und nähten mir die Zungenspitze wieder an. Ohne Betäubung. Einige Jahre später wollte ich meinen Großvater, der mit meiner Oma bei uns im Hinterhaus wohnte, mit einer freihändigen

Fahrt auf dem Fahrrad beeindrucken, stürzte drei Meter tief in den Hillebach und riss mir die Hand auf. Und als ich – wie auch immer – meinen Fahrradschlüssel heruntergeschluckt hatte, mussten mich die Krankenschwestern mit Sauerkraut füttern, damit der Schlüssel auf natürliche Weise wieder ans Tageslicht gelangte.

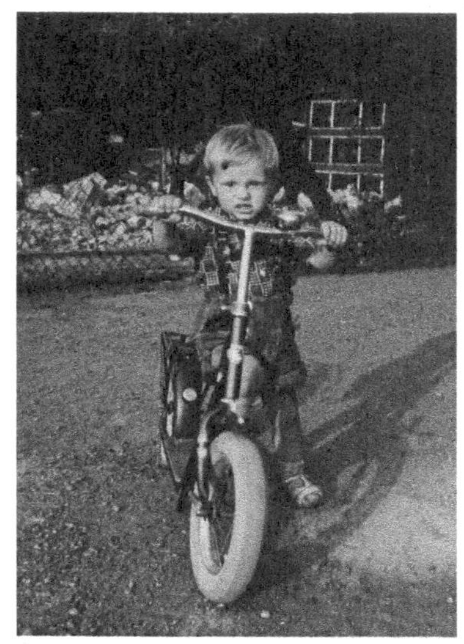

Breitreifen, lackierte Felgen, ein Fahrer mit dem richtigen Biss: Mein Roller, Mitte der Sechziger das Fortbewegungsmittel Nummer eins für alle unter zwölf.

Ähnlich unangenehme Erinnerungen habe ich auch an meine Grundschulzeit. Weil sich ein Mädchen aus meiner Klasse bei einem Sturz gegen die Wand eine Gehirnerschütterung zugezogen hatte – ich hatte ihr zuvor den Stuhl gemopst – wurde ich ins Rektorzimmer beordert. Dort wartete auch schon Rektor Strothköter. Mit einem Rohrstock prügelte er auf meine kurze Lederhose ein, bis ihm der Arm müde wurde. Heulend schlug ich zu Hause auf, Mitleid erwartend. Meine Eltern sagten nur: »Dann weißt du ja, was du in Zukunft nicht mehr tun darfst.« Das saß! Ein weiteres Beispiel der elterlichen Erziehungsmethoden erfuhr ich Jahre später als 14-jähriger Teenager. Mit meinem Kumpel Wolfgang Hain hatte ich die glorreiche Idee, die erste Zigarette unseres Lebens heimlich in der Kartoffelmiete hinter unserem Haus zu rauchen. Also hockten wir beide eines Nachmittags in diesem eineinhalb Meter in der Erde eingelassenen Vorratsspeicher und schmauchten ganz cool ein paar Kippen. Schon bald zogen die ersten Rauchschwaden aus der Miete, was wiederum meinen Opa alarmierte. Panisch brüllte er durchs Haus: »Die Miete brennt!« Mit einem Eimer Wasser rannte mein Vater in den Garten, doch ein kurzer Blick genügte ihm, um zu wissen, was da wirklich zwischen Kartoffeln und Kohlköpfen vor sich ging. »Wenn ihr beiden Halbstarken unbedingt rauchen wollt, dann habe ich was für euch«, sagte er und schleifte uns in die Gaststätte. Er fischte eine riesige Dannemann-Zigarre aus der Schublade, steckte sie an und schob uns den Kolben zwischen die Zähne. »Schön ein- und wieder ausatmen«, hörten wir seine Stimme zwischen dem beißenden Qualm. Es dauerte nicht lange, bis Wolfgang und ich zu den Toiletten stürmten und das Mittagessen in die Keramik verabschiedeten. Es hat Jahre gedauert, bis ich mich wieder an die nächste Zigarette herangewagt habe.

Ich habe bereits von meinem Vater erzählt. Man musste ihn schon sehr hartnäckig triezen, damit er die Fassung verlor. Umso absurder, was sich abspielte, wenn dieser Mann dann auf dem Fußballplatz stand. Im gesamten Kreis Iserlohn war Ernst Borowka vom FC Oese 49 als harter Hund gefürchtet. Ein knüppelharter Zweikämpfer, der die regionalen Ascheplätze so zuverlässig umpflügte wie die Bauern ihre Kartoffeläcker. Wenn wir ihm am Wochenende bei seinen 90-minütigen Ausbrüchen zuschauten, dann gab es regelmäßig Rangeleien mit den Meckerrentnern der gegnerischen Mannschaft und wüste Auseinandersetzungen mit den bedauernswerten Schiedsrichtern. Und wenn er dann mal gegen den Ball statt gegen den Gegner trat, tat er das meistens mit der Pike. Noch heute sehe ich diesen etwas klein gewachsenen Wüterich, wie er Gift und Galle speiend über den Platz stiefelte. Es war wie bei Dr. Jekyll und Mr. Hyde. Auf dem Fußballplatz wurde mein Vater zu einem anderen Menschen. Jahre später sollte ich erkennen, wie ähnlich wir uns doch waren.

Denn auch wenn meine Karriere auf so unrühmliche Art begonnen hatte – bald gab es nichts anderes mehr in meinem Leben als Fußball. Trotz Türmchenbaus: Mit fünf Jahren begann ich meine Laufbahn bei der SG Hemer 08, spielte dort drei Jahre und wurde nach dem Umzug nach Oese Mitglied beim FC 49. Zugegeben, sonderlich talentiert war ich nicht. Aber ich liebte dieses Spiel mit jeder Faser meines Körpers und spulte in jedem Spiel wie ein Verrückter einen Kilometer nach dem anderen ab. Die Leistungen des kleinen Derwischs aus Oese blieben nicht unbemerkt. Gleich mehrfach wurde ich für die Kreisauswahl Iserlohn nominiert, und weil ich auch dort wie ein Wahnsinniger die Ascheplätze rauf und runter rannte, erhielt ich im Frühjahr 1974, gerade einmal elf Jahre alt, eine Einladung zur Westfalenauswahl. Tagelang schwebte ich auf Wolke sieben durch die Schule, dann war der große Tag endlich gekommen. Am 16. April 1974 brachte mich mein Vater in die Sportschule Kaiserau, wo sich der zusammengewürfelte Haufen talentierter Nachwuchskicker aus ganz Westfalen auf die ersten Auswahlspiele vorbereiten sollte.

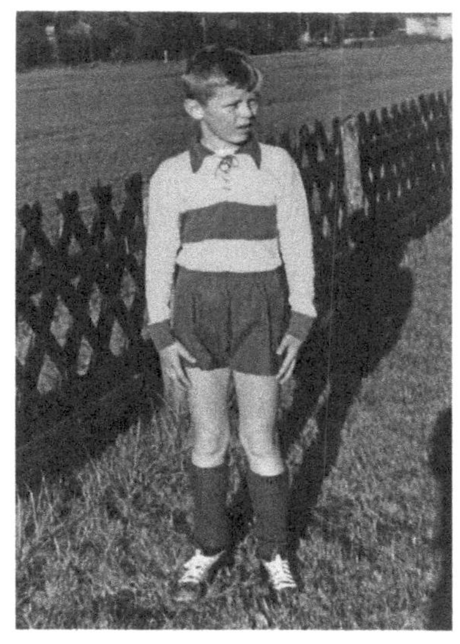

Das Trikot ordentlich in der Hose: Meine ersten fußballerischen Gehversuche für die SG Hemer 08. © Uli Borowka privat

Kaiserau, für mich damals der schönste Ort der Welt! Nicht nur dass man mich in die Westfalenauswahl berufen hatte – zeitgleich bereitete sich hier auch die deutsche Nationalmannschaft auf ein Testspiel gegen die Ungarn vor. Mein Idol Rainer Bonhof, Franz Beckenbauer, Gerd Müller, die Gladbacher Torwartikone Wolfgang Kleff, alle waren sie da. Meine Helden trainierten auf den gleichen Plätzen wie ich! Ich war mir sicher, mit elf Jahren bereits auf dem Höhepunkt meiner Karriere angekommen zu sein. Einen Tag nach unserer Ankunft in Kaiserau, am 17. April 1974, durften wir uns sogar den großartigen 5:0-Sieg im Dortmunder Westfalenstadion anschauen, der Verband hatte uns Freikarten besorgt. Nicht einmal drei Monate später wurde diese Mannschaft Weltmeister. Wenn mir einer in diesen Tagen gesagt hätte, dass ich nur wenige Jahre später gemeinsam mit Wolfgang Kleff das Zimmer bei Auswärtsspielen mit Borussia Mönchengladbach teilen und beim Abschiedsspiel von Rainer Bonhof mit auflaufen würde, ich hätte ihn ganz sicher für geisteskrank erklärt.

Wie schnell und brutal das Fußballgeschäft sein kann, musste ich dann einen Tag nach dem Länderspiel von Dortmund erfahren. Nach der letzten Übungseinheit rief mich unser Auswahltrainer zu sich. »Borowka«, sagte er, »du bist zu klein und schmächtig für unsere Mannschaft. Pack deine Sachen und ruf deine Eltern an, sie sollen dich abholen.« Eben noch drängelte ich mich auf ein Foto mit meinem Idol Rainer Bonhof, glaubte auf dem Höhepunkt meiner noch jungen Karriere angekommen zu sein, und jetzt dieser Nackenschlag. Die Worte meines Trainers brannten wie Peitschenhiebe. Mein Vater musste mich aus Kaiserau abholen. Heimlich verdrückte ich auf dem Beifahrersitz ein paar Tränchen.

Ein Rückschlag, aber bald hatte ich die Schmach von Kaiserau vergessen. Ich schlug mich relativ durchwachsen durch meine Schulzeit, die großen Erfolge feierte ich weiter auf dem Fußballplatz. Nicht ohne Folgen. Ich war 13, als ich das erste Transferangebot meines Lebens erhielt. Herr Eckmann, der erfolgreichste Stahlhändler der Region, war ein Fußballverrückter, der sich in den Kopf gesetzt hatte, den nahen SSV Kalthof mit semiprofessionellen Strukturen auszustatten. Dafür brauchte es Geld und das hatte Stahlhändler Eckmann, dessen Söhne ebenfalls beim SSV spielten, mehr als genug. Die Kalthofer wollten mich unbedingt haben! Lange Rede, kurzer Sinn: Ich verließ den FC Oese, um fortan beim SSV Kalthof in einer wesentlich höheren Liga zu kicken. Ein ganz normaler Vereinswechsel. Würde man denken. Nicht so im Mikrokosmos Oese. »Dreckige Spelunkenwirte« war noch eine der harmloseren Beleidigungen, die sich meine Eltern in der Folgezeit gefallen lassen mussten. Einige Teams boykottierten gar unsere Gaststätte und verlagerten ihre Besprechungen und Mannschaftsabende in die Umkleidekabinen. Und das alles, weil der Sohn der Gastwirte den Verein gewechselt hatte! Meine Eltern trugen diese lächerlichen Reaktionen einiger Sturköpfe mit Fassung. Viele Jahre später, als ich längst ein bekannter Bundesligaspieler in Diensten von Borussia Mönchengladbach geworden war, tauchten die gleichen Personen wieder in unserer Kneipe auf und baten dreist um Freikarten für den Bökelberg. Wir haben nie darüber sprechen können, aber ich weiß, dass mein Vater in diesem Moment einen stillen Triumph feierte, der zumindest teilweise all die Jahre der Anfeindungen vergessen ließ.

Ich wurde älter, kam in die Pubertät und nicht nur auf dem Kopf wuchsen die Haare nun, wie sie wollten. Um Mädchen und Partys machte ich häufig einen großen Bogen, denn längst war der Fußball zu meiner Religion geworden, und die galt es nun einmal zu befolgen. Eine Freundin? Konnte ich mir nicht leisten. Erst mit 17 lernte ich Simone aus der Nachbarstadt Iserlohn kennen und musste einsehen, dass jedes Zirkeltraining ein Klacks gegen die Schwierigkeit ist, eine Frau erfolgreich zu beeindrucken. Aber damals? Nicht eine Trainingseinheit wollte ich versäumen, und welches Mädchen hätte es schon verstanden, wenn ich, statt mit ihr ins Kino zu gehen, zum Waldlauf verschwunden wäre? Ich himmelte nicht die Schulschönheiten, sondern mein Idol Rainer Bonhof an. Der hatte einen Schuss wie ein Pferd und konnte rennen wie ein Marathonläufer. Schusskraft und Kondition, viel mehr hatte ich als Fußballer, ehrlich gesagt, auch nicht in die Waagschale zu werfen. Fast alle meine Mitspieler waren talentierter und konnten geschickter mit dem Ball umgehen. Aber wenn am Wochenende der Trainer die Aufstellung verlaß, wessen Name stand dann auf der Tafel? Auf meiner angestammten Position im linken Angriff sorgte ich zwar nicht für technische Kabinettstückchen, bereitete aber regelmäßig Tore vor, schoss selber welche und grätschte nebenbei so zuverlässig über den Platz, dass die Gegenspieler schnell die Lust an weiteren Zweikämpfen verloren.

1977, das Jahr der großen Veränderungen. In der Firma Maschinen- und Apparatebau Seuthe begann ich meine Ausbildung zum Maschinenschlosser. Gleich nach der Hauptschule hatte ich mich hier mit 15 Jahren erfolgreich auf eine Lehrstelle beworben. Dass man mich überhaupt genommen hatte, war schlichtweg ein Wunder. In meinen Lieblingsklamotten, einer kurzen von meiner Oma bereits mehrfach geflickten Jeanshose und einem kunterbunten T-Shirt, war ich zum

Bewerbungsgespräch gestiefelt. Meine Mutter schlug die Hände über dem Kopf zusammen, als ich ihr davon erzählte, aber die Argumente gingen ihr schnell aus: Ich hatte den Job! Knapp 300 DM brutto Monatslohn und eine solide Ausbildung – meine Eltern waren stolz wie Bolle. Und ich kaufte mir vom ersten Gehalt erst einmal einen Wimpel von Borussia Dortmund. Drei Jahre marschierte ich im Blaumann zur Maloche, immer den heißen Atem unseres Ausbilders Lothar Köhring im Nacken. Einmal drohte er mir wutschnaubend mit einer Dreikantfeile, die Klinge löste sich bei seinem Gefuchtel vom Holzgriff und stach mir ins Schienbein. Ein stichhaltiger Beweis dafür, dass Lehrjahre Ende der Siebziger nun wirklich keine Herrenjahre waren. Trotz Ausbilder Köhring und seiner Dreikantfeile – die Jahre als Lehrling sind mir auch durchaus in positiver Erinnerung geblieben. Dass ich eines Tages mein Geld mit Fußballspielen verdienen würde, daran verschwendete ich damals noch keinen Gedanken. Also lernte ich schweißen, schmieden, feilen, bohren und stanzen, eben all das, was ein anständiger Maschinenschlosser in den siebziger Jahren an Grundlagen benötigte. Die ersten drei Monate verbrachte ich gemeinsam mit anderen Lehrlingen in der Lehrwerkstatt Hemer. Jede Mittagspause nutzten wir, um im nahen Park ein zünftiges Fußballspiel auszutragen, natürlich komplett im Blaumann und den schweren Sicherheitsschuhen. Verschwitzt und verdreckt standen wir anschließend wieder an der Werkbank.

Gleich neben der Lehrwerkstatt dampften die Schornsteine der Schokokuss-Firma »Dickmann«. Wann immer es möglich war, deckten wir uns hier mit Waffelbruch aus der überschüssigen Produktion ein. Vielleicht hatten ihm die vielen Schokoküsse etwas den Kopf verdreht, auf jeden Fall überraschte uns eines Tages einer unserer Kollegen mit einer fragwürdigen Wette: »100 DM wenn ich es schaffe, an einem Tag 100 Schokoküsse zu verdrücken!« Vier gegen einen, das hieß im schlimmsten Fall 25 DM pro Person, immerhin ein Zwölftel unseres monatlichen Bruttolohns! Wir schlugen ein, die Wette konnte der gute Mann nicht gewinnen. Besser gesagt: Die Wette durfte er nicht

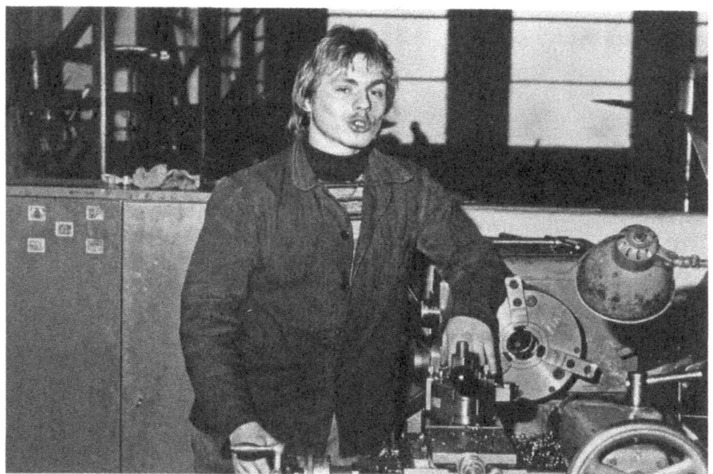

Ein Schnappschuss aus meiner Zeit als Maschinenschlosserlehrling. Kenner werden sehen: Ich habe gerade Pause, die Drehbank ist leer. © Uli Borowka privat

gewinnen. Den ganzen Tag lang ließen wir ihn nicht aus den Augen, denn der Wettgewinn war an eine Bedingung geknüpft: Wer kotzt, verliert! Doch obwohl wir ihn selbst bis auf die Toilette verfolgten, hatte er bis zur Raucherpause um halb drei bereits 90 Stück verputzt. Es war ganz offensichtlich, dass er auch die letzten zehn Dinger schaffen würde. Wir mussten uns etwas einfallen lassen. In Schokokuss 95 steckten wir einen dicken fetten Regenwurm. Unser Kollege biss herzhaft rein, sah den halben Wurm im Eiweißschaum – und kotzte sich die Seele aus dem Leib. Die Wette hatte er damit verloren …

Es blieb nicht bei diesem einen Lehrlingsstreich. In Erinnerung ist mir noch ein Experiment, bei dem wir beinahe die Werkhalle abgefackelt hätten. »Hab ich im Fernsehen gesehen«, lautete das Startsignal eines Kollegen. Wir also den Schwefel von Streichhölzern abgekratzt, in ein kleines Metallröhrchen gestopft und mit einem konischen Metallstift versehen. Kaum waren die Meister in der Mittagspause verschwunden, spannten wir unsere kleine Bombe in der Werkbank ein und hauten mit dem Hammer auf das Gehäuse. BUMMM! Ein fürchterlicher Knall hallte durch die Halle, eine Stichflamme zischte nach oben und katapultierte den Metallstift durch das nigelnagelneue Aluminiumdach zehn Meter über unseren Köpfen. Erst Wochen später erfuhren die Meister die Ursache für den Knall, der ihre Mittagspause so abrupt beendet hatte.

Parallel zur Ausbildung mit Schweißgerät und Blaumann feilte ich natürlich weiter an meiner Karriere als Fußballspieler. Statt Schokoküsse verteilte ich Pferdeküsse, statt wilde Werkbank-Experimente auszutesten, malochte ich im Training und in den Punktspielen. Im letzten A-Jugend-Jahr wechselte ich von Kalthof zum DSC Wanne-Eickel in die Westfalenliga, damals die höchste Spielklasse der Region. Mein Kumpel Peter Potthoff, der ein Jahr vorher von Kalthoff Richtung Wanne-Eickel gewechselt war, hatte mich beim DSC empfohlen. Hatte der Fußball zuvor schon sehr viel Zeit in meinem Leben eingenommen, dominierte er nun alles. Von acht bis 16 Uhr stand ich jeden Tag im Blaumann an der Werkbank, dreimal die Woche fuhren Peter und ich eine Stunde zum Training und wieder zurück. Wenn ich dann um 23 Uhr im Bett lag, war ich meistens fix und fertig. Beim DSC rückte ich von der linken offensiven Außenbahn ins defensive Mittelfeld. Als defensiver Zweikampfspezialist war es meine Aufgabe, die gegnerischen Spielmacher an die Kette zu legen. Was ich, bei aller Bescheidenheit, ganz ordentlich tat. Wenn auch nicht immer mit fairen Mitteln. Nicht selten schoss ich über das Ziel hinaus. Wie mein Vater auf dem Oeser Ascheplatz war ich bald als harter Hund berühmtberüchtigt. Waren es die Gene, die dafür sorgten, dass ich im Schlagerspiel gegen die A-Jugend von Schalke 04 nach nicht einmal zehn Minuten den gegnerischen Wunderknaben im Mittelfeld, einen gewissen Wolfram Wuttke, so heftig über den Haufen grätschte, dass er mit dem Krankenwagen vom Platz gefahren werden musste? Eher nicht. Meine Gegner von einst werden das bestreiten, aber sehr häufig kam ich einfach zu spät. Nicht selten habe ich dafür die Zeche bezahlt. So war es zumindest auf dem kleinen Nebenplatz der alten Schalker

Glückaufkampfbahn, als mich nach dem Spiel wütende Rentner mit Regenschirmen und Krückstöcken bis in die Kabine verfolgten.

1980, das Jahr der großen Veränderungen. Die Lehre hatte ich erfolgreich absolviert, den Führerschein für Motorrad und PKW in der Tasche. Was mir jetzt zu meinem Glück noch fehlte, war ein Vertrag als Fußballprofi, und wenn nicht das, dann doch wenigstens ein Vertrag als Amateur. In all den Jahren hatte ich keinen Gedanken an eine Zukunft als Fußballprofi verschwendet. Denn: Waren nicht all die anderen Jungs die weitaus besseren Kicker? Die größeren Talente? Aber jetzt, da ich so weit gekommen war, sollte es noch nicht zu Ende sein. Ich war ein Junkie, der seinen Stoff brauchte: Fußball! Schließlich versprach mir der DSC Wanne-Eickel das zu geben, was ich so dringend benötigte. 1978 hatte die erste Mannschaft den Aufstieg in die damals noch zweigleisige Zweite Bundesliga geschafft, im Frühjahr 1980 bot man mir einen Vertrag für die kommende Saison an. Stolz wie ein Spanier rannte ich zu Hause in Oese meinen Kumpels die Bude ein und protzte mit meiner rosigen Zukunft als Profi beim DSC. Ein schwerer Fehler. Nur wenige Tage später wurde bekannt, dass der von Mäzen Robert Heitkamp geführte Club die vom DFB neu eingerichtete eingleisige Zweite Bundesliga doch nicht würde finanzieren können. Vor meinen Augen zerbrach das zarte Gebilde Fußball-Zukunft in tausend Scherben. Der DSC Wanne-Eickel verabschiedete sich in die Oberliga und meinen Vertrag konnte ich in die Tonne treten. Der Spott meiner Freunde brannte wie Feuer, wenigstens meine Familie hatte Mitleid mit mir. Meine Eltern wussten genau, wie viel mir diese Chance als Zweitligaprofi bedeutet hatte. Ich lag auf meinem Zimmer und starrte an die Decke. Unten, in der Gaststätte, jaulte Bernd Clüvers »Der Junge mit der Mundharmonika« aus den Boxen unserer »Rock Ola«-Jukebox. »Da war ein Traum, der so alt ist wie die Welt …«

Mein Traum, da war ich mir in diesem Moment sicher, war unwiderruflich zerstört. Was hatte all die Plackerei auf dem Trainingsplatz jetzt noch für einen Sinn? Sollte ich mit dem Fußball aufhören? Vielleicht war es besser so.

FACHKLINIK FREDEBURG
Therapie- und Rehabilitationszentrum
für Abhängigkeitserkrankungen

Name: Borowka, Uli
Datum: 14. März 2000

TAGESBERICHT
Heute ist mein erster Tag im Therapiebereich der Suchtklinik Fredeburg. Eine von vielen Aufgaben, die mir meine Therapeuten gestellt haben, ist ein täglicher schriftlicher Bericht über meine Erlebnisse des Tages, quasi eine Art Tagebuch. So etwas habe ich noch nie zuvor in meinem Leben gemacht. Mal sehen, ob das alles so funktioniert. Vielleicht ist es am besten, wenn ich einfach loslege.

Gefreut hat mich, dass das Namensschild heute Morgen weg war. Jetzt wusste ich, dass es nach oben geht. Dann holte mich auch schon mein Pate ab (jeder Patient bekommt hier am Anfang einen »erfahrenen« Mitpatienten als Paten) und es ging nach oben. Der erste Tag im geschlossenen Therapiebereich. Ich war sehr gespannt, wie sich der erste Tag entwickelt. Bei der ersten Gesprächsrunde war ich doch etwas nervös. Dann kam die Vorstellung, danach ein ganz heikles Thema. Es ging um den Rückfall. Was ich da zu hören bekam, machte mich doch sehr nachdenklich. Zu guter Letzt bekam ich sogar etwas Angst, nachdem ich gehört habe, wie es vielen Gleichgesinnten ergangen ist.

15. März 2000
In der Suchtgruppe wurden zwei Suchtberichte vorgestellt. Unterschiedlicher konnten die zwei Berichte nicht ausfallen. Anschließend konnte ich mich noch mal in meiner Gruppe 32 vorstellen. Es gab Fragen zu meiner Person, die ich auch gerne beantwortete. Nach dem Essen begann die Visite, an der ich nur 25 Minuten teilgenommen habe. Schade, denn es fing gerade an, interessant zu werden. Später ging ich zur Stunde bei Frau Kir-

mes. Das Gespräch war super. Das heißt, ich konnte endlich mal mit jemandem reden, der zuhört und der mich versteht. Ich habe gemerkt, dass ich mich Frau Kirmes anvertrauen kann, weil mich endlich jemand so behandelt, dass ich keine Angst haben muss, frei zu reden. Emotional hatte ich schon feuchte Augen.

IN DER ABSTELLKAMMER

Die ersten Schritte bei Borussia Mönchengladbach

Der Alltag schmeckte wie altes Papier. Tagelang lag ich einfach auf meinem Bett und starrte an die Decke. Morgens musste ich mich regelrecht aus dem Haus quälen, um zur Maloche zu gehen. Der Traum vom Fußballprofi war ausgeträumt, jedenfalls für mich. Meine Zukunft würde ich nun an der Werkbank ausfechten dürfen. Knapp 14 Tage waren seit der vernichtenden Information aus Wanne-Eickel vergangen, langsam aber sicher hatte ich mich mit der neuen Situation abgefunden, da klingelte das Telefon. Ich nahm ab. »Busch hier, grüß dich Uli!« Bernd Busch, ein Mitarbeiter vom Finanzamt, fußballverrückt, ich hatte ihn während meiner Zeit beim SSV Kalthof mal kennengelernt.

»Gute Neuigkeiten, Uli. Ich kann dir ein Probetraining bei Borussia Mönchengladbach besorgen. Ich habe zufällig die Nummer vom Jupp Heynckes, kenne den auch ein bisschen. Das dürfte also kein Problem sein!«

Na klar, dachte ich mir. Noch so ein Irrer mit angeblich autobahndicken Verbindungen in die Fußball-Szene. Aber was hatte ich schon zu verlieren?

»Herr Busch, das klingt super. Machen sie mal.«

Ich hatte eigentlich fest damit gerechnet, nie wieder von Bernd Busch zu hören, doch dann klingelte zwei Wochen nach unserem ersten Gespräch tatsächlich wieder das Telefon.

»Busch hier. Uli, nächste Woche fahren wir beide zum Probetraining nach Mönchengladbach!«

Ich war viel zu perplex, um mich anständig zu bedanken, sagte nur: »Dann fahren wir da mal hin«, legte auf und konnte es nicht fassen. Noch vor wenigen Wochen schien die große weite Fußball-Welt für mich unerreichbar, jetzt sollte ich bei einem der besten Clubs der Bundesliga vorspielen. Mir wurde richtig schwindelig. Als ich mich wieder etwas beruhigt hatte, jagte ich los und klatschte meinen Kumpels die sagenhafte Neuigkeit um die Ohren. Hatte ich auf neidische Blicke oder Jubelstürme gehofft, wurde ich bitter enttäuscht.

»Na klar. Und nächste Woche unterschreibst du bei den Bayern!«

Hohn und Spott kübelten sie über mir aus. Dass ich tatsächlich zum Probetraining am Bökelberg eingeladen worden war, wollte mir niemand glauben.

Und ehrlich gesagt: Ich selbst glaubte bis zur letzten Sekunde, dass Herr Busch den Mund einfach zu voll genommen hatte und wir spätestens von der Gladbacher Empfangsdame wieder nach Hause geschickt werden würden. Aber nein, man erwartete uns tatsächlich. Steif wie ein Brett stand ich im Eingangsbereich, sah die Profis mit ihren glänzenden Wagen vorfahren, die Trainingstaschen lässig geschultert. Wolf Werner, damals Co-Trainer von Jupp Heynckes, begrüßte mich und führte mich in den Kabinentrakt. In einem kleinen Kabuff, in dem die Putzfrauen Wischlappen und Eimer lagerten, durfte ich mich umziehen. Durch die halb geöffnete Tür sah ich die Helden zu ihren angestammten Plätzen schlurfen. Lothar Matthäus, Wilfried Hannes, Hans-Günther Bruns. Weltstars für einen Frischling wie mich! Und ganz hinten, in der Abstellkammer, saß ich. 17 Jahre alt, lange Haare, Milchgesicht. Ein Niemand neben Besen und Kehrblech.

Fast ehrfürchtig zog ich mir die vom Verein bereitgestellten Trainingsklamotten über, schnürte die Schuhe und stellte mich mit den Profis von Borussia Mönchengladbach in einen kleinen Bus, der uns zum Trainingsgelände fuhr. Noch immer hatte niemand auch nur ein Wort mit mir gewechselt. Für die etablierten Fußballer schien ich nur Luft zu sein. Endlich erreichten wir den Trainingsplatz. Cheftrainer Jupp Heynckes begrüßte mich kurz und knapp und kündigte dann die Trainingsform des Tages an: »Schusstraining.«

Schusstraining! Wenn ich etwas konnte, dann ja schießen wie ein Ackergaul. Hoffnungsvoll drückte ich den Rücken durch und zog noch einmal die Schnürbänder meiner Schuhe fest. Heynckes und Wolf Werner legten uns die ersten Bälle auf. Im Tor standen abwechselnd Wolfgang Kleff und Wolfgang Kneib, knapp zwei Meter groß, ein Riesenkerl. Mein erster Schuss. Kraftvoll trat ich gegen den Ball und verfolgte entsetzt die Flugbahn. Wie eine Rakete der NASA sauste das Leder über das Tor, über die Laufbahn, über den Fangzaun, über die dahinter verlaufende Straße und rein in die angrenzenden Gärten. Der nächste Versuch, diesmal mit links, dieselbe Flugbahn. Fangzaun, Straße, Garten. Heynckes starrte mich an: »Ich habe ja schon vieles gesehen, aber das es jemand schafft mit links und rechts den Ball bis in die Gärten zu donnern, hätte ich bis heute nicht für möglich gehalten!« Verzweifelt versuchte ich anschließend die Bälle in und nicht über das Tor zu befördern, doch die Anzahl meiner Schüsse, die tatsächlich ihr Ziel erreichten, war erschreckend gering.

Das Training war vorbei. Fix und fertig ließ ich das Duschwasser auf meinen Kopf trommeln. Das war meine große Chance gewesen und ich hatte es eindeutig versaut. Mit der Kraft und Streuung einer Schrotflinte in den Beinen konnte ich vielleicht auf der Kirmes auftreten, aber doch nicht in der Bundesliga! Die Kabine war längst leer, als ich noch immer mit meiner kleinen Sporttasche zwischen den Beinen auf meinem Platz hockte. Die Tür ging auf, Jupp Heynckes stand neben mir. Ein paar letzte Worte, dann würde ich mich wieder Richtung Oeser Ascheplatz verabschieden können.

»Tja, wirklich getroffen hast du ja nichts.«

Ich wollte nur noch weg.

»Aber ich habe durchaus etwas erkannt, dass sich meiner Meinung nach lohnt, zu fördern. Wäre schön, wenn du in zwei Wochen noch einmal bei uns zum Training vorbeischaust!«

Ich wäre fast in die Putzeimer gestolpert.

Zwei Wochen später stand ich wieder bei den Borussen auf der Matte. Die Pause hatte ich genutzt, um auf dem Ascheplatz vom FC Oese Sonderschichten zu schieben. Sprinttraining, Schusstraining, Ausdauertraining, mein persönliches Fitnessprogramm. Jetzt würden sie mich auch nicht mehr loswerden, das hatte ich mir auf dem Heimweg nach dem ersten Probetraining geschworen. Grußlos blickten die Profis an mir vorbei, als ich die Kabine betrat. Wieder musste ich mich in das Kabuff hocken, mein Stammplatz für die kommenden Wochen. Diesmal saß ich allerdings nicht alleine in der Abstellkammer. Mein Nebenmann hieß Peter Loontiens, ein schmaler Kerl aus Dinslaken mit ziemlich großer Klappe. Munter plauderte er vor dem Training mit den anderen Spielern, machte Scherze und verteilte Schulterklopfer, während ich stumm wie ein Fisch auf meine Fußspitzen starrte. Der musste einer von den Profis sein, auch wenn er mir beim ersten Training gar nicht aufgefallen war. Aber so selbstbewusst, wie er sich in der Kabine gab, hatte ich keine Zweifel an seiner Zugehörigkeit zur Elite.

Statt Schusstraining forderte uns Jupp Heynckes diesmal zu einem Testspielchen auf. Natürlich war ich heiß wie Frittenfett, solch eine Schande wie vor zwei Wochen sollte mir nicht noch einmal passieren. 20 Minuten waren gespielt, als Peter Loontiens den Ball bekam und in Richtung unseres Tores dribbelte. Ich setzte zur Grätsche an, kam jedoch ein paar Augenblicke zu spät und trat den guten Peter ziemlich wüst über den Haufen. Er drehte einen doppelten Salto und musste vom Platz getragen werden. Jetzt hatte ich auch noch einen der Profis verletzt, na prima! Als ich wenig später durchgeschwitzt in die Kabine zurückkehrte, lag da schon Loontiens und brüllte mich an: »Was bist du denn für ein Arsch, dass du mich hier kaputttrittst? Wie soll man sich im Probetraining anbieten, wenn man gleich ins Krankenbett gegrätscht wird?!« Von wegen Profi, Peter war auch nur auf Probe hier, genauso wie ich. Das machte die Sache natürlich nicht besser, schließlich hatte mein Einsatz einen Adduktorenanriss für Peter zur Folge. Dass sein Schaulaufen bei der Borussia trotz dieses Trainingsunfalls erfolgreich für ihn enden sollte, konnte ich zu diesem Zeitpunkt nicht wissen. Es war mir allerdings auch egal. Diesmal hatte ich es verbockt, so viel war klar. Wieder hockte ich einsam in meinem Raum und starrte Löcher in die Eimer, wieder tauchte irgendwann Jupp Heynckes auf. Wieder machte er mir neue Hoffnung.

»Nicht schlecht, Uli, nicht schlecht. Aber du musst noch einmal kommen, ich will noch mehr von dir sehen.«

Machen wir es kurz: Noch weitere drei Mal tauchte ich zum Probetraining in Mönchengladbach auf. Insgesamt fünf Trainingseinheiten absolvierte ich mit den Profis, ohne dass auch nur einer mit mir gesprochen hätte. Ich kann es den Jungs heute nicht übel nehmen, für sie war ich nur der Typ, der sich bei der Putzfrau umzog. Dann, endlich, nach Probetraining Nummer fünf, legte Heynckes die Karten auf den Tisch. Sie wollten mich haben! Ich unterschrieb einen Einjahresvertrag als Edelamateur, der mich zwar nicht zu einem vollwertigen Profi, dafür aber zu einem hoffnungsvollen Nachwuchsmann machte, der nun eine Saison lang Zeit hatte, sich mit der zweiten Mannschaft in der Oberliga zu empfehlen. Und die 2500 DM brutto erhöhten mein bisheriges Gehalt um das Fünffache. Aus dem kleinen Oese in die Abstellkammer von Borussia Mönchengladbach, von der Abstellkammer zum ersten Vertrag. So konnte es weitergehen.

LEHRJAHRE MIT BLEIWESTE

Vaterfigur Jupp Heynckes

Am 19. Mai 1980 feierte ich meinen 18. Geburtstag. Gründe für eine zünftige Party gab es genug, aber ich, frisch gebackener Berufsfußballer, ließ es sehr ruhig angehen. Die Geschehnisse der ersten fünf Monate in diesem Jahr musste ich erstmal sacken lassen: Beendigung der Lehre, Auto- und Motorradführerschein, der Vertrag mit Borussia Mönchengladbach, einer Mannschaft, die im vergangenen Jahrzehnt fünfmal Deutscher Meister geworden war und mit ihrem sagenhaften Stil Maßstäbe im Fußball gesetzt hatte. Es war immer noch alles irgendwie surreal. Doch es sollte nicht lange dauern, bis ich die harte Realität eines Azubis unter dem Trainer Jupp Heynckes zu spüren bekommen würde.

Jupp hatte erst zwei Jahre zuvor seine einmalige Karriere beendet. Durch seine 218 Tore in 308 Bundesligaspielen für die Borussia und seine Erfolge mit der Nationalmannschaft war er in Mönchengladbach längst zu einer lebenden Legende geworden. 1979 hatte er mit 34 Jahren die Nachfolge von Udo Lattek als Chefcoach bei der Borussia angetreten und war damit zum jüngsten Trainer in der Bundesliga-Geschichte aufgestiegen. Ein Erfolgsmensch, von Ehrgeiz getrieben.

Einen besseren Trainer hätte ich mir für die Entwicklung meiner fußballerischen Fähigkeiten nicht wünschen können.

Schon bei meiner ersten ziemlich missratenen Trainingseinheit hatte Jupp in mir die Anlage zu einer Leistungsfähigkeit erkannt, die ich mir damals nicht einmal ansatzweise vorstellen konnte. Ich war ein rohes Stück Eisen, das Jupp nun in Form bringen wollte. Ohne seine besondere Gabe, die schlummernden Talente eines Fußballers zu erkennen, wäre ich sicherlich niemals in die Bundesliga gekommen.

Noch war ich von der großen Bühne allerdings so weit entfernt wie ein Schauspielschüler vom ersten Vertrag in Hollywood. Als so genannter Edelamateur hatte ich ein Jahr lang Zeit, mich meinem Trainer anzubieten. Von dieser Vorstellung war ich wie besessen, und das musste ich auch sein, um diese ersten Monate zu überstehen: Besessen und ein Stück weit wahnsinnig.

Vor dem Saisonstart fuhr die erste Mannschaft zum Trainingslager in die Sportschule Schöneck bei Karlsruhe. Auch ich war von Jupp Heynckes eingeladen worden. Kaum hatte ich das Gelände betreten, schloss sich hinter mir das riesige Eisentor. Herzlich willkommen in der Hölle von Schöneck!

Das Training begann morgens um halb acht und endete erst gegen Abend. Unter der Anleitung von Karl-Heinz Drygalski, einem ehemaligen Zehnkämpfer, der später Vereinspräsident bei der Borussia werden sollte, schufteten wir zum Aufwärmen eine Stunde lang im Kraftraum. Keine einfachen Übungen, Zirkeltraining mit schweren Gewichten! Drygalski war ein eisenharter Typ, der uns erst auf den Rasenplatz entließ, als auch dem Letzten vor Anstrengung die Muskeln zitterten.

Auf dem Platz wartete schon Heynckes mit einem Grinsen im Gesicht. Er scheuchte uns über den Rasen, Laufeinheiten, Technikschulung, Trainingsspiele, Zirkeltraining. Natürlich war ich als junger Kerl dafür zuständig, dass die Bälle aufgepumpt waren, die Trinkflaschen gefüllt und die Tore am richtigen Platz standen. Nach dem Training wurde kurz gegessen, schon ging es ab in die Kojen. Nach so einem Tag willst du nur noch die Augen zumachen. Aber ich konnte nicht schlafen. Habe ich bereits erwähnt, dass ich als einziger Spieler sämtliche Übungen mit einer zehn Kilogramm schweren Bleiweste absolvieren musste? Kaum lag ich im Bett, zitterten meine Beine, meine Arme, mein Oberkörper. Ich hatte höllische Schmerzen, erst nach Stunden übermannte mich der Schlaf. Bereits in der zweiten Nacht waren die Schmerzen so schlimm, die Belastungen des Tages so groß, dass ich Rotz und Wasser heulend aufrecht im Bett saß, das Trainingslager, Drygalski, Heynckes, ja selbst den Fußball verfluchend. Jede weitere Übungseinheit war Folter für meinen Körper, der von der Bleiweste zusätzlich geschunden wurde. Ich fühlte mich nicht am Limit meiner Leidensfähigkeit, ich war schon darüber hinaus. Und als ich eines Abends exakt 60 Sekunden zu spät zum verabredeten Abendbrottermin erschien, machte mich Jupp gleich zur Schnecke. Wie ich es wagen könne, mich hier zu verspäten! Sollte das noch einmal passieren, würde er meinen Vertrag vor meinen Augen in tausend Stücke zerreißen. Dieses eine Mal kam ich mit einer 50-DM-Strafe davon. Natürlich war ich von nun an überpünktlich.

Erst Jahre später dankte ich Jupp Heynckes für diesen knallharten Einstieg in den Profifußball. Er wusste ganz genau, dass mir, dem doch eigentlich so Talentfreien, nur der pure Drill helfen würde, um mich stark zu machen. Härte zu mir selbst und zu den Gegenspielern, ein eiserner Wille, Leidensfähigkeit im Grenzbereich – die Stärken, die mich später zum Stamm- und Nationalspieler werden ließen, lassen sich alle auf das Trainingslager in Schöneck zurückführen. Als sich nach einer Woche das schwere Eisentor wieder öffnete und ich erstaunlicherweise noch gerade gehen konnte, wusste ich, was ich meinem Körper alles zumuten konnte.

Ich war nun mittendrin im bunten Fußballzirkus, beobachtete die Bundesligastars beim Training und an den Spieltagen. Von uns Oberligaspielern aus der zweiten Mannschaft wurde erwartet, bei jedem Heim- und teilweise auch jedem Auswärtsspiel im Stadion anwesend zu sein. Nichts lieber als das! Wie ein Student seine Bücher studierte ich die Bewegungen und das Spiel der Profis auf dem Rasen. Einem Schwamm gleich sog ich alle Eindrücke in mich auf. Wie hatte sich der Linksverteidiger beim Gegenangriff verhalten, wie der Rechtsverteidiger beim Vorstoß in die Offensive? Wann griffen die Defensivspieler den Gegner an, wann brauchte es eine Grätsche, wann reichte ein einfacher Bodycheck? In der Oberliga und im Training versuchte ich dann mein Wissen in der Praxis anzuwenden – meinen persönlichen Erfolgen konnte ich in diesem ersten Jahr beim Wachsen zusehen. Gelegenheiten dafür hatte ich genug: Zweimal am Tag trainierte ich mit der ersten Mannschaft, abends dann noch mit den Amateuren. Unter der Woche spielte ich in der damals noch existierenden Nachwuchsrunde – eine Liga für U-23-Spieler und etablierte Profis, die nach Verletzungen wieder langsam Spielpraxis sammeln sollten –, am Wochenende lief ich für Borussia II in der Oberliga West auf. Mein Leben bestand nur aus Fußball. Wie ein Irrer spulte ich Trainingseinheiten und Spiele ab, nachts lag ich im Bett und ließ die Erlebnisse des Tages noch einmal vor meinem geistigen Auge ablaufen. Ganze Spielszenen spukten wie Kurzfilme durch meinen Kopf.

Für Jupp Heynckes war ich bald zu einer Art Ziehsohn geworden. Das überstandene Trainingslager hatte ihn noch weiter in seiner Ansicht bestärkt, dass man aus mir einen anständigen Bundesligafußballer würde formen können. Also ließ er mir eine spezielle Form der persönlichen Betreuung zukommen, für die ich ihm noch heute dankbar bin: Morgens vor dem Training schickte er mich für eine halbe Stunde an die Ballwand, mit links, mit rechts, mit der Innenseite, mit dem Spann, mit dem Außenrist trat ich den Ball gegen die Betonmauer, um meine Technik zu verbessern. Von Tag zu Tag wurde aus mir ein besserer Fußballer.

War das reguläre Training beendet und die Mitspieler schon unter der Dusche, nahm mich Jupp gar persönlich zur Seite. Einen Jugendspieler ließ er Flanken in den Strafraum schlagen, ich sollte den Abwehrspieler mimen, er natürlich den Angreifer. Die erste »Spezialeinheit« werde ich nie vergessen: Kaum flog der erste Ball in unsere

Nähe, wurde aus dem Trainer Heynckes wieder der Weltklassestürmer Heynckes, ein Strafraumspieler, mit allen Abwassern gewaschen! So schnell konnte ich gar nicht gucken, da hatte ich den Ellenbogen auf der Nase. Die nächsten Minuten wurden zu einer schmerzhaften Lektion im Unterrichtsfach »Wie man sich in der Bundesliga im Strafraum verhält«. Jupp trat mir mit den Stollen auf die Zehen, riss mir am Trikot, drückte mir den Ellenbogen ins Gesicht. Davon abgesehen war er stets einen Schritt schneller, besser postiert, mir körperlich überlegen. Ball für Ball rauschte ins Tor, ich machte keinen Stich gegen meinen Trainer. Nach einer halben Stunde hatte das Trauerspiel ein Ende. Ich hatte Schrammen und Blutergüsse am ganzen Körper, die Hose und das Trikot waren zerrissen. Jeden Tag nahm sich Jupp die Zeit und machte mich mit seiner Erfahrung und seiner Leidenschaft zu einem besseren Fußballer. Nach ein paar Monaten kannte ich alle legalen und auch illegalen Tricks, um im Zweikampf zu bestehen. Bald sollte ich Gelegenheit haben, sie alle in der Praxis auszuprobieren.

So sehr ich mich auch im Training oder den Pflichtspielen aufopferte, von den Profis wurde ich weiterhin ignoriert. Um in diesen elitären Zirkel aufgenommen zu werden, brauchte es schon ein Aufnahmeritual der besonderen Art. Dass es ausgerechnet Jürgen Fleer war, der mir diese Gelegenheit ermöglichte, muss heute als Ironie des Schicksals bezeichnet werden. Ich glaube, ich trete Jürgen Fleer nicht zu nahe, wenn ich behaupte, dass er gegenüber den Nachwuchsspielern eine intensive Abneigung hegte. Wir jungen Spieler hatten das Gefühl, von Fleer regelrecht gehasst zu werden. Er tat auch nicht wirklich viel, um dieses Image zu entkräften. 1,76 Meter groß, Schnauzbart, ein knallharter Verteidiger, fünf Jahre älter als ich, machte er sich gerne einen Spaß daraus, einen der jungen Kollegen mit rüden Grätschen über die Seitenlinie zu treten. Ganz bewusst versuchte er uns zu verletzen. Schon mehrfach hatte es auch mich erwischt.

Im Herbst 1980, ich hatte inzwischen meine ersten Monate hinter mich gebracht, trafen wir in einem Trainingsspiel erste gegen zweite Mannschaft erneut aufeinander. Es nieselte, der Rasen war feucht, als plötzlich der Ball zwischen uns lag. Fleers Spezialität war es, mit drei Metern Anlauf in Ball und Gegenspieler zu grätschen, ich wollte ihn diesmal nicht enttäuschen und setzte ebenfalls zur Blutgrätsche an. In vollem Tempo, auf nassem Rasen, rutschten wir, die langen Alustollen voran, aufeinander zu. Jetzt konnte es nur noch einen geben. Es krachte fürchterlich, für einen Moment blieb ich am Boden, dann stand ich auf. Unverletzt. Jürgen Fleer blieb liegen, die Knie von einer Risswunde und Prellungen gezeichnet.

Eine brutale Aktion, die ich überlebt hatte. Und plötzlich änderte sich das Verhalten meiner Mitspieler. Den Alten hatte es offenbar imponiert, wie ich in das Duell mit dem gefürchteten Jürgen Fleer gegangen war. Nicht lange nach dieser Grätsche sprach mich auf einmal Wilfried, genannt Winnie, Hannes im Training an. Der große Winnie Hannes, Kapitän und Galionsfigur im Verein! Das hatte er vorher noch nie gemacht. Er zeigte mir, wie ich noch geschickter in die Zweikämpfe gehen, wie ich besser zum Ball stehen konnte, solche Sachen. Für mich war das wie ein Ritterschlag. Stolz marschierte ich nach dem Training nach Hause. Bald war ich bei den Platzhirschen der Mannschaft nicht mehr nur geduldet, sondern akzeptiert. Mit Lothar Matthäus, der nur ein Jahr älter ist als ich, damals allerdings schon als kommender Superstar gehandelt wurde, verband mich bald eine Freundschaft.

Und als im Spätherbst die fünfte Jahreszeit in Mönchengladbach begann, erhielt ich meinen nächsten Ritterschlag, diesmal von unserem Stürmer Harald Nickel, der Mann, der den Elfmeter aus dem Stand erfunden hat. Harald war ein Feierbiest, der Karneval war für ihn natürlich die schönste Zeit des Jahres. Wenn Harald in Mönchengladbach auf die Piste ging, blieb kein Auge trocken. Vor einem Trainingsspiel nahm er mich zur Seite: »Uli, ich muss am Wochenende Tore schießen. Also halt dich heute mal ein wenig zurück, wenn wir in die Zweikämpfe gehen. Dann nehme ich dich auch mal mit »Zum Alfred« und gebe dir einen aus.« »Zum Alfred« hieß die Stammkneipe der Borussia-Profis am Alten Markt, dem Kneipenviertel in Mönchengladbach. Wahnsinn. Wenn schon dieser ausgebuffte Stürmer vor mir Respekt hatte, musste ich ja inzwischen ein ziemlich toller Hecht sein. Ich ließ Harald in Ruhe und wenige Tage später stellte er, schick gekleidet mit Anzug und Krawatte, einen Whiskey-Cola vor meine Nase. Jetzt durfte ich mich sogar schon mit einem der Routiniers ins Gladbacher Nachtleben stürzen. Ein erhebendes Gefühl.

Da ich nun anerkanntes Mitglied der Mannschaft war, wurde ich auch schnell in Interna eingeweiht, die sonst die Kabine nicht verlassen dürfen. So rieten mir gleich mehrere Mitspieler, einen großen Bogen um einen gewissen Mitspieler zu machen, der damals ebenfalls für die Borussia spielte. Er hatte, so erfuhr ich, innerhalb eines Teils der Mannschaft den Spitznamen »der Blaue« oder »der Schaum«, eine abschätzige Bezeichnung für jemanden, der nicht mit offenen Karte spielte. »Das ist ein hinterfotziger Typ, dem darfst du nicht über den Weg trauen«, steckten mir die Kollegen. Ich nahm mich in Acht.

Eine etwas kuriose Szene erlebte ich ein paar Wochen später. Der Anstand verbietet es, an dieser Stelle Namen zu nennen, aber einer der »Alten« nahm mich nach dem Training zur Seite und fragte: »Uli, du hast doch sicherlich heute Abend Lust auf ein schönes großes Steak?« Ich antwortete: »Sicher, wann wollen wir uns treffen?«

Nun, das Steak musste ich alleine essen. Ich bekam 50 DM und durfte mich satt futtern, besagter Kollege bekam im Gegenzug den Schlüssel zu meiner 33-Quadratmeter-Wohnung und drei Stunden Zeit für ein unbehelligtes Techtelmechtel mit seiner Geliebten. Hatte ich darauf gehofft, wenigstens mein Bett anschließend in einem aufgeräumten Zustand vorzufinden, wurde ich enttäuscht.

Frauen spielten auch in meinem Leben eine immer größere Rolle. Die Mädchen in der Disco wussten schon bald sehr wohl, wer ich war: ein Fußballspieler, wenn auch keiner aus der ersten Reihe, aber immerhin ein Fußballspieler. Diese Mini-Prominenz verhalf mir zu einigen Flirts, nichts Ernstes, aber ich hatte meinen Spaß. Für meine Beziehung zu Simone, dem Mädchen aus Iserlohn, war das natürlich

Gift. Wenige Monate nach meinem Umzug nach Mönchengladbach trennten wir uns.

Regelmäßig besuchten mich meine Eltern in der neuen Heimat. Alle zwei Wochen, wenn in der Wirtschaft Ruhetag war, setzten sie sich ins Auto und fuhren die knapp 140 Kilometer nach Mönchengladbach. Mein Vater begleitete mich zum Training, wobei er sich stets über einen kurzen Schnack mit Jupp Heynckes freute, meine Mutter schrubbte die Wohnung ihres Sohnes auf Hochglanz. Zweimal in der Woche rief ich in Oese durch und erzählte meinen Eltern von den neuesten Trainingseindrücken, prominenten Gegenspielern oder dem nächsten Pflichtspiel. Weil ich damals allerdings noch kein eigenes Telefon besaß, musste ich 200 Meter bis zur nächsten Telefonzelle laufen. Wochenlang war ich nun schon zum gleichen öffentlichen Apparat spaziert, da fiel es mir beim Telefonieren wie Schuppen von den Augen: Die vielen stark geschminkten Frauen auf der gegenüberliegenden Straßenseite, das waren Prostituierte! Und ich Unschuld vom Lande hatte mich immer gewundert, worauf all die so aufreizend gekleideten Damen denn wohl warten würden. Das war der Straßenstrich von Mönchengladbach.

Ich sprach also gerade mit meinen Eltern, als ich einen eleganten schwarzen Wagen bei den Frauen halten sah. Ich schaute genauer hin: Das Auto kannte ich doch! Es gehörte einem Mitspieler! Der wollte sicherlich nur nach dem Weg fragen, anders kann ich mir das heute nicht erklären …

Überhaupt, was für Typen wir in unserer Mannschaft hatten! Wolfram Wuttke zum Beispiel: Wir kannten uns ja bereits von der für ihn ziemlich schmerzhaften Begegnung auf Schalke, nun spielten wir beide im selben Verein. Unterschiedlicher als Wolfram und ich konnten Fußballer nicht sein. Während ich meine offensichtlichen technischen Mängel mit einer Extraportion Fleiß und Ehrgeiz ausgleichen musste, konnte sich das Wunderkind Wuttke getrost ein paar Disziplinlosigkeiten erlauben. Eines unserer täglichen Rituale war das Wiegen vor dem ersten Training. Wer ein Kilo über seinem Idealgewicht lag, musste 1000 DM in die Mannschaftskasse zahlen. Und jeden Tag, den Gott werden ließ, hatte Wolfram morgens ein Kilo zu viel auf den Rippen. Seine Reaktion auf die drohende Geldstrafe? »Na und, dann zahl ich halt!«

Die ersten Schritte auf dem Weg zum Fußballprofi hatte ich getan. Nach dem spektakulären Zweikampf gegen Jürgen Fleer nahmen mich die Kollegen ernst, Trainer Jupp Heynckes kümmerte sich ohnehin rührend um mich, und die ersten Kneipenabende mit den Routiniers hatten mein Selbstbewusstsein gestärkt. Ich war jemand, jedenfalls mehr als noch bei meinen ersten Trainingseinheiten auf Probe. An der Hackordnung innerhalb der Mannschaft änderte das freilich wenig. Noch immer musste ich mich für das Training mit der ersten Mannschaft in dem kleinen Nebenraum umziehen, an den ersten Einsatz in der Bundesliga war noch nicht zu denken. Eine Szene verdeutlichte meine Rolle in der internen Mannschaftshierarchie mehr als alles andere: Monatelang lugte ich aus meinem Kabuff in den Massageraum, wo sich Masseur Charly Stock der Wehwehchen der Fußballer annahm. Charly war schon damals eine Art Vereinsmaskottchen und aus dem Club nicht wegzudenken. Einmal sah ich Carsten Nielsen, unseren dänischen Stürmer, zu Charly auf die Massagebank humpeln. Er hatte offenbar irgendwas mit dem Ischiasnerv und wurde auch gleich von Charly durchgeknetet. Ich überwand meine Scheu und marschierte einfach Nielsen hinterher. Groß waren die Schmerzen an den Beinen, im Rücken, im Oberkörper, ja, eigentlich am ganzen Körper. Vorsichtig fragte ich Charly: »Kriege ich auch eine Massage?« Er schaute mich kurz an und fragte dann: »Wie viele Bundesligaspiele hast du bislang absolviert?« »Noch keines.« »Dann komm wieder, wenn du 200 hast, dann können wir über eine Massage reden.« Das saß! Wie ein Straßenköter zog ich mit eingezogenem Schwanz davon.

Die erste Saison für Mönchengladbach neigte sich dem Ende entgegen und mein Vertrag, lediglich auf ein Jahr befristet, lief damit aus. Bislang hatte ich alles in die Waagschale geworfen, mich in jedem Training bis zur völligen Erschöpfung verausgabt, in den Punktspielen war ich gerannt und hatte gegrätscht wie ein Verrückter. Ich hatte Schmerzen ignoriert und mich selbst an die Grenzen meiner Leidensfähigkeit gebracht. Wille, eiserner Wille, nie aufgeben, immer weiter, ich hatte nur dieses eine Ziel: Fußballer werden. Ich hatte versucht, so professionell wie möglich zu leben, von den Burgern mal abgesehen. Zu Jupp Heynckes war eine besondere Verbindung entstanden, niemand im Verein wusste besser als er, welche Fortschritte ich in diesen ersten Monaten gemacht hatte. Doch das erhoffte Gespräch über eine mögliche Vertragsverlängerung hatte bislang noch nicht stattgefunden. Würde es überhaupt jemals stattfinden, oder reichten meine Fähigkeiten einfach nicht aus, um mit einem Profivertrag ausgestattet zu werden? Wieder zweifelte ich an mir selbst, an meinen Chancen, an meiner Zukunft.

Ein Tag im Frühjahr 1981. Das Training war gerade beendet, als Jupp mich zu sich in die Kabine rief. Auch Helmut Grashoff war dabei, Gladbachs legendärer Manager, der wie immer seine kleine Pfeife im Mundwinkel hatte. Grashoff legte mir einen Vertrag auf den Tisch, durch die Rauchschwaden konnte ich die Bedingungen lesen: Zwei Jahre Laufzeit, das gleiche Gehalt wie als Edelamateur, stark leistungsbezogen. Ich unterschrieb sofort. Geld spielte in diesem Moment keine Rolle für mich. Ich hatte das, was ich haben wollte: Ich war Profifußballer von Borussia Mönchengladbach! Das Märchen von Uli Borowka wollte einfach kein Ende nehmen. Einen Berater? Hatte ich zu diesem Zeitpunkt nicht. Kurz nach der Unterschrift meines ersten Edelamateurvertrags war zwar der damalige Berater von Lothar Matthäus, der inzwischen leider verstorbene Norbert Pflippen, auf mich zugekommen, um auch mich unter seine Fittiche zu nehmen. Doch nach wenigen Monaten nahm mich Pflippen zur Seite. »Uli«, sagte der damals schon für seine Weitsicht berüchtigte Spielerberater, »tut mir leid, aber ich glaube nicht, dass du als Fußballer eine Chance hast.« Wir trennten uns in Frieden. Nun hatte ich es doch geschafft und Pflippen hatte sich geirrt.

Kaum in meiner Wohnung angekommen, rannte ich zur Telefonzelle und rief bei meinen Eltern an. Mein Vater nahm ab.

»Papa, ich bin Profi! Sie haben mir einen Vertrag gegeben!«

Mein Vater holte tief Luft und sagte: »Tja. Dann hast du es ja geschafft.«

Tja, dann hatte ich es ja geschafft. Dass meinem Vater nach diesem Anruf die Augen vor Stolz glänzten, erfuhr ich erst einige Zeit nach unserem Telefonat. Natürlich von meiner Mutter.

TAGESBERICHT, Fachklinik Fredeburg

16. März 2000

Der Tag begann mit der Gruppe. Hendryk besprach seine Problematik. Er hatte eine Auszeit und musste dazu Stellung nehmen. Mit seinen Aussagen konnte ich nicht allzu viel anfangen. Herbert besprach danach sein Angehörigen-Seminar. Seine Probleme sind in etwa mit meinen gleichzusetzen. Wenn ich an seiner Stelle gewesen wäre, hätte ich nicht so ruhig bleiben können. Ich hätte mit meiner Eifersucht (obwohl meine Frau und ich seit 1996 getrennt leben) mit Sicherheit Mist gebaut. In der Klinikwerkstatt durfte ich mir erst alles angucken und dann loslegen. Ich habe vorher noch nie getöpfert (habe den DFB-Pokal nachgestellt), was mir aber leicht von der Hand ging.

17. März 2000

In der Themengruppe ging es heute um die Co-Abhängigkeit. Nach längerem Zuhören ist mir klar geworden, dass viele Menschen in meinem Leben sich schuldig gemacht haben. Meine Eltern, meine Freunde und meine Frau. Sie haben mir alle geholfen, mein Alkoholproblem nicht offen anzusprechen. Und ich habe das Alkoholproblem immer heruntergespielt.

FEUERTAUFE IN NÜRNBERG

Das Bundesliga-Debüt

Nicht dass sich etwas an meinem Status geändert hätte: Weiter-hin war ich in dieser Mannschaft nur Lehrling und die erfahrenen Kollegen meine Meister. Profivertrag hin oder her. Ich trainierte fleißig mit der ersten Mannschaft, zu der ich ja nun auch offiziell gehörte, fuhr mit zu den Spielen – und setzte mich auf die Ersatzbank. Weiß der Teufel, warum die jungen Spieler heute nach wenigen Wochen auf der Auswechselbank schon anfangen, sich über ihre Situation zu beklagen. Ich genoss es, so nah dabei zu sein, wenn auch nicht mittendrin. Natürlich brannte ich auf meinen ersten Einsatz in der Bundesliga, auf die erste Grätsche, die ersten Jubelstürme von der Tribüne. Meine Zeit würde kommen, das hatte mir Jupp Heynckes zu verstehen gegeben. Und ich glaubte ihm, warum auch nicht? Ohne Jupp wäre ich bei der Borussia wahrscheinlich noch nicht einmal Platzwart geworden. Er hatte mich zu einem besseren Fußballer gemacht und jedes Training, jedes Spiel auf der Ersatzbank brachte mich in meiner Entwicklung voran. Die Schulzeit hatte ich mit Ach und Krach hinter mich gebracht, doch die wahre Lehrzeit begann erst jetzt, in der Saison 1981/82. Ich hielt Augen und Ohren offen und speicherte sämtliche neuen Informationen in meinem Inneren ab. Neues zu entdecken gab es genug. Allein unser Kader war in diesen Jahren eine Attraktion für sich. Gladbach-Fans werden bei den Namen Kleff, Bruns, Hannes, Matthäus, Ringels, Rahn und Mill noch heute feuchte Augen bekommen. Ich genoss einfach das Privileg, Teil dieser Truppe zu sein.

Da war Wolfgang Kleff, die Gladbacher Torwartlegende. Ein totaler Chaot, der sein gesamtes Leben in seiner Sitzbank in der Kabine und seinem Wagen verteilt zu haben schien. Öffnete er die Sitzbank, stach ihm die private Post von vor einem Monat in die Augen, und in seinem Wagen sah es aus wie nach einem Erdbeben. Wenn Wolfgang vom Verein ein neues Auto gestellt bekam, dann konnte man sich sicher sein, dass dieses Vehikel nach vier Wochen aussah, als wäre ein viel beschäftigter Vertreter damit seit zehn Jahren ständig unterwegs gewesen. Die Türen schlossen nicht mehr richtig, die Sitze quietschten – bis heute weiß ich nicht, was Wolfgang seinen armen Autos nur immer angetan hat. Während eines Auswärtsspiels in Frankfurt konnte ich ihn etwas besser kennenlernen. Wenn wir mit der Mannschaft in Frankfurt spielten, übernachteten wir immer in einem schicken Fünf-Sterne-Hotel. Dort angekommen, teilte uns Jupp die Zimmerbelegung mit: Wolfgang Kleff mit Uli Borowka. Das konnte ja was werden. Wolfgang, ganz Profi, ließ sich an der Rezeption die Schlüssel geben, schmiss seine Tasche auf den Boden und ich (mit Tasche) marschierte hinter ihm her. Für mich Novizen waren solch edle Unterkünfte noch eine Attraktion, staunend musterte ich die schweren Eichenmöbel und den riesigen Fernseher in unserem Zimmer, der auf Schienen aus dem Schrank gezogen werden konnte. »Welches Bett willst du haben?«, fragte ich Wolfgang. Er wies mir meinen Platz zu und verabschiedete sich dann unter die Dusche. Minutenlang hörte ich das Wasser plätschern, dann erschien Wolfgang splitterfasernackt im Zimmer, schmiss sich auf sein Bett und wälzte sich in den frischen Laken trocken. Ein kurioses Schauspiel. Kaum war er damit fertig, schnappte er sich seine Sachen, warf sie auf mein Bett, zeigte auf den nassen und zerknitterten Haufen Wäsche und sagte: »Ach übrigens: Das ist jetzt dein Bett!« Völlig verdutzt zog ich die feuchte Bettwäsche ab und hing sie zum Trocknen über die Heizung. Und das war noch nicht alles. Als wir am nächsten Morgen auschecken wollten, hing der schöne Fernseher nicht mehr in seiner Verankerung. Wolfgang hatte sich daran gestört, zu sehr den Kopf verrenken zu müssen, also hatte er das Teil einfach aus den Schienen gebrochen. Ihm war das völlig egal, aber mir war diese Sache furchtbar peinlich. Selbst als wir schon im Mannschaftsbus saßen, fürchtete ich, dass jeden Moment ein wütender Hotelangestellter in den Mittelgang stürzen würde. Ich aber war Wolfgang noch nicht einmal böse, denn so war er halt, dachte ich damals.

Ein besonderes Augenmerk hatte ich natürlich auf unsere Verteidiger. Hans-Günter Bruns, Winnie Hannes, Norbert Ringels, Frank Schäffer. Namen, die den Gegnern schon weh taten, wenn sie nur an der Anzeigetafel standen. Allen voran unser Libero Hans-Günter Bruns, den wir aufgrund seiner fast schon schlohweißen Haarpracht nur den »Schwatten« nannten. Bruns war ein knallharter Typ, und wenn ihm etwas nicht passte, dann konnte er äußerst ungemütlich werden. Außerdem war er kein Kostverächter und erschien nicht nur einmal mit ein paar Kilos zu viel beim Training. Jupp Heynckes kannte diesbezüglich kein Erbarmen, er steckte seinen Libero dann ohne mit der Wimper zu zucken während des abschließenden Trainingsspielchens in die B-Mannschaft. Für einen verdienten Stammspieler wie Hans-Günter eine ungeheure Demütigung!

Einige Jahre später, ich konnte mir inzwischen auch mal erlauben, im Training die Klappe aufzureißen, wurde Bruns wieder einmal in die B-Elf degradiert. Zur zweiten Halbzeit wechselte ihn Heynckes dann in die A-Mannschaft, wo auch ich spielte. Bruns war noch immer fürchterlich gelaunt, er stauchte uns bei jedem Fehlpass lautstark zusammen. Irgendwann hatte ich genug, ich drehte mich zu ihm um und rief: »Halt die Schnauze, Schwatter, sonst spielst du gleich wieder mit der B-Mannschaft!« Das ließ ihn prompt verstummen. Zufrieden lief ich weiter, davon überzeugt, dem Wüterich den Wind aus den Segeln genommen zu haben. Plötzlich spürte ich hinter mir ein

Schnauben im Nacken und kurz darauf einen heftigen Schmerz im Oberschenkel. Mit blutigen Kratzern am Bein fiel ich ins Gras, über mir der »Schwatte«, der mir mit einer brutalen Grätsche die Stollen ins Fleisch gerammt hatte. Mit hochrotem Kopf brüllte er mich an: »So sprichst du nicht mit deinem Libero!« Und wieder hatte ich eine neue Lektion gelernt.

Lernen und beobachten, viel mehr hatte ich in meiner ersten Hinrunde als Bundesligaprofi auch nicht zu tun. Unsere Defensivreihe machte ihren Job so hervorragend, dass sich für mich als unerfahrener Neuling keine Chance auf ein Debüt bot. Selbst als sich Innenverteidiger Jürgen Fleer am 16. Januar 1982 beim Auswärtsspiel in Bremen auf dem gefrorenen Rasen im Weserstadion die Kniescheibe brach, ließ mich Heynckes auf der Bank und brachte stattdessen den erfahrenen Bernd Schmider. Der Erfolg gab ihm Recht: Nach einem 4:2-Erfolg gegen Eintracht Braunschweig am 21. Spieltag standen wir sogar kurzzeitig auf dem zweiten Tabellenplatz. Mit meinem ersten Einsatz in der Bundesliga würde es in dieser Saison wohl noch nichts werden.

Ich unterdrückte den brennenden Ehrgeiz auf meine Weise und sammelte weiter fleißig Informationen über den Alltag als Fußballprofi. Wie Heinz Sielmann seine Vögel beobachtete ich die Kollegen bei der täglichen Arbeit. Wer tapte sich wie die Knöchel? Wann ging Winnie Hannes auf den Platz? Wie machte sich Norbert Ringels warm? Wann entschied Lothar Matthäus, welche Schuhe er tragen sollte? Welches Ritual hatte Hans-Günter Bruns vor wichtigen Spielen? Wie ernst nahmen die Routiniers die Bettruhe im Trainingslager? Wer ging ins Kino, wer blieb stattdessen auf dem Zimmer? Und vor allem: Wie verhielten sich meine Kollegen auf dem Spielfeld? All das speicherte ich ab. Eine Eigenschaft, die ich wohl von meinem Vater geerbt habe. Wenn wir früher mit der Familie in den Urlaub fuhren, konnte sich mein Vater stundenlang an einen See setzen und seine Mitmenschen beobachten. Ich tat es ihm gleich. Wenn ich in späteren Jahren mit meiner Frau oder mit Freunden ans Meer fuhr, setzte ich mich einfach in ein Café am Hafen und beobachtete die Fischer bei der Arbeit. Waren die Fische an Land verladen, wollte ich natürlich wissen, was jetzt mit ihnen geschah. Ich marschierte einfach den Lastwagen nach. Mehr als einmal mussten mich verwunderte Arbeiter freundlich darauf hinweisen, doch bitte ihre Lagerhalle zu verlassen – ich war den Fischen bis zum Fließband gefolgt.

Aus all meinen Beobachtungen mischte ich mir mein eigenes Rezept für die ideale Vorbereitung auf ein Spiel zusammen. Noch Jahre später schluckte ich beispielsweise kurz vor dem Spiel zwei Aspirin, weil mir irgendjemand mal verraten hatte, dass das gut für die Blutverdünnung sei. Ich trainierte wie ein Profi, ich verhielt mich wie ein Profi, ich war sogar laut Vertrag ein echter Profi. Doch meine Feuertaufe stand immer noch aus.

Bis zum 6. März 1982, dem 24. Spieltag der Saison 1981/82.

Ausgerechnet die Verletzung meines väterlichen Freundes und Förderers Winnie Hannes sollte mir meinen ersten Einsatz in der Fußball-Bundesliga ermöglichen. Weil sich neben dem schwer verletzten Jürgen Fleer nun auch noch Winnie krank gemeldet hatte, blieb Jupp Heynckes gar nichts anderes übrig, als mich für das Auswärtsspiel gegen den 1. FC Nürnberg aufzubieten. Natürlich musste ich am Abend vor dem Spiel meine Eltern anrufen. »Jung, da wolltest du doch hin. Jetzt hau dich rein«, riet mein Vater. Meiner Mutter fiel fast der Hörer aus der Hand, so verschwitzt waren ihre Hände. Wenigstens war ich mit meiner Aufregung nicht allein.

Samstag, 15:30 Uhr im Städtischen Stadion zu Nürnberg. Mein Debüt. Kargus, Täuber, Eder, Reinhardt, Lieberwirth, Hintermaier, Schöll, Brunner, Heidenreich, Heck, Dreßel auf der einen Seite, Kleff, Schäffer, Bruns, Matthäus, Schmider, Bödeker, Rahn, Pinkall, Wuttke, Mill und Borowka auf der anderen. Wir erwischten einen furchtbaren Start. Nach neun Minuten traf Nürnbergs Reinhold Hintermaier zum 0:1, 120 Sekunden später flankte Jürgen Täuber scharf in unseren Strafraum, ich grätschte dazwischen und lenkte den Ball ins eigene Tor. 0:2 nach elf Minuten unter gütiger Mithilfe des 19-jährigen Debütanten. Ich hätte mich am liebsten an der Eckfahne selbst eingebuddelt. Zwar schafften wir durch zwei Treffer von Kurt Pinkall eine Viertelstunde vor Schluss noch den 2:2-Ausgleich, doch ein Elfmetertor von Nürnbergs Horst Weyerich sorgte schließlich für die Entscheidung. Trotz des Eigentores hatte ich meine Sache ganz anständig gemacht, aber was spielte das schon für eine Rolle? Wir hatten 2:3 verloren und das vielleicht wichtigste Spiel der Saison stand jetzt erst noch vor der Tür.

Duelle gegen den 1. FC Köln sind keine normalen Spiele, wenn man es mit Borussia Mönchengladbach hält. Fußball-Deutschland hat seine Derbys Schalke gegen Dortmund, 1860 München gegen die Bayern, Hamburg gegen Bremen – und eben Köln gegen Gladbach. An jenem 25. Spieltag war es mal wieder so weit. Am Bökelberg empfingen wir die zu diesem Zeitpunkt auf Platz zwei stehenden Erzfeinde aus Köln. Winnie Hannes war wieder genesen, doch ich durfte meinen Platz in der Stammelf behalten. Dafür musste Bernd Schmider wieder mit der Ersatzbank vorlieb nehmen.

Es ist für Außenstehende schwer zu verstehen, wie aufgeladen die Stimmung vor so einem wichtigen Derby ist. In der Woche vor dem Spiel gegen die Kölner wurde in unseren Trainingseinheiten nur sehr wenig gelacht. In den Übungsspielchen flogen bereits die Fetzen, in den Zweikämpfen ging es äußerst hart zur Sache, der Testosteronspiegel einiger Spieler erreichte bedenkliche Werte. Am Morgen vor dem Spiel war Jupp Heynckes der Torero und wir seine Meute wild gewordener Stiere. Jetzt ging es nur noch darum, seine Gegenspieler so hart wie möglich zu erwischen – und natürlich zu gewinnen.

Mein Gegenspieler hieß Tony Woodcock, der englische Nationalspieler war längst eine Attraktion in der Bundesliga. Ich versuchte das Problem auf meine Weise zu lösen und nahm bei Tony zwei, dreimal ordentlich Maß. Nie werde ich den kurzen Wortwechsel vergessen, den ich kurz vor der Halbzeit zwischen Woodcock und Winnie Hannes belauschen durfte. »Winnie«, sagte Tony mit seinem drolligen Akzent, »was ist denn das für einer?« Winnie antwortete nur:

»Mit dem möchte ich auch keinen Ärger haben ...« Ersparen wir uns den weiteren Spielverlauf. Wieder machte ich ein ordentliches Spiel, wieder verloren wir. Diesmal mit 0:2 durch einen Treffer von Stephan Engels und einem herrlichen Lupfer von Pierre Littbarski. Eine Niederlage gegen den großen Konkurrenten, das tat mehr weh als jede Trainingsgrätsche von Hans-Günter Bruns. So eine Derby-Pleite, das musste ich bald erkennen, kann dir in Mönchengladbach viele Wochen versauen. Wir Spieler mieden nach dieser Schmach die Kneipen und Cafés in der Innenstadt, selbst beim Brötchenholen spürte ich die enttäuschten Blicke der Bäckersfrau. Als wir wenige Tage nach dem Spiel auf einem Ausweichplatz in Mönchengladbach-Holt trainieren mussten, pfiffen uns sogar die Dachdecker auf den nahen Baugerüsten gnadenlos aus.

Meine persönliche Bilanz als Bundesligaspieler war verheerend. Zwei Spiele, zwei Niederlagen, darunter eine gegen den 1. FC Köln. Und es wurde noch schlimmer. Auch in den beiden darauf folgenden Partien gegen Eintracht Frankfurt und den Hamburger SV schlichen wir am Ende als Verlierer vom Platz. Am 27. Spieltag, nur eineinhalb Monate nachdem die Borussia noch auf Platz zwei gestanden hatte, waren wir auf Rang sieben zurückgefallen. Natürlich stellte ich mir die Frage: Lag es an mir, dass plötzlich alles schiefging? War es meine fehlende Routine, die der Mannschaft das Siegen nicht mehr möglich machte? Schwachsinn, sagten meine Mitspieler. Schwachsinn, sagte auch mein Trainer. Trotz der Pleiten hatte ich meine Aufgaben erledigt, war gerannt und gegrätscht, hatte das getan, was man von mir verlangte. Und, Gott sei Dank, im fünften Spiel als Profi durfte ich dann endlich auch mal einen Sieg bejubeln. Ein schnödes 1:0 gegen den MSV Duisburg (der nach dieser Saison als Tabellenletzter in die Zweite Bundesliga absteigen musste) beendete meine gruselige Niederlagenserie. Dass der einzige Treffer des Spiels in der 82. Minute durch den Duisburger Frank Saborowski gefallen war, interessierte mich anschließend nicht die Bohne.

Einem 0:0 gegen den VfB Stuttgart folgte am 30. Spieltag ein

4:2-Sieg gegen den VfL Bochum. Eine Woche später empfing uns Arminia Bielefeld, und natürlich konnte ich vor Spielbeginn nicht ahnen, dass diese Partie meine letzte in der laufenden Saison sein würde.

Es gibt ein Foto von diesem 32. Spieltag in Bielefeld. Es zeigt mich Rotz und Wasser heulend, das Gesicht tief eingegraben in die Jacke von Co-Trainer Wolf Werner. Ein 19-jähriges Milchgesicht, das glaubt, soeben einen Blick in die Hölle geworfen zu haben. Das noch nicht weiß, was das Leben so alles an Schicksalsschlägen noch bereithält. Es zeigt den achtfachen Bundesligaspieler Uli Borowka, der soeben die erste und einzige Rote Karte seines Lebens gesehen hat.

Was war passiert? Eine Halbzeit lang hatten wir uns in der Defensive redlich gegen die offensivstarken Bielefelder bemüht, die, angeführt vom späteren Gladbacher Ewald Lienen, das Spiel eindeutig im Griff hatten. Meinen Gegenspieler Herbert Reiss, ein flinker Angreifer, hatte ich mehrfach nur durch Fouls bremsen können und war von Schiedsrichter Norbert Brückner aus Berlin dafür bereits mit der Gelben Karte verwarnt worden. Eine Minute war nach Wiederanpfiff gespielt, als ich erneut zu spät kam und Reiss mit einer heftigen Grätsche am rechten Knöchel erwischte. Schiri Brückner zeigte mir die Rote Karte.

Platzverweis. In meiner ersten Saison, in meinem achten Saisonspiel. Zu einem Zeitpunkt, als ich mich gerade in die Stammelf vorgekämpft hatte. Schluchzend hing ich dem armen Wolf Werner an der Schulter und klagte der Welt mein Leid. In Unterzahl verloren wir noch mit sage und schreibe 0:5. Eine furchtbare Klatsche, die zumindest meine Saison beendete. Das DFB-Sportgericht verurteilte mich für meinen Platzverweis zu drei Spielen Sperre. Und schon wieder sah ich meine noch junge Karriere an einem seidenen Faden hängen.

FAHRER VON MATTHÄUS

Mein Kumpel Lothar

Es würde zu weit führen, wenn ich behaupten würde, dass es im Fußball keine Freundschaften geben kann. Natürlich entstanden auch bei mir im Laufe der Jahre gute Bekanntschaften zu einigen meiner Mitspieler. Als Fußballprofi lebst du in einer Art Kokon. Wenn man nicht gerade ein anderes Hobby oder viele Freunde aus der Schulzeit mit in das Erwachsendasein gerettet hat, kommt man zwangsläufig hauptsächlich mit anderen Fußballern in Kontakt. Einer meiner engsten Bekannten in den Gladbacher Jahren war Lothar Matthäus. Lothar und ich wurden sogar Freunde, auch wenn Fußballer-Freundschaften schon eine Sache für sich sind. Das Geschäft ist schnelllebig und dein Freund kann im nächsten Moment schon wieder dein Konkurrent sein, das ist eine ganz ungesunde Konstellation, um Freundschaften auch zu vertiefen. Viele meiner Beziehungen zu anderen Spielern waren doch sehr oberflächlich.

Bei Lothar und mir war es, jedenfalls eine Zeit lang, etwas intensiver. Nachdem er zu Beginn der neuen Saison 1982/83 mit seinem schicken weißen Mercedes in seiner Heimatstadt Erlangen etwas angeheitert in Nachbars Vorgarten gebraust war – und dadurch natürlich seinen Führerschein verlor – lernten wir uns besser kennen. Ich wurde nämlich zu einer Art Privatchauffeur für unseren Mittelfelddirigenten. Vor dem Training holte ich ihn ab, nach dem Training fuhr ich ihn wieder nach Hause, und nicht selten blieb ich zum Abendessen bei Lothar und seiner damaligen Frau Sylvia. Schöne Abende waren das, an denen wir natürlich über Fußball sprachen, den nächsten Gegner, unsere Mitspieler, Zukunftspläne und mögliche Ausflugsziele für einen gemeinsamen Urlaub. Fußballerisch war mir Lothar, obwohl nur ein Jahr älter, um Jahre voraus. Schon mit Anfang 20 spielte er eine wichtige Rolle in der Nationalmannschaft, bei der Borussia war er längst unverzichtbar geworden. Ob im Training oder am Wochenende im Punktspiel: Wenn Lothar in Ballbesitz war, staunte ich Bauklötze. Eine solche Physis, eine solche Dynamik in ihrem Spiel hatten in diesen Jahren nur ganz wenige Fußballer in Deutschland. Lothar hatte die besondere Gabe, Spielszenen vorauszusehen, was ihn im zentralen Mittelfeld zum Dreh- und Angelpunkt unseres Spiels machte. Ich war weiterhin ein einfacher Arbeiter, mein Spiel lebte von Einsatz und Kampfbereitschaft, Lothar hatte da ganz andere Möglichkeiten in seinem Spiel.

Auf dem Fußballplatz war ich ein Bewunderer, abseits des Rasens waren wir auf einer Wellenlänge. Mit jedem Abendessen und jeder gemeinsamen Autofahrt vertiefte sich unsere Freundschaft, auch wenn sie doch nur an der Oberfläche kratzte.

Weiterhin hatte ich nichts anderes im Kopf als Fußball. Fußballfremde Hobbys? Fehlanzeige. Ich ging ins Kino, ich kaufte ab und an eine neue Platte, ich ging gerne ins argentinische Steak-Restaurant (dessen Besitzer Ernesto bald zu einem Freund wurde), aber ansonsten bestimmte der Sport meinen Alltag. Gegen so viel Fußballverrücktheit hatte Jupp Heynckes natürlich nichts einzuwenden. Im Gegenteil. Vor jeder neuen Saison gab er uns jungen Spielern den gleichen Rat: »Bildet euch weiter! Schaut Fußball, so oft ihr nur könnt. Geht ins Stadion, beobachtet die Kollegen, vergleicht euer Spiel mit dem der Routiniers.« Fortbildung für Fußballprofis, dagegen hatte ich nichts einzuwenden. Wenn es der Spielplan zuließ, besorgte ich mir Karten für die Stadien der Konkurrenz und tat das, was Zehntausende Fans auch taten: Ich schaute Fußball. Einen denkwürdigen Nachmittag erlebte ich am 6. November 1982. Einen Tag zuvor, an einem Freitag, hatten wir am Bökelberg mit 3:0 gegen Eintracht Braunschweig gewonnen, den Samstag nutzte ich ganz professionell und fuhr ins Dortmunder Westfalenstadion, um mir den Auftritt des BVB gegen Arminia Bielefeld anzuschauen. Nach der Führung durch den Bielefelder Frank Pagelsdorf schossen Burgsmüller, Abramczik, Klotz, Raducanu und Huber gemeinsam noch sage und schreibe elf Tore, welch eine Schmach für die Arminia! Das 1:11 beim BVB ist bis heute die dritthöchste Niederlage der Bundesligageschichte. Als Abwehrspieler gab es für mich an diesem Tag nicht wirklich viel zu lernen …

Karten spielen war noch die einzige Beschäftigung, der ich außerhalb des Fußballplatzes regelmäßig nachging. Als Fußballer in den achtziger Jahren wurdest du zwangsläufig zum Kartenspieler angelernt, auf den langen Fahrten zu den Auswärtsspielen gab es wenig Alternativen, um die Zeit totzuschlagen. Und wer weihte mich ein in die hohe Kunst der Kartenspiele? Natürlich Wolfgang Kleff. Wolfgang brachte mir auch Backgammon bei, das Lieblingsspiel unserer Defensivabteilung um Libero Hans-Günter Bruns, Frank Schäffer und Bernd Schmider. Dieses Trio war es auch, dass vor dem achten Spieltag in dieser Saison von Jupp Heynckes für seine Leidenschaft hart bestraft wurde. Weil unser Trainer schließlich herausgefunden hatte, dass Hans-Günter, Frank und Bernd vor der 2:4-Auswärtspleite gegen Arminia Bielefeld bis nachts um drei Backgammon gespielt hatten – natürlich um Geld –, machte er kurzen Prozess und setzte die »Backgammon-Sünder« am darauf folgenden Spieltag gegen Eintracht Frankfurt auf die Tribüne. Spielsperre wegen Backgammon, das konnte es nur bei der Borussia geben. Jetzt kann ich es ja sagen: Auch ich war damals Teil dieser Zockerrunde! Als es an unserer Tür klopfte, war ich es, der öffnete. Weil ich allerdings sofort erfasste, wer der unangekündigte Besucher war, war ich blitzschnell hinter die Tür gesprungen – und wurde so von Jupp Heynckes schlichtweg übersehen.

Jupp Heynckes konnte man ohnehin nichts vormachen. Er schien eine Art dritten Sinn für seine Spieler zu haben. Wenn wir am Abend vorher mal ein wenig zu tief ins Glas geschaut hatten, brauchte uns Jupp vor dem Training nur kurz in die Augen zu sehen und schon wusste er genau, wann wir im Bett gewesen waren. Diese Menschenkenntnis war fast schon unheimlich, für einen erfolgreichen Trainer allerdings unentbehrlich.

Und dank dieses Einfühlungsvermögens startete ich als Stammspieler in die Saison 1982/83. Wenn auch nicht so, wie ich mir das vorgestellt hatte. Zum Auftakt in die neue Spielzeit empfing uns Schalke 04 im heimischen Parkstadion. Die Schalker waren damals eine Attraktion in der Liga, jedenfalls frisurentechnisch. Die drei Glatzenträger Manfred Drexler, Hubert Clute-Simon und Ulrich Bittcher konnte man schon aus weiter Ferne an den glänzenden Fleischmützen erkennen. Durch Tore von Matthäus, Kurt Pinkall und Wolfram Wuttke führten wir nach 55 Minuten bereits mit 3:0, und ich genoss einen äußerst gemütlichen Nachmittag. Nach einer Stunde verabschiedete sich mit Clute-Simon der erste Glatzenmann, Schalkes Trainer Siggi Held schickte dafür Ilyas Tüfekci auf den Platz, einen nur 1,64 Meter großen Türken. Am Seitenrand sah ich Jupp Heynckes auf und ab hüpfen, trotz der beruhigenden Führung wild gestikulierend. »Uliii«, brüllte mein Trainer, »das ist deiner« – er zeigte auf Tüfekci – »pass bloß auf!« Ich hob den Daumen. Gegen dieses halbe Hemd sollte das kein Problem sein. Was soll ich sagen? Innerhalb von nur drei Minuten hatte das halbe Hemd mir einen Knoten in die Beine gespielt und zwei Tore erzielt. Jetzt war auf Schalke aber der Teufel los! Mit Müh und Not und einem späten Tor von Hans-Günter Bruns retteten wir den Sieg über die Zeit. 4:2-Erfolg hin oder her, in der Kabine bekam ich trotzdem erst einmal mein Fett weg.

Ein Sieg zum Saisonauftakt, das war es dann aber auch beinahe mit den Erfolgsgeschichten in dieser Saison. Von den 17 Spielen der Hinrunde verloren wir elf, zur Winterpause standen wir auf Platz zwölf. Die Abstiegsplätze waren näher als uns lieb war. Entsprechend angespannt war die Stimmung. Immerhin: Wir gerieten trotz der schlechten Stimmung nicht in Panik. Was ganz sicher auch daran lag, dass es Jupp Heynckes in den Jahren zuvor gelungen war, aus der Mannschaft eine echte Einheit zu formen. Diese Einheit hatte ihre Rituale, und die galt es zu pflegen. Vor Heimspielen lief bei uns immer das gleiche Programm ab. Einen Tag vor dem Spiel trainierten wir vormittags auf Platz 11 und bezogen dann das Parkhotel in Süchteln, ein Haus, das mich jedes Mal an die Villa Kunterbunt von Pippi Langstrumpf erinnerte. Rudi, der Oberkellner, begrüßte uns stets an der Rezeption, um seinen Hals hing die obligatorische schwarze Fliege. Beim Mittagessen luden wir uns ordentlich die Teller voll, Nasi Goreng, Hähnchenkeule, Cordon Bleu, dazu vielleicht noch eine Käseplatte – alles, was schmeckte, war auch erlaubt. Anschließend ging es auf die Zimmer zur Mittagsruhe, entspannte Stunden, die in späteren Jahren lediglich durch Ewald Lienen gestört wurden. »Müsli-Ewald«, wie wir ihn nannten, fühlte sich berufen, vor allem uns jüngere Spieler von den angeblich unschlagbaren Vorteilen eines frisch gemahlenen Müslis zu überzeugen. Gesunder Ernährung war ich als Leistungssportler natürlich nicht generell abgeneigt, aber Ewald ging mir damals doch ziemlich auf den Keks. Während wir anderen versuchten, ein kleines Mittagsschläfchen zu halten, röhrte aus Ewalds Zimmer die mitgebrachte Müsli-Maschine. Wie viele schlechte Träume dieses Teil ausgelöst hat, möchte ich gar nicht wissen.

Nach der Mittagsruhe folgte der wichtigste Teil unserer Heimspielvorbereitung: Gemeinsam fuhren wir durch den Süchtelner Wald zu der dort gelegenen Natur-Minigolfbahn, bestellten Kaffee und Kuchen und spielten mit der gesamten Mannschaft. Natürlich mit Strichliste, die sorgfältig gepflegt und ausgewertet wurde. Von den regelmäßigen Besuchen auf der Minigolfbahn profitiere ich als leidenschaftlicher Golfer noch heute. Dieses Ritual ließen wir uns nie nehmen, ob es nun in Strömen regnete, oder wir erst mit Schaufeln die Schneemassen von der Bahn räumen mussten. Am frühen Abend versammelten wir uns zum Abendessen im Parkhotel, und wer dann noch wollte, hatte bis halb elf Ausgang, um in Mönchengladbach ins Kino zu gehen. Der frühe Zapfenstreich provozierte jedes Mal eine ziemlich riskante Raserei auf der Autobahn, schließlich endeten die meisten Filme erst um kurz nach zehn. Auf den Schock ging es meistens noch zu Mutter Marie, der guten Seele und Hotelchefin, die uns selbst zu so später Stunde in der Hotelküche dicke Stullen schmierte, die anschließend mit einem Gläschen Aquavit und einer Flasche Bier heruntergespült wurden. Wer für das Spiel am kommenden Tag auf Nummer sicher gehen wollte, mixte sich noch eine ganz spezielle Energiebombe: Eine Flasche Rotwein, verrührt mit zehn Eiern und Traubenzucker. Wir Fußballer hielten das damals für ein unschlagbares Gesöff, der Rotwein-Eier-Zucker-Mix war quasi unser ganz eigener Zaubertrank.

Irgendwann war auch für uns Schlafenszeit. Die nächtliche Ruhe vor dem Spieltag hatte in all den Jahren eine Modenschau der ganz besonderen Art zur Folge. Amateurmodel Uli Borowka präsentierte unter dem Gejohle der Mitspieler den vermutlich hässlichsten Schlafanzug, der jemals von einem Profifußballer getragen wurde. Ein fesches Frotteehöschen kombiniert mit einem orangenem Oberteil. Dass ich dieses furchtbare Teil trug, war noch so ein Ritual in unserer Mannschaft. Und als ich 1987 zu Werder Bremen wechselte, nagelte mein Kumpel Bernd Krauss den Schlafanzug an die Wand in meinem Hotelzimmer. Vielleicht hängt er da immer noch – als abschreckendes Beispiel für all die Borussen, die nach mir die Villa Kunterbunt im Süchtelner Wald bezogen …

Trotz Minigolf, trotz Mutter Marie, trotz Schlafanzug – in der Saison 1982/83 war einfach der Wurm drin. In der Liga kämpften wir gegen den Abstieg, und im DFB-Pokal zerstörte ausgerechnet ein Zweitligist aus Köln unsere Träume vom Finale. Nach Siegen gegen den VfB Wissen, Union Solingen und Waldhof Mannheim trafen wir im Viertelfinale auf Fortuna Köln. Gegen die Mannschaft von Trainer Martin Luppen saß ich zunächst nur auf der Bank, doch als uns Frank Mill mit zwei Toren in Führung geschossen hatte, schickte mich Jupp

Heynckes nach 50 Minuten für Armin Veh aufs Feld, um den Sieg über die Zeit zu retten. Ich hatte einen fürchterlichen Tag erwischt, verschuldete das 1:2 durch Gerd Zimmermann und musste mit ansehen, wie Bernd Grabosch nach 73 Minuten auch noch der Ausgleich gelang. Unentschieden, das hatte 1983 ein Wiederholungsspiel zur Folge. Am 8. März trafen wir uns wieder, diesmal stand ich in der Startformation. Es half alles nichts: Fortunas Sturmhüne Dieter Schatzschneider, der nach dieser Saison zum frisch gebackenen Deutschen Meister nach Hamburg wechseln sollte, schenkte uns zwei Tore ein, der Treffer von Lothar Matthäus war zu wenig. Wir schieden aus. Tagelang machte ich mir schlimme Vorwürfe, schließlich war der lange Schatzschneider mein Gegenspieler gewesen.

Im Pokal gescheitert, in der Bundesliga immer am Rand des Abgrunds, diese Saison ging uns allen an die Nerven. Es war mein Glück, als junger Spieler neben so erfahrenen Kollegen wie Winnie Hannes oder Bernd Schmider zu spielen. Die Routiniers gaben mir Halt. Auf dem Platz und auch abseits des Rasens. Vor allem Bernd Schmider hatte für mich immer ein offenes Ohr, seine ruhige und ausgeglichene Art ließ mich trotz der sportlich angespannten Lage nicht in Panik verfallen. Auch das ist ein Geheimnis von gut funktionierenden Mannschaften: erfahrene Spieler mit Charakter, die ihr Wissen zum Wohl der Gruppe mit den internen Konkurrenten teilen. Unser Pech war es, dass ausgerechnet diese Eckpfeiler in der Saison 1982/83 regelmäßig wegbrachen. Die Ausfälle von Libero Hans-Günter Bruns und Kapitän Winnie Hannes, die beide verletzungsbedingt wochenlang nicht zur Verfügung standen, machten sich bemerkbar. Zwar schossen wir in dieser Spielzeit 64 Tore, kassierten allerdings auch 63 Gegentreffer. Langweilig wurde es unseren Fans jedenfalls nie. Auch ich verletzte mich Ende April schwer und fiel für die letzten fünf Saisonspiele aus. Von der Tribüne aus sah ich meine Kollegen, wie sie in den beiden letzten Spielen zweimal gewannen (darunter ein verrücktes 6:4 gegen Borussia Dortmund) und den Klassenerhalt schließlich mit 28:40 Punkten sicherten. Den ersten sportlichen Überlebenskampf meiner Karriere hatte ich also noch einmal glimpflich überstanden.

TAGESBERICHT, Fachklinik Fredeburg

19. März 2000
Samstagmorgen hörte ich den Arztbericht über Alkohol und Zigaretten, die das Herz angreifen. Nachmittags ging ich mit Herbert in die Werkstatt, um mir ein paar Vorlagen über Fensterbilder anzuschauen. Ich zeichnete zwei Bilder vor. Die beiden Bilder sollen für meine Kinder sein. Ich telefonierte mit meiner Frau. Das Gespräch war sehr gut. Nach langer Zeit konnten wir uns wieder vernünftig unterhalten. Meine Frau fragte, ob ich es denn wirklich sei, der da am Telefon ist. Dann schaute ich später Fußball (was richtig gut tat) und den Spielfilm. Am Sonntag war ich dann wieder in der Werkstatt. Es machte richtig Spaß, etwas Neues anzufangen. Die Gespräche mit meiner Frau werden von Tag zu Tag besser, weil ich mich endlich mal ruhig und vernünftig ausdrücken kann. Ich konnte meine Frau sogar davon überzeugen, dass sie co-abhängig war und ist. Sogar meine beiden Kinder fragten mich, wie es mir geht und was ich tagsüber mache.

POKALENDSPIEL IN DER PLASTIKWANNE

Das legendäre Finale gegen die Bayern

Zwei Jahre waren vergangen, seit ich inmitten der Rauchschwaden aus der Pfeife unseres Managers Helmut Grashoff meinen ersten Vertrag als Fußballprofi unterschrieben hatte. Nun saß ich erneut mit meinem Trainer und Grashoff an einem Tisch, und wieder musste der gewiefte Manager nicht lange mit mir verhandeln. Ich unterschrieb einen Zweijahresvertrag mit 4000 DM Grundgehalt pro Monat und einer Jahresleistungsprämie von 40 000 DM. Die, so stand es im Vertrag, würde es allerdings nur geben, wenn ich mindestens 30 Pflichtspiele pro Saison absolvieren würde. 40 000 DM, ein stattliches Sümmchen – jedenfalls für mich. Unsere Topverdiener Matthäus, Kleff oder Hannes verdienten als Nationalspieler damals schon mehrere 100 000 DM pro Jahr.

Mit dem neuen Gehalt gönnte ich mir einen kleinen Luxus, der heute wohl als ästhetisches Verbrechen bezeichnet werden muss: Mein neuer fuchsia-metallic-farbener BMW 323 sorgte jedenfalls für einen Farbklecks der besonderen Art auf den Straßen von Mönchengladbach.

Zeit genug, mein neues Auto der Öffentlichkeit zu präsentieren,

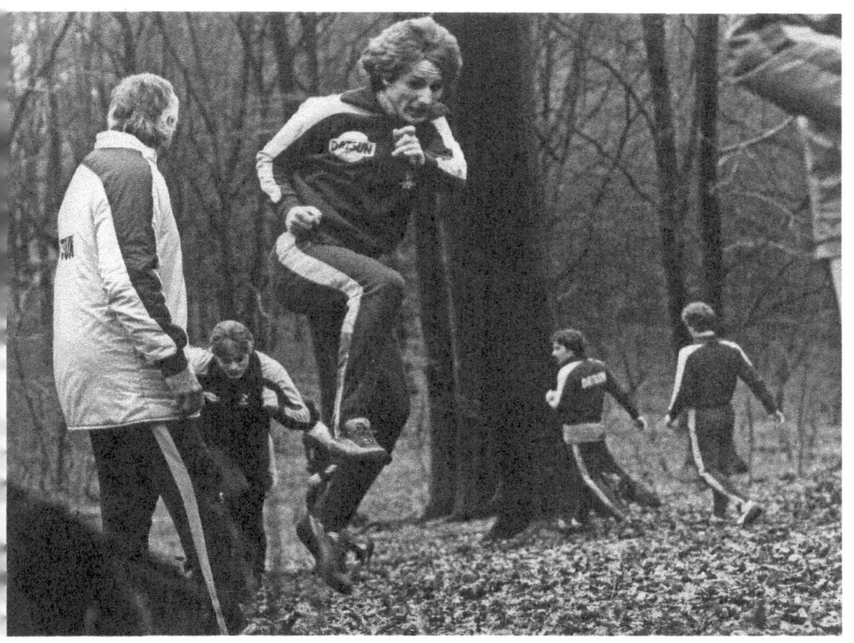

Das gefürchtete Training auf den Süchtelner Höhen unter der Leitung des ehemaligen Zehnkämpfers Karl-Heinz Drygalsky (links). Frank Mill ist schon oben, ich gleich dahinter. Motto des Tages: Wir gehen erst, bis auch der Letzte gekotzt hat. © Horst Müller

hatte ich jedenfalls. Bereits am Ende der Vorsaison hatte ich mir im Training den Meniskus im rechten Knie gerissen, eine Verletzung, die heute relativ zügig behandelt und auskuriert werden kann, 1983 jedoch eine äußerst heikle Angelegenheit war. An einem Montag musste ich mich unter das Messer legen, erst am Freitag durfte ich mein Krankenbett wieder verlassen. Doch die größte Gefahr lauerte für einen Spieler von Borussia Mönchengladbach Anfang der achtziger Jahre außerhalb des Krankenhauses: Karl-Heinz Drygalski, unser Konditionstrainer, wartete sehnsüchtig auf jeden angeschlagenen Fußballer, um ihn mit seinen rabiaten Methoden wieder auf Vordermann zu bringen. Vor dem Mann hatte ich mehr Respekt als vor einer erneuten Meniskus-OP. Wenn er einen erstmal in seinem stahlharten Griff hatte, konnte man die folgenden Wochen mit 20-Kilo-schweren Hanteln die Treppen am Bökelberg rauf- und runterrennen. Hatte man das Spezialtraining dann überstanden, war man zwar fit wie ein Triathlet, fühlte sich aber, als wenn man soeben seinem Folterknecht entkommen wäre. Ich setzte alles daran, um nicht in diese Einzelhaft zu kommen, und tatsächlich reichte mein Fitnessstand nach der Operation, um mich in der Reha und mit der Mannschaft langsam an die Bestform heranzutasten.

Doch bis es so weit war, musste ich mich in Geduld üben. Eine fürchterliche Qual für einen jungen Spieler! Es dauerte bis zum siebten Spieltag der Saison 1983/84, ehe mich Jupp Heynckes beim Stand von 0:0 in der 88. Minute gegen den VfB Stuttgart einwechselte. Als ich für Winfried Schäfer auf den Rasen lief, war ich mir sicher, nun wieder fester Bestandteil der Mannschaft zu sein. Von wegen. Weitere sieben Spieltage sollten vergehen, ehe ich am 14. Spieltag gegen Borussia Dortmund mein erstes Spiel über 90 Minuten absolvieren durfte. Und obwohl wir mit 2:1 gewannen, ließ mich Heynckes schon in der nächsten Partie wieder auf der Bank, beim 3:1 gegen Bayer Leverkusen am 16. Spieltag wurde ich lediglich eine Viertelstunde vor Schluss eingewechselt. 107 Spielminuten, so lange dauerte meine ganz persönliche Hinrunde.

Ich nutzte die Winterpause, um mich endlich wieder ins Team zurückzukämpfen. Derweil tat sich einiges in meinem Kollegenkreis. Einer der Neulinge hieß Ewald Lienen, von seinem Müsli-Wahn habe ich bereits erzählt. Nach zwei Jahren in Bielefeld war Ewald zu Beginn der Saison nach Mönchengladbach zurückgekehrt. Ehrlich gesagt, wir konnten uns nicht wirklich leiden, dafür waren wir zu verschieden. Der Alt-Hippie und der Junge vom Dorf, das konnte nicht gut gehen. Ewald tat auch einiges dafür, um seinem Image als Querkopf gerecht zu werden. Wenn wir mit der Mannschaft im Parkhotel zu Abend aßen und uns die dampfende Suppe serviert wurde, spielte sich regelmäßig folgendes Schauspiel ab: Lienen rief Rudi, den Kellner, und maulte: »Da sind Fettaugen in meiner Suppe, die will ich nicht!« Rudi nahm die Suppe, drehte eine Runde durch die Küche und stellte den Teller wieder ab. »So ist es besser«, rief Ewald und fing endlich an, die Suppe zu löffeln. Überflüssig zu erwähnen, dass Rudi natürlich nicht einmal versucht hatte, die Fettaugen abzuschöpfen. Unverständlich fand ich auch Ewalds Verhalten in Bezug auf Autogrammkarten. Für die kleinen Jungs, die uns vor oder nach dem Training um eine Unterschrift baten, gab es nichts Schöneres, als mit einem Autogramm ihrer Helden wieder nach Hause zu kommen. Nicht mit Ewald. Lang und breit versuchte er den Kindern zu erklären, dass die Unterschrift eines einzelnen Individuums nicht mit seinem moralischen Verständnis vereinbar sei und er deshalb kein Autogramm geben könne. Bis er mit seinen Erläuterungen fertig war, hatten die Kleinen längst Tränen in den Augen.

Die wichtigste Gladbacher Personalie in dieser Saison war ohne Frage allerdings eine andere: Lothar Matthäus, unser Superstar, mein Freund, befand sich auf Abschiedstournee. Nach fünf Jahren bei Borussia Mönchengladbach würde Lothar zu den Bayern wechseln, das erfuhren wir im Frühjahr 1984. Was für ein unnötiger Wechsel! Nicht für Lothar, der den nächsten Schritt in seiner beginnenden Weltkarriere tat, sondern für Borussia Mönchengladbach. Der Club verlor seinen besten Spieler, weil es die Vereinsführung einfach versäumt hatte, sich rechtzeitig mit Matthäus an einen Tisch zu setzen. Ich kannte Lothar inzwischen recht gut, natürlich sprachen wir auch über seine Zukunft. Er fühlte sich pudelwohl in Mönchengladbach, er hatte nicht vor, den Verein schon jetzt zu verlassen. Auch Geld spielte keine so wichtige Rolle, wie das viele vielleicht vermuten würden. Lothar verdiente in Mönchengladbach gut, ein neuer Vertrag mit leicht verbesserten Konditionen hätte ihn wahrscheinlich zum Bleiben bewegt. Doch dafür war die Borussia nicht geschickt genug. Ein Beispiel für das diplomatische Unvermögen: An Lothars 23. Geburtstag schickte Bayern-Manager Uli Hoeneß eine Magnum-Flasche Sekt und einen Strauß Blumen ins Haus Matthäus. Die Verantwortlichen von Borussia Mönchengladbach vergaßen sogar, ihrem Mittelfeldregisseur zu gratulieren. Als das Angebot aus München kam, schlug er ein. Ein

Nackenschlag für uns alle. Und wer konnte zu diesem Zeitpunkt ahnen, was die Saison noch so alles für uns bereithielt.

Lothar wollte seinen Abschied vergolden, das merkten wir, das musste auch jeder Zuschauer merken. In der großartigen Saison 1983/84 spielte er für Borussia Mönchengladbach eine überragende Rolle. Wir fegten mit solch einem kraftvollen und gradlinigen Fußball durch die Bundesliga, dass es einfach Spaß machte, Teil dieser Mannschaft zu sein. Nach der Winterpause konnte auch ich wieder ins Geschehen eingreifen. Die Verletzung war auskuriert, ich hatte Vertrauen in mein Knie, die Leidenszeit war überstanden. So stark wie wir in der Liga spielten, präsentierten wir uns auch im DFB-Pokal. Fortuna Köln, Arminia Bielefeld, SpVgg Fürth und Hannover 96 waren keine große Hürde. Nun wartete im Halbfinale mit Werder Bremen der erste richtig schwere Brocken auf uns. Noch einmal musste ich auf der Ersatzbank Platz nehmen, Jupp Heynckes traute sich nicht, den frisch genesenen Jüngling in diesem wichtigen Spiel von Anfang an auf den Platz zu schicken. So wurde ich unfreiwillig Beobachter eines der besten Spiele in der Geschichte des Pokals. 1:0 Matthäus, 1:1 Norbert Meier, 2:1 Ringels, 3:1 Rahn, 3:2 Benno Möhlmann, 3:3 Wolfgang Sidka, 3:4 Uwe Reinders, 4:4 Hans-Jörg Criens.

Kurios die Szene in der 64. Minute. Hinter dem Tor von Uli Sude flog etwas auf den Rasen und nebelte den Strafraum ein. Eine Rauchbombe, nicht unbedingt angenehm für uns Spieler, aber Mitte der Achtziger keine Seltenheit in deutschen Stadien. Nur eine Rauchbombe? Von der Bank aus sah ich meine Mitspieler aus dem dichten Nebel angelaufen kommen, Uli Sude und Uwe Rahn, hart gesottene Burschen, hatten Tränen in den Augen. Mein erster Gedanke war: Was gibt es denn da zu heulen? Bis auch ich begriff, dass da tatsächlich jemand eine Tränengasgranate aufs Feld geschmissen hatte! Nach einer kurzen Unterbrechung konnte das Spiel fortgesetzt werden. Kurz vor dem Schlusspfiff hatte mich Jupp Heynckes endlich von der Leine gelassen, und weil in der regulären Spielzeit kein Sieger gefunden worden war, mussten wir in die Verlängerung. Welch ein Spiel!

107. Minute. Diese Szene, hundertmal in meinem Kopf wiederholt: Kurz hinter der Mittellinie bekomme ich auf der linken Seite den Ball, laufe einige Meter und schlage den Ball in die Mitte. Hans-Jörg Criens, der großartige Criens, weiß genau, welche Flugbahn meine Flanke nehmen wird, er rast dem Ball entgegen, ein Zucken mit dem Kopf und schon steht es 5:4 für uns. Die Entscheidung!

13 Minuten später hatten wir es geschafft. Werder geschlagen und das Pokalfinale erreicht. Jubelnd fielen wir uns in die Arme und mussten doch wenig später einen kleinen Schock verdauen: Den Weg vom Rasen in unsere Kabine zeichnete eine Blutspur, als wenn ein Metzger sein frisch geschlachtetes Schwein durch die Katakomben gezogen hätte. Folgendes war passiert: Kurz vor dem Schlusspfiff war der Ball noch einmal in unseren Strafraum geflogen, Torwart Uli Sude, unser baumlanger Stürmer Uwe Rahn und Bremens Riese Frank Neubarth waren gemeinsam in die Höhe gesprungen. Uli hatte nach dem Ball fausten wollen, dabei allerdings Uwes Kopf getroffen, der gegen den Schädel vom langen Neubarth und von da zurück in Ulis Gesicht geprallt war. Ergebnis: Trümmerbruch der Nase für Uwe Rahn, schlimme Platzwunden für Uli Sude und Kopfschmerzen für Frank Neubarth. Als wir die besudelte Kabine erreichten, war unser Vereinsarzt Dr. Alfred Gerhards, ein Künstler mit Nadel und Faden, bereits dabei, das verwundete Duo zu versorgen.

Was macht man nach so einem Spiel? Sich von den Kollegen verabschieden und einfach nach Hause fahren? Ging nicht, zu viel Adrenalin, zu viel Fußball im Kopf. Die Nacht zum Tage machen? Vier Tage später mussten wir bereits gegen Borussia Dortmund im Kampf um die Meisterschaft antreten, an die große Party war also nicht zu denken. Wie so häufig in diesen Gladbacher Jahren zogen wir gemeinsam spät am Abend noch zu unserem Stammlokal in der Gladbacher Innenstadt, einem Argentinier, der uns auch noch um Mitternacht ein leckeres Essen zauberte. Zwischen Steak und Altbier sprachen wir über das Spiel, die Tränengasgranate, die Verlängerung … Momente des Zusammenseins, Momente, die ich heute vermisse. Später, im

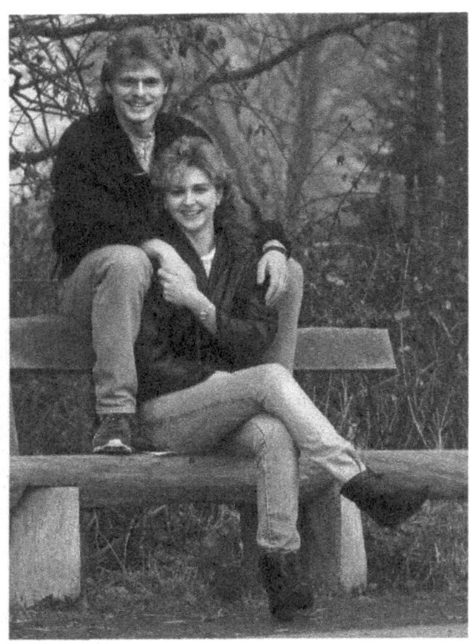

Im Herbst 1985 suche ich ein wenig Entspannung beim Waldspaziergang und treffe diese schöne Unbekannte. Im Ernst: Die Dame vor mir ist meine spätere Frau Carmen, die ich Anfang des Jahres 1984 kennengelernt hatte. © imago/Passage

Bett, lief wieder einmal mein Kopfkino auf Hochtouren. Erst nach dem Abspann fiel ich in den Schlaf.

Immerhin brauchte ich seit Anfang des Jahres 1984 nicht mehr alleine einzuschlafen. In einer Disco hatte ich sie kennengelernt und mich bald schwer verliebt: Carmen. Dass diese Beziehung später so brutal in die Brüche gehen sollte, konnte ich in diesen ersten rosa-roten Monaten natürlich nicht ahnen.

Nun stand ich also im ersten Pokalfinale meines Lebens und auch in der Meisterschaft waren wir weiter vorne mit dabei. Eine unnötige 1:2-Niederlage am 29. Spieltag gegen den Hamburger SV, einen der größten Konkurrenten im Rennen um den Titel, hatte uns zwar die kurzzeitig erkämpfte Tabellenführung gekostet, doch die Chance auf die Meisterschale war weiterhin gegeben. Müßig darüber zu streiten, warum es am Ende doch nur zu Rang drei reichte. War es die Niederlage gegen den HSV? Die 1:4-Klatsche am 31. Spieltag gegen Borussia Dortmund? Den neuen Deutschen Meister vom VfB Stuttgart hatten wir jedenfalls in der Rückrunde mit 2:1 bezwingen können, doch trotz der Stuttgarter 0:1-Niederlage gegen den HSV (der schlussendlich Zweiter wurde) war es der VfB, der nach 34 Spieltagen die Sektkorken knallen ließ. Punktgleich mit uns und dem HSV, allerdings sieben Tore besser als der schärfste Verfolger, wurden die Schwaben Deutscher Fußballmeister. Auf Rang vier landeten übrigens die Bayern – mit nur einem Punkt weniger.

Ein bitteres Saisonfinale, doch zur großen Staatstrauer blieb uns keine Zeit. Fünf Tage nach dem letzten Punktspiel (und gut zwei Wochen nach meinem ersten Bundesligator gegen Bayer Uerdingen) zogen wir Seite an Seite mit unserem Endspielgegner Bayern München ins Frankfurter Waldstadion ein. 61 000 Zuschauer begrüßten uns, ein sagenhaftes Gefühl, bei so einer Partie auf dem Rasen zu stehen! Mir schwitzten die Hände, ich hatte am ganzen Körper eine Gänsehaut – doch der schwierigste Teil meiner Arbeit lag noch vor mir. Mein Gegenspieler, Karl-Heinz Rummenigge. 1984 war er in der Bundesliga längst eine Legende, nach dieser Saison sollte er für zehn Millionen Mark zu Inter Mailand wechseln. Ihn hatte Jupp Heynckes mir zugeteilt. Vor dem Spiel schaute ich ihm tief in die Augen, dieser Weltklassemann sollte gleich wissen, dass ich vielleicht Respekt vor dem Menschen Rummenigge, nicht aber vor dem Sportler Rummenigge hatte.

Unser Trumpf hieß Lothar Matthäus. Das Pokalfinale gegen die Bayern sollte sein letztes Spiel für Borussia Mönchengladbach sein, ausgerechnet. Wenige Tage vor dem großen Tag hatten wir noch gemeinsam in seiner Wohnung gesessen und über das Endspiel gesprochen. »Uli«, hatte Lothar gesagt, »ich will mich hier mit einem Titel verabschieden!« Natürlich wollte er das – warum auch nicht? Alle Befürchtungen, Matthäus werde im Spiel gegen seinen neuen Arbeitgeber mit angezogener Handbremse spielen, empfanden wir Mitspieler als geradezu lächerlich.

Schiedsrichter Volker Roth pfiff das Spiel an. Gladbach gegen Bayern. Matthäus gegen die Zweifler. Ich gegen Karl-Heinz Rummenigge. Es gibt ein Foto von diesem Spiel, vermutlich zeigt es eine meiner bekanntesten Grätschen. Hübsch geschmückt mit dem damals noch todschicken Schnauzbärtchen unter der Nase nehme ich der Bayern-Legende den Ball ab und, wie es sich gehört, gebe ihm dabei noch einen satten Pferdekuss mit auf den Weg. Was musste ich mir nach dieser Aktion von Rummenigge anhören! Aber die Beschimpfungen nahm ich gerne in Kauf, denn danach hatte ich ihn voll im Griff. Lag es am verhinderten Goalgetter, dass die Bayern so schwerfällig ins Spiel kamen? Erst nach der 1:0-Führung durch Frank Mill in der 33. Minute kam die rote Lawine ins Rollen. Jetzt mussten wir in der Defensive Schwerstarbeit verrichten. Nach knapp einer Stunde ging Bayern-Trainer Udo Lattek volles Risiko und brachte mit Dieter Hoeneß einen zusätzlichen Stürmer. Lattek hätte auch einen Bulldozer aufs Feld schicken können, es hätte keinen Unterschied gemacht. Alle Verteidiger, die jemals Bekanntschaft mit dem Kraftpaket Hoeneß gemacht haben, werden wissen, wovon ich spreche. Noch heute höre ich die Körper von Winnie Hannes und Dieter Hoeneß aneinanderklatschen, wenn wieder ein hoher Ball in unseren Strafraum getreten wurde. Und doch war es nicht Dieter Hoeneß, der schließlich doch noch für die Bayern traf, sondern Wolfgang Dremmler. Einen Abpraller vom Pfosten haute Dremmler durch die Beine von Hans-Günter Bruns ins Netz. Acht Minuten vor dem Schlusspfiff. Welch ein Tiefschlag.

Verlängerung. Kurze Pause. Beine durchschütteln, trinken, Wasser ins Gesicht klatschen. Das Brüllen der Fans, die Stimmung im Stadion, die letzten Anweisungen des Trainers? Hörst du nicht mehr. Da ist nur noch ein Rauschen und dein Herzschlag, der dir sagt: Es geht weiter. Zweimal 15 Minuten Verlängerung in meinem ersten großen Finale, etwas weniger Dramatik wäre mir auch lieb gewesen. Und es war ja noch nicht vorbei. Weil auch in den zusätzlichen 30 Minuten kein Tor fiel, musste die Partie im Elfmeterschießen entschieden werden. Ein Szenario, dass wir vor dem Spiel zwar durchgegangen waren, ja sogar die möglichen Schützen hatte Jupp Heynckes ausgewählt, aber als es nun hart auf hart kam, waren von den fünf Schützen plötzlich nur noch drei in der Lage, an den Punkt zu gehen. Ich sah Jupp auf mich zukommen, sein fragender Blick und der Satz: »Kannst du schießen?« Ich war viel zu schlapp, um mich anständig aus der Sache herauszuwinden, also sagte ich einfach »Ja«. Mein Gott, was hatte ich nur getan! Jetzt war es zu spät für einen Rückzieher, als Schütze Nummer drei stand ich auf dem Zettel von Schiedsrichter Roth.

Der erste Elfmeter, dafür hatte Jupp unseren sichersten Mann ausgeguckt: Lothar Matthäus. Der Mann, der nach diesem Spiel zu den Bayern aus München wechseln würde. Mit meinen Mitspielern stand ich am Mittelkreis und musste das Drama hilflos mit ansehen: Wie Lothar anlief, gegen den Ball trat und die verdammte Kugel über das Tor von Jean-Marie Pfaff schoss. Eine Katastrophe. Aber noch waren wir ja nicht verloren. Sören Lerby für die Bayern – Tor. Kai-Erik Herlovsen für Mönchengladbach – Tor. Norbert Nachtweih – Tor. Uli Borowka.

Gut 40 Meter sind es vom Mittelkreis bis zum Elfmeterpunkt. 40 Meter Zeit für viel zu viele Gedanken. Sollte ich nach rechts, nach links, nach oben, nach unten schießen? Mit der Seite, Vollspann, gar mit der Pike? Ehrlich gesagt, ich wusste es nicht. Nicht auf den 40 Metern, nicht als ich mir den Ball zurechtlegte, nicht als ich anlief. Dann im letzten Moment der Befehl an meinen rechten Fuß: Vollspann, einfach drauf. Ein sagenhaft einfallsreicher Plan! Und doch hatte ich Glück: Durch die Beine von Pfaff überquerte der Ball die Linie, ein Glückstreffer, aber mehr hatte ich ja gar nicht gewollt.

Wolfgang Grobe für die Bayern – Tor. Hans-Günther Bruns – Tor. Klaus Augenthaler – Uli Sude hält! Inzwischen hatte ich einen neuen Beobachtungsplatz eingenommen: Zusammengekauert hockte ich in einem Wäschebottich, hinter mir unser Masseur Charly Stock, der mich schon einmal vorsorglich eng umklammert hatte.

Wilfried Hannes – 5:4 für uns! Karl-Heinz Rummenigge – 5:5. Hans-Jörg Criens – 6:5. Wolfgang Dremmler – 6:6. Michael Frontzeck – 7:6. Bernd Martin – 7:7. Norbert Ringels – Pfosten! Was für ein Drama. Jetzt sollte eigentlich Dieter Hoeneß schießen, doch eine kurze Ansage von Karl-Heinz Rummenigge änderte den Plan von Udo Lattek: Kalle schickte kurzerhand seinen jüngeren Bruder Michael nach vorne, der den Ball ganz lässig links an Uli Sude vorbei ins Netz legte.

8:7 für die Bayern, wir waren geschlagen, die Münchner DFB-Pokalsieger 1984. Kurz ging ich zu Lothar und legte meinem Kumpel den Arm um die Schulter, dann zog es mich wieder in meine hellblaue Wanne. 20 Minuten muss ich dort gesessen haben, wie ein Kind, das auf das Badewasser wartet. Ich sah meinen Gegenspieler Rummenigge den Pokal in die Höhe stemmen, ich sah die Bayern jubeln und meine Kollegen heulen. Ein beschissenes Gefühl. Nach einer halben Ewigkeit schlurften wir schließlich in die Kabine. Es war mucksmäuschenstill. Niemand sagte ein Wort. Was brauchte es auch schon Worte, wo wir soeben nicht nur die Meisterschaft, sondern auch den Pokal im letzten Moment aus den Händen gegeben hatten?

Mit dem Bus fuhren wir zurück nach Mönchengladbach. Im Restaurant »Zur Traube«, in Korschenbroich, war eigentlich alles für die große Party vorbereitet worden. Jetzt herrschte hier eine Stimmung wie nach einer Beerdigung. Damit nicht genug: Zu später Stunde entluden sich die aufgestauten Emotionen der vorangegangenen Wochen. Irgendein Gladbacher Vorstandsmitglied wagte es, Lothar Matthäus vorzuwerfen, er habe den Elfmeter extra verschossen, um sich bei seinem neuen Verein anzubiedern. Ich muss an dieser Stelle nicht erklären, welche Auswirkungen solche Äußerungen auf ein reizbares Gemüt wie das von Lothar haben können. Plötzlich war die Stimmung vergiftet, beinahe hätten beide Parteien den Streit mit Fäusten ausgetragen. Immerhin das konnten wir verhindern.

Nur wenige Tage später war die Bundesliga, der DFB-Pokal, Karl-Heinz Rummenigge, der ganze Stress der Saison 1983/84 weit, weit weg. Am Strand von Gran Canaria genossen Lothar und ich die Sonne. Gemeinsam mit unseren Frauen hatten wir die Reise schon vor Wochen gebucht. Wir sprachen nicht mehr über den Elfmeter, auch nicht über den Wechsel zum FC Bayern. Ich wagte es nicht, meinen Freund darauf anzusprechen, dafür war er noch zu sehr mitgenommen. Also starrten wir lieber aufs Meer. Ich dachte an die Borussia und er vielleicht an die Bayern. Nach der Reise trennten sich unsere Wege. Und ich bin nie wieder mit Lothar Matthäus in den Urlaub gefahren.

TAGESBERICHT, Fachklinik Fredeburg

20. März 2000
In der Team-Runde habe ich mich heute vorgestellt. Ich sollte zunächst als Erster beginnen, wurde dann aber nach hinten geschoben, weil mein Therapeut noch nicht da war. Das war nicht nachteilig, weil ich vorher die anderen Berichte hören konnte und dann besser wusste, wie ich mich verhalten konnte. Trotz alledem habe ich weiche Knie bekommen, obwohl ich vorher doch ganz ruhig war. Ich denke der Bericht war ganz in Ordnung. Nach dem Spaziergang waren wir noch in der Gruppe. Oliver erzählte von den Heimattagen, die Besuche außerhalb der Klinik, die man erst nach einer gewissen Zeit beantragen darf. Ich war schon etwas neidisch, habe mich aber auch gefreut für Oliver. Meine Frau erzählte mir heute, dass meine Tochter Irina gestern Abend geweint hätte. Sie wünscht sich, dass der Papa wieder daheim wäre, hat aber Sorgen und Angst, dass der ganze Ärger noch mal von vorne beginnt. Ich kann die Ängste meiner Familie jetzt schon ganz gut nachvollziehen. Noch ein Satz zu der ganzen Schreiberei: So viel habe ich noch nicht einmal in meiner ganzen Schulzeit geschrieben.

21. März 2000
Heute haben wir Hockey gespielt. Hat Spaß gemacht. Den richtigen Dreh habe ich im Moment aber nicht. Das betrifft das Laufen. Ich würde gerne in die Sauna gehen oder schwimmen. In der Gruppe gab es eine Meinungsverschiedenheit zwischen Dirk und Rüdiger. Am Abend telefonierte ich noch mit meiner Frau. Jeden Tag komme ich ihr einen kleinen Schritt näher.

22. März 2000
In der Werkstatt habe ich ein weiteres Fensterbild gemacht für meinen Sohn Tomek. Kurz vor dem Abendessen sagte mir unser Teamsprecher, dass ich morgen früh um neun Uhr Autogenes Training habe. Das ist scheiße, weil ich mich auf einen langen Spaziergang gefreut habe. Ich kann ja kaum einmal einen Spaziergang machen. Mir geben diese Spaziergänge immer sehr viel, weil wir eine gute Gruppe haben.

AUF WELTTOURNEE MIT BORUSSIA MÖNCHENGLADBACH

Seit fünf Jahren stand ich nun schon in Diensten von Borussia Mönchengladbach. Vom belächelten Betonfuß hatte ich mich zu einem der besten Innenverteidiger der Bundesliga gemausert. Man kannte mein Gesicht, man kannte meinen Namen. Ging ich zur Abwechslung mal in der Disco feiern, flirteten mich hübsche Frauen an, die mich ohne meine Prominenz wahrscheinlich niemals beachtet hätten. Ging ich durch die Gladbacher Altstadt, klopften mir wildfremde Menschen auf die Schultern und versicherten mir, was für ein großartiger Fußballer ich doch sei. Kinder wollten mein Autogramm. Kurzum: Ich war zu einer kleinen Berühmtheit geworden. Und ich genoss die Annehmlichkeiten als Fußballprofi. Nicht selten ließ ich mich nach gewonnenen Spielen in der Kneipe von Bewunderern auf ein Glas Altbier einladen und wenn mir eine Frau schöne Augen machte, dann fühlte ich mich natürlich geschmeichelt. Bislang war mein Verhältnis zum Alkohol ein recht normales gewesen. Wenn ich mit Carmen bei Freunden zu Besuch war oder wir selbst Gäste eingeladen hatten, trank ich ein Glas Wein, in der Kneipe gab es Bier, allerdings höchstens so viel, dass ich maximal mit einem kleinen Schwips nach Hause kam. Kein ungewöhnliches Verhalten für einen jungen Mann.

Doch mit Beginn der Saison 1984/85 änderte sich mein Verhalten. Nicht dass ich plötzlich bis zum Umfallen soff, aber der Alkohol bestimmte zunehmend mehr meinen Alltag. Oft überlegte ich mir schon während der Trainingseinheit am Vormittag zwischen den Übungen, wo ich am Nachmittag ungestört ein kühles Bier trinken gehen konnte. Häufig rief ich noch in der Kabine bei Carmen an und fragte sie ganz beiläufig, ob sie nicht Lust hätte, mit mir zum Shoppen nach Düsseldorf zu fahren. Das musste ich sie nicht zweimal fragen. Sie holte mich vom Trainingsplatz ab und wir fuhren ins nahe Düsseldorf. Eine halbe Stunde streunte ich, Interesse heuchelnd, mit ihr durch die Boutiquen, dann verabschiedete ich mich in eine jener dunklen Düsseldorfer Altbierkneipen, wo die getrunkenen Biere per Kreidestrich an einer Tafel hinter den Gästen vermerkt werden. Ein bis zwei Stunden saß ich dann gänzlich unerkannt in der Kneipe und trank in Ruhe meine Biere. Woran ich gedacht habe in solchen Momenten? Ich weiß es nicht mehr, aber genau deshalb zog es mich ja an den Tresen: Einfach mal abschalten, nicht an Fußball denken, nicht an den nächsten Gegner, die Herausforderungen des Alltags. Wenn Carmen ihre Shoppingtour beendet hatte, machte ich es mir, inzwischen doch sichtbar angeschossen, zwischen den Einkaufstüten auf der Rückbank gemütlich und ließ mich in unser neues Zuhause nach Rheydt kutschieren. Wir fanden beide nichts dabei. Wo war auch das Problem? Ich arbeitete hart, da konnten ein paar Bierchen nicht verkehrt sein und Carmen konnte beim nächsten Abendessen ein neues Kleid vorführen. So hatten wir beide etwas von unseren gemeinsamen Ausflügen nach Düsseldorf. Die Gefahr dieser Touren war mir im Sommer 1985 nicht mal ansatzweise bewusst.

Ich will nicht leugnen, dass mir der Alkohol auch höchst unterhaltsame Stunden beschert hat. Wie Ende Juni 1984 während unseres Aufenthalts im dänischen Lyngby, als wir, noch ohne eine Trainingseinheit, unser erstes Spiel im Intertoto-Cup, einer Art Sommerpausen-Turnier, absolvieren mussten. Weil sich Chefcoach Jupp Heynckes am Knie operieren ließ, führte sein Co-Trainer Wolf Werner das Regiment. Vor der Partie gegen die uns gänzlich unbekannten Spieler von Lyngby BK nahm mich Werner zur Seite: »Uli, der Bent Egsmark Christensen ist dein Gegenspieler. Der macht in jedem Spiel ein Tor!« Schon klar, dachte ich, aber nicht heute! Nun, wir verloren mit 0:4 und dieser Christensen schoss zwei Tore ... Entsprechend war die Laune von Wolf Werner, dem wir das Debüt als Cheftrainer ordentlich vermiest hatten. Als wir es, zurück in unserem Hotel in Kopenhagen, dann noch wagten, laut über einen Streifzug durchs dänische Nachtleben nachzudenken, wurde es dem armen Mann zu bunt und er verhängte eine Ausgangssperre. Was meinen Zimmergenossen Bernd Krauss und mich nicht daran hinderte, zu später Stunde doch noch das Hotel zu verlassen. So zogen wir durch die Bars und mussten bald feststellen, dass dänische Frauen trinkfester sind als deutsche Männer. Prompt hatten wir zwei Damen am Hals, die wir auch dann nicht los wurden, als wir uns wieder in Richtung Mannschaftsunterkunft aufmachten. Bernd reagierte routiniert – und orderte zwei Flaschen Wein aufs Zimmer. Je zwei Gläser schafften wir noch, dann fielen uns die Augen zu. Den Rest vernichtete das dänische Duo, was uns am nächsten Morgen doch ein anerkennendes Nicken entlockte. Auch eine Art, die erste Niederlage der Saison zu feiern ...

Zu Beginn der neuen Spielzeit wartete ein ganz persönliches Highlight auf mich. Mit meiner Teilnahme beim Abschiedsspiel von Rainer Bonhof am 4. September 1984 schloss sich ein Kreis. Bonhof war es gewesen, dem ich als junger Kerl hatte nacheifern wollen, den ich als Idol auserkoren hatte. Jetzt verabschiedete sich der Weltmeister von 1974 und hatte dafür alles, was Rang und Namen hatte, nach Mönchengladbach eingeladen. Borussia International gegen die Deutsche WM-Elf von 1974 hieß die Paarung und der Stargast war eindeutig Johan Cruyff. Meine Erfahrungen als Bundesligaspieler hin oder her, als sich »König Johan« neben mich auf die Bank in der Umkleidekabine setzte, musste ich doch schlucken. Auf dem Platz sollte ich gemeinsam mit Cruyff das Mittelfeld organisieren, aber was hieß schon »gemeinsam«? »Du weißt ja, wohin du den Ball spielen musst«, gab mir Cruyff vor dem Spiel mit seinem gebrochenen Deutsch mit auf den Weg und natürlich gehorchte ich brav. Es sollte nicht zu meinem Nachteil sein, denn aus nächster Nähe durfte ich die Künste von einem der besten Fußballer aller Zeiten bewundern. Es war magisch! Zumal mit mir noch andere Legenden wie Mario Kempes, Herbert Prohaska oder Uli Stielike auf dem Platz standen. Nach dem Spiel machte ich mit einem Borussia-Mönchengladbach-Wimpel die Runde und ließ alle unterschreiben.

Seit unserem gemeinsamen Urlaub hatte ich Lothar nicht mehr gesehen. Wie heißt es so schön: Aus den Augen, aus dem Sinn – für Fußballer-Freundschaften trifft dieses Sprichwort absolut zu. Natürlich vermisste ich meinen Kumpel, privat wie sportlich. Abseits des Rasens hatten wir immer eine Menge Spaß miteinander gehabt, und einen Fußballer wie Lothar Matthäus an seiner Seite zu haben, ist für jeden Spieler ein Gewinn. Nicht zuletzt aufgrund seines Könnens reifte ich in aller Ruhe zu einem fähigen Bundesligaspieler.

Wer jedoch geglaubt hatte, dass wir in der neuen Saison ohne unseren Mittelfeldlenker Probleme bekommen würden, den bekehrten wir bald eines Besseren. Ähnlich erfolgreich wie in der vorherigen Spielzeit zogen wir in der Bundesliga unsere Kreise. Zur Winterpause standen wir auf Platz fünf, nur ein paar Punkte von der Tabellenspitze entfernt, und im DFB-Pokal hatten wir erneut das Viertelfinale erreicht. Lediglich aus dem UEFA-Cup mussten wir uns vorzeitig verabschieden, einer saudummen 0:1-Niederlage im Rückspiel bei Widzew Lodz sei Dank. Nicht nur deshalb blieb uns die Reise nach Polen noch lange in Erinnerung: Nach der Pleite schlichen wir bedröppelt zum Flughafen in Lodz, doch als unser Flieger starten wollte, machte plötzlich eine Nebelwand die Abreise unmöglich. Die ganze Stadt schien zu heiß gebadet zu haben, so dicht hatte sich der Nebel über Lodz gelegt. Kein Abflug, aber auch kein Hotel, was nun? Stundenlang kurvten wir mit unserem Bus durch Polen, erst in Warschau fanden wir ein Hotel, das, obwohl eigentlich noch gar nicht bezugsfertig, extra für uns die Tore öffnete. Mit einigen Runden Backgammon versuchte ich gemeinsam mit meinem Kumpel Bernd Krauss die Zeit totzuschlagen. Am nächsten Morgen, ich kam gerade aus dem Badezimmer, sagte ich zu Bernd: »Zieh doch mal die Gardine weg, vielleicht ist der Nebel verschwunden.« Und Bernd: »Uli, das ist keine Gardine.« Besserung der Wetterlage? Im Gegenteil! So dicht stand der Nebel vor unserem Fenster, dass ich die trübe Suppe für einen Vorhang gehalten hatte.

An einen Rückflug war noch immer nicht zu denken. Inzwischen war es Donnerstagmorgen, und am Freitag sollten wir am Bökelberg eigentlich die Bayern empfangen. Das fiel offenbar auch Jupp Heynckes ein, denn kurz nach dem Frühstück scheuchte er uns in den Bus, und im Schneckentempo machten wir uns auf die Suche nach einem geeigneten Trainingsplatz! Das war ein Spaß. Die Sicht betrug vielleicht maximal fünf Meter, jede Flanke landete im Nirgendwo. Noch besser war es im abschließenden Trainingsspielchen: Alle paar Minuten schrie irgendwer laut »Tor!«, kein Mensch konnte den tatsächlichen Spielstand kontrollieren. Ich habe an diesem Tag jedenfalls eine Menge Mitspieler jubeln hören, die ansonsten mit dem Toreschießen eher etwas weniger zu tun hatten.

Erst am Freitag verzog sich der Nebel, wir konnten endlich nach Hause. Zum Glück hatte die Vereinsführung eine Verlegung des Spiels gegen die Bayern erwirken können. Am 11. Dezember 1984, einen Monat nach unserem Spiel in Lodz, empfingen wir schließlich die Münchner und ihren neuen Star Lothar Matthäus. Schon in den Tagen vor dem Spiel waren die Giftpfeile zwischen München und Mönchengladbach hin und her geflogen. Die Wunden, die sich Lothar und die Gladbacher Verantwortlichen nach dem tragischen Pokalaus zugefügt hatten, waren noch längst nicht vernarbt. Lothar stänkerte, Helmut Grashoff verhängte ein Hausverbot für das Clubhaus, Uli Hoeneß warf Grashoff »Volksverhetzung« vor, das ganze Programm der vorgezogenen Nickligkeiten. Selbstverständlich färbte das auch auf uns Spieler ab. Die ohnehin vorhandene Rivalität und der Stress mit Matthäus erleichterten Jupp Heynckes die Arbeit ungemein. Um es vorsichtig zu formulieren: Wir waren unglaublich motiviert, den Bayern ordentlich in den Hintern zu treten. Dazu kam, dass aufgrund der Spielverlegung das Fernsehen einen ganz besonderen Deal mit den beiden Clubs ausgehandelt hatte: Erstmals wurde ein Bundesligaspiel in voller Länge live und in Farbe übertragen. Die ganze Nation durfte also zusehen, als Lothar schon vor dem Anstoß von den Gladbacher Fans als »Judas« beschimpft wurde. Kein schönes Erlebnis für einen Spieler, der sich jahrelang für die Borussia aufgerieben hatte. Doch Zeit, um in alten Erinnerungen zu schwelgen, hatten wir an diesem Tag nicht. Mich eingeschlossen. Mochte Lothar auch mein Kumpel sein, in diesem Spiel war er mein Gegenspieler, dazu noch im Trikot von Bayern München. Gleich im ersten Zweikampf senste ich ihn rustikal über die Seitenlinie. »Du Arsch«, brüllte er mich an, »was soll der Scheiß!«. Aber was hätte ich machen sollen? Ihn unbehelligt durch unsere Hälfte spazieren lassen? Natürlich nicht. Doch diese eine Grätsche nahm er mir übel. Zumal wir diese Partie auch noch mit 3:2 gewannen. In den kommenden Wochen und Monaten lief unsere einstige Freundschaft langsam, aber sicher aus. Schade, dabei hatte ich doch eigentlich nur meinen Job gemacht.

Die Winterpause soll für Fußballprofis eigentlich eine Zeit der Erholung sein. Nicht so für die Angestellten von Borussia Mönchengladbach! Der Verein hatte im Zuge der Vorbereitung ein Freundschaftsspiel gegen den SC Zamalek, einem der größten Clubs aus der ägyptischen Hauptstadt Kairo, vereinbart. Eine interessante Reise – wenn da nicht unser inzwischen schon deutschlandweit bekanntes Pech bei Auswärtsfahrten, siehe Lodz, gewesen wäre. So saßen wir am 17. Januar 1985 im Flugzeug, das uns von Frankfurt nach Kairo bringen sollte. Wir überflogen gerade Zypern, als plötzlich alle Lichter in der Maschine ausgingen, wir einen fürchterlichen Knall hörten und die Maschine einige hundert Meter absackte. Mein Gott, ich machte mir fast in die Hose! Der Kapitän klärte uns auf: Probleme mit der Maschine, dazu ein Sandsturm über Kairo. Landung auf Zypern unvermeidlich. Wir also runter. Da standen wir nun auf einem Rollfeld in

Zypern, schick eingekleidet in unseren Teamanzügen. Wann würden wir weiterfliegen? Niemand konnte es uns sagen. Was war mit unseren Koffern? Keine Chance, signalisierte der Kapitän, die hatten gefälligst im Flugzeugbauch zu bleiben. Ohne unsere Koffer machten wir uns auf die Suche nach einem Hotel, wieder mussten die Besitzer extra für uns die Türen aufschließen. In einem kleinen Supermarkt deckten wir uns mit Zahnbürsten, Shampoo und frischer Unterwäsche ein, wer konnte schon sagen, wie lange wir auf dieser Insel bleiben mussten?

Langsam wurde es dunkel. Noch immer stand unser Flugzeug auf dem Rollfeld. Zur Tatenlosigkeit verdammt rafften wir uns auf und schlenderten zum Strand. Und dort stand sie: die »Goldfish Bar«. Jeder Spieler von Borussia Mönchengladbach, der mit auf dieser Reise war, wird sich an diese Kneipe erinnern. Vielleicht war es die kuriose Ausnahmesituation, in der wir uns befanden, vielleicht die untergehende Sonne am Strand von Zypern, auf jeden Fall zogen an diesem Abend alle mit. Wir feierten, als wenn morgen die Welt untergehen würde, sangen Arm in Arm die schönsten Schlager rauf und runter. Ein wunderbarer Abend! Erst morgens gegen fünf Uhr kehrten wir in unser Hotel zurück. Dort angekommen wartete auch schon die Flugzeug-Crew auf uns: »Abflug in 30 Minuten! Die Maschine ist startklar.« Wir wollten nicht glauben, was uns die Damen und Herren da erzählten. Aber was sollten wir machen? So schleppten wir uns arg angeschossen zurück in den Flieger, der nach wenigen Stunden sanft auf dem Flughafen von Kairo landete. Unser erster Gedanke: Jetzt noch ein kleines Frühstück und dann ab ins Bett. Von wegen: Kaum dass unser Essen auf dem Tisch stand, begrüßte uns auch schon ein Mitarbeiter vom SC Zamalek, das Spiel, das eigentlich am Tag zuvor hatte stattfinden sollen, würde in wenigen Stunden angepfiffen werden. Das Stadion sei bereits zur Hälfte gefüllt! Eine mittelschwere Katastrophe. Mit Müh und Not schleppten wir unsere immer noch alkoholisierten Körper ins Stadion und nur dank einer ungeheuren Energieleistung unserer Abwehr verloren wir nicht höher als

0:2. Den größten Auftritt hatten unsere Supertechniker Uwe Rahn und Christian Hochstätter: 45 Minuten lang tingelten sie durch den Mittelkreis, dann zeigte Jupp Heynckes Erbarmen und wechselte das Duo aus. Wesentlich besser, weil fitter, präsentierten wir uns zwei Tage später im Testspiel gegen Al Ahli Kairo – Endergebnis: 3:0.

Bevor wir in die Rückrunde einstiegen, wartete allerdings noch ein weiteres Highlight auf uns. In Karlsruhe fand das erste nationale Hallenturnier statt. Und wer hatte die Ehre, als erster deutscher Profifußballer überhaupt bei einem Spiel in der Halle vom Feld zu fliegen? Natürlich ich. Nach einer satten Grätsche, die meinen Gegenspieler ziemlich unsanft über die Plexiglasbande bugsierte, schickte mich der Schiedsrichter für zwei Minuten vom Feld. Damit hatte niemand gerechnet, die dafür benötigte Strafbank musste erst in die Halle geschleppt werden.

DIE NIEDERLAGE MEINES FUSSBALLER-LEBENS

Angst im Estadio Bernabeu

Wenn ich ein Motto für die Saison 1985/86 nennen müsste, dann wäre es wohl: Angst. Nackte Angst, wie man sie nur als Fußballprofi erfahren kann. Ein Gefühl, das mir allerdings auch zu einer wichtigen Lektion verhelfen sollte: Wer Angst hat, der hat das Spiel schon verloren, bevor der erste Pass gespielt ist.

Für die starke Vorsaison hatten wir uns selbst mit Patz vier und der Qualifikation für den UEFA-Cup belohnt. Die ersten beiden Runden gegen Lech Posen und Sparta Rotterdam hatten wir relativ locker überstanden, nun warteten wir gespannt auf die Auslosung für das Achtelfinale. Real Madrid, Real Madrid, Real Madrid. Wie ein Mantra spukte der mögliche Gegner in meinem Kopf herum. Und tatsächlich: Das Achtelfinale sollte zwischen Borussia Mönchengladbach und Real Madrid stattfinden. Ein Traum! Einziger Nachteil: Um noch mehr Zuschauer anzulocken, verlegte unsere Vereinsführung das Heimspiel kurzerhand ins Düsseldorfer Rheinstadion. Ein fremder Platz, für uns kein Problem. Im Schneeregen von Düsseldorf machten wir eines der besten Spiele in der Geschichte von Borussia Mönchengladbach und gewannen mit 5:1. Die knallharte Defensive von Real Madrid, bestückt mit Ausnahmekönnern wie Rafael Gordillo oder José Antonio Camacho, gegen die selbst ich wie ein Friedensapostel wirkte, wurde einfach auseinandergenommen! Und wem hatten wir diesen Sieg zu verdanken? Natürlich unserem Trainer Jupp Heynckes. Er hatte uns perfekt auf die Favoriten aus Spanien eingestellt. Das sagt sich zwar immer so leicht, aber bei Jupp stimmte diese Floskel einfach. Ich kann es mir nur so erklären, dass wir alle einfach großen Respekt vor unserem Trainer und seinen Erläuterungen vor solch wichtigen Spielen hatten. Jupp war schließlich selbst mal Spieler gewesen, und was für einer! Einem Weltklassemann, der schon beim legendären »Büchsenwurfspiel« gegen Inter Mailand für Borussia Mönchengladbach auf dem Platz gestanden hatte, glaubte ich natürlich jedes Wort bei einer Kabinenpredigt vor dem Spiel gegen Real Madrid. Nichts gegen studierte Quereinsteiger, aber ich persönlich hätte Probleme mit solchen Trainertypen bekommen.

So aber, mit einer Vereinskoryphäe an der Seitenlinie, spielten wir gegen Real wie auf Drogen, wie in einem Rausch. Vielleicht waren wir das auch in diesem Spiel: fußballhigh! Bis fünf Uhr morgens lag ich in der Nacht nach dem Spiel wach und verfolgte das übliche Kino in meinem Kopf. Und die Droge Real wirkte weiter nach: Am Wochenende nach dem Sieg im UEFA-Cup hauten wir, quasi im Vorbeigehen, den FC Bayern mit 4:2 aus dem eigenen Stadion. Wunderbare Tage. Und von Angst keine Spur.

Bis zum 11. Dezember 1985. Dem Rückspiel gegen Real Madrid. Der vielleicht schlimmsten Niederlage meiner Karriere.

Ich kann heute gar nicht mehr genau sagen, wann die Angst begann, durch meinen Körper zu kriechen und mich zu lähmen. War es schon in den Stunden vor dem Spiel, als wir gemeinsam mit Jupp Heynckes den ewig langen Spielertunnel im Bernabeu-Stadion durchquerten und das erste Mal den heiligen Rasen betraten? Oder erst beim Warmmachen, als wir mit zitternden Knien auf den Platz schlichen und die Pfiffe von 93 000 Menschen hörten? Auf riesigen Leinwänden zeigte die Stadionregie den 6:2-Sieg von Real Madrid in der zweiten Runde gegen den RSC Anderlecht, der genau hier so grausam unter die Räder gekommen war. Sechs Tore, jeder Treffer ein Warnhinweis für uns: Hier gibt es für euch nichts zu holen! Bei jedem Tor brüllten 93000 Menschen »Olé!«, und wenn wir Spieler den Blick auf die andere Seite wagten, standen dort Camacho, Butragueno, Valdano und all die anderen Madrilenen, allen voran Santillana und Sanchez, und gaben uns mit deutlichen Gesten zu verstehen, dass sie bereit waren, uns in diesem Spiel fertig zu machen.

Unsere Reaktion? Wir schissen uns vor Angst fast in die Hosen. Es wurde sogar noch schlimmer: Als uns der Schiedsrichter aus der Kabine pfiff, standen dort schon die Spanier und warteten auf uns. Den Spielertunnel im Bernabeu trennt in der Mitte ein Zaun; als wir uns im Tunnel aufreihten, hingen unsere Gegenspieler bereits an dieser Barriere, ganz offensichtlich hatten sie sich vor dem Spiel noch angesoffen, sie brüllten uns an und ich roch ihre Rotwein-Fahnen. Diese Männer hatten Schaum vor dem Mund, waren vollkommen wahnsinnig vor Siegeswillen und wir gaben uns vollends der Angst hin. Nie wieder habe ich mich so gefürchtet, ein Fußballstadion zu betreten.

Es kam, was kommen musste: Schon nach 18 Minuten lagen wir mit 0:2 hinten, nach 76 Minuten fiel das dritte Tor für Real, in der 89. Minute schoss Santillana das entscheidende 4:0 und verschwand in der tosenden Menge. Aus und vorbei, die Blamage war perfekt. Nach einem 5:1 im Hinspiel hatten wir es tatsächlich geschafft und waren aus dem UEFA-Cup geflogen. Müßig zu erwähnen, dass Frank Mill in der ersten Halbzeit auch noch die große Chance auf ein Auswärtstor vergeben hatte. Ganz alleine war der gute Frank von der Mittellinie auf das Tor von José Manuel Ochotorena zugerannt, doch er beging den Fehler, sich 40 Meter vor dem Tor umzudrehen und in das Gesicht von Camacho zu blicken. Die irre Fratze des spanischen Nationalverteidigers wird Frank wohl sein Leben lang nicht vergessen. Auch ich war mir sicher: Wenn Camacho Frank noch erreicht, dann wird er versuchen, ihn umzubringen! 20 Meter vor dem Tor haute

Frank einfach drauf, der Ball ging zehn Meter neben dem Pfosten ins Aus. Ich machte meinem Kollegen nach dem Spiel keine Vorwürfe. Auch ich hatte eine Scheißangst gehabt. Du verlierst zusammen, du gewinnst zusammen. Diesmal hatten wir alle gemeinsam versagt. Geschockt packten wir unsere Taschen, verschwanden in den Bus, der uns zum Flughafen brachte, und flohen aus Madrid.

Ein Tag später. Das erste Training nach der Niederlage gegen Real Madrid. Grußlos betrat Jupp Heynckes die Kabine, er zog einen Stuhl hinter sich her und setzte sich in die Mitte des Raums. Er schaute uns an. Minutenlang. Längst hatte ich mein Gesicht, so gut es denn ging, hinter meiner Trainingshose versteckt, die am Haken hing. Dann brach der Sturm los.

»Ich habe fünf Versager gezählt«, brüllte Jupp und nannte die Namen von Winnie Hannes, Frank Mill, Uwe Rahn, Hans-Jörg Criens. Und Uli Borowka. Wir, seine wichtigsten Spieler, hatten ihn am meisten enttäuscht. Jupp machte uns brutal zur Schnecke und wieder war es da, dieses Gefühl der Angst. Wie tief diese Niederlage Jupp getroffen hatte, bewies die Standpauke, der er dem armen Thomas Krisp hielt. Krisp, ein junger Spieler, der gegen Real ebenfalls zum Einsatz gekommen war, traf noch die geringste Schuld am Ausscheiden, aber was tat das nun noch zur Sache? »Wer bist du denn überhaupt?«, schrie Jupp ihn an. »Wer zur Hölle hat dich überhaupt verpflichtet?« Ein grausames Schauspiel. Wir alle waren froh, als wir endlich die fälligen Strafrunden laufen durften.

Die nächsten Wochen und Monate verfolgte mich das Real-Spiel bei jedem Schritt, den ich unter der Leitung meines Trainers machte. Heynckes ließ mich und die anderen »Versager« einfach links liegen. Sein Ritual, den Spielern jeden Morgen die Hand zu schütteln, galt für mich plötzlich nicht mehr, und auch in den Trainingseinheiten strafte er mich mit Verachtung. Es war zwar nicht das erste Mal, dass ich ein schlechtes Spiel gemacht hatte, aber diese Niederlage nahm der Trainer persönlich. Bereits am 14. Dezember 1985, drei Tage nach dem Spiel im Bernabeu, trafen wir auf Schalke 04. Wegen Problemen mit den Adduktoren hatte ich mir nach dem Real-Spiel von unserem Mannschaftsarzt Dr. Sellmann eine Spritze geben lassen, die ihre Wirkung nicht verfehlte. Am Tag vor dem Spiel marschierte ich ins Büro von Jupp Heynckes, um ihm die erfreulichen Neuigkeiten zu übermitteln. Als ich das Zimmer betrat, drehte er sich demonstrativ weg. Ich sprach trotzdem meinen Text: »Trainer, die Spritze hat gewirkt. Gegen Schalke wird es gehen.«

Was machte Jupp? Drehte sich zu seinem Co-Trainer Wolf Werner um und sagte: »Wolf, sag dem Uli mal, dass mir das so was von egal ist, ob er fit ist oder nicht! Der spielt morgen nämlich eh nicht.«

Wolf Werner, dem die Situation sichtlich unangenehm war, übersetzte, was ich längst verstanden hatte. Beim 2:2 gegen Schalke saß ich schließlich noch nicht einmal auf der Ersatzbank und auch eine Woche später, gegen Bayer Uerdingen, musste ich das Spiel von der Tribüne aus verfolgen. Mein Glück, dass mich die Winterpause vor weiteren Tiefschlägen solcher Art bewahrte.

Die Angst aber blieb. Sollte es das schon gewesen sein mit meiner Karriere in Mönchengladbach? Zerstört durch die Schande von Madrid? Warum war der Trainer – mein größter Förderer und Unterstützer – plötzlich so grausam? Heute verstehe ich Heynckes. UEFA-Pokal, Achtelfinal-Rückspiel gegen den bekanntesten Verein der Welt mit einer 5:1-Führung im Rücken – genau für so ein Spiel hatte er uns doch jahrelang trainiert, mit uns sein Wissen geteilt, mit uns gelitten und gejubelt. Und was taten wir? Versagten im entscheidenden Moment, ganz einfach, weil wir die Hosen gestrichen voll hatten! Dass ausgerechnet ich, sein Schützling, den er doch dazu erzogen hatte, zur Not auch den Teufel in Manndeckung zu nehmen, dieses Spiel vergeigt hatte, machte ihm noch zusätzlich zu schaffen. Fazit: Als wir uns nach der Winterpause zum ersten Training im Jahr 1986 trafen, wusste ich nicht, ob ich jemals wieder ein Pflichtspiel für die Borussia unter dem Trainer Jupp Heynckes würde absolvieren dürfen.

Ich durfte. Sogar ganze 15 Mal in der Rückrunde, die wir wieder auf Platz vier abschlossen. Aber es dauerte bis in den Februar hinein, ehe sich unser Verhältnis wieder normalisiert hatte, ja, er mir sogar wieder die Hand gab. Ob mir diese Monate des Selbstzweifels eine Lehre waren? Ja und nein. Ja, weil ich, der Newcomer mit dem Eisenfuß, dadurch zurechtgestutzt wurde wie eine Gartenhecke und nun wieder neu wachsen durfte. Aus Fehlern lernt man, und meine Lektion aus dem Ausflug nach Madrid hatte ich definitiv gelernt: Angst ist menschlich, aber wenn du als Sportler Angst hast, ist alles verloren. Ganz egal, wie talentiert du bist. Angst lähmt alle Talente. Ich habe es nie wieder zugelassen, beim Fußball in so eine Situation zu kommen.

Nein, weil mich diese Zeit natürlich enorm belastete. Sicher, damit muss man als Leistungssportler klarkommen, aber mir persönlich fehlte das richtige Ventil. Ich löste die Probleme auf meine Weise – und versuchte sie mit Alkohol runterzuspülen. Je mehr ich soff, desto mehr verflüssigte sich der Druck in meinem Kopf. Keine Ahnung, wie meine Kollegen diese Situationen lösten. Wir haben nie darüber gesprochen. Schwächen zeigen? Als Fußballer? In den achtziger Jahren? Nie im Leben. Die einzige Person, mit der ich mich über diese Dinge unterhalten konnte, war Winnie Hannes. Aber selbst mit meinem Mentor kratzte ich in unseren Gesprächen nur an der Oberfläche des Problems. Schade eigentlich. Erst viel später sollte ich erkennen, wie wichtig es sein kann, im richtigen Moment einfach mal den Mund aufzumachen.

Das letzte Spiel der Saison fand in München statt, gegen die Bayern. Wir kamen fürchterlich unter die Räder, am Ende stand es 0:6. Ein neuerlicher Nackenschlag für uns, die Fans und vor allem unseren Trainer. Auch diese Spielzeit beendeten wir ohne einen Titel. Auf der Rückfahrt von München nach Mönchengladbach sprach Jupp kein Wort. Im restlichen Teil des Busses war es ebenfalls mucksmäuschenstill. Gerne hätten wir das Spiel beim Kartenspielen oder ein paar launigen Herrenwitzen vergessen gemacht, aber dem bunten Treiben in seinem Rücken hatte Jupp längst einen Riegel vorgeschoben. Ganz vorne rechts, gleich neben seinem angestammten Platz, hatte der

Trainer einen riesigen LKW-Spiegel anbringen lassen, ein Blick in dieses Ungetüm genügte und er hatte uns alle im Blick. Big Jupp is watching you. Da war sie wieder, die Angst.

TAGESBERICHT, Fachklinik Fredeburg

23. März 2000
Beim Autogenen Training hatte ich so meine Schwierigkeiten. Die Therapeutin sagte mir, der linke Arm würde warm werden, aber stattdessen wurde mein rechtes Bein warm. Ich musste mir ein Schmunzeln verkneifen. Die Stunde hat mir nichts gebracht. In der Gruppe sollte Hendryk seine Heimatlage vortragen. Am meisten hat mich gestört, dass wir ihm alles aus der Nase ziehen mussten, und der Spruch: »Ich lasse alles auf mich zukommen.« Die Themenstunde über »Therapie und was kommt danach?«, ist kein einfaches Gebiet. Ich muss in der Hinsicht lernen, auch nach der Therapie mit Rückschlägen umzugehen. Ich meine Rückschläge im privaten Bereich. Ich meine keinen Rückfall zum Alkohol.

24. März 2000
In der Teamvollversammlung gab es keine besonderen Vorkommnisse. Falsch. Ich habe die verantwortungsvolle Aufgabe, die Kegelbahn in den nächsten Wochen auf- und zuzuschließen. Telefongespräche mit meiner Frau und meinen Kindern sind sehr positiv, weil ich auch ruhig bleibe, wenn meine Frau laut und angreifend am Telefon wird. Ich versuche sie dann mit Argumenten zu meiner Krankheit zu konfrontieren. Bei einem Gespräch sagte sie, ich müsse froh sein, dass sie überhaupt anrufe. Ich sagte ihr, dass ich sie doch nicht gedrängt hätte anzurufen, bedankte mich aber für ihren Anruf. Früher habe ich meine Frau immer gedrängt, mich anzurufen, oder war sauer, wenn ich nicht durchkam. Ich machte ihr Vorwürfe und wurde aggressiv. Ich kann damit jetzt schon ganz gut umgehen, wenn sie nicht anruft, weil ich weiß, dass sie mich dann eben am nächsten Tag anruft.

25. bis 26. März 2000

Samstagmorgen beim Arztvortrag konnte ich für mich nicht viel mitnehmen. Die ganzen Fachausdrücke kannte ich gar nicht. Oder aber das Thema hat mich nicht interessiert. Am Nachmittag habe ich mich erstmal hingelegt und ein bisschen geschlafen. Danach Fußball geguckt. Am Sonntag war ich in der Werkstatt und habe die Fensterbilder zu Ende gemacht. Meine Frau wollte mir noch ein schlechtes Gewissen machen, indem sie sagte, dass ein Freund von Tomek nicht mehr mit ihm spielen wolle, weil sein Vater, also ich, des Öfteren Ärger gemacht habe …

ABSCHIED AUS MÖNCHENGLADBACH

Die schöne Frau war mir in der Disco gleich aufgefallen: Wie sie sich bewegte, wie sie lachte – und wie sie mir diese eindeutigen Blicke zuwarf, die jeden Kerl aus den Schuhen heben mussten. Bereits 1984 hatte ich sie so kennengelernt: Carmen, ein Teilzeitmodel, deren Eltern Blumengroßhändler waren. Am 10. November 1986 heirateten wir in Hemer, unsere gemeinsame Wohnung in der Schäferstraße in Rheydt hatten wir da längst bezogen, dort machte ich ihr schließlich auch den Heiratsantrag. Trotz all der furchtbaren Momente, die wir später erleben mussten: Damals war ich schwer verliebt, die Hochzeit war das i-Tüpfelchen obendrauf. Probleme gab es nur mit unseren Eltern. Ich konnte es mir nicht erklären, aber mein Vater konnte Carmen von Anfang an nicht leiden. Meiner Mutter sagte er kurz nach der Hochzeit, dass diese Beziehung bestimmt nicht ewig halten würde. Mich hat das damals verletzt, später wusste ich, dass Ernst Borowka wieder mal den richtigen Riecher hatte. Gleichzeitig hatte ich große Probleme, mit Carmens Mutter warm zu werden. Aus meiner Sicht war sie die klassische Schwiegermutter, die ihre einzige Tochter nicht an so einen »Fußball-Proleten« verlieren wollte.

Carmen war Luxus gewöhnt, ihr Vater hatte mit Blumen sehr

viel Geld verdient. Doch bereits in den ersten Jahren unserer Beziehung ging der väterliche Großhandel pleite – das Geld war weg, der Wunsch nach Luxus blieb. Als Fußballer, wenn auch nicht Fußballmillionär, konnte ich ihr eine gewisse Form des Wohlstands durchaus bieten. Ohne dabei das Geld aus dem Fenster zu werfen, schließlich war ich von meinen Eltern zur Sparsamkeit erzogen worden. Wir kauften uns einen BMW (mit dezenterer Lackierung), später einen Mercedes. Wenn wir Lust und Laune hatten, ließen wir uns im Steakhaus oder beim Italiener verwöhnen, das war es dann aber auch schon an Extravaganzen. Als die Saison 1986/87 begann, war ich mit meinem Leben jedenfalls vollauf zufrieden.

Inzwischen war ich 24 Jahre alt, immer noch ein junger Mann, doch als Fußballspieler bereits ein Routinier. Die Lehrjahre hatte ich überstanden, in der Mannschaft und beim Trainer hatte mein Wort Gewicht. Ich genoss meinen Aufstieg in der Mannschaftshierarchie in vollen Zügen, schließlich hatte ich dafür hart arbeiten müssen. Jetzt war ich derjenige, der sich über die Probespieler in der Abstellkammer lustig machen konnte, der die jungen Herausforderer im Training über die Außenlinie grätschte. Ich war hart, manchmal sogar unfair, aber: Hatte ich nicht die gleiche harte Schule durchlaufen? Und siehe an, was aus mir geworden war! Ich stellte mein, zugegeben asoziales, Verhalten damals nicht infrage. So waren nun einmal die Spielregeln.

Mein Verhältnis zu Jupp Heynckes war wieder vollständig repariert, und ohne es mir direkt mitzuteilen, hatte mich der Trainer gar in seinen elitären Zirkel der Führungsspieler aufgenommen. In vielen Einzelgesprächen diskutierten wir über die Mannschaft, den kommenden Gegner oder die Ziele der laufenden Saison. Gleichzeitig übertrug er mir mehr Verantwortung, aus dem reinen Zerstörer in der Defensive formte er mich nach und nach zu einem ersten Ideengeber aus der Abwehr, der die Mitspieler mit schnellen Pässen oder klugen Flanken bediente. Bei Freistößen aus der Distanz war ich nun die erste Wahl, meiner Schussstärke sei Dank. Unsere Variante war denkbar einfach: An der Mauer vorbeilegen, Vollspann drauf. Hört sich simpel an, ist es auch, aber meiner Meinung nach noch immer die beste Möglichkeit, zum Torerfolg zu kommen. Die Beförderung zum Distanzschützen Nummer eins hatte auch einen anderen entscheidenden Vorteil: Durfte ich mich in den Jahren zuvor noch selbst in die Mauer stellen, war ich es nun, der den Ball an der menschlichen Wand vorbeitreten sollte. Dass mir das nicht immer gelang, muss ich vielleicht nicht erwähnen, wohl aber die bedauernswerten Nachwuchsspieler, die die Trainingseinheiten mit hübschen Ballabdrücken auf dem Oberschenkel beenden, mitunter sogar vom Platz getragen werden mussten.

Innerhalb der Mannschaft war ich die soziale Leiter bis fast nach ganz oben geklettert, und wie es zu meinem damaligen Charakter passte, fühlte ich mich gleich wie der König der Welt. Dass sich mein persönlicher Absturz noch um einige Jahre verzögern sollte, lag sicherlich an zwei entscheidenden Faktoren: an Jupp Heynckes und meinem fehlenden Talent. Sobald ich im normalen Trainingsalltag zu sehr den Großkotz raushängen ließ, nahm mich mein Trainer an die Kandare. Mehr Peitsche als Zuckerbrot, das hatte sich bei mir schon immer bewährt. Glaubte Jupp, er müsse mich nach allzu erfolgreichen Wochen wieder auf den Boden der Tatsachen zurückholen, setzte es eben nach einem guten Spiel harsche Einzelkritik. Ich konnte das damals natürlich nicht verstehen, ich fand es sogar ganz und gar ungerecht. Aber die Wirkung verfehlten solche Maßnahmen nie: Am nächsten Tag schuftete ich im Training wie ein Irrer, um es meinem Trainer zu zeigen. Ähnlich regulierend wirkte sich mein fehlendes Talent auf die tägliche Arbeit als Fußballer aus. Glaubte der Abwehrspieler Borowka tatsächlich einmal, er müsse den Gegner mit Hacke, Spitze, eins, zwei, drei beeindrucken, wurde er schnell eines Besseren belehrt. Nach dramatischen Fehlversuchen in Sachen Übersteiger besann ich mich sehr bald wieder auf meine eigentlichen, etwas weniger spektakulären Fähigkeiten.

Wieder waren es die Spiele im Europapokal, die mir (und sicherlich auch den meisten Fans) aus dieser Saison in Erinnerung blieben.

Nichts gegen den Alltag in der Bundesliga, aber die Partien gegen internationale Gegner sind nun einmal etwas ganz Besonderes. In der ersten Runde trafen wir auf Partizan Belgrad, einen Gegner, den wir nicht kannten, dessen Fans wir allerdings nie wieder vergessen sollten. Ich hatte schon einiges erlebt, doch der blanke Hass, den uns 50000 vollkommen entrückte Zuschauer im Partizan-Stadion von Belgrad entgegenbrachten, war etwas völlig anderes. Schon in der Kabine hörten wir das Grollen, Brüllen und Kreischen von den Tribünen, selbst das Personal im Mannschaftshotel hatte uns zuvor unmissverständlich zu verstehen gegeben, ihr Land doch bitte so schnell wie möglich wieder zu verlassen. Den Weg von der Kabine auf den Rasen werde ich nie vergessen. Eine extreme Lautstärke, ausgelöst von Menschenmassen, die jeden Moment über die Fangzäune zu klettern drohten. Infernalisches Geschrei bei jedem Ballkontakt. Ich übertreibe nicht, wenn ich sage, dass wir in diesem Spiel Angst hatten, wieder gesund nach Hause zu kommen. Stundenlang blieben wir nach dem 3:1-Sieg in der Kabine sitzen, bis sich der Zorn der Massen etwas abgekühlt hatte.

Nicht ganz so extrem, aber doch unerfreulich wurde es in der nächsten Runde beim Auswärtsspiel gegen Feyenoord Rotterdam. Während der Abfahrt aus dem Stadion blieben wir vorsichtshalber in der Waagerechten, weil wütende Holländer unseren Bus mit faustgroßen Steinen bombardierten.

Und dann: die Glasgow Rangers. Europapokal, auswärts in Schottland! Ich freute mich wie ein kleines Kind auf das Spiel im Ibrox Park. Diese Atmosphäre, diese Art Fußball zu spielen, fand ich einfach nur großartig. Zumal die Rangers damals zwei absolute Vorzeigeabräumer in der Innenverteidigung zu bieten hatten: Terry »den Schlachter« Butcher und Gus McPherson. Zwei Hünen, die auf so beherzte Art und Weise unsere Stürmer aus ihrem Strafraum traten, dass ich beinahe applaudiert hätte. Ich nahm mir sogar noch ein ganz besonderes Souvenir mit nach Deutschland: Zehn Minuten vor dem Schlusspfiff segelte ich nach einem Vollkontakt mit den schottischen

Brechern wieder einmal durch unseren Fünf-Meter-Raum und landete vor meinem Torwart Uwe Kamps, der sich gerade Richtung Ball stürzte und mir dabei mit seinen langen Alustollen auf die Hand trat. Ein schneller Schmerz durchzuckte meinen Körper, eine tiefe Fleischwunde zierte meinen Handrücken. Blut, Schmerz und Schottland: Herzlich willkommen im Europapokal! Ich blutete wie ein angeschossener Büffel, trabte zur Seitenlinie und hielt unserem Mannschaftsarzt meine tropfende Hand hin. Der Doktor verband die Wunde und schickte mich wieder auf den Rasen. Vor lauter Fußball hatte ich meine Verletzung allerdings schnell vergessen, erst des Doktors blitzendes Operationsbesteck in der Umkleidekabine machte mich darauf aufmerksam, dass mir nun noch etwas Besonderes bevorstand: Ohne Betäubung, das Adrenalin in meinen Adern kühl berechnend, flickte mir Dr. Gerhards, der Meister mit Nadel und Faden, die Wunde wieder zusammen. Eine feine, beinahe unsichtbare Narbe ist mir als Erinnerung an mein Zusammentreffen mit dem »Schlachter« und seinen schottischen Freunden geblieben.

Durch ein Tor von Uwe Rahn hatten wir uns mit einem 1:1 aus Schottland verabschiedet, zwei Wochen später, am 10. Dezember 1986 trafen wir am Bökelberg erneut auf die Rangers. Was für ein Spiel. Nach einer halben Stunde des Abtastens warfen die Schotten alles nach vorne, was zwei Beine zum Laufen hatte. Butcher und McPherson schmissen sich bei eigenen Eckbällen so kompromisslos in unseren Strafraum, dass es eine wahre Freude war. Irgendwie überstanden wir auch die letzten Minuten ohne Gegentor und hatten es tatsächlich geschafft. Das 0:0 reichte, Borussia Mönchengladbach stand im Viertelfinale des UEFA-Cups 1986/87!

Deutlich entspannter verlief es anschließend im Viertelfinale gegen die Portugiesen von Vitoria Guimaraes. Zu Hause entschieden wir das Hinspiel mit 3:0 für uns (auch dank eines Eigentores von Vitorias Heitor), im Rückspiel reichte dann ein 2:2-Unentschieden (erneut dank eines Eigentores von Heitor).

Muss ich den Leser nach diesen glorreichen Heldentaten an unsere Halbfinalspiele gegen Dundee United erinnern? An den Rotschopf Gordon Strachan, der gemeinsam mit seinen schlauen Iren ein 0:0 im Hinspiel erkämpfte? An unsere 0:2-Niederlage im Rückspiel vor heimischen Publikum? An die Dummheiten einer Mannschaft, die sich schon vor dem Spiel mehr mit dem Finale als mit dem Halbfinalgegner beschäftigt hatte? An den indirekten Freistoß 15 Meter vor dem Tor, den ich an den Pfosten knallte? An die finsteren Stunden nach dem Ausscheiden, als wir uns vor lauter Enttäuschung nicht einmal zum traditionellen Frustsaufen trafen, sondern mit hängenden Köpfen nach Hause zu unseren Frauen schlichen? Eher nicht.

Parallel zu diesen mehr oder weniger dramatischen Ereignissen spielte sich im Hintergrund der Saison 1986/87 noch ein ganz anderer Film ab. Es ging um meine sportliche Zukunft bei Borussia Mönchengladbach. In all den Jahren bei der Borussia hatte ich nie einen Gedanken an einen möglichen Wechsel verschwendet, dafür war ich dem Club und seinen Fans viel zu sehr verbunden. Doch mein Vertrag lief zum Ende dieser Spielzeit aus, und spätestens in der Winterpause hatte ich eigentlich mit Vertragsgesprächen gerechnet. Die Rückrunde hatte längst begonnen und noch immer schwieg die Vereinsführung um Manager Helmut Grashoff. Wollte man mich hinhalten? Waren das finanztaktische Spielchen, die ich nicht verstand? Was ich wusste, war: Mit meinem Gehalt gehörte ich zum unteren Drittel in unserer Mannschaft. Die Top-Verdiener erhielten nicht nur dreimal so viel Monatsgehalt wie ich, sie strichen im Erfolgsfall auch eine Jahresleistungsprämie von sagenhaften 600 000 DM ein. Summen, von denen ich nur träumen konnte. Natürlich wollte ich nun, nach sieben Jahren bei der Borussia, ebenfalls deutlich mehr Geld verdienen, als ich bislang auf mein Konto überwiesen bekam. Endlich besann sich Grashoff seines Jobprofils und lud mich zu einem ersten Vertragsgespräch ein. »Uli«, sagte der Manager, wie immer mit seiner Piep, seiner Pfeife im Mundwinkel, »wir können dir zehn Prozent mehr Gehalt anbieten.« Ein indiskutables Angebot, das wusste ich und das musste auch Grashoff wissen. »Herr Grashoff«, antwortete ich, tief eingesunken in den Stuhl, der stets so postiert war, dass man gezwungenermaßen zum Manager aufschaute, »das ist zu wenig. Ich bin seit sieben Jahren im Verein, mache regelmäßig mehr als 30 Pflichtspiele pro Saison und bin als Führungsspieler beim Trainer gesetzt.« Seine Antwort: »Das interessiert mich nicht!« Und überhaupt: »Dich kauft doch sowieso kein anderer Verein.« Das Gespräch war relativ schnell beendet.

Ich war auf Grashoff damals nicht sauer. Schließlich war es sein Job, mit dem Geld der Borussia zu haushalten. Alles Taktik, vermutete ich und suchte das Gespräch mit Jupp Heynckes. »Uli«, sagte Jupp, »du bist in Mönchengladbach genau beim richtigen Verein. Ich werde ein gutes Wort für dich einlegen.« Und genau das wollte ich auch: Bei der Borussia bleiben. Wie hatte es der Manager gesagt: Wer sollte mich denn schon kaufen? Aufgrund einer damals noch existierenden und recht komplizierten Koeffizienten-Regelung hätten die Spitzenvereine der Bundesliga mindestens eine halbe Million DM auf den Tisch legen müssen, um mich aus Mönchengladbach loszueisen. Damit war ich 1987 einer der nominell teuersten Defensivspieler der Bundesliga.

Dass ich ganz offensichtlich auch einer der begehrtesten Verteidiger war, sollte ich spätestens vor dem Auswärtsspiel am 21. Februar 1987 beim Hamburger SV erfahren. Wenige Tage zuvor hatte ich einen Anruf vom damaligen HSV-Manager Felix Magath erhalten. Magath machte mir unzweideutig klar: Die Hamburger wollten mich haben! Am Abend nach dem Spiel traf ich mich mit Magath im Hotel »Elysee« zu einem ersten Gespräch. Magaths Angebot? 5000 DM Monatsgehalt. Brutto. 180 000 DM Jahresleistungsprämie. Brutto. Ich musste mich beherrschen, nicht lauthals loszulachen, als mir der HSV-Manager dieses lächerliche Angebot unterbreitete. Dass ich am nächsten Morgen beim Auschecken aus dem Hotel auch noch überraschenderweise die Kosten übernehmen musste, brachte das Fass endgültig zum Überlaufen. Der HSV war für mich gestorben. Und damit auch der erste Gedanke an einen möglichen Abschied aus Mönchengladbach.

Bis eines Abends das Telefon in unserer Wohnung in der Schäferstraße klingelte. »Hoeneß hier. Hallo Uli.« Ein Scherzanruf von einem meiner Kollegen? »Hallo. Worum geht es?« »Ich würde mich gerne mal in Ruhe mit dir unterhalten, wir haben großes Interesse daran, dass du bald für den FC Bayern spielst.« Es dauerte lange, bis ich diesen Schock überwunden hatte. Immerhin war ich dann doch noch cool genug, um Uli Hoeneß mit dem Satz »Das muss ich erstmal mit meiner Frau besprechen« zu vertrösten. Carmen war gleich hellauf begeistert. Gegen den Glanz und Glamour einer Stadt wie München hatte sie nichts einzuwenden, von den ausgezeichneten Shopping-Möglichkeiten ganz zu schweigen … Inzwischen war ich von der Gladbacher Hinhaltetaktik so genervt, dass ich mir zumindest anhören wollte, was die Bayern bereit waren zu zahlen. Wenige Tage später telefonierte ich erneut mit dem Bayern-Manager: »Herr Hoeneß, wann können wir uns treffen?« Uli Borowka, Spieler beim FC Bayern München. Irgendwie hörte sich das plötzlich ganz fantastisch an.

Ich bin nach Uli Hoeneß und Jupp Heynckes wahrscheinlich der Erste gewesen, der vom baldigen Wechsel des amtierenden Trainers von Borussia Mönchengladbach zum FC Bayern erfuhr. Wieder klingelte abends unser Telefon, wieder war Uli Honeß am Telefon. Diesmal hatte er schlechte Nachrichten. Jupp hatte dem Werben aus München nicht mehr standgehalten und würde zur neuen Spielzeit Trainer bei den Bayern werden. Für mich, einen seiner Zöglinge, ein richtiger Nackenschlag. Und der Wechsel meines Mentors hatte auch ganz konkrete Folgen für meine Zukunft. »Uli«, sprach Hoeneß ins Telefon, »das wird leider nichts mit uns. Jupp hat den Gladbachern versprochen, keinen seiner Spieler mit nach München zu nehmen. Wenn wir dich jetzt trotzdem verpflichten, dann zünden sie dem Jupp die Bude an!« Kein Witz: Als Uli Hoeneß auflegte, fiel ich doch tatsächlich aus meinem Sessel.

Ich steckte nun in einer äußerst kuriosen Situation: Einerseits durfte ich meine Bayern-Pläne vergessen, andererseits musste ich Stillschweigen bewahren, bis Jupp seinen Wechsel offiziell bekanntgab. Als er uns dann endlich in sein Haus einlud, war ich fast schon erleichtert – obwohl der vielleicht wichtigste Trainer meiner Karriere den Verein nun verlassen würde. Die gesamte Mannschaft war im großen Wohnzimmer des Trainers versammelt – ein Novum! –, als Jupp uns die schlechten Neuigkeiten übermittelte. Es war ein Bild des Jammers: Hartgesottene Fußballer sackten richtiggehend in sich zusammen, als der Trainer von seinem baldigen Wechsel nach München berichtete. Sieben Jahren lang hatten wir gemeinsam Schlachten geschlagen, gelacht, geweint, gefeiert oder wahlweise Strafrunden gedreht. Jeder einzelne von uns hatte Heynckes viel zu verdanken. Ganz besonders ich. Es war nicht so, dass Jupp und ich immer auf einer Wellenlänge schwammen. Im Gegenteil, ich glaube sogar, dass er mich häufiger als andere Spieler kritisierte, einfach aus dem Grund, weil er wusste, dass ich das als Ansporn für noch bessere Leistungen nehmen würde. Jupps Liebling in der Mannschaft war nicht ich, den Platz nahm eindeutig Uwe Rahn ein. Ich war eher so eine Art Stiefsohn, und er war ganz klar eine Vaterfigur für mich. Und jetzt würde er uns verlassen. Was für ein Drama.

Es fällt mir schwer, mein damaliges Gefühlschaos zu beschreiben. In einem Moment sollte ich Spieler von Bayern München werden, im nächsten Moment verabschiedete sich mein Trainer und die Pläne mit den Bayern konnte ich in den Schredder werfen. Und ganz nebenbei wurde auch noch Fußball gespielt. Am 11. April 1987, wenige Tage, nachdem wir vom Trainerwechsel erfahren hatten, spielten wir – Ironie der Geschichte – gegen den FC Bayern. Auf eigenem Rasen verloren wir mit 0:1 durch ein Tor von Dieter Hoeneß. Was nun folgte, gehört wohl zu den kuriosesten Endspurts in der Historie von Borussia Mönchengladbach. Die folgenden zehn Spiele gewannen wir alle – nach dem 24. Spieltag noch auf Platz elf versackt, wurden wir am Ende der Saison Dritter! 7:2 gegen Waldhof Mannheim, 4:2 gegen den VfB Stuttgart, 4:0 gegen den 1. FC Nürnberg – wie in einem Rausch rasten wir von Sieg zu Sieg, das Bewusstsein, in der kommenden Saison ohne Jupp Heynckes antreten zu müssen, hatte bei uns zu einer Art »Scheißegal-Haltung« geführt. Die Gegner, die Tabelle, die Ansprüche der Fans, der Druck der Medien – all das hatte plötzlich nicht mehr die Bedeutung wie noch vor wenigen Monaten. Vor den Spielen trafen wir uns, feierten, tranken und tanzten durch die Nacht, nur um am nächsten Tag großartigen, ja geradezu leichtfüßigen Fußball auf den Rasen zu zaubern. Wie vor dem Auswärtsspiel am 27. Spieltag gegen den FC Homburg, als wir in der Nacht vor dem Spiel in einem abgelegenen Waldrestaurant die Theke leerten und am nächsten Tag das Spiel locker und leicht mit 2:0 gewannen.

Wie war das möglich? Normalerweise brechen Mannschaften in solchen Situationen auseinander, doch uns schien das nahende Ende der Ära Heynckes noch mehr zusammenzuschweißen. Noch ein letztes Mal wollten wir dem Trainer zeigen, zu was seine Mannschaft in der Lage war. Doch wo gehobelt wird, da fallen auch Späne: Vor dem letzten Spieltag gegen den 1. FC Nürnberg schmissen wir in Süchteln noch eine zünftige Party, die sich sehen lassen konnte. Beim Abendbrot wetteten wir darum, wer über Nacht am meisten Gewicht zulegen würde und futterten anschließend wie die Scheunendrescher. Der würdige Sieger: Libero Hans-Günter Bruns, wir applaudierten anerkennend, als sich die Nadel auf der Waage auf Rekordmaß bog. Mittendrin war auch unser Mittelfeldmann André Winkhold, normalerweise ein Asket, doch bei der Party hatte auch er richtig tief ins Glas geschaut. Sichtlich gezeichnet, riss dem armen André am nächsten Tag nach 46 Minuten der Meniskus.

Während wir also zum Abschluss der Saison diese beeindruckende Siegesserie hinlegten, ging der Poker um meinen möglichen Vereinswechsel weiter. Inzwischen hatte natürlich auch die Presse Wind davon bekommen, dass sich andere Vereine für meine Fähigkeiten interessierten, munter wurden der 1. FC Köln und Bayer Leverkusen mit mir in Verbindung gebracht, ohne dass sich jemand von diesen Vereinen bei mir tatsächlich gemeldet hätte. Ende April erreichte mich schließlich die nächste Anfrage: Dortmunds Trainer Rainhard Saftig wollte mich gerne haben und schickte den damaligen BVB-

Präsidenten Gerd Niebaum vor. Auf Einladung des Präsidenten fuhr ich am 27. April 1987, einem Montag, nach Dortmund. In Niebaums Kanzlei sprachen wir über einen möglichen Wechsel, ich zeigte mich durchaus interessiert, betonte aber, dass ich bis Freitag, den 1. Mai, ein offizielles Angebot benötigen würde. An diesem Tag, so war es mit Borussia Mönchengladbach ausgemacht, endete meine Frist für einen möglichen Wechsel. Niebaums Antwort: »Das bekommen wir hin.« Ich gab ihm mein Wort, zu Borussia Dortmund zu wechseln, wenn er mir bis Donnerstag Bescheid geben würde.

Zwei Tage später. Am Telefon meldete sich eine allseits bekannte Stimme. »Uli«, brummte Otto Rehhagel in den Hörer, »kannst du dir vorstellen, zu uns nach Bremen zu wechseln?« Jetzt verlor ich langsam die Orientierung! Ich klärte Rehhagel über den Stand der Dinge und meine mündliche Zusage beim BVB auf. Gegen ein Treffen hatte ich nichts einzuwenden. Wir verabredeten uns noch für den gleichen Tag in Ottos Stammlokal, dem »Café Overbeck« in seiner Heimatstadt Essen. Schon nach wenigen Minuten spürte ich: Dieser Mann will unbedingt, dass du für ihn spielst. Natürlich imponierte mir Ottos einnehmende Art, außerdem wusste ich ja, was für eine geile Truppe mich in Bremen erwarten würde. Kurzum: Ich zeigte mich interessiert, erinnerte aber weiterhin an meine mündliche Absprache mit Borussia Dortmund. Otto schien das wenig zu interessieren. Wir verabschiedeten uns und ich harrte der Dinge.

Am Freitag, dem 1. Mai, dem Stichtag für meine sportliche Zukunft, klingelte früh morgens das Telefon. Willi Lemke, der Manager von Werder Bremen war am Apparat. »Wir treffen uns heute Nachmittag auf halber Strecke, wir machen den Sack jetzt zu!« »Auf halber Strecke« zwischen Mönchengladbach und Bremen bedeutete für den Manager übrigens ein Rasthof 50 Kilometer vor Bremen. Egal, gemeinsam mit Peter Telek, einem Spielerberater, den ich bei den Vertragsgesprächen dabeihaben wollte, fuhr ich zu besagtem Rasthof. Der Manager legte die Karten auf den Tisch: ein monatliches Grundgehalt von 17000 DM plus einer Leistungsprämie, die mir im Idealfall zusätzlich 500000 DM einbringen sollte. Ein absolut faires Angebot. Doch ich zögerte. Inzwischen war es Freitagabend, noch immer hatte sich niemand aus Dortmund bei mir gemeldet. Und meine Frist lief langsam, aber sicher ab! Noch einmal rief ich Carmen an, nein, kein Anruf aus Dortmund. An einem Ecktisch im Autobahn-Rasthof besiegelte ich per Handschlag meinen Wechsel nach Bremen. Was noch vor wenigen Monaten undenkbar schien, war nun beschlossene Sache: Ich würde Borussia Mönchengladbach verlassen.

Zwei Tage später, inzwischen war es Sonntag, nahm ich die Sache selbst in die Hand und klingelte bei Reinhard Saftig, dem damaligen Dortmunder Trainer, durch, erreichte allerdings nur Saftigs Gattin. »Frau Saftig, bitte teilen sie ihrem Mann mit, dass ich mich anderweitig entschieden habe.« Nur wenige Stunden danach rief mich, völlig überraschend, BVB-Boss Niebaum an: »Uli, das kann ich nicht verstehen! Du hattest uns doch dein Wort gegeben.« »Das stimmt«, antwortete ich ihm, »aber ich habe bis zum Ende der Frist auf Ihren Anruf gewartet. Da kam nichts.« Ich erklärte ihm, dass ich bereits mit Werder einig geworden war, Niebaum wollte das nicht wahrhaben. Ohne zu wissen, welches Gehalt ich in Bremen bekommen sollte, rief er: »Bei uns bekommst du auf jeden Fall 100000 DM mehr!« Zu spät, das Thema Borussia Dortmund hatte sich damit für mich erledigt.

Einen schweren Gang hatte ich allerdings noch zu bewältigen. Gleich am Montag, kurz vor dem ersten Training, ließ ich mir von Annie Alpers, der Chefsekretärin von Manager Helmut Grashoff, einen Termin beim Mann mit der Pfeife geben. Als ich dann, halb im Ledersessel versunken, in seinem Büro saß, schaute mich Grashoff über seine dicken Brillengläser an und sagte: »Na, Uli, hast du es dir noch einmal überlegt? Schön. Dann wollen wir mal deinen Vertrag verlängern.« »Ne, Herr Grashoff. Ich wollte ihnen nur mitteilen, dass ich Borussia Mönchengladbach verlassen werde.« Beinahe wäre ihm die Pfeife aus dem Mund gefallen. »Nein, Uli, das geht so nicht! Du weißt doch, was der Verein alles für dich getan hat. Du kannst doch jetzt nicht einfach abhauen! Was sollst du denn bei deinem neuen Club bekommen?« Ich nannte ihm eine Fantasiesumme, deutlich höher als das, was mir die Bremer geboten hatten: 600 000 DM plus Gehalt plus Haus und Auto. Grashoff schaute mich an, rief dann seine Sekretärin und bat sie, mal eben einen Vertrag mit den von mir geforderten Konditionen aufzusetzen. Jetzt war ich es, dem fast die Piep aus dem Mund gefallen wäre – wenn ich denn geraucht hätte. War ich hier bei »Verstehen Sie Spaß?« gelandet? Monatelang hatte man mich hingehalten, mir dann ein lächerliches Angebot unterbreitet und jetzt, wo mein Entschluss, den Verein zu wechseln, bereits nicht mehr rückgängig zu machen war, wollte man mir plötzlich jeden Wunsch erfüllen? Wenige Minuten später war Frau Alpers mit dem Vertrag zurück. »Hier«, sagte Grashoff und hielt mir seinen Stift hin, »unterschreib!« »Das kann ich nicht, jetzt ist es zu spät«, antwortete ich. »Uli, wenn du das hier nicht unterschreibst, dann schrauben wir deine Ablöse nach oben!« Aber auch diese letzte Drohung half nichts. Nach Lothar Matthäus hatte es Grashoff auch bei mir versäumt, durch frühzeitige und vor allem faire Vertragsgespräche den Wechsel zu verhindern. Niemals hatte ich die Borussia verlassen wollen! Jetzt informierte ich Bremens Manager über die mögliche »Wertsteigerung« meiner Person und war erleichtert, als er mir zu verstehen gab, dass Werder auch dieses Problem würde lösen können. Tschö, Mönchengladbach. Moin, Moin Werder Bremen!

TAGESBERICHT, Fachklinik Fredeburg

27. März 2000

In der Teamvollversammlung wurden drei Mitpatienten verabschiedet. Ich habe gemerkt, dass hier in der Klinik Freundschaften geschlossen werden. Ich denke, das ist auch sehr wichtig. Das Autogene Training bringt mir überhaupt nichts. Wenn ich meine Therapeutin sagen höre, dass sie besser über meinen Körper Bescheid wisse als ich, dann fällt mir nichts mehr dazu ein. Ich kenne meinen Köper genau. In der Gruppe sprachen wir über das

Schnarchproblem. Ich bin froh, einfach gut schlafen zu können. Die Diskussion mit Andreas über sein voreiliges Handeln gefiel mir sehr gut. Ich würde mich anders verhalten. Am Sonntagabend war meine Frau sehr wütend. Sie machte mir viele Vorwürfe. Sie wollte daraufhin am Wochenende nicht kommen. Ich habe ruhig mit ihr gesprochen, doch auf einmal konnten wir nicht mehr normal miteinander sprechen. Ich habe aber nicht klein beigegeben, sondern sagte: »Wenn du nicht kommen möchtest, ist das allein deine Sache.« Sie hat es sich anders überlegt und kommt doch. Ich freue mich sehr.

28. März 2000
In der Vollversammlung haben wir über die Kapitulation vor dem Alkohol gesprochen. Kapitulation heißt für mich aufgeben. Ich muss aber mein Leben lang gegen mich und den Alkohol kämpfen. Am Abend sprach ich mit meiner Frau. Sie hatte ihre Eltern zu Besuch gehabt und war in unserem Gespräch sehr zynisch. Ihre Vorwürfe: Ich würde die Therapie nicht schaffen. Ich wäre ein arroganter, großkotziger und überheblicher Kerl, der glaube, alles zu wissen. Ich habe ihr gesagt, dass ich schon auf solche Aussagen gewartet hätte, doch sie hat alles ins Lächerliche gezogen. Mit allem, was vorgefallen sei, könne sie nicht leben. Ich sagte, das wisse sie doch schon länger, warum sie denn überhaupt die letzte Zeit mit mir so vernünftig gesprochen habe. Keine Antwort, nur zynische Aussagen. Nun kommt sie wohl doch nicht zu Besuch. Ich hätte mich gefreut, aber insgeheim habe ich mit der Absage gerechnet. Schade.

29. März 2000
In der Themenstunde hat Willi heute seinen Suchtbericht vorgetragen und viele Verbesserungsvorschläge bekommen. In der Gruppenstunde habe ich über das Verhältnis zu meiner Frau gesprochen. Ich hoffe, dass sie einem Gespräch einwilligt, denn ich denke, dass sie auch sehr viele Probleme mit sich herumschleppt. Der Film war ganz gut und hat mich zum Nachdenken angeregt. Zum Schluss haben die Deutschen noch 1:1 gegen Kroatien gespielt.

BEGRÜSSUNGS-SCHNAPS MIT THOMAS SCHAAF

Damit hier nicht der Eindruck entsteht, ich hätte Borussia Mönchengladbach ohne Weiteres den Rücken gekehrt, wie jeder x-beliebige Söldner in der Gegenwart, der Vereine wechselt wie andere Menschen die Unterhosen: Ich litt unter der Vorstellung, schon bald die vertraute Umgebung, meinen Verein, meine Mannschaft, meine Mitspieler, mein Stadion und meine Fans zu verlassen, um in Bremen den nächsten Schritt in meiner Karriere zu wagen. Beim letzten Spiel der Saison gegen den 1. FC Nürnberg hatten die Zuschauer dafür gesorgt, dass mir der Abschied wahrlich schwer gemacht wurde. Kurz vor dem Schlusspfiff hatte ich die Rufe von den Tribünen gehört, erst leise, dann immer lauter werdend: »Es gibt nur ein' Uli Borowka!« Gänsehaut. Heimlich wischte ich mir die Tränen aus den Augen.

Doch für allzu viel Abschiedsschmerz ist im Profifußball keine Zeit. Schon wenige Wochen nach dem Nürnberg-Spiel räumten Carmen und ich unser Haus in Rheydt leer und machten uns in Bremen auf die Suche nach einer neuen Bleibe. Ein Makler besorgte uns schließlich eine hübsche Doppelhaushälfte im Bremer Stadtteil Oberneuland, gleich neben einem Fußballer, der seine Karriere beim SV Werder soeben erst beendet hatte: Wolfgang Sidka, der Jahre später noch ein kurzes und erfolgloses Gastspiel als Trainer in Bremen gab. Gehaltstechnisch hatte ich durch den Wechsel nach Bremen einen richtigen Sprung gemacht: Die 17000 DM Grundgehalt plus Jahresleistungsprämie bedeuteten nicht weniger als die Verdoppelung meines bisherigen Gehalts in Mönchengladbach! Stolz bezogen Carmen und ich unser neues Zuhause und legten uns einen orange-roten BMW M3 zu.

Bevor ich meine neue Mannschaft kennenlernen durfte, musste ich noch einen Pflichttermin hinter mich bringen: Gemeinsam mit dem zweiten Bremer Neuzugang, einem gewissen Karl-Heinz Riedle, wurde ich der Presse in einem Hotel vorgestellt. Wir sagten ein paar freundliche Worte und gaben dann den Wünschen der Fotografen nach, die Kalle und mich unbedingt dabei ablichten wollten, wie wir einen Ball mit dem Kopf hin und her jonglierten.

Den offiziellen Einstandsumtrunk feierte ich zwar erst im November, aber der Einfachheit halber ziehe ich die Erinnerungen an diesen Abend hier vor. Der Einstand hatte in Bremen jahrelange Tradition und sah nicht etwa ein gemeinsames Teetrinken am Nachmittag vor, sondern ein zünftiges Besäufnis auf Kosten der Neulinge! Die Mannschaft mietete dafür extra eine Location in der Bremer Innenstadt an, die Kosten für Essen und Getränke musste ich mir mit Kalle teilen. Zusätzlich zu den Spielern nahmen auch Physiotherapeut Holger Berger und Mannschaftsarzt Dr. Meschede an der Party teil, nicht aber der Trainer, Otto Rehhagel. Keine Mannschaft der Welt wäre so blöd, den Trainer zu einem Abend wie diesen einzuladen. Hatte ich noch auf einen recht gemütlichen Umtrunk gehofft, als wir den Laden, ein italienisches Restaurant, betraten, wurde ich schon bald eines Besseren belehrt. Kaum war der Hauptgang verdaut, stand auch schon Thomas Schaaf mit einem Tablett vor Kalle und mir. »So«, grinste Thomas, »wir drei trinken jetzt mal einen Calvados zusammen.« Wir stießen an und leerten lässig die Gläser. Keine Minute später stand schon der Nächste vor uns. Wieder ein Tablett, wieder drei Gläser, ein anderer Schnaps. Und noch einer. Und noch einer. Und … Sagenhafte 25

Schnäpse mussten wir kippen, bis das erste Ritual überstanden war! Nicht aber der Abend, denn der fing jetzt erst richtig an. Nach vielen weiteren geleerten Gläsern, stellte sich Physiotherapeut Holger Berger vor die versammelte Mannschaft und bat Kalle und mich nach vorne. »Lieber Uli, lieber Karl-Heinz«, fing der Physio an, »es ist üblich bei uns, dass die Neuzugänge ein bisschen was von sich erzählen. Uli, mach du doch den Anfang.« Also legte ich los. Erzählte von meiner Mutter und meinem Vater. Vom FC Oese, vom DSC Wanne-Eickel, von der Putzkammer, Jupp Heynckes, dem Elfmeterschießen, von … »Langweilig! Buh! Aufhören!« Meine biografische Kurzbeschreibung wurde von meinen neuen Mitspielern vorzeitig beendet. War ich den Jungs zu öde? »Was wollt ihr hören?«, rief ich. »Die *interessanten* Storys natürlich«, hallte es zurück. Und was bedeutet »interessant« in einer Horde junger Männer, die schon leicht einen im Kahn haben? Na klar, Lach- und Sexgeschichten. Ich wollte kein Spielverderber sein und erzählte von den ersten Discobekanntschaften, anderen Liebschaften und sicherlich auch die eine oder andere Geschichte, in der meine Frau auftauchte. Apropos meine Frau! Der Tag nach unserer Einstandsparty war unser Hochzeitstag, eigentlich hatte mich Carmen schon früh abholen sollen, doch das ging jetzt natürlich nicht mehr. Mehr als einmal rief ich, inzwischen doch übel angeschossen, zu Hause an, um meine Gattin zu vertrösten. Entsprechend wenig feierlich war mir am nächsten Morgen zumute, was Carmen überraschenderweise gar nicht so toll fand. Ich quälte mich durchs Frühstück und schaffte es doch tatsächlich bis auf den Trainingsplatz. Wo bereits Otto Rehhagel auf uns wartete. Selbstverständlich wusste er, was sich am gestrigen Abend abgespielt hatte, dafür reichte Otto ein kurzer Blick in die zerknitterten Gesichter seiner Spieler. Wenig überraschend, dass wir an diesem Tag doppelt so lange wie sonst trainieren mussten … Erst spät am Nachmittag wackelte ich nach Hause. Den Einstand beim SV Werder Bremen hatte ich gerade so überlebt.

Auch aufgrund dieser rituellen Aufnahme fühlte ich mich schon nach kurzer Zeit bei Werder, als hätte ich jahrelang nie woanders gespielt. Carmen und mir gefielen die Stadt und die neue Unterkunft auf Anhieb. Beate Rehhagel, Ottos Frau und neben dem Spielfeld seine rechte Hand, kümmerte sich aufopferungsvoll um die Spielerfrauen, häufig lud sie die Damen zu gemeinsamen Treffen ein und sorgte so für ein harmonisches Verhältnis. Wie wichtig diese persönlichen Bindungen sind, brauche ich heute, wo es in großen deutschen Vereinen Spieler gibt, die sich noch nach Jahren fremd in der neuen Stadt fühlen, nicht zu betonen. Weil auch Carmen durch Beates Fürsorge schnell sozialen Anschluss fand, konnte ich mich voll und ganz auf meinen Job konzentrieren. Das war eine der großen Stärken des Trainers Otto Rehhagel: Er kümmerte sich nicht nur darum, seine Fußballer über den Platz zu scheuchen, nicht nur um die Taktik des nächsten Gegners, sondern auch um einen geradezu familiären Zusammenhalt in seinem Verein. Die viel zitierte »Werder-Familie« – in diesen Jahren hat es sie in Bremen tatsächlich gegeben.

Natürlich gehörten dazu für mich in erster Linie meine neuen Mitspieler. Von Kalle Riedle habe ich bereits erzählt. Ihn im Training zu beobachten, war ein Spektakel, gegen ihn ins Kopfballduell zu gehen, eine Demütigung. Sprangen wir gemeinsam zum Ball, stand »Air Riedle« noch in der Luft wie ein Kolibri, während ich schon wieder auf dem Rasen landete. Mein Partner in der Innenverteidigung war Rune Bratseth, ein Norweger, den nichts, aber auch gar nichts aus der Ruhe bringen konnte. Was nicht unbedingt an seiner Ernährung gelegen haben dürfte: Rune, durch und durch Athlet, trank jeden Tag literweise Cola! Wer weiß, wie sich der stille Rune ohne seinen täglichen Koffein-Schub verhalten hätte. Nur einmal habe ich ihn in den all den Jahren ausrasten sehen: Beim legendären Spiel gegen den RSC Anderlecht, als wir zur Pause mit 0:3 zurücklagen. Aber davon später mehr.

In der Saison 1987/88 war Rune jedenfalls die Ruhe in Person und vor allem ein erstklassiger Manndecker. Verlor ich mal einen Zweikampf oder wurde von einem schnellen Stürmer überrannt, konnte ich mir sicher sein, dass der »Elch« den Gegner schon einfangen würde. Niemals habe ich einen schnelleren Fußballer gesehen als Rune Bratseth. Eine Szene habe ich noch ganz genau vor Augen: Wir spielten gegen Borussia Dortmund, bei einem Konter der Dortmunder fiel der Ball vor die Füße von Andreas Möller, damals angeblich einer der schnellsten Fußballer überhaupt. Andy hatte bereits gute acht Meter Vorsprung, als sich Rune an der Mittellinie in Bewegung setzte. Was soll ich sagen: An der Strafraumgrenze hatte er Möller eingeholt und ihm elegant den Ball von den Füßen gespitzelt.

Entsprechend langweilig war dann auch ein Ritual, dass Otto alle paar Monate im Training veranstaltete. Auf sein Zeichen hin mussten wir von der Grund- bis zur Mittellinie sprinten, der Gewinner durfte sich auf Ottos Kosten eine Krawatte kaufen. Unnötig zu sagen, wer dieses Rennen jedes Mal gewann. Selbst wenn er nur mit halber Kraft Gas gab, reichte es Rune, um uns abzukochen. Einmal allerdings drehten wir den Spieß um. Noch vor dem obligatorischen Krawattensprint hatten wir Spieler vereinbart, dass unser Oldie Manni Burgsmüller, zu Beginn meiner Bremer Zeit immerhin schon 37 Jahre alt, das Rennen gewinnen würde. Otto staunte natürlich nicht schlecht, als Manni lässig als Erster über die Mittellinie trabte. »Rune«, blaffte er Bratseth an, »was ist da los?« Der ganz cool: »Der Manni kann schon schnell sein, wenn er will.« Otto wollte kein Spielverderber sein und sagte: »Gut, Manni, dann holen sie sich mal 'ne ordentliche Krawatte.« Da hatte er die Rechnung aber ohne Manfred Burgsmüller gemacht: Im Bremer Edelkaufhaus Stiesing kleidete sich Manni von Kopf bis Fuß neu ein: Schuhe, Anzughose, Hemd, Anzug – und Krawatte. Kostenpunkt: 700 DM! Otto klappte beinahe zusammen, als Manni ihm die Quittung übergab. »700 DM für eine Krawatte!«, rief Otto. »Ja, Trainer«, antwortete ihm Manni, »das ist auch eine ganz außergewöhnliche Krawatte.« Zähneknirschend beglich Otto seine Ehrenschulden. Anschließend hat es nie wieder ein Krawattenrennen in Bremen gegeben.

Einen Typen wie Manni Burgsmüller musste man einfach lieben. Für mich ist er jedenfalls einer der genialsten Stürmer, die je in der

Bundesliga gespielt haben. Als wir uns in Bremen erstmals als Mitspieler begegneten, hatte er bereits 20 Jahre Bundesligaerfahrung auf dem Buckel. Ein Routinier, ein Schlitzohr, siebenmal chemisch gereinigt. Manni kannte alle legalen und illegalen Tricks. Jahrelang hatte ich als sein Gegenspieler erfahren müssen, wie abgezockt er vor dem Tor sein konnte. Manni, anders konnte ich es mir nicht erklären, musste ein genetisches Wunderwerk sein. Wie sonst war es zu erklären, dass er Dinge sah, die man nur mit einem Augenpaar am Hinterkopf sehen konnte? Hinzu kam ein fast unheimliches Gespür für die Bewegung des Balles. Schlug sein Mitspieler eine Flanke auf den kurzen Pfosten, bewegte sich Manni einfach an den langen Pfosten, irgendwie landete der Ball genau da und er musste nur noch das Tor machen. Unglaublich.

Ein paar Worte muss ich auch über meine Kollegen in der Defensive verlieren, schließlich bildeten wir in den folgenden Jahren ein äußerst robustes Kollektiv. Da war zum einen unser Libero Gunnar Sauer, fußballerisch das komplette Gegenteil von mir. Während ich technisches Unvermögen durch Härte und eine sehr radikale Spielweise auszugleichen versuchte, bewegte sich Gunnar mit der Eleganz eines Balletttänzers über den Rasen. Und so entspannt, wie er Fußball spielte, war auch sein Charakter. Ein verrückter Vogel. Eine Szene werden Werder-Fans bis heute sicherlich nicht vergessen haben. Sie passierte in jener Saison 1987/88 beim 3:1-Sieg gegen Bayern München. Nach 25 Minuten flog der Ball in Höhe unseres Strafraums über die Seitenlinie, keiner wusste so recht, welche Mannschaft nun Ballbesitz hatte. Ein Münchener schnappte sich den Ball, warf ein und das Spiel ging weiter. Nicht für Gunnar Sauer. Im eigenen Strafraum stehend, fing er den Einwurf mit den Händen, marschierte zum Schiedsrichter und forderte einen Einwurf für Werder. Was sollte der gute Joachim Kautschor aus Eschweiler machen, er zeigte auf den Punkt, Elfmeter für die Bayern. Ich selbst stand nur wenige Meter entfernt und wusste nicht, ob ich mich kaputtlachen oder Gunnar den Hals umdrehen sollte.

Ebenfalls ein Unterhaltungskünstler war Jonny Otten, mit dem ich auch heute noch befreundet bin. An Jonny war ein Zirkusakrobat verloren gegangen. Gleich im ersten Training zeigte er mir sein spezielles Kunststück: Auf der Torlinie stehend sprang er aus dem Stand in einen Scherenschlag und berührte dabei mit den Fußspitzen die Latte. Und auch im Spiel war Jonny immer und überall: Drosch ich den Ball lang nach vorne auf seine linke Seite, konnte ich mir sicher sein, dass er ihn noch erwischen würde. Und dann war da noch ein gewisser Thomas Schaaf. Ein gewissenhafter Arbeiter in der Defensive, immer ruhig, immer sachlich – wenn er nicht gerade die Neuzugänge mit dem Schnapstablett begrüßte! Thomas glich mir in seiner Spielweise am ehesten: Auch er war kein begnadetes Talent, aber sehr ehrgeizig und willensstark. Was Otto von ihm verlangte, das setzte Thomas auch um. Wie ich ihn da heute an der Außenlinie als Werder-Trainer stehen sehe, konzentriert, beinahe stoisch, erkenne ich den Fußballer Schaaf wieder. Für mich als Neuling waren Jonny, Rune, Gunnar oder Thomas ein Geschenk: Auf diese Typen konnte man sich zu 100 Prozent verlassen.

Wir begannen diese Saison als krasser Außenseiter auf den Meistertitel, ehrlich gesagt, rechnete niemand außerhalb von Bremen damit, dass wir mit den Spitzenmannschaften würden mithalten können. Vor allem die Abgänge von Libero Bruno Pezzey (der Jahre später viel zu früh verstarb) und Rudi Völler, der bei Werder zu einem Topstar gereift war, schienen insbesondere die Presse verwirrt zu haben. »Antreten zum Abtackeln«, lautete die berühmte Überschrift eines »Stern«-Artikels, ein Bericht unter vielen, der Werder Bremen noch vor dem ersten Saisonspiel zur grauen Maus der Liga abstempelte. Dass wir selbst uns nicht von diesem Pessimismus anstecken ließen, lag natürlich an Otto Rehhagel. Er verstand es, jedem seiner Spieler in ausführlichen Einzelgesprächen das Gefühl zu vermitteln, ein wichtiger Baustein in seinem Werder-Konstrukt zu sein. Wenn dann am Spieltag doch wieder nur elf Spieler spielen durften, gab er einen seiner Rehhagel-Klassiker zum Besten: »Ich habe euch doch alle lieb! Aber ich darf nun einmal nur elf von euch aufstellen ...« Wir konnten ihm nicht böse sein. Ich schon gar nicht, denn von Beginn an war ich bei Otto gesetzt. Für Verwirrung sorgte bei mir lediglich die vergleichsweise laxe Vorbereitung. Hatte ich unter Jupp Heynckes jahrelang ein straffes Fitnessprogramm durchlaufen, war das Training bei Rehhagel nicht mal halb so intensiv. Das musste es auch gar nicht, Ottos Genialität bestand darin, aus verschiedenen Charakteren die richtige Mischung zu finden – die Ergebnisse gaben ihm recht. So einen Zusammenhalt wie in Bremen hatte ich vorher noch nicht erlebt.

Regelmäßig gingen wir gemeinsam Essen oder Tennis spielen (was für »echte« Tennisspieler ein furchtbarer Anblick gewesen sein muss), Geburtstage wurden in unserem Stammlokal »Die Butze« gebührend gefeiert. Ich glaube, ich liege nicht vollkommen falsch, wenn ich behaupte, dass solch ein kumpelhafter Zusammenhalt für heutige Bundesligamannschaften absolut utopisch ist. Die angenehmen Trainingsbedingungen und der hohe Wohlfühlfaktor abseits des Rasens hätten eine Mannschaft auch mit der Zeit verweichlichen können, aber diese Gefahr war mit diesen Spielern nicht gegeben. Wir dankten unserem Trainer das warme Nest, das er uns in Bremen gebaut hatte, indem wir uns am Wochenende auf dem Platz zerrissen. Unter der Woche ein entspannter Haufen, wurden wir an Spieltagen zu einer gut geölten Maschine, für jeden Gegner auf der Welt unangenehm zu spielen. Unter diesen Voraussetzungen begann meine erste Saison bei Werder Bremen. Sie sollte noch besser enden, als sie bereits angefangen hatte.

TAGESBERICHT, Fachklinik Fredeburg

31. März 2000
Das Hauptthema in den Gesprächen heute waren die vielen Abbrüche in den vergangenen Tagen. Es gab verschiedene Meinungen. Meine Meinung ist: Wer abbricht, ist für sich selbst zuständig. Entweder ich ziehe die Thera-

pie durch oder ich merke schon rechtzeitig, dass mir das nichts bringt. Ich verstehe auch die Meinung der Therapeuten, die sich auch ihre Meinung zu jedem einzelnen machen. PS: Meine Frau ist am Samstag tatsächlich nicht gekommen.

1. bis 2. April 2000

Der Samstagmorgen begann mit dem Arztvortrag, der wieder einmal vom Rauchen handelte. Ich weiß nicht, ob ich noch einmal aufhöre zu rauchen, im Moment aber nicht. Am Samstag waren wir mit fünf Mann beim Fußball in Fredeburg. Das hat Spaß gemacht zuzugucken. Ich war ein wenig traurig, weil ich viele Mitpatienten sah, die Besuch hatten. Ich komme damit aber gut klar, weil ich weiß, dass ich nichts übers Knie brechen kann.

3. April 2000

Ich habe heute sehr viele Gedanken im Kopf. Zu viele. Mir fällt es schwer, es heute alles umzusetzen und aufzuschreiben. Es geht um den Selbstmord von Wolfgang. Ich kann nur sagen, dass das nicht spurlos an mir vorbeigeht. Wenn ich das alles verarbeitet habe, kann ich bestimmt etwas dazu schreiben. Nur dieses: Der Spruch im Zusammenhang mit Wolfgangs Tod, dass die Gefühle stärker seien als alle Gedanken oder guten Vorsätze zusammen, hat mich sehr nachdenklich gemacht.

4. April 2000

In der Themengruppe habe ich heute meinen Suchtbericht vorgetragen. Hat ganz gut hingehauen. Heute hat schon wieder einer abgebrochen aus Team III. Es geht in der letzten Zeit ganz schön rund im Team. Abbrüche, dann Wolfgangs Tod – darüber mache ich mir viele Gedanken. Wieso und warum passieren diese Dinge?

DEUTSCHER MEISTER 1988

Die Regelmäßigkeit, mit der wir Ende der Achtziger, Anfang der Neunziger unter Flutlicht unsere Gegner im Weserstadion empfingen, war beeindruckend. Dahinter steckte Kalkül: Jeder der Verantwortlichen wusste um die Bremer Heimstärke, die Abendspiele gaben uns noch eine zusätzliche Motivation. Also forderte Otto beim Manager so viele Abendspiele wie möglich an und der kleine Mann tat sein Bestes. In der Hinrunde der Saison 1987/88 spielten wir immerhin dreimal am Freitagabend zu Hause, eine ansehnliche Bilanz. Noch ansehnlicher: Wir gewannen alle drei Spiele souverän. Doch die Heimstärke von Werder war schon vor dieser Spielzeit in der Bundesliga bekannt. Mit dieser Runde kam eine neue Form des Selbstbewusstseins dazu. Warum, fragten wir uns, traten wir nicht auch auswärts so auf wie bei Heimspielen? Spielbestimmend, aggressiv, offensiv. Ende der achtziger Jahre war das ein geradezu revolutionäres Verhalten, aber in dieser Saison zogen wir es unbeeindruckt durch. Schon in der gegnerischen Hälfte griffen wir den Gegner an und kontrollierten so das Spielgeschehen. »Frühzeitiges Pressing« nennt man das heute. Was gegenwärtig bei Spitzenmannschaften gang und gäbe ist, war damals noch ganz neu. Wir profitierten dabei von zwei entscheidenden Vorteilen: Erstens waren wir Spieler zu dieser Spielweise in der Lage, zweitens hatten wir mit Otto Rehhagel einen Trainer, der ein unglaubliches Gespür für die Taktik des Gegners besaß. Es war sensationell: Von 400 Spielen lag Otto mit der Einschätzung der gegnerischen Aufstellung in 396 Fällen richtig! Er hatte überall im Land seine Spione, kannte selbst die Geliebte des Platzwarts vom gegnerischen Verein und nutzte sein Wissen wie kein Zweiter. Wie häufig verschwand er vor wichtigen Spielen, um noch schnell mit einem seiner Informanten zu sprechen.

Ein hervorragendes Beispiel für Rehhagels außergewöhnliche Fähigkeiten als Trainer durfte ich am vierten Spieltag der Saison 1993/94 erleben. Wir spielten auswärts beim SC Freiburg, der damals unter Volker Finke die vielleicht beste Zeit seiner Vereinsgeschichte hatte. Finke galt in den Medien als die neue und modernere Trainerfigur, ein Lehrer und Pädagoge, kein altbackener Typ in Trainingsklamotten und Pfeife im Mund. So das Klischee. Otto regte das fürchterlich auf. Er, ein Kind der Bundesliga, sollte angeblich von einer Figur wie Finke überholt worden sein. Ein Studierter mit Brilli im Ohrläppchen! In den Tagen vor dem Spiel gegen Freiburg war er aufgekratzt wie selten. »Meine Herren, das geht nun mal gar nicht, dass Sie gegen diese Mannschaft und diesen Trainer verlieren!« Erst am Freitag vor dem Spiel wurde er wieder ruhiger. Und beim Frühstück am Samstagmorgen war er plötzlich die Gelassenheit in Person. Das erschien uns verdächtig, der Trainer führte irgendwas im Schilde. Und siehe da: In der Besprechung um 11 Uhr präsentierte er uns seinen wahnwitzigen Schlachtplan. Mit Marco Bode, Wynton Rufer, Frank Neubarth, Mario Basler, Wladimir Bestchastnykh, Bernd Hobsch und Andreas Herzog standen gleich sieben gelernte Offensivspieler in der Startformation, gemeinsam mit Mirko Votava und Dieter Eilts bildete ich die auf drei Mann zusammengedampfte Abwehr. Von »kontrollierter Offensive« war diese Aufstellung weit entfernt!

Normalerweise geben Bundesligatrainer etwa 45 Minuten vor dem Spiel ihre Aufstellung an die Offiziellen und die Presse weiter, doch an diesem Tag verscheuchte Otto alle Bittsteller wie lästige Fliegen. Erst eine Viertelstunde vor dem Anstoß rückte er mit seiner Taktik raus – viel zu spät für Volker Finke und seinen SC Freiburg, um sich darauf einzustellen. Wir gewannen mit 3:1 und an der Außenlinie führte Otto 90 Minuten lang Freudentänze auf. Diesem frechen Neuling aus Freiburg hatte er es mit seiner unerwarteten Aufstellung mal so richtig gezeigt! In der Kabine legte er sich vor dem Spiegel noch schnell seine Haare zurecht, schob die Brust nach vorne und verabschiedete sich von uns mit einem donnernden »Ich geh dann mal eben zur PK« Richtung Presse.

Unser Erfolg in dieser Saison und in diesen Jahren basierte auch auf bedingungslosem Gehorsam. Wir Spieler mussten das tun, was Rehhagel von uns verlangte. Lediglich Ausnahmekönner wie Norbert Meier oder später Andreas Herzog und Mario Basler durften sich auf dem Platz ihre Freiheiten herausnehmen. Mit mir war Otto besonders streng. Meine Aufgaben waren klar festgelegt: Den Gegenspieler attackieren, bei Ballbesitz den Ball an einen Mitspieler auf den Außenpositionen verteilen. Steilpässe durch die Mitte waren strengstens untersagt. Eine Lehrstunde erhielt ich bereits am zweiten Spieltag meiner ersten Saison gegen den Karlsruher SC. Nach einem gewonnenen Zweikampf spielte ich einen gewagten Pass durch die Mitte, ein KSC-Spieler fing den Ball ab und marschierte auf unser Tor zu. Glücklicherweise erfolglos. Ich stand gerade in der Mitte unserer Spielhälfte, als mich aus zehn Metern Entfernung jemand hysterisch anbrüllte: »Uli, wenn Sie noch einmal durch die Mitte spielen, sind Sie sofort unten!« Es war tatsächlich Otto, der einen schnellen 20-Meter-Spurt hingelegt hatte, um mir die Meinung zu geigen. In Zukunft hielt ich mich an die Anweisungen des Trainers.

Warum auch nicht? Bereits am sechsten Spieltag führten wir, die doch zum Abtakeln angetreten waren, die Tabelle an. Bis auf zwei Ausnahmen hielten wir die Spitze bis zum Ende der Saison. Unsere Mannschaft spielte Fußball, wie ihn sich der Trainer gewünscht hatte: Hinten bildeten Sauer, Bratseth und ich eine beinahe unüberwindbare Barriere (und erhielten bald dafür den Spitznamen »Das Bermudadreieck«, weil gegnerische Angriffe stets bei uns verloren gingen), ließen wir doch mal einen Angreifer passieren, stand da mein Kumpel Oliver Reck im Tor, ein sensationeller Torwart, der das Prinzip des »mitspielenden Keepers« schon Ende der Achtziger verinnerlicht hatte und wie ein Libero hinter dem Libero letzte Aufräumarbeiten übernahm. Im Mittelfeld ergänzten sich Arbeiter wie Mirko Votava und Thomas Wolter hervorragend mit den Kreativspielern Norbert Meier und Günter Herrmann, vorne verbreiteten Riedle, Frank Ordenewitz, Burgsmüller und der lange Frank Neubarth Angst und Schrecken. Es war eine fantastische Saison, auch für mich persönlich. Mein ständiger Begleiter, der Alkohol, war noch eine Randerscheinung. Wenn ich soff, dann meistens nach Siegen mit meinen Mitspielern und weil es was zu feiern gab. Noch schränkte mich die Sauferei nicht ein, sie war da, aber nicht in dem Maße, dass sie mir unmittelbar gefährlich werden konnte.

Fußballerisch machte ich einen erneuten Sprung nach vorne. Bei Werder reifte ich zu einer echten Bank in der Defensive, die jahrelang löchrige Bremer Abwehr hatte durch mich eine ganz neue Qualität erhalten. In der Saison 1986/87 hatte Werder 54 Gegentreffer kassiert, 1987/88 waren es lediglich 22 – damals ein Rekord (der erst 2007/08 in der letzten Saison von Oliver Kahn vom FC Bayern eingestellt wurde). Der Vertrag mit Werder hatte mich zu einem wohlhabenden Mann gemacht, mit Carmen genoss ich das gute Leben eines erfolgreichen Sportstars im beschaulichen Bremen. Kurzum: Mein Leben war großartig! Und die Saison war ja noch nicht vorbei.

Die entscheidende Phase dieser Meistersaison begann allerdings mit einem Tiefschlag. Am 23. Spieltag trafen wir in Stuttgart auf den VfB, im Sturm der Schwaben stand mein alter Spezi Jürgen Klinsmann, dem ich in den Jahren zuvor mehr als einmal ordentlich zugesetzt hatte. Zugegebenermaßen mit Zweikämpfen, für die ich heute sicherlich mit der Roten Karte bestraft werden würde. Klinsmann spielte auch in dieser Partie die Hauptrolle: Kurz nach der Stuttgarter

1:0-Führung durch Fritz Walter gingen Klinsmann und Olli Reck in einen Zweikampf, Klinsmann fiel wie angeschossen zu Boden, Olli wurde vom Platz gestellt. Aus unserer Sicht natürlich eine klare Fehlentscheidung! Wir verloren dieses Spiel und unseren Torwart, für den eine Woche später gegen Leverkusen Routinier Dieter Burdenski zwischen den Pfosten stand. Nach 37 Minuten lagen wir 0:2 hinten, konnten durch Tore von Riedle und Burgsmüller das Spiel kurz vor dem Ende allerdings noch drehen. Bis zur 90. Minute, als sich Bayers Brasilianer Tita den Ball zum Freistoß aus 30 Meter zurechtlegte, abzog und unser Altmeister »Budde« zu einer spektakulären Parade abhob. Leider zur falschen Seite, der Ball rauschte ins Netz und wir hatten den Salat. 3:3. Zwei Spiele, ein Punkt. Völlig verdattert präsentierten wir uns am nächsten Spieltag gegen Borussia Dortmund und hier zeigte Dieter seine ganze Klasse. Wie in den besten Tagen hielt er seinen Kasten sauber und rettete uns ein 0:0. Drei Spiele, zwei Punkte. Zu wenig für eine Mannschaft, die sich längst zum Titelfavoriten aufgeschwungen hatte! Endlich war Ollis Sperre abgelaufen, mit ihm im Tor fühlten wir uns sicher genug und besiegten – Gunnar Sauers Handspiel zum Trotz – den ärgsten Verfolger aus München mit 3:1.

Die Kurve in der Meisterschaft hatten wir so gerade noch einmal bekommen, nun standen die Spiele im DFB-Pokal und im UEFA-Cup an. Nach zwei Siegen in der ersten Runde gegen Mjondalen IF führte uns der Weg im internationalen Vergleich hinter den Eisernen Vorhang, um gegen Spartak Moskau anzutreten. Doch schon die Anfahrt stellte uns vor ungeahnte Probleme. Weil die Landebahnen in der Sowjethauptstadt wegen Nebel und Eisregen gesperrt waren, mussten wir mit unserer Chartermaschine im litauischen Wilna notlanden. Stundenlang warteten wir samt Sponsoren und Edelfans in einem kleinen Raum neben dem Terminal, der diese Bezeichnung eigentlich nicht verdient gehabt hätte. Mehr als 100 müde Reisende in einem Raum mit 20 Stühlen! Weil niemand von uns das nötige Visum hatte, hingen wir fest. Auf dem kalten Boden versuchte die Profimannschaft von Werder Bremen es sich irgendwie gemütlich zu machen und zu schlafen. Derweil telefonierten der Manager und unsere Funktionäre hektisch mit Moskau und der UEFA. Dann, nach einer Ewigkeit, bekamen wir endlich eine offizielle Meldung: Rückflug nach Deutschland, Moskau bleibt weiterhin gesperrt, das Spiel wird verlegt. Na prima. Aber zumindest durften wir endlich dieser litauischen Enge entfliehen. Von wegen. Unsere gesamte Reisegruppe musste sich in einen Linienbus zwängen, zusammengepfercht wie die Ölsardinen hingen wir in diesem Vehikel, das uns zum Flugzeug brachte. Dort angekommen erwartete uns die nächste Überraschung: Außer uns und dem etwas gelangweilt in seiner Fahrerkabine sitzenden Busfahrer war niemand in der Nähe des Flugzeugs zu sehen! Unser Fahrer machte den Motor aus, schnell kroch die Kälte durch alle Ritzen und Türen. Die ersten im Bus bekamen es mit der Platzangst zu tun. Doch die Türen blieben zu. Eine komplette Stunde ließ man uns in dieser unangenehmen Situation warten, dann endlich tauchte die Crew des Flugzeugs auf. Wir waren heilfroh, als die Maschine nach langen weiteren Stunden zu Hause landete.

Zwei Tage später waren wir schon wieder in der Luft. Diesmal klappte alles reibungslos – bis auf das Spiel. Bei minus 15 Grad und hart gefrorenem Boden nahmen uns die Russen förmlich auseinander. Durchgefroren und mit 1:4 gedemütigt verzogen wir uns ins Mannschaftshotel. In der Nacht nach dem Spiel konnte keiner von uns schlafen. Auch ich schlich irgendwann aus meinem Zimmer – und lief gleich meinen Mitspielern in die Arme. An der Hotelbar und in der hoteleigenen Disco versuchten wir, den Frust mit ein paar Gläsern Hochprozentigem runterzuspülen. Das gelang auch recht ordentlich, kostete allerdings auch Opfer. Das Opfer von Moskau hieß Carsten Huning und war von Otto Rehhagel überraschend als zweiter Torwart mitgenommen worden. Es sollte Hunings erste und letzte internationale Reise mit Werder sein, denn als er um vier Uhr morgens sichtlich angeschossen über den Hotelflur stolperte, lief er doch tatsächlich Otto Rehhagel in die Arme. Das alleine hätte Huning schon eine Menge Ärger eingebracht, doch der Gute leistete sich folgenden

Dialog, der in den kommenden Jahren wiederholt für Lacher bei den Mannschaftsabenden sorgte. Rehhagel: »Wo wollen Sie denn hin?« Huning: »Trainer, gehen Sie schon mal ins Bett, ich geh' in die Disco!« Carsten Hunings Zeit in der ersten Mannschaft war damit beendet.

Huning sollte nicht der einzige Teilnehmer unserer Reisegruppe sein, der die Folgen des Alkohols zu spüren bekam. Am nächsten Mittag beluden wir den Bus, der uns vom Hotel zum Flughafen bringen sollte. Im Hotelfoyer hatten es sich unser Teamarzt Dr. Meschede und Physiotherapeut Holger Berger gemütlich gemacht. Mit einer Flasche Wodka. Eine Viertelstunde später war der Bus gepackt, wir hatten unsere Plätze eingenommen. Alle waren an Bord – nur der Doktor fehlte. Wo war er nur? Und da sahen wir ihn: Lässig lehnte er an der Scheibe eines regulären Linienbusses der Moskauer Verkehrsbetriebe, der gleich hinter unserem Bus gestanden hatte. Von Wodka umnebelt, war Dr. Meschede in das falsche Fahrzeug gestiegen! Langsam rollte er an uns vorbei. Wir sahen ihn. Er sah uns. Panik im Gesicht des Doktors! Mit Händen und Füßen schickten wir eine nahe Polizeistreife hinterher, die Meschedes Bus nach einigen hundert Metern stoppen und den verwirrten Arzt retten konnte. So endete unser verrückter Trip nach Moskau. Mit einer 1:4-Niederlage und einer insgesamt doch arg ramponierten Mannschaft im Gepäck.

Am 3. November 1987 empfingen wir die Sowjets zum Rückspiel in Bremen. Die Chancen für ein Weiterkommen standen sehr schlecht, zumal Spartak damals über eine mit Nationalspielern gespickte Auswahl verfügte, zu der mit Rinat Dassajew der zu diesem Zeitpunkt beste Torwart der Welt gehörte. Das ist wörtlich zu nehmen, denn unmittelbar vor dem Rückspiel wurde Dassajew tatsächlich mit dem »Goldenen Handschuh« als Welttorhüter ausgezeichnet. Und diesem Spitzenmann sollten wir mehr als vier Tore einschenken? Nicht nur ich hatte da meine Zweifel.

Die hohe Niederlage von Moskau hatte allerdings einen angenehmen Effekt: Niemand setzte auch nur noch einen Pfennig auf uns, mehr als aus dem Wettbewerb ausscheiden konnten wir nun auch nicht mehr. Unser Image hatten wir uns durch den Auftritt im Hinspiel eh versaut. Geht's raus und spielt's Fußball, hätte Franz Beckenbauer gesagt. Meine Herren, gehen Sie raus und bewahren Sie Haltung, sagte Otto Rehhagel.

Fußballspiele sind so eine Sache. Manchmal reicht ein Tor, eine Szene, um die Stimmung auf dem Platz komplett kippen zu lassen. Das meine ich damit, wenn ich behaupte, mit einer einzigen Grätsche das ganze Stadion wachgerüttelt zu haben.

Gegen Spartak brauchte es keine Grätschen. Gegen Spartak brauchte es Tore. Schon nach zwei Minuten hatten wir erstmals Grund zum Jubeln. Ausgerechnet Dassajew, der Welttorhüter, griff nach einer Flanke daneben. Unser Kopfballspezialist Frank Neubarth, der mit diesem Spiel sein Image als »Mr. Europacup« festigte, nickte ein. 1:0. Schön und gut. Aber immer noch zu wenig. Nur acht Minuten später erzielte Neubarth das zweite Tor. Jetzt war es um uns geschehen: Eine richtige Welle der Euphorie und der Zuversicht schwappte durchs Stadion und ergriff uns alle: Zuschauer, Trainer, Spieler. Ich sah meinen Kollegen tief in die Augen. Jetzt würden wir es den Russen zeigen! Da, freie Bahn für Frank Ordenewitz, ein trockener Schuss – 3:0! Wir waren auf der Überholspur und nichts und niemand konnte uns mehr stoppen!

Grausamer, schnelllebiger Fußball: Fjodor Tscherenkow gelang in der 71. Minute der 1:3-Anschlusstreffer und für wenige Minuten erlosch das Lodern in unseren Augen. Und dann schien uns auch noch die Natur einen Strich durch die Rechnung zu machen. Wegen Bauarbeiten am Stadion klaffte mitten in der Westkurve ein riesiges Loch. Von der nahen Weser krochen dicke Nebelschwaden über die Baustelle, über die Tartanbahn und legten sich langsam wie ein dicker Pelz auf den Rasen. Eine gespenstische Szenerie, unweigerlich musste ich an die schwarz-weißen Edgar-Wallace-Filme denken. War das Unglück da nicht auch immer durch den Nebel ausgelöst worden? Panik ergriff mich. Nicht wegen des Gegners, der sich nach dem glücklichen Treffer bereits wieder in die eigene Hälfte verzogen hatte.

Der Nebel! Die Sicht wurde immer schlechter. Wenn Schiedsrichter Georges Sandoz das Spiel abbrechen würde, wäre das eine Katastrophe. Schließlich hatten wir an diesem Tag die Chance auf ein echtes Fußballwunder. »Ölfässer«, brüllte ich durch die weiße Wand in Richtung Ersatzbank, »ihr müsste Ölfässer vor die Westkurve stellen und anzünden!« Das war angeblich ein probates Mittel gegen den Nebel, hatte ich irgendwann mal im Fernsehen gesehen. Ich war nicht der Einzige, der hektisch Ideen über den Platz schrie, aus allen Mannschaftsteilen wurden die Hausmittel gegen Nebel gebrüllt, bloß: Das half alles nichts. Der Nebel blieb. Und mit ihm die Gewissheit, dass all unsere Bemühungen nichts wert waren, sollte sich der Unparteiische für einen Abbruch entscheiden. Nein, Sandoz ließ weiterspielen, guter Mann! Und wir spielten uns in einen Rausch. Dem 4:1 von Gunnar Sauer folgten zwei weitere Tore von Kalle Riedle und Manni Burgsmüller in der Verlängerung, das Wunder war so gut wie geschafft – wenn da nicht der erneute Anschlusstreffer der Russen gewesen wäre. 2:6 in der 111. Minute. Auf der Bank sah ich Otto Rehhagel förmlich in sich zusammensacken. Auch meine Mitspieler waren verzweifelt, sie gingen davon aus, dass wir mit diesem Spielstand ausgeschieden sein mussten. Jonny Otten jammerte: »Jetzt ist alles vorbei!« Ich rechnete kurz nach. So ein Quatsch! »Es reicht, es reicht«, rief ich wie von Sinnen und erlöste damit unsere gesamte Mannschaft. Vor Freude heulend fielen wir uns in die Arme, das Spiel war vorbei. Wir hatten ein 1:4 in ein 6:2 umgewandelt. Ein Wunder im Nebel. Ein Wunder von der Weser!

Auch wenn wir anschließend erst im Halbfinale denkbar knapp mit 0:1 und 0:0 gegen Bayer Leverkusen aus dem Wettbewerb flogen: Die Bedeutung dieses Spiels für die zukünftigen Erfolge von Werder Bremen kann man gar nicht hoch genug einschätzen. Diese Mannschaft, dieser Trainer und letztlich dieser gesamte Verein wussten nach den Spartak-Spielen ganz genau, was in 90 oder sogar 120 Minuten alles passieren kann. Was in einem einzigen Fußballspiel möglich ist. Wie auch bei meinen Mitspielern brannte sich in meinem Schädel der Glaube an die Fähigkeit ein, Unmögliches möglich machen zu können. Das klingt kitschig, aber wann soll man davon überzeugt sein, wenn nicht nach so einem Spiel? Das Fundament für die Werder-Wunder-Serie war nach dem 6:2-Sieg jedenfalls gelegt.

Was den DFB-Pokal betraf, machen wir es besser kurz: Im Halbfinale verloren wir mit 0:1 gegen Eintracht Frankfurt. Weil Frankfurts Uli Stein hielt wie der Teufel. Und weil Schiedsrichter Dieter Pauly die wahrscheinlich schlechteste Leistung seiner Karriere ablieferte. Nach Spielen, die man knapp verliert, sucht man als Fußballer ja häufig die Schuld beim Schiedsrichter, ich will mich da gar nicht ausnehmen. Aber bei jenem Halbfinale bin ich mir doch sehr sicher, dass wir mit einem anderen Unparteiischen auf dem Platz souverän gewonnen hätten. Dieter Pauly hatte seinen Ruf danach jedenfalls wett, zumindest in Bremen. Noch jahrelang wurden im Weserstadion Schiedsrichter nach vermeintlichen Fehlentscheidungen mit »Pauly! Pauly!«-Rufen geschmäht …

Zeit für die große Staatstrauer hatten wir keine. Zum Glück gab es ja noch die Meisterschaft. Und die machten wir bereits am 31. Spieltag, einem Dienstag, klar. In Frankfurt reichte ein 1:0-Erfolg durch ein Tor von Kalle Riedle – auf der Anzeigetafel im Waldstadion sahen wir das Ergebnis unserer Verfolger aus Köln aufleuchten: 0:3 gegen den HSV. Ausgerechnet die Hamburger hatten uns die nötige Schützenhilfe geleistet. Danach gab es kein Halten mehr. Wir Spieler fingen unseren Trainer ein, Sekunden später lag bereits ein ganzer Klumpen Bremer auf dem armen Otto. Werder Bremen – Deutscher Meister 1988! Was für ein geiles Gefühl! Der erste Titel meiner Karriere. Das musste natürlich begossen werden. Wir flogen nicht gleich zurück nach Bremen, sondern blieben noch eine Nacht im Aukamm-Hotel in Wiesbaden. Schlafen? Natürlich nicht. Viel zu viel Champagner, Bier und Schnaps schüttete ich in meinen Körper, als dass ich heute noch exakte Erinnerungen an jene Nacht hätte. Vielleicht ist das auch besser so. Was ich noch weiß: Am nächsten Morgen, die Sonne ging gerade auf, hockte ich auf einem Stuhl außerhalb des Hotels. Mit dem

Rücken lehnte ich an der Glasfassade des Frühstückssaals, in meiner Hand eine halbleere Flasche Bier. Die ersten Sonnenstrahlen fielen in mein Gesicht. Ich war jung. Ich war besoffen. Und ich war Deutscher Meister. Uli Borowka, Teil der besten Fußballmannschaft des Landes! Wer will es mir verübeln, dass ich mir vorkam, als sei ich der König der Welt.

Und die große Party war noch längst nicht beendet. Am nächsten Tag flogen wir zurück nach Bremen und verlagerten die Feier umgehend in »Die Butze«. Als wir am Samstag, also vier Tage nach unserem Meisterstück von Frankfurt, in Köln eintrafen, um das nun für uns unwichtige Spiel gegen den FC zu bestreiten, war der Promillegehalt bei allen Bremer Spielern weiterhin bedenklich hoch. Natürlich ließen wir es in der Nacht vor dem Spiel erneut krachen. Angeschickert marschierten wir am nächsten Tag durch ein Spalier von zähneknirschenden Kölnern auf das Spielfeld – und verloren ohne rechte Gegenwehr mit 0:2. Frank Ordenewitz, genannt »Otze«, holte sich in diesem Spiel immerhin noch einen Preis ab. Nach 50 Minuten prallte ein Kölner Schuss gegen seine Hand, der Schiedsrichter entschied auf Eckball Köln. Was tat Otze? Ging zum Schiri und sagte: »Herr Schiedsrichter, das war ein Handspiel.« Die Folge: Elfmeter für Köln, Tor von Littbarski. Otto tobte derweil am Spielfeldrand wie ein HB-Männchen. Und Otze bekam Monate später dafür einen Fairplay-Preis verliehen …

Zwei Spiele hatten wir noch zu überstehen, gegen den HSV verloren wir sang- und klanglos mit 1:4, hatten dafür aber endlich die Meisterschale in den Händen. Am letzten Spieltag schaute das bereits abgestiegene Schlusslicht Schalke 04 auf einen abschließenden Besuch bei uns vorbei, eigentlich die perfekte Gelegenheit, um Torwart Dieter Burdenski anständig zu verabschieden, der nach dieser Saison seine Karriere beenden wollte. Tagelang berichteten die Zeitungen von Buddes Abschiedsspiel, was wiederum Otto Rehhagel provozierte. Von den Medien wollte er sich nun wahrlich nicht die Aufstellung diktieren lassen! Er ließ den armen Budde einfach auf der Ersatzbank. Ein unwürdiges Ende für eine so überragende Saison und eine so großartige Laufbahn.

Ich fuhr nach Hause und setzte mich aufs Sofa im Wohnzimmer. Ließ den Fernseher aus. Machte das Kopfkino an. Dachte nach. Über den Abschied aus Mönchengladbach. Die Ankunft in Bremen. Rehhagel. Rune, Jonny, Olli, Thomas und Manni. Carmen. Mein Tor gegen Waldhof Mannheim am 26. Spieltag. Stuttgart und Bayern München. Spartak Moskau. Eintracht Frankfurt. Die geilen Partys mit den Jungs. Meine Eltern. Mein Leben. Gott und die Welt und Werder Bremen. Dann machte ich mir ein Bier auf.

TAGESBERICHT, Fachklinik Fredeburg

5. April 2000
Ich habe mich heute gefreut, weil Dr. Lanz keine Veränderungen in seinem Bericht vorgefunden hat. Das heißt für mich, dass alles in Ordnung ist. Der Cholesterin-Spiegel ist etwas höher als normal, aber das kenne ich ja schon seit 15 Jahren. Morgen wollte ich meinen Suchtbericht vortragen, sollte mich aber mit zwei Mitpatienten einigen. Ich bin nicht so vorgeprescht wie sonst und habe den zwei den Vortritt gelassen und werde den Bericht nächste Woche vortragen. Für mich ist das sehr gut, weil ich mich sonst immer in den Vordergrund gedrängt habe.

6. April 2000
Im Moment kommen immer mehr Neue nach oben. Ich hoffe, dass, wenn Rüdiger geht, ich einen Nichtschnarcher bekomme. In der Suchtgruppe waren Rückfragen und eine Neuvorstellung. Im Moment fällt mir ein bisschen die Decke auf den Kopf. Zum Glück ist Wochenende und Formel 1. Ach ja, Fußball kommt auch noch.

8. bis 9. April 2000

Der Arztvortrag am Samstag war mehr eine Geschichte, die einfach vorgelesen wurde. Da gefällt mir der Vortrag übers Nichtrauchen doch besser. Der Samstag und Sonntag waren sonst sehr ruhig. Manchmal denke ich, mir fällt die Decke auf den Kopf. Die anderen bekommen Besuch, ich bleibe meistens alleine. Am Sonntagmorgen habe ich noch ein bisschen gemalt. Ach ja, Schumi hat gewonnen, das war hervorragend. Mit meiner Frau habe ich noch telefoniert und auch mit den Kindern. Die Kinder vermissen mich sehr. Ich vermisse die beiden auch.

10. April 2000

Ich kann sagen, dass ich mir in den letzten Tagen viele Gedanken gemacht habe. Über meine Familie, über die Zeit nach der Therapie, über die Vergangenheit. Wenn ich daran denke, was ich alles hatte, und mit dem Alkohol nicht klarkam und damit alles aufs Spiel gesetzt habe. Ich denke sehr viel an meine Kinder, die ich lange nicht gesehen habe. Ob meine Ehe noch zu retten ist, weiß ich nicht genau. Ich denke eher nicht. Meine Frau hat mir oft vorgeworfen, ich wäre ein schlechter Vater. Das stimmt absolut nicht. Ich habe alles getan, immer versucht, ein guter Vater zu sein. Ich bekam während meiner Ehe wenig Anerkennung, die ich gebraucht hätte. Ich habe mir Anerkennung und Zuneigung bei meinen Stammtischbrüdern in der Kneipe geholt. Im Moment versuche ich alles einzuordnen und dann den Weg einzuschlagen, der für mich am besten ist.

NATIONALSPIELER ULI BOROWKA

Meine Spiele für Deutschland

Die erste Nominierung in die Nationalmannschaft erhielt ich im Frühjahr 1981 in Form einer Aufforderung zur Musterung bei der Bundeswehr. Selbstverständlich hielt man mich für tauglich und meiner Meinung nach sprach damals auch nichts dagegen, meinen Grundwehrdienst bei der Bundeswehr abzuleisten. Die Frage, ob ich den Dienst verweigern sollte, stellte ich mir nicht. Warum auch? Als Sportler genoss ich beim Bund gewisse Privilegien. Im Oktober 1981 trabte ich in meiner Kaserne in Essen-Kupferdreh an, die drei Monate Grundwehrdienst würde ich hier in der Sportfördergruppe absolvieren. Als Spieler von Borussia Mönchengladbach verstand es sich von selbst, dass ich auch für die Bundeswehr-Nationalmannschaft spielen würde. Dort traf ich auf weitere spätere Bundesligakicker, unter anderem den heutigen BVB-Manager Michael Zorc, Ralf Lohse, Matthias Höhnerbach und Axel Brummer. Unser Trainer hieß Tony Pointinger, ein irrer Typ, aber dazu später mehr.

Zunächst hatte ich allerdings meinen Dienst an der Waffe zu leisten, mit ein paar Tricks konnte man den Grundwehrdienst schon damals auf sechs Wochen runterdampfen, ich aber zog die drei Monate komplett durch. Unter Hauptmann Zeilinger, einem bis über beide

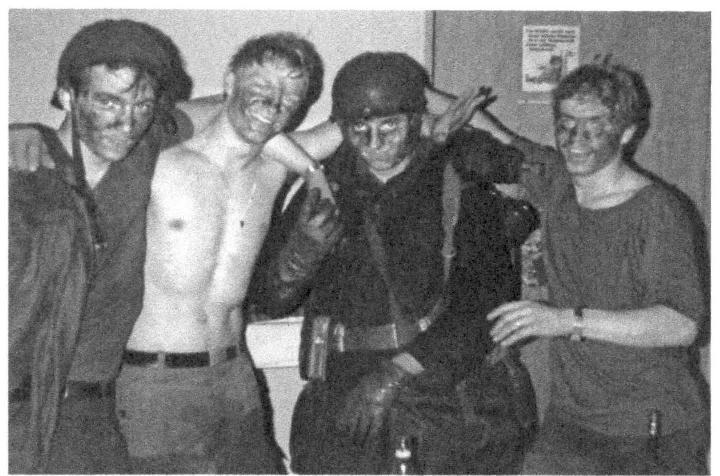

Vollversammlung der legendären Stube 101 (Uli ganz rechts). Und der Beweis dafür, dass man während der Grundausbildung bei der Bundeswehr Spaß haben kann – wenn nicht gerade der Vorgesetzte in der Nähe ist … © Uli Borowka privat

Ohren dekorierten Soldaten, galten wir bald als der härteste Zug der Kompanie. Jeden Morgen um sechs Uhr ließ uns der Hauptmann zum Frühsport antreten, und wenn wir dann mal ins Gelände marschierten, hatte jeder von uns einen Rucksack mit 20 Kilo Steinen zu schleppen. Häufig mussten wir Kameraden, die vor Erschöpfung kaum noch laufen konnten, die Rucksäcke abnehmen, nicht selten schleppte ich also 40 Kilo Gepäck durch die Gegend, um nach 20 Kilometern Marsch mit aufgeplatzten Blasen an den Füßen endlich das Lager zu erreichen. Obwohl – oder vielleicht gerade, weil – bekannt war, dass ich als Fußballer bereits eine gewisse Prominenz erlangt hatte, behandelten mich die Vorgesetzten wie jeden anderen Rekruten auch. Wenn meine Stube nicht ordnungsgemäß aufgeräumt war, flogen auch schon mal die fein säuberlich zusammengelegten Klamotten aus dem Spind und ich musste von vorne beginnen. Gerade an einem Freitagnachmittag eine höchst nervtötende Angelegenheit.

Eine bevorzugte Behandlung erhielten wir lediglich vom bereits erwähnten Tony Pointinger, der nicht nur für uns Fußballer, sondern generell alle in Essen-Kupferdreh stationierten Mitglieder der Sportfördergruppe zuständig war. Während die Kanuten, Leichtathleten oder Handballspieler die Haare nach Vorschrift tragen mussten – also raspelkurz – durften die Fußballer ihre zum Teil auffallend langen Mähnen behalten. Außerdem bekamen wir regelmäßig Ausgang, wenn unter der Woche ein Pokalspiel stattfand. Seine Großzügigkeit ließ sich Pointinger nicht selten mit ein paar Freikarten für das nächste Bundesligaspiel oder einem Satz neuer Trikots vergelten. Eine typische Szene spielte sich kurz nach meinem Grundwehrdienst ab, als bei einem für zehn Uhr angesetzten Treffen zwei Leichtathleten eine Minute zu spät kamen. Gab das einen Einlauf für die beiden Herren! Die Strafe folgte prompt: Erneuter Gang zum Friseur und Dienst am Wochenende. Wir Fußballer schmunzelten, denn da fehlte immer noch einer: Matthias Höhnerbach, damals beim 1. FC Köln aktiv. Um zehn nach zehn tauchte er endlich auf. Im Arm ein großes Paket. »Herr Pointinger«, begann Matthias seine Entschuldigung, »tut mir leid, dass ich zu spät gekommen bin. Aber ich musste noch zur Geschäftsstelle, um die Trikots hier abzuholen.« Pointingers Antwort: »Überhaupt kein Problem, Herr Höhnerbach!« Die Leichtathleten hätten uns wahrscheinlich am liebsten ihre Rucksacksteine an den Schädel geworfen.

Zwei Reisen mit der Bundeswehr-Nationalmannschaft sind mir besonders in Erinnerung geblieben. Die erste führte uns im Frühjahr 1982 nach El Paso in Texas. In der Qualifikation für die Weltmeisterschaft mussten wir gegen die USA antreten, der Einfachheit halber trugen wir Hin- und Rückspiel einfach bei den Amerikanern aus. Gleich nach der Ankunft in Texas sollten wir bei einem kleinen Barbecue den kommenden Gegner kennenlernen. Und ich staunte nicht schlecht, als ich meine zukünftigen Gegenspieler erblickte: Riesenhafte Hünen, viele von ihnen Navy Seals, die uns mit gigantischen Steaks und Bergen von Bohnen mitten in der Wüste begrüßten.

Zwei Tage später traten wir zum Hinspiel gegen die US-Boys an. Auf einem mit zum Teil kniehohem Gras bewachsenen Acker rannten uns die Elitesoldaten 20 Minuten lang über den Haufen, dann ging ihnen die Luft aus. Wir gewannen locker mit 6:1 und konnten zwei Tage später auch das Rückspiel mit 7:1 für uns entscheiden. Doch das größte Spektakel hatten wir uns für den letzten Abend aufgehoben. Wir wollten unbedingt auch die mexikanische Kneipenszene erkunden, also marschierten wir Ahnungslosen über die Grenze in die nächstgelegene Stadt: Ciudad Juárez. Niemand von uns wusste, dass dieses Fleckchen Erde schon damals zu den gefährlichsten Orten der Welt zählte. Glücklicherweise hatten wir einen Offizier als Begleitung engagiert, eine ganz wichtige Personalentscheidung, wie sich im Laufe des Abends noch herausstellen sollte.

Zunächst aber enterten wir unter großem Hallo eine Kneipe namens »Mama Cita«, eine unter deutschen Soldaten fast schon berühmt geworden Kneipe. Mama Cita höchstpersönlich machte uns auf, eine etwas zerknittert wirkende Dame, die einen abgetragenen Bundeswehrparka trug. Bei ihr im Laden sah es aus wie nach einem Bombenangriff, überall lagen leere Gläser und Flaschen vom Vorabend, es roch, wie es in ranzigen Kneipen eben nun einmal riecht: Lecker ist anders. Wir brauchten dringend etwas zu trinken. Mama Cita griff sich die alten Gläser von der Theke und mixte uns ihren »Mama Cita Spezial«, eine brutale Mischung, die höchstwahrscheinlich ein junges Rind zur Strecke gebracht hätte. Nach zwei Gläsern dieses Gesöffs konnte man froh sein, wenn man Mama Cita unfallfrei »auf Wiedersehen« sagen konnte. Wir schleppten uns aus der Kneipe und torkelten zurück zu unserem Lager.

Die zweite Reise, die mir eindrucksvoll in Erinnerung geblieben ist, führte uns einige Monate später nach Dschibuti, einer kleinen Staat in Ostafrika, damals eines der ärmsten Länder der Welt. Im Zuge eines groß angelegten Hilfsprogramms der Bundesregierung sollten wir in Dschibuti ein Freundschaftsspiel austragen, um so ein wenig Geld für die Bevölkerung zu sammeln. Für einen jungen Fußballer wie mich, der die Welt bisher nur vom Fußballplatz aus betrachtet hatte, eine unglaubliche Erfahrung. So viel offensichtliche Armut machte uns alle sprachlos. Wer einen Pappkarton besaß, war in manchen Teilen von Dschibuti schon ein reicher Mann. Man führte uns durch ein Flüchtlingslager, wir sahen die Männer, Frauen und Kinder quasi im Dreck hausen. Eine Szene habe ich noch vor Augen: In einem kleinen Wasserloch faulte ein halb verwester Esel vor sich hin, nur Meter von dem Kadaver entfernt, plantschten kleine Kinder im Wasser. Solche Bilder wird man nicht wieder los. Gleich am ersten Abend veranstalteten wir ein öffentliches Training, schnell versammelten sich am Spielfeldrand über hundert Kinder, die uns bei der Arbeit beobachteten. Klar, dass nach dem Training von ursprünglich 20 Bällen keiner mehr da war.

Schon auf dem Hinflug hatte man uns eindringlich gewarnt, in Dschibuti extrem vorsichtig zu sein, was Essen und Trinken betraf. Doch junge Fußballer haben die Weisheit nicht unbedingt mit Löffeln gefressen, von 16 Spielern ignorierte ungefähr die Hälfte alle Warnungen und futterte, was es zu beißen gab. Ein tragischer Fehler. »Montezumas Rache« traf uns fürchterlich. Ich blieb glücklicherweise verschont, doch vielen meiner Mitspieler kam es am Tag des geplanten Freundschaftsspiels oben und unten wieder raus. Als das Spiel begann, hatten wir mit Müh und Not elf Mann zusammen, darunter einige, die unter normalen Umständen ein Bett in Toilettennähe hätten hüten müssen. Nachträglich sollte man diesen Männern für ihre Heldentat die Tapferkeitsmedaille verleihen. Es kam, wie es kommen musste. Nach zehn Minuten bekam Ralf Lohse, einer jener Tapferen, den Ball unsanft in den Bauch geschossen. Ralf erstarrte, blickte panisch um sich und spurtete dann in Richtung der Kabinen. Wir konnten ungefähr erahnen, was der Grund dafür gewesen war. Nach 90 Minuten waren wir froh, das Spiel halbwegs vollzählig überstanden zu haben und natürlich auch, weil wir etwas für den guten Zweck getan hatten. Erst später erfuhren wir, dass sich der Schatzmeister des Spiels mit den gesamten Einnahmen aus dem Staub gemacht hatte.

Meine Zeit bei der Bundeswehr war bald beendet, aber die ersten Erfahrungen als Nationalspieler waren recht eindrucksvoll gewesen. Jetzt hatte ich Blut geleckt, den Adler auf der Brust wollte ich gerne noch einmal tragen. Schon im Frühjahr 1982, ich war zu diesem Zeitpunkt 19 Jahre alt, bekam ich die nächste Gelegenheit dazu, wenn auch »nur« für die U21. Trainer damals: Berti Vogts. Ich kann mich gut an den Moment der Nominierung erinnern. Zum Morgentraining mit der Borussia war ich an diesem Tag eine Stunde früher als sonst erschienen. Jupp Heynckes war selbstverständlich schon vor Ort. Er bat mich in seine Trainerkabine. »Setz dich doch, Uli, ich habe gute Nachrichten: Ich habe hier eine Einladung von Berti Vogts bekommen, er will dich in seiner Mannschaft haben!« Berti und Jupp standen damals ständig in Kontakt, nicht nur durch seine alten Verbindungen zur Borussia war der U21-Nationaltrainer bestens mit Mönchengladbach vernetzt. Er hatte Jupp gefragt, ob ich schon reif genug für die Auswahl sei. Und Jupp hatte mich empfohlen. Den Rest des Tages lief ich mit breiter Brust über den Trainingsplatz, als habe mir der Bundespräsident soeben das Bundesverdienstkreuz verliehen.

Gemeinsam mit solch namhaften Bundesligakollegen wie Rüdiger Vollborn, Ralf Falkenmeyer, Uwe Rahn, Wolfram Wuttke, Thomas von Heesen und Roland Wohlfahrt fuhr ich am 14. April 1982 nach Prag, um gegen den tschechischslowakischen Nachwuchs mein erstes U-Länderspiel auszutragen. Das Spiel endete, doch um das Ergebnis machte ich mir nicht all zu viele Gedanken. Der Moment, als Fußballer mein Land zu vertreten, hübsch eingekleidet mit den neuen Klamotten vom DFB, ist mir viel intensiver in Erinnerung geblieben. Du kannst 300 Bundesligaspiele gemacht haben, das Gefühl, in Schwarz-Rot-Gold auf dem Platz zu stehen und die Nationalhymne zu hören, ist damit nicht vergleichbar. Natürlich wollte ich jetzt auch den nächsten Sprung schaffen: Einmal für die A-Nationalmannschaft auflaufen.

Bis es tatsächlich so weit war, musste ich mich in Geduld üben. In Mönchengladbach wurde ich von Jahr zu Jahr besser, schon 1986 gehörte ich zu den Abwehrspielern mit der besten Zweikampfquote, meine Fähigkeiten, Gegenspieler 90 Minuten lang auszuschalten, waren mittlerweile landesweit bekannt. Doch es sollte noch ein weiteres Jahr dauern, ehe ich die Aufforderung erhielt, meine Siebensachen zu packen, um mich für die nächsten Länderspiele zu rüsten. Diesmal war es die damals noch existierende Olympiaauswahl, trainiert von Hannes Löhr, der ich helfen sollte, die Qualifikation für die Spiele 1988 in Seoul zu schaffen. Mein Debüt gab ich am 25. März 1987 beim Testspiel gegen Israel. Wir gewannen mit 2:1 und ich erwischte einen Sahnetag. Fortan gehörte ich zur Stammformation. Der nächste Schritt war getan. Es sollte nicht mehr lange dauern, bis ich zum ganz großen Wurf ansetzen durfte.

Es war am 30. März 1988, meine erste Saison für Werder Bremen ging dem Ende entgegen, als mich Hannes Löhr nach einem 1:1 mit der Olympiaauswahl gegen Dänemark beiseite nahm. »Glückwunsch«, sagte Löhr und schaute mir tief in die Augen, »du bist nachnominiert!« Ich verstand nur Bahnhof. Es brauchte schon einen weiteren Hinweis meines Trainers, ehe ich verstand: Franz Beckenbauer, Teamchef der Nationalmannschaft, benötigte für das bereits am nächsten Tag beginnende Vier-Länder-Turnier in Berlin noch einen passablen Verteidiger, also hatte er sich bei Löhr gemeldet und nach mir gefragt. Mir dröhnte immer noch der Kopf, als ich meine Sachen zusammenpackte.

Also flog ich nach Berlin. Am 31. März 1988, dem Tag des Spiels gegen Schweden, tauchte ich in der Sportschule Grunewald auf – mit gemischten Gefühlen. Erstens glaubte ich ohnehin nicht an einen Einsatz, und zweitens brauchte ich hier nicht mit einem begeisterten Empfang zu rechnen. In den Jahren zuvor war ich von meinen Kollegen in der Bundesliga regelmäßig zum unbeliebtesten Spieler Deutschlands gewählt worden, viele der Nationalspieler, vor allem natürlich die Offensivspieler, bekämpfte ich seit Jahren bis aufs Blut. Klar, dass Olaf Thon, Jürgen Klinsmann oder Rudi Völler nicht in Jubelstürme ausbrachen, als sie mich sahen. Immerhin: Franz Beckenbauer, mein neuer Boss, war äußerst entspannt, als er mich in der Sportschule begrüßte: »Schön, dass du da bist, Uli.«

Vor gerade einmal 25000 Zuschauern im Berliner Olympiastadion verloren wir gegen Schweden mit 3:5 nach Elfmeterschießen. Ich saß wie erwartet nur auf der Tribüne. Zu später Stunde lag ich in meinem Zimmer, einem Einzelzimmer, als mich der Heißhunger übermannte. Dringend brauchte ich jetzt etwas Herzhaftes, also orderte ich per Telefon in der Küche einen großen Teller Sülze mit Bratkartoffeln. Sportlernahrung sieht anders aus. Das fand auch Fritz Westermann, Chefkoch des DFB, der dummerweise am anderen Ende der Leitung war. Westermann wäre beinahe durch den Hörer gekrochen und bekam sich vor Wut über so viel Dummheit gar nicht mehr ein. Kleinlaut nahm ich meine Bestellung zurück und versuchte mit knurrendem Magen einzuschlafen.

Als ich am nächsten Morgen zum Frühstück stiefelte, war die Stimmung miserabel. Mit frostiger Miene gab Franz Beckenbauer bekannt, nach dem Essen eine wichtige Besprechung abhalten zu wollen. Ich verschluckte mich fast an meinem Brötchen. An der Niederlage gegen Schweden konnte es nicht liegen, dass der Teamchef so schlecht gelaunt war, dafür war dieses Turnier einfach zu unwichtig. Es konnte nur einen Grund für dieses kurzfristig anberaumte Krisengespräch geben: Meine Bratkartoffelbestellung mitten in der Nacht! Chefkoch Westermann musste es Beckenbauer gesteckt haben, jetzt war ich dran. Warum musste ich mich auch so idiotisch benehmen, gleich in der ersten Nacht als Nationalspieler! Wie ein geprügelter Hund schlich ich zur Besprechung – und war heilfroh, dass sich einige meiner Mitspieler einen noch viel größeren Bock geleistet hatten. Nach dem Schweden-Spiel hatte offenbar eine Gruppe den Busfahrer bestochen und den Mann genötigt, sie mit dem Mannschaftsbus in den berühmten Berliner Nachtclub »Bel Ami« zu kutschieren. Hübsch herausgeputzt in den offiziellen DFB-Trainingsanzügen hatten es die Kollegen ordentlich krachen lassen. »Jeder schlägt mal über die Stränge«, begann Franz seine Standpauke, »aber was ihr euch hier geleistet habt, übersteigt meinen Verstand. Wie kann man nur so dämlich sein?«

Meine Herren, das konnte ja was werden. In den wenigen Tagen als Nationalspieler hatte ich mir schon zweimal den Marsch blasen lassen müssen, einmal, im Falle des »Bel Ami«-Skandals, allerdings zu Unrecht. Und nun sollten wir morgen, am 2. April 1988, gegen den amtierenden Weltmeister antreten. Maradonas Argentinier! Es klingt verrückt, aber ausgerechnet diese Nachtclubgeschichte spielte mir in die Karten. Gleich nach seiner Brandrede nahm mich Beckenbauer zur Seite. »Uli«, fragte Franz, »kannst du auf links gegen Caniggia spielen?« Er meinte Claudio Caniggia, den argentinischen Stürmer mit der langen blonden Zottelwolle. Ich machte mir vor Aufregung beinahe in die Hose, aber ich war noch geistesgegenwärtig genug, um ein schnelles »Natürlich, Trainer« rauszupressen. Zu diesem Zeitpunkt hatte ich bereits diverse Pokalschlachten geschlagen, mehr als 120 Bundesligaspiele bestritten, war für Borussia Mönchengladbach durch Europa gegrätscht – aber das hier war ein anderes Kaliber. In meinem ersten Länderspiel sollte ich gleich gegen die beste Mannschaft der Welt antreten! Wie ein frisch Verliebter, der allen von seinem neuen Glück berichten möchte, rief ich nacheinander meine Frau, meine Eltern und meine Freunde an, um ihnen die sensationelle Neuigkeit mitzuteilen.

Allein lag ich später in meinem Zimmer und starrte an die Decke. Als wenn mir ein durchschnittlich begabter Drehbuchautor eine Filmsequenz zusammengeschnitten hätte, rief ich mir in Gedanken all die Erinnerungen der vergangenen Jahre auf: Den Bolzplatz vom FC Oese, das missratene Trainingslager 1974, meine ersten Gehversuche in Mönchengladbach – und dann kamen die Fragezeichen. Würde ich mich auch nicht blamieren? Nicht beim Einlauf ins Stadion stolpern? Bei der Nationalhymne allzu dämlich grinsen? Und überhaupt: Wie sollte ich Caniggia ausschalten? Der Kerl war zwar vier Jahre jünger als ich, lief aber angeblich die 100 Meter unter elf Sekunden! Außerdem hatte er noch zehn Weltmeister an seiner Seite, darunter einen gewissen Diego Armando Maradona. Ich muss zugeben: Ein wenig Angst hatte ich schon. Endlich fiel ich, viel zu spät, in einen unruhigen Schlaf.

Der Tag meines Debüts in der Nationalmannschaft. Beim letzten Kaffeetrinken vor dem Spiel ging Beckenbauer die Aufstellung durch. Mit Uli Borowka in der Startelf. Ging da ein Raunen durch die Mannschaft oder bildete ich mir das nur ein? Immerhin waren wir alle Profis genug, um uns auf die neue Situation einzustellen. Zum Gegner brauchte Franz nicht viel sagen. Argentinien war 1988 eine der besten Mannschaften der Welt, die Spieler des Weltmeisters kannten wir alle ganz genau. Nachdem Franz seine kurze Ansprache beendet hatte, setzten wir Verteidiger uns noch einmal gesondert zusammen. Auch das war damals durchaus üblich. Matthias Herget, Thomas Berthold, Jürgen Kohler und ich besprachen kurz die vorgegebene Taktik des Trainers (Positionstreue, Gegenspieler werden übergeben) und schworen uns auf den prominenten Gegner ein.

Die Fahrt ins Olympiastadion erlebte ich wie in Trance. Und plötzlich stand ich in der Kabine, an meinem Platz hing das grüne Schuppentrikot. Anziehen, Schuhe binden und raus. Warmlaufen und dehnen, sich auf das Spiel konzentrieren. Gar nicht mal so einfach, wenn auf der anderen Seite Diego Maradona mit offenen Schuhen den Ball über seinen Körper rollen lässt. Nicht nur ich schaute mehr als einmal fasziniert den Kunststückchen dieses Genies zu. Wenn ich mich damit nicht komplett zum Idioten gemacht hätte, wäre ich rübergegangen und hätte ihm applaudiert.

Die letzte Ansprache vom Kaiser. Wenige motivierende Worte, ein verbaler Klaps auf die Schultern, mehr geht in solchen Momenten eh nicht. Raus in den Tunnel. Kein Arzt hätte mich aufs Feld gelassen, wenn er mir in diesen Minuten den Puls gemessen hätte. Mein Herz raste vor Aufregung. Gemeinsam mit den Argentiniern marschierten wir auf den Rasen und stellten uns für die Hymnen auf. Mein Herzschlag ging immer schneller, in der Brust, im Hals, im Kopf, hämmerte es wie wild. »Jetzt bloß nicht umfallen!«, rief ich mir in Gedanken zu, auf einen Zusammenbruch bei meinem ersten Länderspiel konnte ich wirklich verzichten. Die letzten Sekunden vor dem Spiel, der Pfiff des Schiedsrichters, los ging es! Sofort raste mir Caniggia entgegen und die Argentinier spielten sich die Bälle zu. Kein Zweifel, jeder von meinen Gegenspielern konnte mehr. Jetzt musste ich beweisen, warum ich dort und an diesem Tag mitmischen durfte.

Wenige Minuten waren gespielt, da passierte etwas, mit dem wir alle nicht gerechnet hatten. Caniggia und Maradona tauschten die Seiten. Vielleicht hatten die Argentinier bemerkt, dass da ein Frischling in der deutschen Abwehrreihe stand und wollten nun ihren besten Mann auf mich ansetzen. Entsetzt blickte ich zur Trainerbank, aber Franz Beckenbauer gab keine Anweisungen, dass auch ich die Seiten wechseln sollte. Im Gegenteil, ich sollte bleiben, wo ich war. Nun also Diego Maradona, der beste Fußballer der Welt. Ach du dickes Ei. In den ersten Szenen ließ ich meinen prominenten Gegenspieler noch gewähren, staunend schaute ich ihm dabei zu, wie er den Ball liebevoll behandelte, ja, geradezu liebkoste, wie ich es noch bei keinem anderen Fußballer gesehen hatte. Dann endlich schaltete sich mein Hirn wieder ein. Maradona hin oder her, das hier war mein erstes Länderspiel und er mein Gegenspieler. Und den galt es auszuschalten. Wie macht man das bei einem Spieler, der so viel besser mit dem Ball umgehen kann als man selbst? Man lässt ihn am besten erst gar nicht in Ballbesitz kommen. Wie ein Klettverschluss heftete ich mich an Maradona, wo er sich auf dem Platz auch bewegte, ich hing ihm bereits im Nacken. Zwei-, dreimal, so mein kurzfristig aufgestellter Plan, musste ich dem Superstar richtig wehtun, dann würde ihm die Lust am Spiel schon vergehen. Aber das hatten auch schon viele andere bei Maradona versucht, selbst nach Blutgrätsche Nummer sechs rappelte er sich zornig auf und warf mir ein paar Freundlichkeiten auf Spanisch an den Kopf. Unser privater Zweikampf dauerte bis zum Schlusspfiff.

Und nun wurde es erst richtig kurios. Fußballer sind äußerst talentierte Souvenirjäger und 1988 gab es auf der Welt kein kostbareres Mitbringsel als das Trikot von Diego Maradona. Noch während das Spiel lief, hatten meine Kollegen erste Annäherungsversuche gewagt, allen voran mein alter Kumpel Lothar Matthäus. Doch dieses

Leibchen sollte mir gehören, koste es, was es wolle! Schon in der 85. Minute hatte ich damit begonnen, dem Weltstar zu erklären, dass er mir doch bitteschön sein Trikot nach Spielende überlassen solle. Diego verstand nur Bahnhof. Das Problem musste ich anders lösen. Das Spiel war kaum abgepfiffen, als ich mir den völlig perplexen Maradona schnappte und ihn wie einen Schuljungen in den Spielertunnel führte. Ich half ihm freundlich, aber bestimmt aus seinem Trikot, drückte ihm mein verschwitztes Hemd in die Hand und verabschiedete mich höflich in den Kabinentrakt. Der arme Diego wusste gar nicht, wie ihm geschah. Eben noch hatte ich versucht seine kostbaren Knöchel wund zu treten, nun tauschte ich nassforsch unsere Trikots. Nur Diego und der liebe Gott wissen, was er mit meinem Jersey gemacht hat.

Ich wusste sehr wohl, was nun zu tun war, denn Fußballer sind nicht nur Souvenirjäger, sie können auch ganz schön gerissene Diebe sein. Zwei Dinge sollte man über die Spezies Profifußballer wissen. Erstens: Wenn ein Fußballer etwas haben möchte, dann wendet er jeden Trick an, um ans Ziel zu gelangen. Nicht nur einmal haben mir Mannschaftskollegen frisch unterschriebene Autogrammkarten aus dem Spind geklaut, um sie anschließend für ein paar Mark zu verkaufen. Zweitens: Fußballer können sehr einfältige Wesen sein. Als Manni Burgsmüller, unser Werder-Oldie, mal eine Flasche »Doppelherz« mit zum Training brachte und uns erzählte, dass er damit mehr Leistung bringen könnte, hatte am nächsten Tag die halbe Mannschaft solch ein Fläschchen in der Tasche …

Nur gut, dass ich bereits einige Erfahrungen mit Fußballern gesammelt hatte. Mein Maradona-Trikot ließ ich in der Kabine nicht aus den Augen und nahm es sogar mit unter die Dusche, um den Langfingern keine Steilvorlage zu geben.

Was für ein Tag. Mein erstes Länderspiel hatte ich mit Maradonas Shirt vergoldet. Ich rief mit meinem Handy, einem taschenbuchgroßen Apparat, bei meinen Eltern an. Mein Vater war richtig mitgenommen, von meiner Mutter ganz zu schweigen. Ich setzte mich ins Flugzeug und flog nach Bremen, das Trikot im Handgepäck. Das Spiel gegen Argentinien hatten wir mit 1:0 gewonnen und das Vier-Länder-Turnier als Dritter beendet. Als Zugabe durfte ich am nächsten Tag in der Presse lesen, dass »der Debütant Uli Borowka« seine Sache gegen den besten Fußballer der Welt sehr gut gemacht habe. Dass ich auch beim Teamchef Beckenbauer einen nachhaltigen Eindruck hinterlassen hatte, erfuhr ich allerdings erst einige Wochen später.

Der Startschuss für eine Karriere in der Nationalmannschaft klingelte in meinen Ohren, doch natürlich stellte ich mir die Frage: Wie ging es jetzt mit mir weiter? Schon im Juni sollte in Deutschland die Europameisterschaft stattfinden, und bis zum Turnierstart gab es noch exakt zwei Spiele, in denen ich mich eventuell empfehlen konnte. Würde das reichen, um mit zur EM zu fahren?

Bei aller Maradona-Euphorie: Zunächst brauchte mich Hannes Löhr wieder in seiner Olympiaauswahl, um die Qualifikation für Seoul endgültig einzutüten. Während also am 27. April die A-Nationalmannschaft gegen die Schweiz testete, lief ich in der Olympiaqualifikation gegen Polen auf. Und trotzdem: Nach nur einem Spiel für die Nationalmannschaft nominierte mich Franz Beckenbauer Ende Mai für seinen EM-Kader! Reichte mir das schon? Natürlich nicht. Inzwischen war ich frisch gebackener Deutscher Meister, mein Selbstbewusstsein hatte längst gefährliche Ausmaße erreicht. Heute kann ich sagen, dass mir der schnelle Erfolg damals den Kopf verdreht hatte. Überheblich, selbstverliebt, ja, beinahe großkotzig, forderte ich nun auch einen Stammplatz ein. Nach einem einzigen Länderspiel!

Jürgen Kohler war in der Innenverteidigung gesetzt, das war klar. Vakant war die Position neben Jürgen, mein größter Konkurrent um diesen Platz hieß Guido Buchwald. Der Mann vom VfB Stuttgart war ein außerordentlich begabter Abwehrspieler, aber ich sah mich im Sommer 1988 deutlich vor dem langen Guido. Wer hatte denn die Deutsche Meisterschaft gewonnen? Ich!

Und mein Selbstvertrauen wuchs weiter, als wir am 31. Mai 1988 mit einem Sieg gegen Rumänien im Dortmunder Westfalenstadion tatsächlich die Qualifikation für Olympia schafften. Was für ein erhabener Moment! Gemeinsam mit einigen Nationalspielern wurden wir im Helikopter von Dortmund in die Sportschule Malente geflogen, wo der EM-Kader bereits Quartier bezogen hatte. Als wir um ein Uhr morgens auf einem der Rasenplätze landeten, standen unsere Mitspieler an ihren Fenstern und jubelten uns, den Olympioniken, begeistert zu.

Sechs Tage vor dem EM-Start absolvierten wir noch einen letzten Test gegen Jugoslawien. Ich spielte, wenn auch nicht überragend, Buchwald saß 90 Minuten auf der Ersatzbank. Jetzt war klar, wer im Auftaktspiel gegen Italien in der Startformation stehen würde.

Zwei Tage vor dem Italien-Spiel veröffentlichte die *Bild*-Zeitung ein Interview mit Buchwald, in dem er sich über mich und meine fehlenden Qualitäten als Nationalverteidiger beklagte. Eine Schlammschlacht über die Medien, so kurz vor dem Turnierstart, das war für mich wie eine Ohrfeige – obwohl ich selbst nicht gerade zimperlich mit Guido umgegangen war. Ich saß auf meinem Zimmer, die Zeitung auf dem Schoß, als Franz Beckenbauer an meine Tür klopfte. »Uli«, sagte Franz, »ich wünsche mir, dass du auf dieses Interview nicht reagierst, um nicht noch mehr Öl ins Feuer zu gießen. Das können wir im Moment wirklich nicht gebrauchen.« Ich versprach meinem Trainer, das Kriegsbeil nicht auszugraben. Damit, so meine Hoffnung, würden meinen Chancen auf einen Einsatz nur noch größer werden, als sie es ohnehin schon waren.

Bei der Pressekonferenz am Nachmittag stürzten sich natürlich die versammelten Journalisten auf mich wie Raubtiere auf einen verwundeten Hirsch. Die Posse mit Buchwald und Borowka wollten sie unbedingt weiter ausschlachten. Ich quengelte ein bisschen darüber, dass ich Buchwalds Meinung nicht verstehen könne, hielt mich aber mit den deftigeren Kommentaren, die mir auf der Zunge lagen, zurück. Einzig bei Gunnar Sauer, neben mir der einzige EM-Fahrer aus der Bremer Meistermannschaft, konnte ich mich auskotzen. Gunnar und ich waren uns schnell einig: In dieser Mannschaft voller Münchner und Stuttgarter waren wir Nordlichter eher geduldet als willkommen. Ein Hoch auf die Cliquenbildung.

Der 10. Juni 1988, das Spiel gegen Italien. Am Abend zuvor hatte ich noch mit meiner Mutter telefoniert, sie würde an diesem Tag im Stadion sein, um ihren Sohn als Nationalspieler auf den Platz gehen zu sehen! Beckenbauer rief uns zur letzten Besprechung zusammen. Auf eine Tafel kritzelte er die Aufstellung für diesen Abend. Kohler neben Buchwald. Ich musste die Fäuste in der Tasche ballen, um nicht komplett die Fassung zu verlieren. Trotz des Jugoslawien-Spiels, trotz meiner selbst auferlegten Interviewsperre im Sinne des Teamgeistes würde ich gegen die Italiener nur auf der Bank sitzen. Meine schlechte Laune besserte sich erst, als wir das Stadion betraten und diese ganz besondere Stimmung spürten, die es nur bei großen Turnieren gibt. Scheiß drauf. Das hier war die Europameisterschaft, und obwohl ich nicht auf dem Rasen stand, war ich doch Teil der Mannschaft. Was bildete ich mir eigentlich ein, hier miese Laune zu verbreiten?

Mein Verhalten vor dem Italien-Spiel war typisch für meinen damaligen Charakter. Der über die Jahre antrainierte Ehrgeiz machte sich nun negativ bemerkbar. Denn als Fußballer braucht man vor allem eines: Geduld. Chancen kommen, Chancen gehen. Wenn man sich zu sehr auf ein Ziel versteift, verliert man irgendwann die Fähigkeit, Situationen realistisch einzuschätzen. Nach nur zwei Länderspielen hielt ich es quasi für ein Naturgesetz, bei der EM als Stammspieler aufzulaufen. Statt mein erstes großes Turnier in vollen Zügen zu genießen, war ich blind vor Ehrgeiz mit dem Kopf gegen eine Wand gerannt. Als das Spiel angepfiffen wurde, lehnte ich mich zurück: Deutschland gegen Italien, eine echter Klassiker des Weltfußballs und ich war mittendrin – aber doch nicht dabei! Aber siehe da: Kaum regte ich mich ab, bekam ich meine Chance. Beckenbauer schickte mich nach 76 Minuten für unseren Torschützen Andreas Brehme aufs Feld. Wir spielten unentschieden, 1:1, und ich tauschte mein Trikot mit Alessandro Altobelli.

Auch im zweiten Spiel, gegen Dänemark, saß ich zunächst nur

auf der Ersatzbank, doch nach 33 Minuten verletzte sich Buchwald bei einem Zweikampf und musste mit gebrochener Nase ausgewechselt werden. Meine große Chance! Ich vermasselte es – dachte ich jedenfalls. Zwar gewannen wir mit 2:0, aber ich war mit meiner Leistung nicht zufrieden. Zurück im Quartier schlug meine Laune wieder um. Die Cliquenbildung! Buchwald! Der Trainer und seine undurchsichtigen Aussagen! Die Wut hielt an bis zum Spieltag gegen Spanien. Nur wenige Stunden vor der Abfahrt hockte ich mich doch tatsächlich in die Sauna, um auszuschwitzen. Was für eine dämliche Idee! Gottlob reichte meine Kraft gerade so aus, um gegen meinen Gegenspieler, den flinken Bakero, doch noch ein ganz gutes Spiel zu machen. Durch das 2:0 hatten wir das Halbfinale erreicht!

Endlich schlug die Stimmung innerhalb der Mannschaft um. Unsere Leitwölfe Rudi Völler und Lothar Matthäus schafften es, die zerstrittenen Parteien für den Moment zu einigen, ein ganz neues Gefühl schwappte durch den Kader: Zuversicht. Diese Holländer, unser Gegner im Halbfinale, würden wir besiegen, dann wäre der Titel nur noch reine Formsache. Hoch motiviert empfingen wir unseren Nachbarn in Hamburg. Aber was war das für eine sensationelle Mannschaft! Koeman, Rijkaard, Gullit und van Basten bildeten eine Achse von außergewöhnlicher Qualität. Vor allem das Talent von Ruud Gullit durfte ich aus nächster Nähe bewundern: Ich war sein direkter Gegenspieler. Zwei-, dreimal schafft er es, mich auf der rechten Außenbahn zu düpieren, doch ansonsten, so glaubte ich anschließend, hatte ich eine anständige Leistung geboten. Wir verloren bekanntlich mit 2:1, für meine Zweikampfquote gegen Gullit konnte ich mir also nicht viel kaufen. Weil es Ronald Koeman gewagt hatte, sich nach dem Spiel mit dem Trikot von Olaf Thon den Hintern abzuwischen, kam es im Kabinentrakt fast noch zu einer Schlägerei. Jürgen Kohler, Klaus Augenthaler, Lothar Matthäus, ich, wir alle wollten die Holländer mit dieser Unverschämtheit nicht einfach so davonkommen lassen. Doch bis auf ein paar wilde Schubsereien passierte nicht mehr viel. Die heißen Köpfe mussten wir unter der Dusche abkühlen.

Ausgeschieden. Gegen Holland. Die Stimmung beim abendlichen Bankett mit bedrückt zu beschreiben, wäre untertrieben. Zumindest musste ich mir nicht vorwerfen, durch meine internationale Unerfahrenheit die Niederlage begünstigt zu haben. Dem Elfmeter für die Holländer war ein Zweikampf zwischen Kohler und van Basten vorausgegangen, und auch beim 2:1 kurz vor dem Ende war es das Schlüsselduell zwischen Manndecker und Angreifer gewesen, das die Partie letztlich entschieden hatte. Doch als ich in den kommenden Tagen die Zeitungen durchblätterte, staunte ich nicht schlecht: Gleich mehrfach wurde von verschiedenen Verantwortlichen aus dem Trainerstab mein Name erwähnt, als es darum ging, Gründe für die Halbfinalpleite zu nennen. Ganz klar: Man suchte einen Sündenbock, und weil ich in der Hackordnung der Nationalmannschaft noch ganz unten stand, griff man sich eben den Schwächsten. Das machte es sehr einfach. Wenn auch nicht für mich. Ich hatte vielleicht kein überragendes Turnier gespielt, aber als Hauptverantwortlicher für das vorzeitige Aus wollte ich mich nicht abstempeln lassen.

Ich hätte diese öffentliche Demütigung hinnehmen können. Wie ein Profi. Ich hätte mir sagen können: Dann musst du eben weiter an dir arbeiten und es denen beim nächsten Mal zeigen. So wie ich es in den Gladbacher Anfangsjahren schon so häufig getan hatte. Doch zu diesem Zeitpunkt war ich bereits ein gestandener Fußballer, ein erfolgreicher noch dazu. Kein Anfänger mehr, den man einfach so durch die Gegend schubsen konnte. Was tat ich also? Ich wurde wütend. Wenn die Herren vom DFB Krieg mit mir haben wollten, dann sollten sie ihn haben!

Für das erste Länderspiel nach der Europameisterschaft – am 31. August 1988 gegen Finnland – wurde ich nicht nominiert, was ich damals als eine persönliche Beleidigung empfand. Es mussten schon die Olympischen Spiele als Trostpflaster für mein waidwundes Ego herhalten. Kurz vor der Abreise nach Südkorea trafen wir uns mit der Mannschaft – zu der unter anderem Thomas Häßler, mein Kumpel Oliver Reck und Jürgen Klinsmann gehörten – und wurden standesgemäß eingekleidet. Jeder von uns erhielt einen riesigen Koffer mit Olympia-Ausgehanzug, Olympia-Trainingsklamotten, Olympia-Hut – die Organisatoren vom Komitee wussten schon, wie sie bei uns Vorfreude erzeugen konnten. Nach dem unrühmlichen Nachklapp bei der Europameisterschaft freute ich mich jedenfalls ungemein auf die Spiele in Seoul. Wann kam man denn schon mal zu der Ehre, sein Land bei Olympia zu vertreten?

Doch nun trat plötzlich ein ganz neues Problem auf, das mit Fußball nichts zu tun hatte. Carmen war hochschwanger, der Geburtstermin für unser erstes Kind war auf Anfang Oktober festgelegt worden. Eigentlich genügend Zeit für mich, um rechtzeitig zur Geburt wieder in Bremen zu sein, die Spiele sollten vom 17. September bis 2. Oktober stattfinden. Die Situation eskalierte. Ich stritt mich mit meiner schwangeren Frau, die nicht verstehen wollte, welche Aufgabe in Seoul auf mich wartete, während ich nicht verstand, dass sie ihren Mann in diesen Wochen lieber an ihrer Seite haben wollte statt am anderen Ende der Welt. Ich war vollkommen verwirrt. Immer noch gekränkt von der Nationalmannschaft, wütend auf meine Frau und auf die gesamte Situation. Denn natürlich wollte ich Carmen nicht im Stich lassen, doch es ging ja nicht um irgendein Bundesligaspiel, sondern um die Olympischen Spiele! Ich musste eine Entscheidung treffen.

Wenige Tage vor der Abreise rief ich bei Hannes Löhr an. »Trainer, es tut mir leid, aber ich bin gestern Abend böse umgeknickt und habe mir die Außenbänder im Knöchel überdehnt. Ist auch schon ganz dick. Ich komme nicht mit nach Seoul.«

Ich schob eine lächerliche Pseudoverletzung vor, um zu Hause bei meiner Frau bleiben zu können. Ich log nicht nur meinen Trainer und meine Mitspieler an, sondern vor allem mich selbst. Ich, der ansonsten zur Not auch mit einem offenen Schienbeinbruch in den Flieger nach Südkorea gestiegen wäre, schlich mich nun durch die Hintertür aus der Verantwortung und blieb zu Hause. Es waren furchtbare Tage für mich und sicher auch für Carmen. Sie wusste sehr wohl, dass ich vollkommen entgegen meiner Prinzipien gehandelt und mich komplett verbogen hatte – und ihr diese Sache nun bei jeder passenden Gelegenheit aufs Brot schmieren würde. Die Absage für die Olympischen Spiele 1988 verursachte den ersten großen Riss in unserer Beziehung. Heute würde ich anders handeln. Wie, kann ich mit Gewissheit nicht sagen. Vielleicht würde ich die Karten klar und deutlich auf den Tisch legen: Carmen, das Baby kommt erst nach den Spielen, ich fahre, es macht uns beide sonst nur unglücklich! Oder: Trainer, meine Frau bekommt ein Baby, sie ist hochschwanger und braucht mich jetzt. Danke für die Einladung, aber ich werde nicht mitkommen!

Das wären zumindest eine wesentlich ehrlichere Entscheidungen gewesen als jene, die ich damals traf.

So saß ich im Frühherbst 1988 zu Hause auf meinem Sofa und sah mir die Spiele im Fernsehen an. Sah, wie meine Kollegen im Halbfinale an Brasilien scheiterten und anschließend gegen Italien die Bronzemedaille gewannen. Ein würdiger Auftritt. Während ich in Bremen hockte, mich selbst bemitleidete und ein Bier nach dem anderen in mich hineinkippte. Saufen gegen den Frust, saufen gegen die Wut, saufen gegen das Selbstmitleid. Wer kennt das nicht? Ich jedenfalls kannte es, und dummerweise war das damals meine Methode, mit dem ganzen Stress umzugehen. Die Lüge Olympia trug ich von nun an mit mir herum, und tief im Innern wusste ich sehr wohl, wie bescheuert ich eigentlich war: Suhlte mich im Selbstmitleid, während die Geburt meines ersten Kindes immer näher rückte. Statt mich zu freuen, bedauerte ich mich selbst.

Meine Karriere in der Nationalmannschaft war damit vorbei, bevor sie überhaupt richtig angefangen hatte. Nie wieder wurde ich für ein Länderspiel nominiert, nie bekam ich den Grund dafür zu hören. Ich wurde ja auch bei Werder nicht schlechter, sondern eigentlich immer besser. Doch der Anruf von Franz Beckenbauer blieb aus. Im November 1989 versetzte ich meiner DFB-Karriere dann den endgültigen Todesstoß. Die *Sport Bild* veröffentlichte ein Interview, in dem ich mich heftig über die Kritik nach der EM beklagte, Guido Buchwald Verfolgungswahn vorwarf und mit dem Satz zitiert wurde: »Mir kommt es so vor, als hätte der Franz was gegen Bremen.« Na gute Nacht. Die Wirkung eines solchen Interviews war mir damals nicht so bewusst wie heute. Kein Berater der Welt würde seinem Schützling heute erlauben, so ein Interview zu geben, keine Pressestelle diese Zitate autorisieren. 1989 tickten die Uhren noch anders. Gut für die Medien, schlecht für mich. Die Brücken in die Nationalmannschaft, die ich mir durch jahrelange und knüppelharte Arbeit selbst Stein für Stein errichtet hatte, sprengte ich nun wie ein Verrückter mit einem lauten Knall selbst in die Luft. Das Kapitel Nationalmannschaft war beendet.

TAGESBERICHT, Fachklinik Fredeburg

11. April 2000
Heute Morgen waren wir eine Stunde schwimmen. Das hat mir richtig Spaß gemacht. Danach war ich aber richtig kaputt. In der Suchtgruppe habe ich mich für morgen angemeldet mit meinem Suchtbericht. Ich glaube, dass ich gut vorbereitet bin. In der Gruppe hat Wolfgang ein paar richtige Breitseiten einstecken müssen, über die wir auch in der Gruppe gesprochen haben. Es ging um seine Einstellung und um seine vorlauten Äußerungen. Jeder, der ihm mit guten Ratschlägen helfen will, bekommt richtig Zoff mit ihm. Dabei wollen die meisten doch nur helfen. Ich hoffe, Wolfgang hat daraus gelernt.

12. April 2000
Den Brief an meinen ehemaligen Trainer Otto Rehhagel, um den mich meine Therapeuten gebeten haben, habe ich nun endlich geschrieben. Wollte ich schon lange machen, fand aber keine Worte und hatte nicht das richtige Gefühl dafür. Heute fiel mir das Schreiben sehr leicht. Bin gespannt, ob ich eine Antwort bekomme.

13. April 2000
Heute habe ich meinen Suchtbericht vorgetragen. Ich war eigentlich ganz zufrieden, weil ich gedacht habe, die Suchtgruppe würde mich verstehen. Das war wohl nicht der Fall. Besonders Herr Steffens hat mir Rückfragen gestellt, womit ich nicht gerechnet habe. Ich habe gesagt, dass ich seit ca. 1985 psychisch abhängig bin und später immer einen Grund gefunden habe, um weiter zu saufen: Ärger mit der Frau oder Schwiegermutter oder andere Dinge. Ich weiß, dass ich genug Selbstverantwortung übernehmen muss und selbstkritischer sein muss. Das bin ich auch. Dann sagte ich noch, dass ich jetzt mit meiner Frau ganz gut telefonieren könne, das konnte allerdings auch niemand verstehen. Ich war ja früher immer besoffen, wenn ich angerufen habe. Ich war ehrlich zu mir und das genügt mir im Moment auch. Ich mache die Therapie für mich und denke, ich sollte noch egoistischer sein. Punkt.

14. April 2000
Ich war heute in der Mittagspause bei Herrn Steffens. Vorher hat Frau Kirmes mich auf meinen Ärger wegen des Suchtberichtes angesprochen. Für mich war das gut, dass ich hingegangen bin und mich ausgesprochen habe.

ZWEIFACHES »WUNDER VON DER WESER«

Obwohl ich beileibe kein Asket war und das exzessive Leben eines Fußballmillionärs nicht gerade gemieden habe, entsprachen Prunk und Protz trotzdem nicht meinem Lebensstil, zumal ich nie wirklich Millionär war. Dagegen stand nicht zuletzt auch meine ganz Herkunft. Autos, Uhren, Schmuck – ja, schon, aber alles mehr oder weniger noch im Rahmen. Die Blicke meiner Eltern, wenn ich aus einem glänzenden Ferrari vor ihrer Haustür ausgestiegen wäre, kann sich jeder, der dieses Buch von Anfang an gelesen hat, sicherlich vorstellen. Nein, ich gab mein Geld lieber für andere Dinge aus. Zum Beispiel für einen Kurztrip nach London. Das erste Mal besuchten Carmen und ich die englische Hauptstadt in der Vorweihnachtszeit 1987 und gleich nach den ersten Tagen hatte ich mich in die Stadt verliebt. Bei »Mulberry« kaufte ich mir zwei schöne Anzüge und Patchwork-Krawatten, Carmen kam im Kaufhaus »Harrods« auf ihre Kosten. In den Jahren danach schaute ich immer mal wieder in London vorbei, sah den Buckingham Palace, die Kronjuwelen, den Tower of London – und natürlich auch ein Fußballspiel. Arsenal gegen Tottenham. Die ganze Atmosphäre im Stadion faszinierte mich sofort und auch der damalige Stil englischer Vereinsmannschaften – schnörkelloser, harter, kampfstarker Fußball. Das Leben in London gefiel mir immer besser. Die Doppeldecker-Busse, die typischen Taxen, die Second-hand-Shops, die britische Kultur – kurzum: Ich war hin und weg.

Nach der Europameisterschaft 1988 gönnten Carmen und ich uns einen etwas längeren Urlaub, nach alle dem Stress konnte ich Erholung gut gebrauchen. Viel Zeit war nicht, das Halbfinale gegen Holland war am 21. Juni, gut einen Monat später startete bereits wieder die nächste Bundesligasaison. Immerhin: Für zehn Tage quartierten wir uns im edlen »Hotel Formentor« auf Mallorca ein, schick eingekleidet futterten wir uns durch die Speisekarte, und wenn ich Lust auf eine 50-DM-Flasche Rotwein hatte, dann ließ ich sie mir eben an den Hotelpool bringen. Will sagen: Ich ließ mich komplett gehen. Als ich am ersten Trainingstag am Weserstadion auftauchte, lachten sich meine Mitspieler halbtot, so fett war ich geworden! Mindestens sechs Kilo lag ich schließlich über meinem Kampfgewicht, doch als die obligatorische Frage von Otto Rehhagel kam (»Meine Herren, wie sieht's mit dem Gewicht aus?«), antwortete ich lässig: »Trainer, ein Kilo zu viel, habe ich in acht Tagen wieder runter!« Das war mal ein Wort! Ich verordnete mir eine Diät der besonderen Art. Der Plan lautete folgendermaßen: Sehr wenig essen, kein Bier, dafür viel Salat und – Weißweinschorle! Weißweinschorle, so hatte ich es mal in der Zeitung gelesen, zehrte am Körper und beschleunigte eine Diät um das Doppelte. Was soll ich sagen: Es funktionierte. Nach acht Tagen war ich zumindest gewichtsmäßig wieder einigermaßen bundesligatauglich.

Typisch Bremen: Kein Mensch außerhalb der Mannschaft nahm Notiz davon, dass ich mit deutlichem Übergewicht aus dem Urlaub zurückgekehrt war. Was in Köln, München oder Hamburg gleich für Schlagzeilen gesorgt hätte, blieb beim SV Werder unter Verschluss. Dafür verantwortlich war einmal mehr Otto Rehhagel. König Otto hatte Fußball-Bremen vollkommen im Griff. Vor allem die Medien mussten nach seiner Pfeife tanzen – sonst gab es Ärger. Zwei Zeitungen berichteten Ende der achtziger Jahre regelmäßig über Werder: Der *We-*

serkurier und die *Bild*-Zeitung. Der Mann vom *Weserkurier* war bereits seit einer Ewigkeit Hofberichterstatter beim SVW, von ihm brauchte Otto, brauchten wir nichts zu befürchten. Anders sah es bei der *Bild* aus, deren Leser bekanntlich tagtäglich mit spektakulären Geschichten versorgt werden wollen. Doch auch beim Boulevard hatte Otto seine Methoden. Wenn doch mal ein junger Reporter übermütig von Dingen berichtete, die laut Rehhagel nicht für die Öffentlichkeit bestimmt waren, dann spielte sich folgendes Szenario ab: Rehhagel übergab das Training an seinen Assistenten Kalli Kamp, verabschiedete sich mit den Worten »Ich hab da noch was mit meinen Freunden in Hamburg zu besprechen« und fuhr schnurstracks in die Chefetage des Hamburger Axel-Springer-Hauses. Wie durch ein Wunder stand nur eine Woche später ein neuer Reporter auf dem Trainingsgelände, den Otto gleich mal einnordete: »Wie heißen Sie? Eines ist klar: Nur Fragen zum Sportlichen!« Wenn sich der Journalist an Rehhagels Regeln hielt, durfte er weiterhin seinen Job ausüben.

Was die Medien betraf, hatte Rehhagel eine richtige Phobie. Seine Befürchtung: Nichts kann den Erfolg einer Mannschaft mehr beeinträchtigen als schlechte Presse. Womit er zum Teil ja auch recht hat. Uns Spielern trichterte er immer ein: »Meine Herren, fahren Sie die Antennen aus! Überlegen Sie sich vorher, was Sie diesen Presseleuten sagen.« Entsprechend vorsichtig gingen wir mit den Medien um, entsprechend entspannt ließ es sich in Bremen leben. Ausnahmen – siehe mein folgenreiches *Sport-Bild*-Interview – bestätigten die Regel.

Eine Anekdote zum Thema Presse muss ich noch los werden. Auch wenn die nicht ganz jugendfrei ist.

Vor der Saison 1990/91 bekamen wir Zuwachs in der Werder-Familie – ein gewisser Klaus Allofs stieß im Herbst seiner Karriere zu uns. Dass Klaus mit seinen 35 Jahren schon Welt- und Europameisterschaften gespielt hatte, schützte ihn natürlich nicht vor dem traditionellen Aufnahmeritual, von dem ich bereits berichtet habe. Nachdem der »offizielle« Teil überstanden war, wollten ein paar von uns noch weiterziehen. Thomas Schaaf war auch mit dabei, er empfahl eine nahe Kneipe, die wir natürlich sofort enterten. Einige Schnäpse später war der harte Kern noch immer nicht bereit für die Heimfahrt, also beschlossen wir, einem Freudenhaus im eine Stunde entfernten Brinkum einen Besuch abzustatten. Blieb nur noch die Frage: Wer sollte das Auto steuern? Schließlich hatten wir alle schon ordentlich einen im Tee. Zu guter Letzt übernahm Jonny Otten die Verantwortung. Zwei Dinge sprachen eindeutig für ihn. Erstens war er als erfahrener Jäger Autofahrten mit etwas mehr Promille gewohnt, zweitens kannte er sich in Brinkum bestens aus, die vor uns liegende Strecke konnte er nach eigener Aussage auch im Schlaf fahren. Wir liehen uns einen Wagen von einem der Kneipenbesucher und quetschten uns zu siebt in die Blechbüchse. Ich saß vorne neben dem Fahrer, hinten zwängten sich vier Mann auf die Rückbank, Neuzugang Klaus Allofs legten wir quer obendrauf.

Kaum auf der Bundesstraße angekommen, zog sich der Nebel immer dichter zu, bald schon hatten wir nicht mehr als 20 Meter Sichtweite. Jonny schien das nicht zu stören, er jagte mit 80 Stundenkilometern über die Straße. Plötzlich, wie aus dem Nichts, tauchte in der Nebelsuppe ein Panzer vor uns auf! Im letzten Moment riss Jonny das Lenkrad rum, um Haaresbreite rasten wir an dem Ungetüm vorbei! Jonny und mir stand der Schock im Gesicht geschrieben, doch die Fünferbande auf der Rückbank hatte vom plötzlichen Hindernis nichts mitbekommen. »Ey, fahr doch vernünftig«, maulte einer. »Da war ein Panzer«, sagte ich. Großes Gejohle. Keiner wollte uns die Geschichte mit dem Panzer abnehmen.

Als wir besagtes Etablissement in Brinkum erreichten, war unser Neuer schon jenseits von Gut und Böse. Gemeinsam wuchteten wir Klaus in die Küche des Hauses und gönnten ihm den Schlaf. Derweil machten wir es uns im Whirlpool gemütlich, um herauszufinden, wer von uns am längsten die Luft anhalten konnte. Keine Ahnung, wer am Ende siegte. Irgendwann gegen drei wurde es mir zu langweilig und ich stieg aus dem Wasser, um mich ein bisschen umzusehen. In meinem besoffenen Kopf marschierte ich in das nächste Zimmer. Was ich da sah, werde ich nie vergessen: Auf dem Bett lag ein Kerl mit schwarzer Damenstrumpfhose und Stöckelschuhen. Über ihm, breitbeinig, eine der Bezahldamen. Schnell schloss ich die Tür wieder zu. Doch nach wenigen Sekunden dämmerte es mir: Den Typen mit den Stöckelschuhen kannte ich doch! Es war ein bekannter Sportjournalist, der regelmäßig über Werder und insbesondere Otto Rehhagel berichtete, dessen Namen ich an dieser Stelle allerdings verschweigen werde. Ich ging zurück in das Zimmer, machte die Tür auf und brüllte: »Na, du Arschloch!« Man wird sich vorstellen können, wie der Mann reagierte. Klaus holten wir bald wieder aus der Küche ab. Es war Zeit zu gehen. Wir liehen uns seine Kreditkarte, zahlten die Zeche und machten uns vom Acker.

Es wäre natürlich möglich gewesen, den Journalisten mit den Stöckelschuhen auffliegen zu lassen, aber das wollte ich überhaupt nicht. Ich hielt meinen Mund – und wurde dafür entsprechend belohnt. In den folgenden Jahren hatte ich bei diesem Reporter einen ganz dicken Stein im Brett. Egal wie schlecht ich spielte, egal wie oft meine Flanken hinter das Tor segelten, laut den Berichten dieses Mannes war ich stets »einer der besten auf dem Platz«. Danke dafür an dieser Stelle!

Ich habe bereits von meinem übersteigerten Selbstwertgefühl gesprochen. Als amtierender Deutscher Meister lag der Gedanke, einer der besten Fußballer des Landes zu sein, fast nahe. Und noch etwas hatte im Sommer 1988 dafür gesorgt, dass meine Selbstüberschätzung kritische Dimensionen erreichte: Noch während der Europameisterschaft erhielt ich einen Anruf meines Beraters Peter Telek. »Uli«, sagte Peter, »der FC Barcelona hat bei mir angerufen. Die sind an dir interessiert!« Wow, das saß! Johan Cruyff, die holländische Fußballlegende und neuer Trainer von Barca, suchte nach neuen Spielern, angeblich sollte ich einer von ihnen sein. Nun war ich zwar gerade erst nach Bremen gewechselt, aber der Fußballer soll sich bei mir melden, der sich ein Angebot vom FC Barcelona nicht zumindest angehört hätte. Damals hatten die Spanier zwar nicht die Übermannschaft wie heute, ein Weltclub, zumal unter Johan Cruyff, war der Verein aber schon damals. Nach kurzer Absprache mit mir flog Peter nach Barcelona, blieb drei Tage dort und verhandelte mit Barcas Bossen. Als die EM beendet war, hatte ich noch immer keine Entscheidung gefällt, erst im Urlaub auf Mallorca nahm ich mir die Zeit, um gründlich nachzudenken. Mein gutes Spiel gegen Spanien bei der Europameisterschaft hatte Cruyff noch einmal darin bestärkt, mich aus Bremen loszueisen. Doch letztlich sagte ich höflich ab. Erst vor einem Jahr hatte sich Werder, insbesondere Otto Rehhagel, sehr intensiv um meine Dienste bemüht, in Bremen fühlte ich mich wohl, war gerade erst Deutscher Meister geworden – also entschied ich mich für Werder und gegen Barcelona. Ich habe diesen Schritt nie bereut, trotz der Stolpersteine, über die ich in Bremen noch fallen sollte.

Als amtierender Meister schlugen wir uns in der Saison 1988/89 nicht schlecht – am Ende standen wir auf Platz drei, Meister wurden souverän die Bayern. Aber diese Spielzeit zeigte dem Rest von Fußball-Deutschland: Werders Meisterschaft war kein Zufall gewesen, hier hatte sich eine Mannschaft um Otto Rehhagel geschart, die den großen Bayern dauerhaft Paroli bieten konnte.

Noch spektakulärer als die Spiele in der Bundesliga waren unsere Auftritte in den K.-o.-Wettbewerben. Im DFB-Pokal schafften wir über die Stationen HSV und Bayer Leverkusen den Einzug ins Finale und verloren dort völlig unnötig gegen den BVB. Jeder Werder-Fan wird sich mit Schrecken an das Spiel erinnern. Ich war verletzt und musste von der Tribüne aus mit ansehen, wie mein heutiger Golfpartner Norbert Dickel trotz seiner kaputten Knie das Spiel seines Lebens machte und uns zwei Tore einschenkte. Auch das zweite Pokalfinale meiner Karriere hatte ich damit verloren.

Den Höhepunkt dieser Saison erlebte ich allerdings in den beiden Spielen gegen den BFC Dynamo. Die Ost-Berliner wurden uns gleich in der Vorrunde des Europapokals der Landesmeister als Gegner zugelost, anders als heute in der Champions League ging es damals gleich im ersten Spiel um alles. Wer verlor, war draußen. In diesem deutsch-deutschen Duell gegen den DDR-Meister war der Erwartungsdruck extrem. Eine Niederlage gegen die Ossis vom Stasi-Club BFC? Das war nicht akzeptabel.

Lag es an den hohen Erwartungen, dass wir das Hinspiel in Berlin gründlich verpatzten? Oder waren wir gegen die Mannschaft um die DDR-Stars Andreas Thom und Thomas Doll einfach zu überheblich ins Spiel gegangen? Wer kann das heute schon sagen. Wir bezogen unser Hotel in Berlin jedenfalls äußerst selbstbewusst und nahmen bei ein paar Spaziergängen gleich mal Kontakt zu den DDR-Bürgern auf, die sich um unser Quartier versammelt hatten. Offiziell war es uns verboten worden, uns näher als 200 Meter auf die Ostdeutschen zuzubewegen, aber darauf gaben wir nichts. Einige Fans versuchten uns die Hände zu schütteln oder ein Autogramm zu bekommen, doch jedes Mal drückten sich strenge Stasi-Beamte dazwischen, verhinderten ein Treffen zwischen Ost und Nord und führten die allzu forschen Fußballbegeisterten einfach ab.

Im Hotel ging bald das Gerücht um, man hätte unsere Zimmer verwanzt, um uns irgendwelche Geheimnisse zu entlocken, aber so blöd waren wir ja auch nicht – die taktischen Besprechungen mit Otto fanden auf dem Trainingsplatz statt. Als wir uns abends zum Essen trafen, tauchte allerdings ein neues Problem auf: Günter Hermann, einer unserer wichtigsten Mittelfeldspieler, hatte große Schmerzen im Knie. Dr. Meschede, unser Mannschaftsarzt, führte Günter auf sein Zimmer, untersuchte das Knie und gab »Jimmy« eine Spritze. Am nächsten Morgen, wir saßen bereits beim Frühstück, tauchte Günter mit schmerzverzerrter Miene auf, das angeschlagene Bein hinter sich herziehend: Sein Knie war dick wie eine Pampelmuse. »Doktor«, rief Günter, »ich glaube, Sie haben die Spritze falsch gesetzt!« Nie werde ich das Gesicht von Otto vergessen, als ihm Dr. Meschede mitteilte, dass Günter Herrmann wohl nicht einsatzbereit wäre. Unser Norweger Vegard Skogheim musste für Günter einspringen. Dunkle Vorboten auf das, was da noch auf uns wartete, denn gegen die Ost-Berliner kamen wir böse unter die Räder. Doll, Thom und mein Gegenspieler Frank Pastor erzielten die Tore zum 0:3. Was für eine Schmach. Im Duell West gegen Ost hatten wir übel eins auf die Nase bekommen. Wie geprügelte Hunde kehrten wir an die Weser zurück.

Gut einen Monat nach der desaströsen Niederlage, am 11. Oktober 1988, empfingen wir den BFC in Bremen. Und zwar nicht, um uns würdevoll aus dem Europapokal zu verabschieden – seit den Spielen gegen Spartak Moskau kannte sich unsere Mannschaft schließlich aus mit Fußball-Wundern. Spartak war auch das Zauberwort in den Tagen vor dem Spiel. Spartak im Training, Spartak beim gemeinsamen Essen, Spartak in den Ansprachen von Rehhagel. Der »Geist von Spartak« hatte Werder fest im Griff, jeder einzelne aus der Mannschaft schaffte es, die Zweifel am Weiterkommen auszublenden. Wir hatten nur ein Ziel: Die Dynamos schlagen – und zwar mit mehr als drei Toren.

Wie bereits erwähnt, warteten Carmen und ich damals noch auf ein ganz anderes Wunder. Unser erstes Kind war im Anmarsch! Während ich versuchte, mich auf das Rückspiel gegen die Berliner vorzubereiten, lag Carmen bereits im Krankenhaus, das Baby hatte sich einen sensationellen Geburtstermin ausgesucht: Ausgerechnet in jener Europapokalnacht wollte es als neuer Erdenbürger begrüßt werden! Wenige Stunden vor dem Anpfiff griff ich mir unseren Zeugwart Günter Ehrke. »Günter«, schärfte ich ihm ein, »hier ist die Zimmerdurchwahl meiner Frau. Ruf regelmäßig bei ihr an und gib mir Bescheid!« Günter nickte, wenn etwas im Krankenhaus passieren sollte, würde er sich bemerkbar machen. Zur Not musste ich mich eben zur Halbzeit auswechseln lassen.

Die letzten Minuten vor dem Spiel wird niemand vergessen, der damals mit dabei war. Die Luft vibrierte förmlich vor Aggressivität, wir alle, vom Trainer bis zum letzten Auswechselspieler, brannten darauf, es den Berlinern heimzuzahlen. Was bildeten die sich eigentlich ein, uns aus dem Europapokal schmeißen zu wollen! Als Otto die Tür der Kabine öffnete und wir den Gang zum Spielfeld betraten, wirkten wir wie eine Meute hungriger Raubtiere. Bereit zur Fütterung. Selbst Manni Burgsmüller, sonst unser »Mister Cool«, den nichts aus der Ruhe bringen konnte, hatte regelrecht Schaum vor dem Mund. Gemeinsam mit dem wieder genesenen Günter Herrmann hämmerte Manni mit den Fäusten gegen die Kabinentür der Berliner. »Kommt raus, ihr Feiglinge!«, brüllten wir wie von Sinnen. Und als die Ostdeutschen endlich neben uns im Gang standen, konnten wir den Angstschweiß förmlich riechen. Die schissen sich ja fast in die Hose! Neben mir stand mein Gegenspieler aus dem Hinspiel, Frank Pastor. Voller Wucht rammte ich ihm meinen Ellenbogen in die Seite und fauchte ihn an: »Wenn du über die Mittellinie kommst, dann mach ich dich kaputt. Dann wirst du das nicht überleben!« Sprüche unter der Gürtellinie, natürlich. Aber solche Spiele kannst du schon vor dem Anpfiff gewinnen. Und wenn eine Mannschaft in der Bundesliga in diesen Jahren dazu in der Lage war, dann der SV Werder Bremen! Diese Angst in den Gesichtern der Dynamos hatte ich schon einmal kennengelernt. Damals, 1985 in Madrid mit Borussia Mönchegladbach. So mussten wir ausgesehen haben: flackernde Augen, hängende Köpfe, eingezogene Schwänze. Dieses Mal waren die Vorzeichen umgekehrt, meine Mannschaft war es, die Angst und Schrecken verbreitete.

Wir liefen ins Weserstadion ein, spürten die kühle Luft im Stadion, die Fans auf den Rängen. Europapokal in Bremen! Für solche Abende können Fußballer töten. Ein letztes Mal griff ich mir Günter Ehrke, den Zeugwart. »Alles gut?« Günter hob den Daumen. Alles gut.

Halbzeit. Michael Kutzop hatte uns mit 1:0 in Führung gebracht, das war natürlich viel zu wenig für unsere Bemühungen. Otto sprach, ruhig wie immer, wir hörten zu und dachten an die zweite Halbzeit. Ich dachte an meine Frau. »Günter, alles gut?« Wieder ging der Daumen nach oben. Alles gut.

Und dann folgte das, was in Worten nur schwer zu beschreiben ist. 2:0, 3:0, 4:0. Endstand nach 90 Minuten: 5:0! Wir rissen die Berliner förmlich in Stücke, das Weserstadion kochte und zischte und wenn es Wunder im Fußball gibt, dann hatten wir soeben eines vollbracht. Zeit für lange Ehrenrunden hatte ich natürlich nicht. Meine Frau. Unser Kind! »Günter, wie sieht's aus?« Und endlich sagte mir Günter die Wahrheit. »Tut mir leid, Uli, ich kann deine Frau seit zwei Stunden nicht mehr erreichen!« Ach du Scheiße! Völlig aufgelöst irrte ich durch den Kabinentrakt, während draußen die Menge immer noch tobte. Wolfgang Barkhausen, damals Geschäftsführer, fing mich ein. »Uli, was ist denn los?« »Herr Barkhausen, ich muss hier weg, ich werde Vater!« »Uli, in diesem Stadion sind 40000 Menschen, die sich in den nächsten Minuten auf den Heimweg machen werden! So schnell kommst du hier nicht raus!« Verzweifelt sah ich ihn an. Barkhausen schlug mir auf die Schulter: »Geh duschen, Junge, ich lass mir was einfallen.« Ich sprang unter die Dusche, griff mir meine Sachen und war wieder zurück. Barkhausen, der Teufelskerl, hatte sich tatsächlich etwas einfallen lassen: Zwei Polizisten packten mich in ihren Streifenwagen, schmissen die Sirene an und rasten quer über den Osterdeich in Richtung DIAKO-Krankenhaus in Bremen-Gröpelingen, dort, wo meine Frau wahrscheinlich schon unser Baby in den Armen hielt! Kurze Zeit später hielt mein Sondertaxi mit quietschenden Reifen vor dem Krankenhaus, mit zitternden Knien sprintete ich zum Kreißsaal, die letzten Meter, dann würde ich … »Stopp!« Eine Krankenschwester schnitt mir den Weg ab. »Ich … mein Kind … Borowka …«, keuchte ich. Behutsam nahm mich die Dame mit in einen Aufenthaltsraum und erklärte mir, dass alles in bester Ordnung sei und sich das Baby noch etwas Zeit lasse. Gott sei Dank, ich war nicht zu spät! Die freundlichen Schwestern und Krankenpfleger schmierten mir ein paar Brote und machten mir Tee, bald tauchten auch, ganz zufällig, ein paar Ärzte auf. Das ganze Krankenhaus hatte unser Spiel am Radio mitverfolgt. Jetzt wollte mir die Belegschaft natürlich persönlich gratulieren. Endlich konnte ich zu meiner Frau.

Am 12. Oktober 1988 um 3:13 Uhr kam sie zur Welt, unsere Tochter Irina. Nur wenige Stunden nach dem zweiten »Wunder von der Weser« hatte ich ein kleines Bündel Mensch auf dem Arm und war mir sicher: Das wahre Wunder erlebte ich erst jetzt. Was für ein Tag! Erst dieses Spiel gegen den BFC Dynamo, jetzt die Geburt unserer Tochter. Mit verheulten Augen durchschnitt ich die Nabelschnur. Ich war Vater! Schöne und verrückte Welt.

Wie nichtig sind in solchen Momenten verkorkste Europameisterschaften, konkurrierende Kollegen oder der nächste Gegner! Ja, ich genoss die Tage als junger Vater ausgiebig. Ich wollte meiner Tochter ein guter Papa sein. Ich wollte mein Kind so gut auf die Welt vorbereiten, wie es meine Eltern auch mit mir geschafft hatten. Jahre später musste ich mir eingestehen, dass ich auf ganzer Linie gescheitert war. Doch das war damals, im Oktober 1988, alles noch ganz weit weg. Jetzt war die kleine Irina da, und wenn ich vom Training oder von Spielen nach Hause kam, dann wartete da meine kleine Familie auf mich. Ein schönes Gefühl.

Durch den Triumph gegen den BFC gestärkt, gingen wir mit breiter Brust in das nächste Spiel im Europapokal. Gegen die Schotten von Celtic Glasgow reichte ein Tor von Thomas Wolter im Hinspiel, um ins Viertelfinale einzuziehen. In zweimal 90 Minuten hatten wir gegen Celtic kein Gegentor zugelassen.

Nun also der AC Mailand. Mit Spielern wie Ruud Gullit, Roberto Donadoni, Paolo Maldini, Franco Baresi, Frank Rijkaard oder Marco van Basten verfügten die Mailänder über eine wahre Weltauswahl. Europa setzte keinen Pfifferling auf uns, Mailand war der klare Favorit. Doch im Hinspiel in Bremen boten wir eine fantastische Leistung, die uns international große Anerkennung einbrachte. Das 0:0 war eine anständige Grundlage, um in Italien vielleicht die nächste Sensation zu vollbringen.

Es war so ungerecht! Fußball kann so ein Scheißspiel sein. Eine lächerliche Szene, ein Aussetzer von Schiedsrichter Georg Smith, sorgte dafür, dass wir mit 0:1 aus dem Wettbewerb flogen. Das Ganze passierte nach 33 Minuten: Eine weite Flanke von links flog in unseren Strafraum, van Basten versuchte den Ball volley zu treffen, Gunnar Sauer drehte sich instinktiv zur Seite, van Basten verfehlte den Ball, traf stattdessen Gunnars Hüfte – und fiel um. Ein Pfiff. Freistoß für Werder. Dachten wir. Stattdessen zeigte dieser Wahnsinnige mit der Pfeife in der Hand auf den Elfmeterpunkt! Das konnte nur ein Witz sein, eine fiese Inszenierung von »Verstehen Sie Spaß?«. Doch Paola und Kurt Felix ließen sich nirgendwo blicken. Humorlos schnappte sich van Basten den Ball und ließ Oliver Reck keine Chance. Das Tor war gefallen und dem AC Mailand war es selbstverständlich vollkommen gleich, wie der Treffer zu Stande gekommen war. Mehr als eine Stunde rannten wir anschließend vergeblich auf das gegnerische Tor, doch die abgezockten Italiener brachten die Führung souverän über die Zeit.

Ich fühlte mich leer, als hätte mir einer die Luft aus der Lunge gepresst. Das Ganze war ein großer Beschiss, nichts weiter! Wir alle dachten damals so. Und es machte die Sache nicht besser, als wir erfuhren, dass diese Partie das allerletzte Spiel von Mister Smith aus Schottland gewesen war. Wilde Spekulationen und Betrugsvorwürfe flogen durch den Raum, besser machte es die Sache nicht: Wir waren raus. Immerhin mit Applaus. Und zu Hause wartete ja ein kleiner Wurm auf mich, dem mein verletzter Fußballerstolz herzlich egal war.

»ICH BRECH DIR GLEICH BEIDE BEINE«

Mein Image als Rüpel der Nation

Die Umfragebögen flatterten alle sechs Monate in meinen Briefkasten. Der *kicker* suchte halbjährlich nicht nur nach den besten Torhütern und Abwehrspielern, den kreativsten Mittelfeldspielern und treffsichersten Stürmern, sondern auch nach dem »unbeliebtesten Spieler der Bundesliga«. Jeder Profi in der Liga bekam diese Fragebögen zugeschickt. Und wer hatte die Ehre, den Titel des »Bad Boy« gleich mehrfach zu gewinnen? Natürlich ich. Machen wir uns nichts vor: Das Image des brutalen Treters, der mit allen legalen und illegalen Mitteln seine Gegenspieler ausschalten wollte, habe ich bis heute weg. Ich habe ja auch einiges dafür getan, nicht als der Sonnenschein des deutschen Fußballs durchzugehen. Zeit, mich an dieser Stelle ein wenig mit meinem Image zu befassen.

Beginnen wir mit der berühmten Auseinandersetzung mit Olaf Thon. Thon machte 1984 eines seiner ersten Spiele für Schalke, ein blutjunges Talent, noch längst nicht so ausgekocht wie in den späteren Jahren seiner Karriere. Aber schon gut genug, um meiner Mannschaft Schaden zuzufügen. Also zog ich meine Psychonummer durch. Schon beim Aufwärmen starrte ich ihn die ganze Zeit böse an und als wir kurz vor dem Einlaufen ins Stadion gemeinsam im Gang standen, raunte ich ihm zu: »Thon, komm mir heute nicht in die Quere, sonst breche ich dir beide Beine …« Und was machte der junge Kerl? Eingeschüchtert ging er Zweikämpfen mit mir aus dem Weg. Einen Teil meiner Arbeit als Manndecker hatte ich also schon vor dem Anpfiff erledigt.

Diese Masche habe ich eigentlich mit allen Gegenspielern durchgezogen, viele zeigten sich durchaus beeindruckt. Wie Jürgen Klinsmann, den ich später, als ich schon für Werder spielte, wenige Wochen nach der halbjährlichen *kicker*-Wahl vor dem Spiel fragte: »Klinsmann, hast du mich gewählt?« »Quatsch, Uli, ich doch nicht!« »Und wo kommen dann die ganzen Stimmen her? Verarschen kann ich mich alleine, heute gibt es doppelt auf die Stöcker!« Keine Methode, mit der ich mich in die Herzen der Fußballästheten spielte, die mir aber meistens den gewünschten Erfolg brachte. Ein Olaf Thon, ein Jürgen Klinsmann oder ein Andreas Möller, der sich besonders von verbaler Kriegsführung beeinflussen ließ, waren ja großartige Fußballer, häufig talentierter, meistens kreativer als ich; und um diese Spieler zu stoppen, war mir damals jedes Mittel recht. Auch meine Trainer merkten natürlich schnell, wie sie von meinem ganz speziellen Ruf profitieren konnten. Nicht selten kam es vor, dass mich Jupp Heynckes oder Otto Rehhagel mit der Anweisung »Geh nach vorne und mach denen ein bisschen Angst« in die gegnerische Hälfte schickten.

Wobei ich mich dagegen wehre, dass ich Gegenspieler bewusst verletzt habe. Sprüche, wie jener gegen Olaf Thon, waren einfach das, was sie waren: Sprüche, nicht mehr. Jeder gute Verteidiger muss auch ein guter Schauspieler sein, muss sich vor seinen Gegnern aufplustern und ein wenig Angst und Schrecken verbreiten. Nur wenige Verteidiger im Profifußball sind so gut, dass sie auf diese Spielchen verzichten können. Aber ich bin mir sicher, dass selbst ein Mats Hummels seinen Gegenspielern auf dem Platz ab und an ein paar Nettigkeiten an den Kopf wirft.

Es fällt schwer, an dieser Stelle nicht die »Früher-war-alles-härter-Keule« auszupacken, denn tatsächlich hatten wir in den achtziger

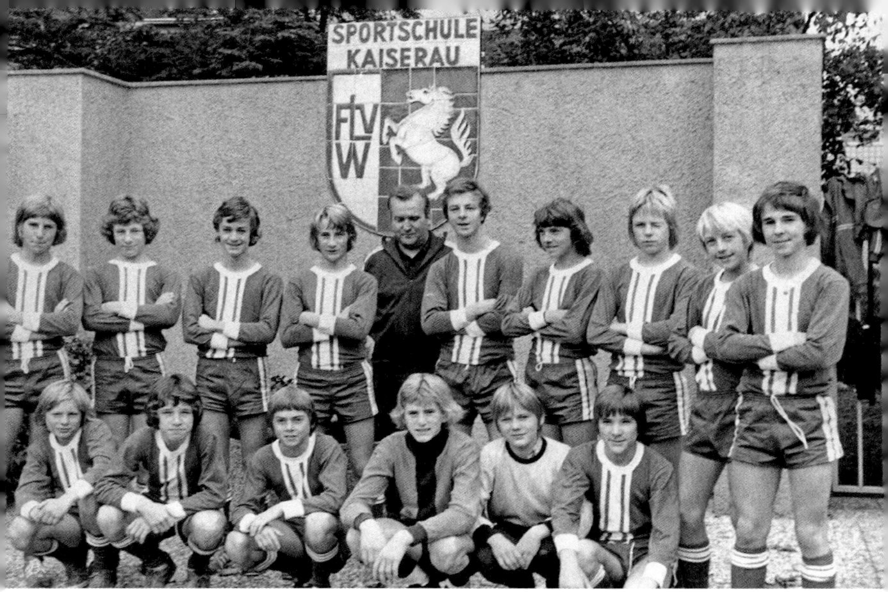

Die ersten Erfahrungen als Auswahlspieler: Mit der Kreisauswahl in der Sportschule Kaiserau. Ich hocke unten ganz links.

© Uli Borowka privat

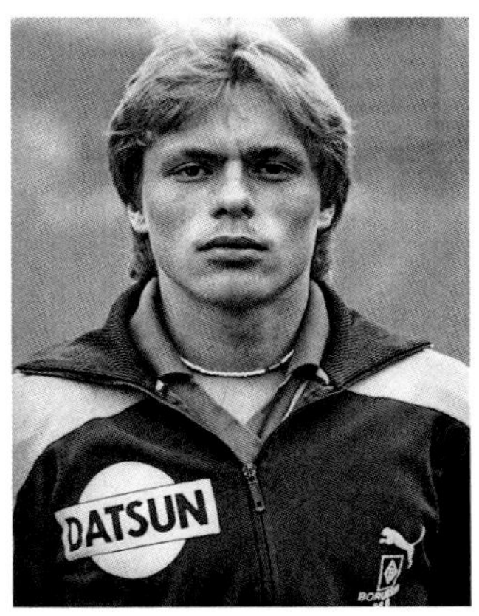

Der Frischling: Mein Bundesliga-Debüt für Borussia Mönchengladbach durfte ich am 6. März 1982 gegen den 1. FC Nürnberg feiern. © Uli Borowka privat

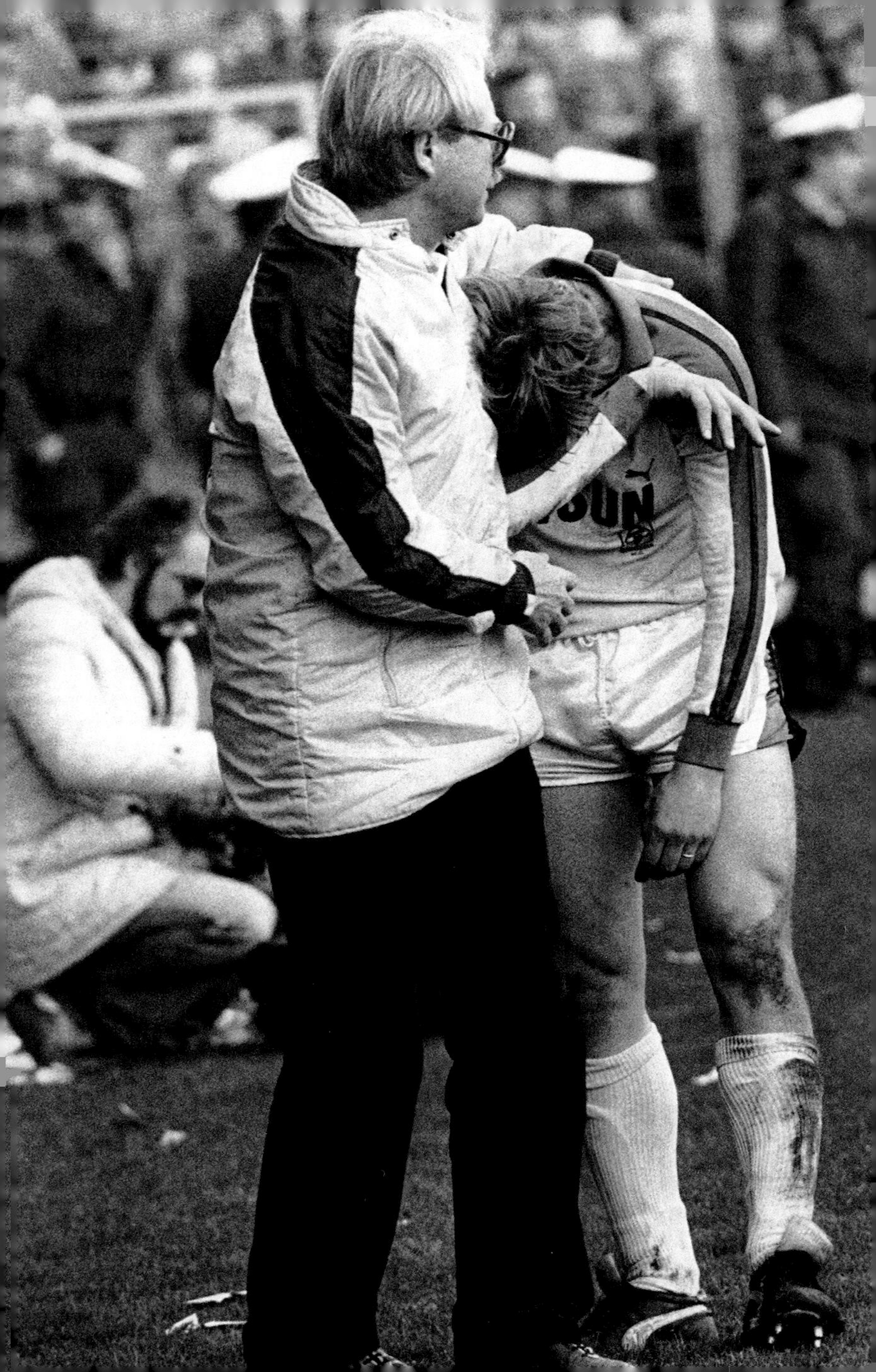

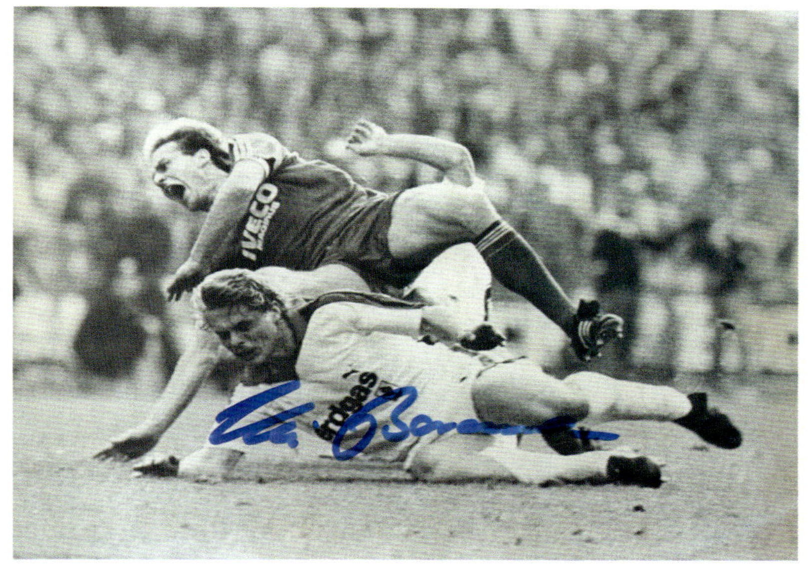

Gestatten: Uli Borowka! Die Grätsche gegen Bayerns Superstar Karl-Heinz Rummenigge im Pokalfinale 1984 machte mich berühmt.

© Uli Borowka privat

Der 31. Spieltag der Saison 1981/82. Borussia Mönchengladbach gegen Arminia Bielefeld. Gleich zu Beginn der zweiten Halbzeit zeigt mir Schiedsrichter Brückner die Rote Karte. Co-Trainer Wolf Werner muss mich trösten. © Bongartz, Hamburg

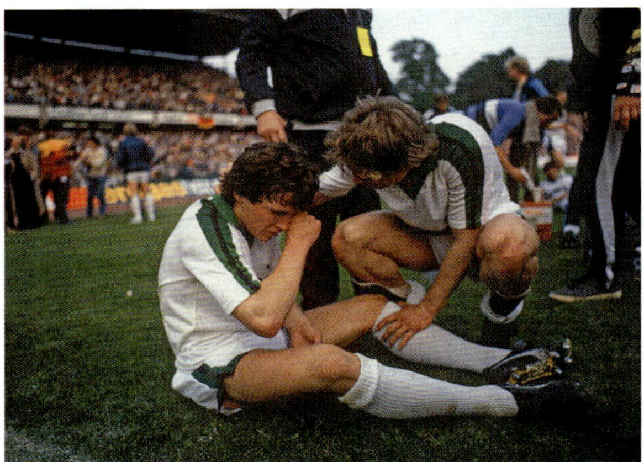

Noch mehr Tränen, diesmal nach dem DFB-Pokalfinale 1984 gegen Bayern München. Lothar Matthäus, damals ein guter Kumpel, verschießt seinen Elfmeter, wir verlieren. Und ich versuche zumindest ein wenig Trost zu spenden. © imago/Kicker/Liedel

Mit dem Adler auf der Brust. Gemeinsam m
solchen Top-Spielern wie Jürgen Klinsmanr
Thomas Häßler oder Andreas Köpke sorgt
ich dafür, dass sich die Olympiaauswahl für di
Spiele 1988 in Seoul qualifizierte. Dass ich dan
doch nicht mit nach Korea flog, ist eine ander
Geschichte. © Günter Passag

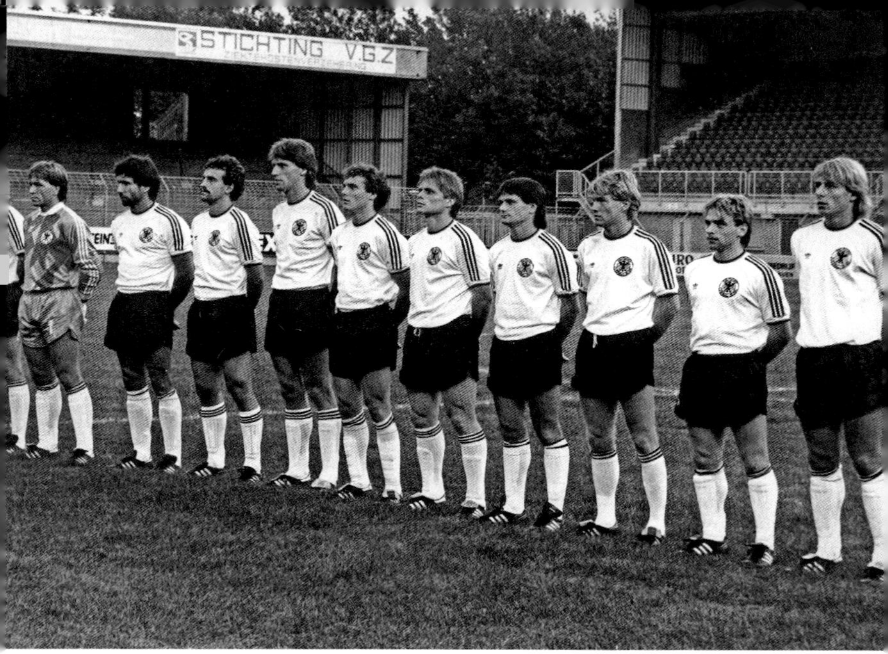

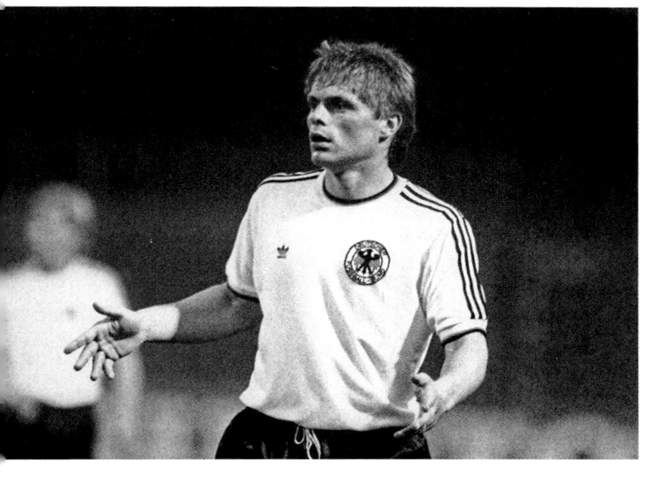

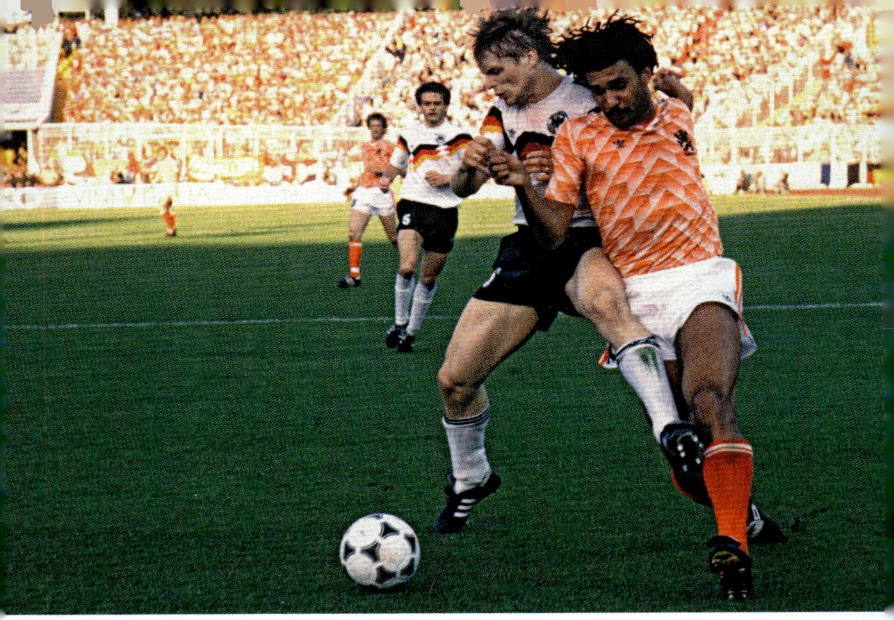

Das Ende meiner kurzen Karriere als Nationalspieler: Im Halbfinale der EM 1988 verlieren wir mit 1:2 gegen Holland und scheiden aus. Zweikampf mit Ruud Gullit.

rechts: © imago/Kicker; oben: © imago/VI Images

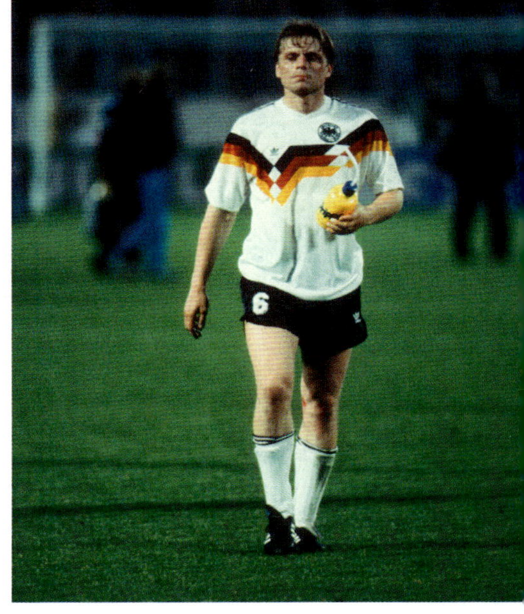

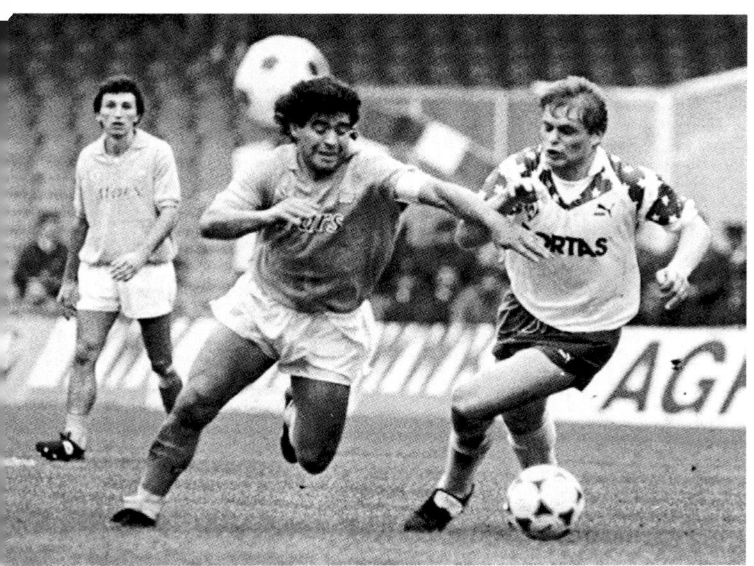

Mein zweites Treffen mit Maradona:
Am 22. November 1989 schlagen wir
den SSC Neapel im UEFA-Cup mit 3:2.

© imago/Schumann

9. April 1988, Waldhof Mannheim-
Werder Bremen 0:1. Torschütze?
Uli Borowka! Mein Kumpel Jonny Otten
jubelt mit. © Norbert Rzepka

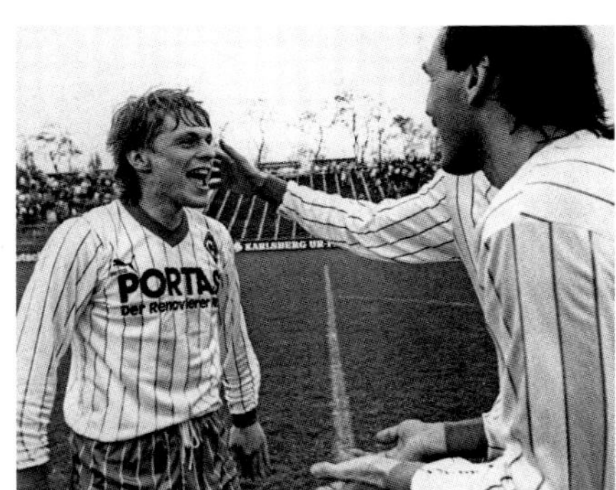

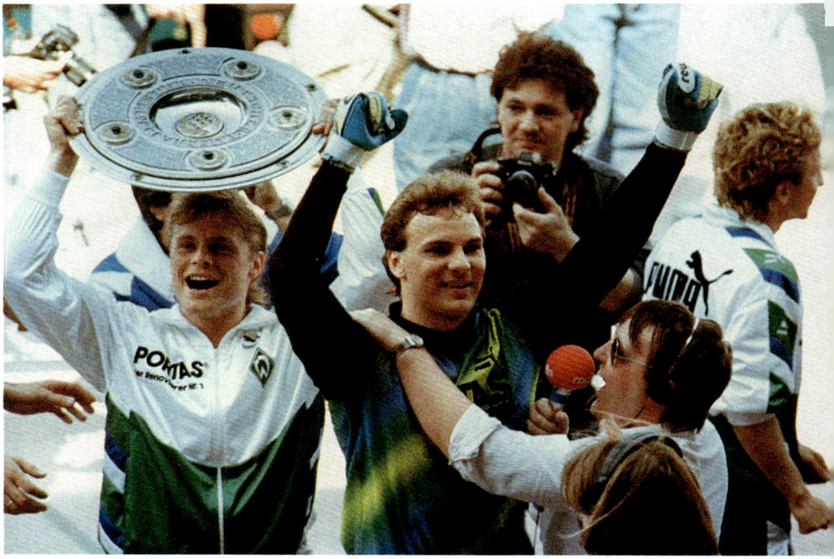

Werder Bremen ist Deutscher Meister 1988.
Und alle rasten aus. © Sabine Windelen

Bis heute ein guter
Freund: Oliver Reck.
© imago/Kicker/Liedel

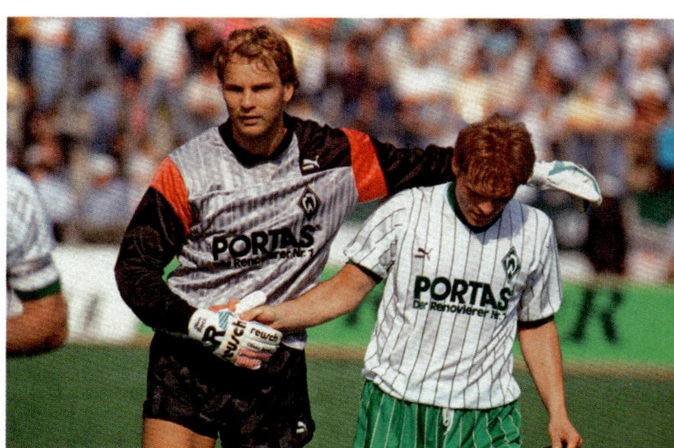

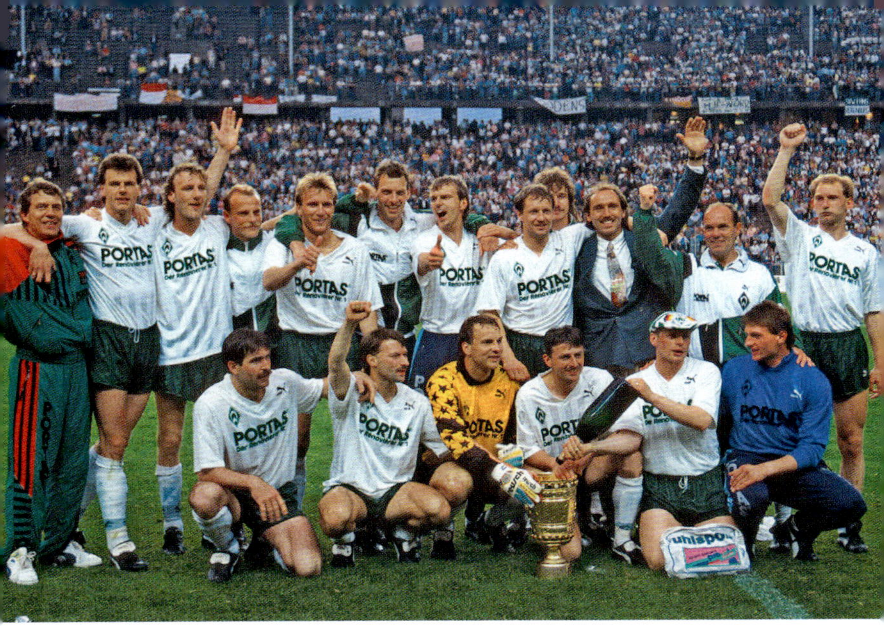

Dreimal ist Bremer Recht: Nach zwei verlorenen Pokalendspielen in Folge schlagen wir 1991 den 1. FC Köln – im Elfmeterschießen. Den entscheidenden Strafstoß verwandele ich. © imago/Norbert Schmidt

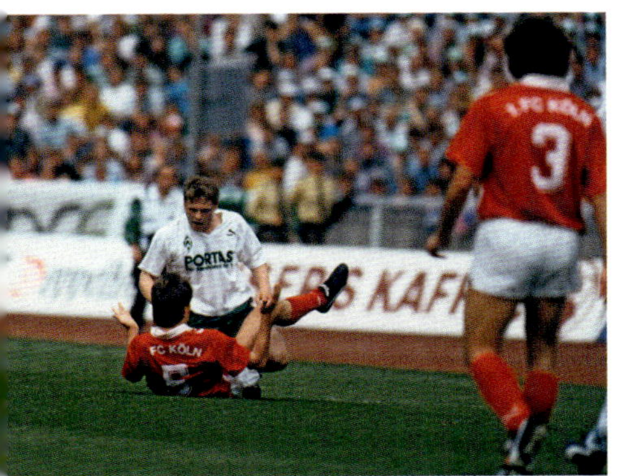

Szene aus dem Pokalendspiel 1991: Kölns Falko Götz bekommt von mir den Marsch geblasen. © imago/Kicker/Liedel

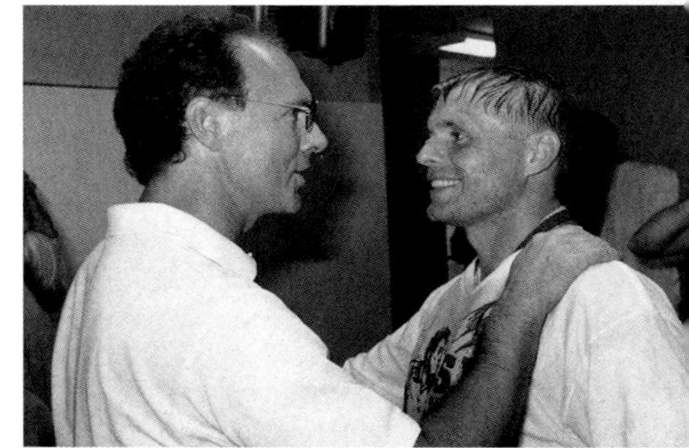

1993: Werder wird Deutscher Meister im Glutofen von Stuttgart. Bayerns damaliger Vizepräsident Franz Beckenbauer gratuliert mir in der Kabine.

© Norbert Scheer

Ehrenrunde im Gottlieb-Daimler-Stadion: Das 3:0 gegen den VfB reicht zur dritten Bremer Meisterschaft.

© Wolfgang Scheer

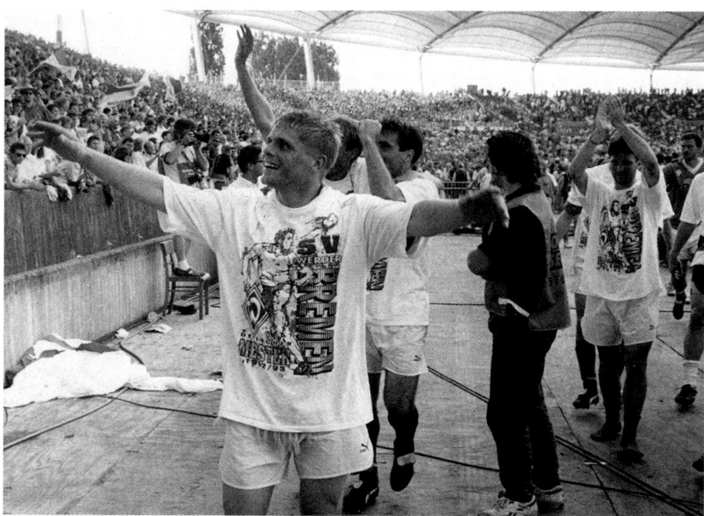

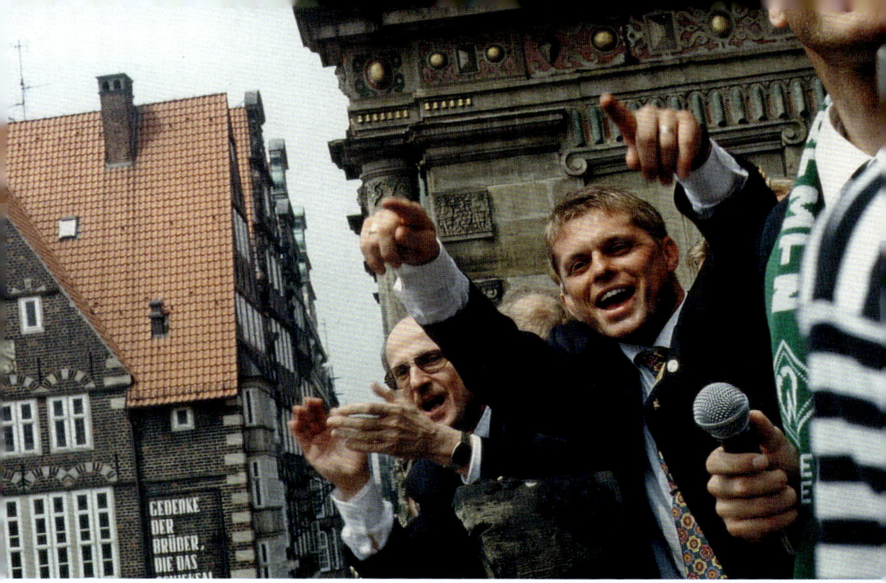

Party auf dem Bremer Rathausbalkon: Die Meisterschaft 1993 muss anständig begossen werden. © Stroscher, Bremen

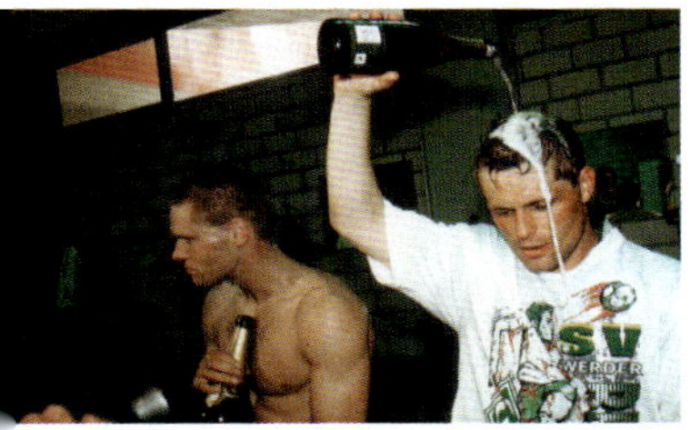

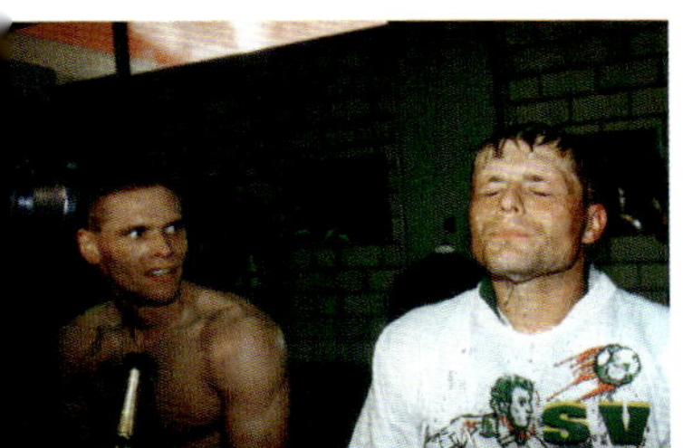

Nach der Meisterschaft 1993 verpasse ich mir selbst die obligatorische Bierdusche. Links beobachtet der sektglänzende Torsten Legat die Szene. © Stroscher, Bremen

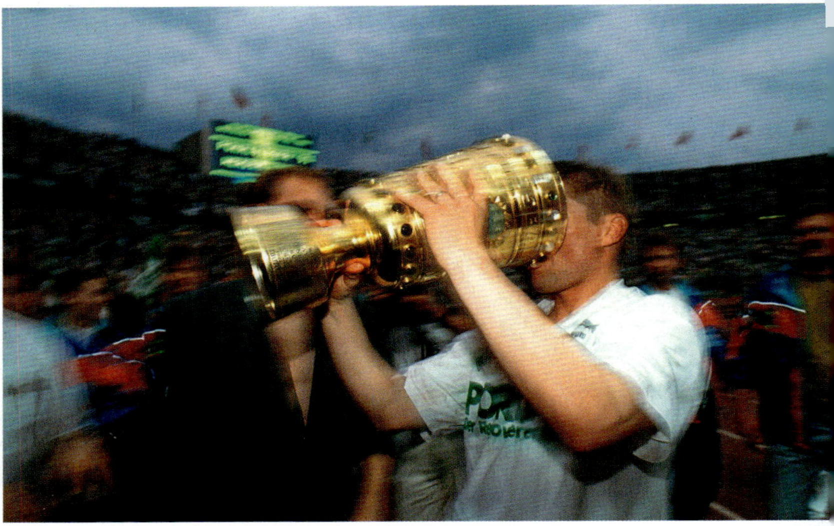

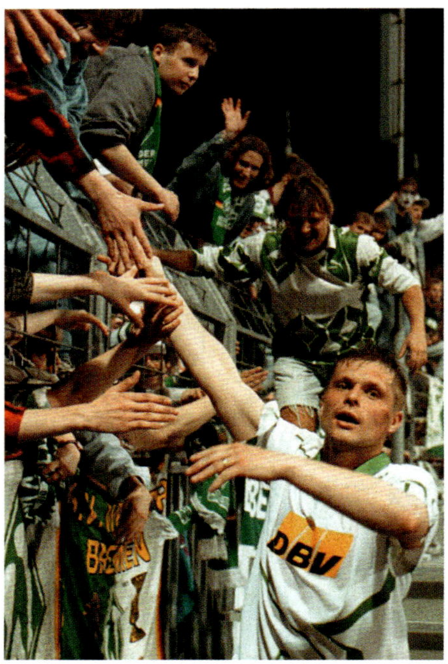

Oben: Jahrelang immer der erste am Glas. Nach dem Pokalerfolg 1991 teste ich den Geschmack de Sieges. © imago/Norbert Schmidt

Links: Ein kleiner Dank beim Zwölften Mann. © imago/Schumann

Rechts: Otto Rehhagel erklärt mir den Fußball. © Werek

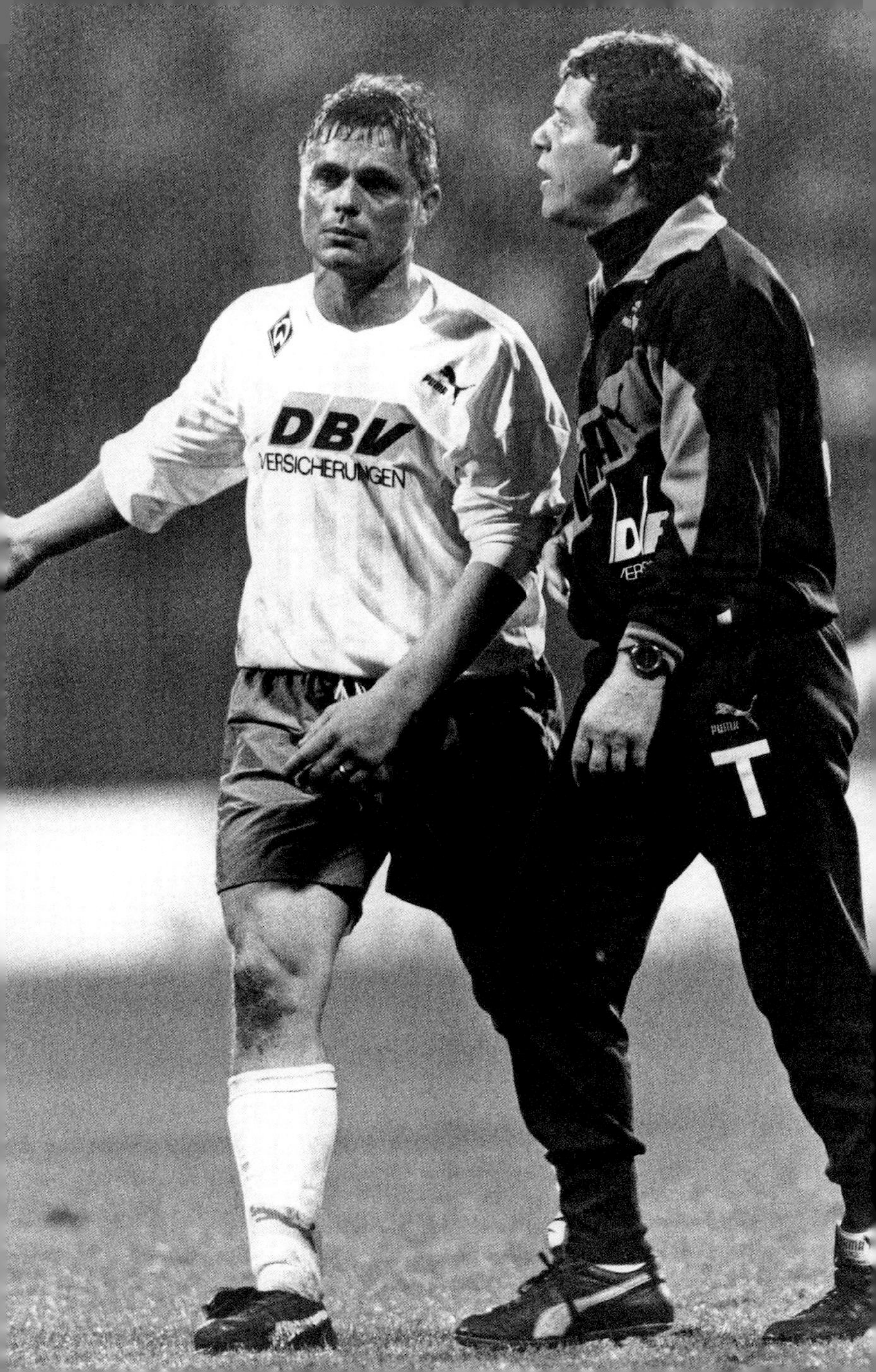
DBV
VERSICHERUNGEN
PUMA

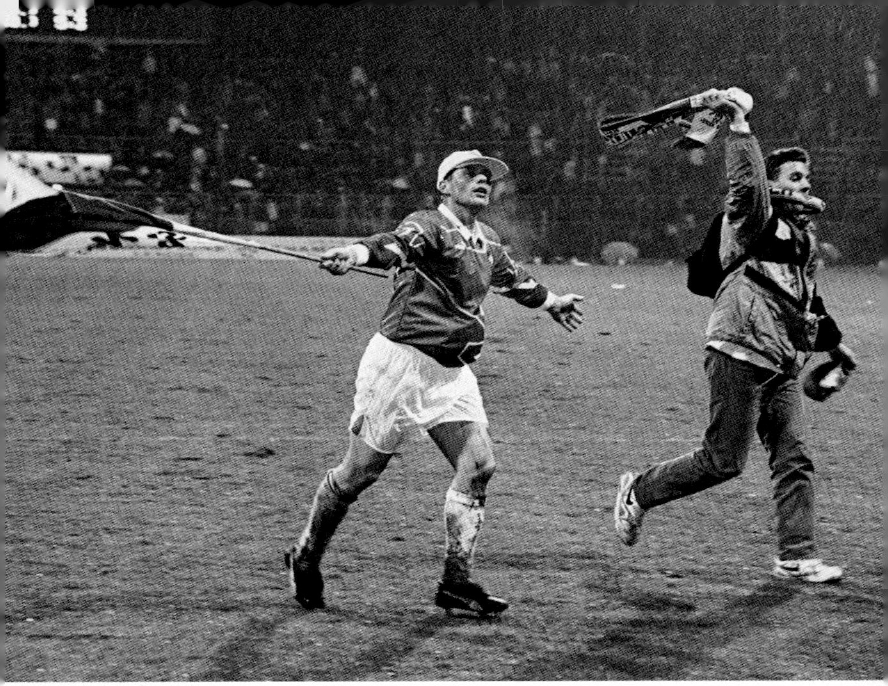

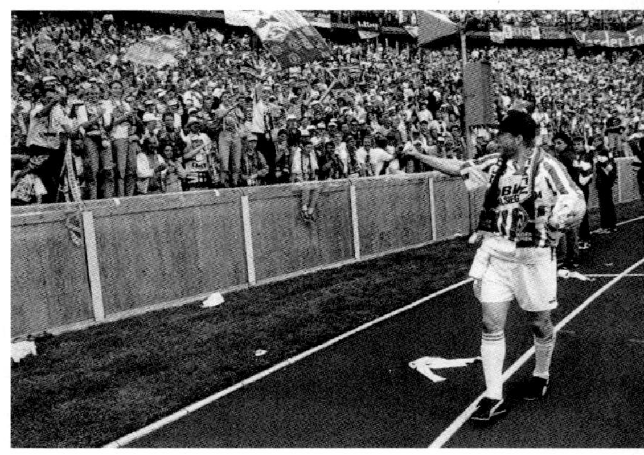

Mein zweiter Pokalsieg: 1994 besiegen wir Rot-Weiss Essen mit 3:1, ich werde nach 84 Minuten eingewechselt und feiere anschließend trotzdem standesgemäß.

hrenrunde mit Fan nach dem ächsten »Wunder von der Weser«: m 8. Dezember 1993 liegen wir egen den RSC Anderlecht in der Champions League schon mit 0:3 inten – und gewinnen noch 5:3.

imago/WEREK

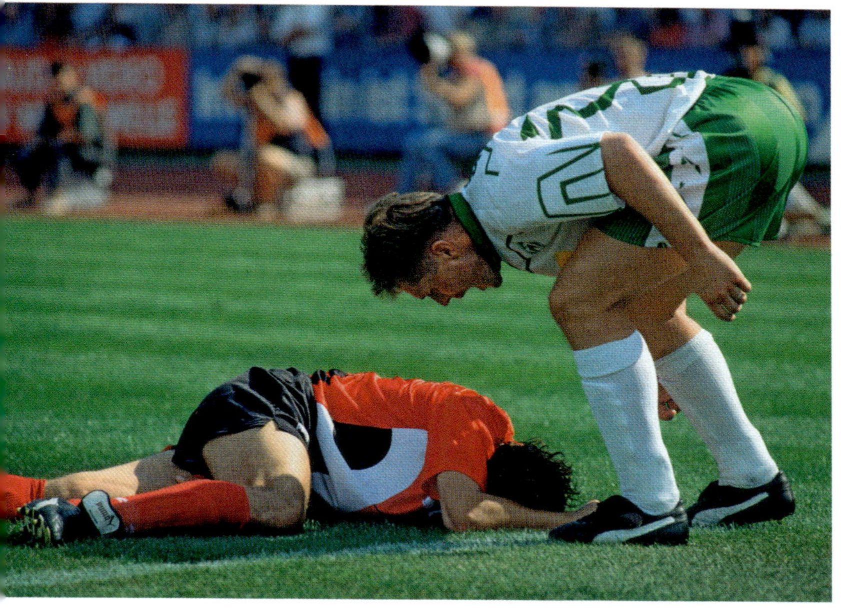

rankfurts Jan Furtok am Boden, ich darüber. Vortlaut (geschätzt): »Steh auf, du Simulant!«

imago/Kicker

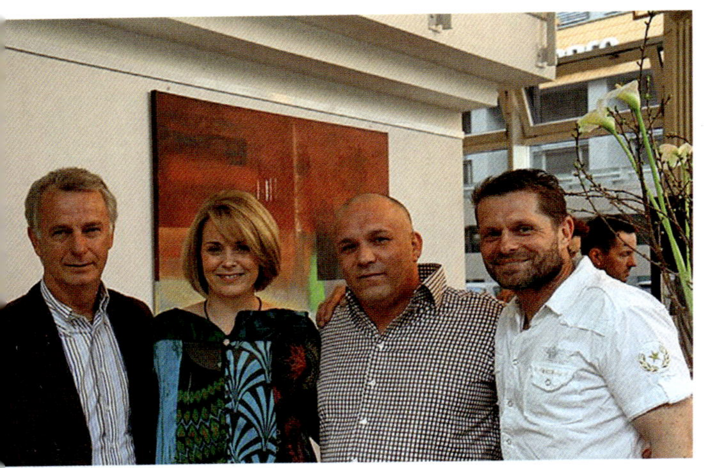

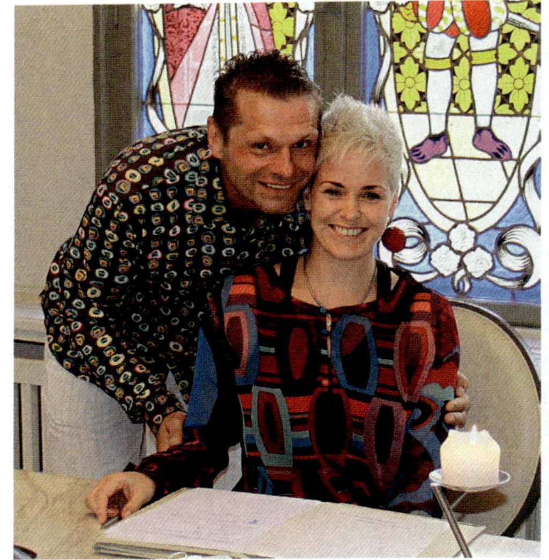

Oben: Claudia gibt eine Ausstellung und gute Freunde kommen vorbei. Ganz links steht Rainer Bonhof, neben mir mein bester Freund Christian Wagner. März 2011 in Köln.

Rechts: Auf ein Neues! Am 19. September 2011 heirate ich meine zweite Frau Claudia.

und frühen neunziger Jahren mehr Möglichkeiten auf dem Platz. Allein schon deshalb, weil es noch nicht so viele TV-Kameras gab, die selbst den kleinsten Ellenbogenschlag brühwarm in der Wiederholung servierten. Bei Standardsituationen, wenn sich im Strafraum teilweise 16 Mann auf den Füßen standen, flogen die Arme nur so durch die Luft, und wenn der Schiedsrichter gerade nicht hinsah, dann trat ich meinem Gegenspieler auf die Zehenspitzen oder griff kurz mal in die Familienplanung. Ich will mich mit diesen Geschichten nicht rühmen, doch es wäre auch lächerlich, diese schmutzigen Tricks zu verheimlichen. Wobei ich meine Grenzen kannte. Wenn wir im Winter auf gefrorenem Boden spielen mussten, half nur eines, um auf dem knüppelharten Platz einen sicheren Stand zu haben: Vor dem Warmmachen feilten wir in der Kabine unsere Stollen mit einer kleinen Dreikantfeile an, ein wenig Schuhcreme auf den Stollenspitzen half, um bei der Schuhkontrolle durch den Schiedsrichter nicht aufzufallen. Da die Stollen damals aus Lederstücken bestanden, die auf kleinen Nägeln am Schuh befestigt waren, dauerte es nur wenige Spielminuten, bis die obere angefeilte Lederkante abfiel – und wir quasi auf Spikes unterwegs waren. Mit solchen Waffen an den Füßen ging ich natürlich nicht mit gestreckten Grätschen in den Zweikampf, aufgerissene Waden und Oberschenkel wären sonst nicht zu verhindern gewesen …

Mit meiner rustikalen Spielweise stach ich vielleicht aus der Masse heraus, doch auch meine Kollegen in der Bundesliga waren keine Kinder von Traurigkeit. Wenn ich bereits mit einer gelben Karte vorgewarnt war, suchten die Gegenspieler natürlich verstärkt den Zweikampf mit mir – ein Platzverweis gegen mich hätte ihrer Mannschaft einen entscheidenden Vorteil verschafft. An die so viel gepriesene Vorbildfunktion denken Profifußballer im Spiel nicht. Es geht einzig und allein darum, der eigenen Mannschaft einen Vorteil zu verschaffen. Der Gegenspieler fliegt vom Platz, weil man ihn so lange piesackt, bis er die Nerven verliert? Gut so! Der Stürmer schindet einen Elfmeter und die eigene Mannschaft erzielt ein Tor? Genau richtig! Nein, mit Fairness hat das nichts zu tun, aber mit Cleverness. Menschen, die noch nie in ihrem Leben für Geld, die noch nie vor 50 000 Zuschauern gespielt haben, werden diesen Mechanismus nicht begreifen können. Zeitungsnoten für Fußballer sind auch deshalb ein Witz, weil die meisten Notengeber im Grunde genommen nicht dafür qualifiziert sind, eine Berufsgruppe zu beurteilen, die sie gar nicht kennen. Aber ich schweife ab.

Vermutlich würde ich anders denken und reden, wenn ich das Talent eines Andres Iniesta oder Mario Götze in den Füßen hätte. Doch meine Talente beschränkten sich darauf, härter, ehrgeiziger und ausdauernder als meine Gegner zu sein. Im Laufe der Jahre schaffte ich es, mir aus dieser Handvoll Talent ein Image aufzubauen, von dem ich, zumindest sportlich, profitierte. Viele Gegenspieler in der Bundesliga hatten vor den Spielen gegen Borussia Mönchengladbach oder später Werder Bremen keine Lust auf den Platz zu gehen. Weil sie wussten, dass ich dort mit gewetztem Messer auf sie wartete. Und nicht nur ich: Spieler wie Winnie Hannes, Norbert Ringels, Lothar Matthäus, Hans-Günter Bruns, Mirko Votava oder Dieter Eilts waren ja genauso gefürchtet! Und so ein Image ist hart erarbeitet. Wenn du deinen Ruf hast, dann tust du alles dafür, ihn nicht mehr zu verlieren!

Ich konnte mein Image auf unterschiedlichste Arten nutzen. Natürlich vor allem, um meine Gegner einzuschüchtern. Da gab es die bösen Blicke schon vor dem Spiel, ein paar freundliche Gesten beim Warmmachen und die besagten Sprüche. Gleichzeitig wusste ich, dass ich mit einer einzigen Grätsche ein volles Stadion aufrütteln konnte. Wenn das Weserstadion mal wieder von Lethargie befallen wurde, jagte ich meinen Gegenspieler eben bei nächster Gelegenheit über die Seitenlinie – sofort waren 35 000 wieder hellwach und brüllten uns im Idealfall zum Sieg. Als Abwehrspieler sind deine Möglichkeiten diesbezüglich stark eingeschränkt. Läufst du dem Stürmer elegant den Ball ab, weil du schon Sekunden zuvor seinen Laufweg erahnt hast, merkt das kein Mensch. Stehst du geschickt im Raum, blockst einen Steilpass und leitest damit den Gegenangriff ein, gibt es höchstens leisen Szenenapplaus. Aber wenn Uli Borowka Jürgen Klinsmann auf die Socken trat, dann kochte der Kessel!

Man spricht bei Fußballern, die von Jahr zu Jahr besser werden, gerne von der Erfahrung oder Routine, die sich im Laufe eines Fußballerlebens eben ansammelt. Bei mir war es nicht anders. Ich wurde vielleicht nicht schneller, größer oder technisch begabter, aber ich wusste sehr genau, mit welchen Kniffen und Tritten ich die Stürmer aus der Bundesliga an den wunden Punkten treffen konnte. Der eine hasste es, wenn man ihn während des Spiels vollquatschte, den anderen trieb es zur Weißglut, wenn ich ihn am Trikot zog. Nach Jahren in der Liga hatte ich eine Art Karteikästchen in meinem Kopf, wenn ich bestimmte Informationen benötigte, brauchte ich nur im Gedächtnis kramen.

Ich habe nur sehr wenige Spieler erlebt, bei denen meine Methoden nicht fruchteten. Und hatte trotzdem, oder gerade deshalb, meinen Spaß mit ihnen. Ulf Kirsten war so ein Fall. Dem brauchte ich nicht mit bösen Blicken kommen, er schaute einfach noch böser zurück. Und wenn das Spiel begann, war er es, der mir die ersten blauen Flecken verpasste. Trat ich ihn, trat er mich – so ging das 90 Minuten lang. Ein geiles Duell! Das mögen andere masochistisch finden, ich zollte einem solchen Gegenspieler Respekt. Selbst wenn er mir zuvor gezielt in die Knöchel gesprungen war. Ein ähnlicher Giftzwerg war Fritz Walter vom VfB Stuttgart, ein wuseliger Typ, mit allen Abwassern gewaschen, vielleicht der größte Stinkstiefel der Bundesligageschichte. Den so genannten Dirty Talk konnte man mit Fritz voll und ganz durchexerzieren.

Mit George Weah war es noch einmal etwas anderes. Den späteren Weltfußballer, damals noch im Trikot vom AS Monaco, traf ich 1992 im Endspiel um den Europapokal der Pokalsieger. Schon beim Einlaufen musste ich unweigerlich seinen Körper bestaunen: 1,90 Meter groß, 90 Kilo Muskelmasse, Weah platzte vor lauter Kraft fast das Leibchen. Das konnte ja heiter werden. Und das wurde es auch. Bei unseren Zweikämpfen kam ich mir vor, als würde ich gegen einen

Wandschrank rennen. Weah war definitiv der stärkste Fußballer, gegen den ich jemals gespielt habe. Das zeigte sich besonders in einer Szene: Mit gestreckten Beinen flog ich auf Weah zu, verpasste den Ball und rammte meine Stollen in seinen Oberschenkel. Weah schüttelte sich kurz, sah an mir vorbei und stand wieder auf. Mit dieser Attacke hätte ich normalerweise die Bäume in unserem Garten fällen können. Doch ihm machte es nichts aus. Schlimmer noch: Als ich wenige Minuten später mein Schuhwerk inspizierte – ich lief etwas unrund –, war doch tatsächlich einer der 16-Millimeter-Plastikstollen abgebrochen! Mein Stollen, an Weahs Oberschenkel zerschellt. Unfassbar. Gegen diese Urgewalt wirkten meine Angriffe geradezu lächerlich. Noch ein paar Mal zog ich ihm bei Eckbällen meinen Ellenbogen ins Gesicht, doch nie eine Reaktion. Ich war froh, als dieses Spiel endlich beendet war.

Stürmer erinnern sich an ihre Tore. Mittelfeldspieler an schöne Pässe. Torhüter an Glanzparaden. Ich erinnere mich vor allem an Zweikämpfe. An 90-minütige Eins-gegen-eins-Situationen. An Grätschen über feuchten Rasen, an die blauen Flecken auf den Schienbeinen.

Woran liegt das?

Heute weiß ich es. Ich war ein Süchtiger. Süchtig nach dem nächsten Kick, den mir ein gewonnener Zweikampf brachte. Süchtig nach dem Gefühl, von 50000 gegnerischen Fans gehasst zu werden, weil alle wussten, dass ich ihrem Superstar das Leben schwer machen würde. Deshalb lief ich bei Auswärtsspielen in Dortmund immer als Letzter ein, deshalb machte es mir nichts aus, wenn auf dem Betzenberg Dutzende Bierbecher nach mir geworfen wurden: Um den Hass eines ganzen Stadions zu genießen. Das klingt pervers? Ist es auch, aber ich, Fußballspieler und Adrenalinjunkie, sog die Energie, natürlich auch die positive, wie ein Schwamm in mich auf. Die Emotionen machten mich stärker, schneller, härter. Ich spielte Fußball mit dem Wissen: Wenn ich einen Zweikampf verliere, wenn mein Gegner besser ist als ich, kassieren wir wahrscheinlich ein Gegentor, verlieren wir vielleicht. Man muss sich als Fußballer nicht zwingend einen solchen Druck aufschultern, aber ich tat es aus Überzeugung. Es ist kein Wunder, dass einer meiner besten Freunde in Bremen Oliver Reck wurde. Als Torhüter hatte Olli noch mehr Verantwortung zu tragen. Kleinste Fehler entscheiden bei Torhütern über Sieg und Niederlage. Lass einen Torwart in 85 Minuten zehn Glanzparaden machen, wenn er in der 90. Minute den Ball durch seine Hände rutschen lässt, ist er der Idiot, wird er zum »Pannen-Olli« gekürt. Man muss mental schon so stark sein wie Oliver Reck, um sich von einem so ungerechten Image nicht fertigmachen zu lassen. Mich sollte niemand »Pannen-Uli« rufen. Mich sollte man feiern, fürchten und respektieren. Dafür tat ich auf dem Platz alles. Und wenn die Droge Fußball wieder wirkte, hatte ich mein Ziel erreicht. Dann war der Junkie für einen kurzen Moment ganz mit sich im Reinen.

Doch das Leben eines Junkies ist nie gesund. Egal, ob die Droge Fußball, Arbeit, Ruhm, Alkohol oder Heroin heißt. Die Abhängigkeit kommt schleichend, und dann frisst sie dich genüsslich auf. Im Laufe der Jahre wollte ich immer mehr von diesen rauschähnlichen Zuständen erleben, die mir der Fußball geben konnte. Also formte ich meinen Körper zu einer echten Waffe und setzte diese Waffe auch ein.

Kein Mensch kommt mit so einer Einstellung unbeschadet über die Runden. Ich natürlich auch nicht.

Wie eine Kerze, die von beiden Seiten angezündet wird, brannte ich nach und nach herunter. Wenn man es nicht schafft, für so einen Job den richtigen Ausgleich zu finden, sind persönliche Probleme unausweichlich. Ich hatte zwar meine Frau und zwei wunderbare Kinder, doch als es in unserer Ehe zu Beginn der neunziger Jahre immer heftiger kriselte, wurde auch das Familienleben zu einer heftigen Herausforderung, der ich schließlich nicht gewachsen war. Weil ich immer volle Pulle geben wollte – auf und neben dem Platz – glitt mir mein Leben immer weiter aus den Händen. Die Droge Fußball reichte nicht mehr, um die täglichen Herausforderungen auszugleichen. Der Alkohol, schon in den achtziger Jahren mein stiller Begleiter, wurde

Anfang der Neunziger zum Strohhalm, an den ich mich klammerte. Wenn ich mir einen ansoff, lösten sich die Probleme, der Druck, der Stress, plötzlich sanft und leise auf. Eine Droge ersetzte die andere. So wurde ich zum Trinker und der Alkohol meine Medizin. Herbert Grönemeyer hat schon recht: Alkohol ist dein Sanitäter in der Not. Aber wenn du den Sanitäter tagtäglich in Anspruch nimmst, dann sind es keine Beulen und Schrammen, die behandelt werden müssen. Dann bist du schwer krank.

Heute weiß ich es: Ich war zu schwach, um mich all den Problemen im Alltag nüchtern zu stellen. Ich war nicht stark genug, um mir einzugestehen, dass mein selbst erbautes Image zu einem selbstzerstörerischen Image verkommen war. Jeder Zweikampf, jeder Gedanke an den nächsten Sieg, jeder Streit mit meiner Frau trieb mich mehr in die Sauferei. Eine fatale Spirale. Dem Spagat zwischen einem Leben als Fußballprofi und Privatmann war ich bald nicht mehr gewachsen. Als die achtziger Jahre zu Ende gingen, hatte sich mein Leben bereits in eine andere Richtung gedreht. Aber das konnte zu diesem Zeitpunkt niemand erkennen.

Am allerwenigsten ich selbst.

TAGESBERICHT, Fachklinik Fredeburg

15. bis 16. April 2000

Am Wochenende habe ich mich mit den Fragen von Frau Kirmes und mit mir beschäftigt. Ich bin sehr erstaunt, auf was ich alles gestoßen bin. Mit Gefühlen kann ich inzwischen doch ganz gut umgehen und diese zeigen. Das Gleiche gilt für Ärger und Enttäuschung. Für mich waren das ja bislang immer Fremdwörter, weil ein Uli Borowka doch keine Gefühle zeigen darf. Das hätte doch meinen Stolz verletzt bzw. meine Schwäche aufgedeckt. Das hätte ja schlecht für mich ausgehen können. Der harte und robuste Kerl auf dem Platz und dann auf einmal Gefühle und Schwäche zeigen – nein, das ging nicht. Jetzt bin ich endlich dazu in der Lage.

17. April 2000

Heute habe ich mit meiner Frau wegen dem Angehörigenseminar telefoniert. Ich war sehr überrascht, dass sie direkt zusagte, aber vorher noch mit Frau Kirmes sprechen will. Ich glaube, dass so ein Gespräch auch meiner Frau weiterhelfen könnte. Mich haben die Therapie und die vielen Gespräche in der Gruppe schon sehr nach vorne gebracht. Ich wollte immer mit dem Kopf durch die Wand, auch wenn es von vornherein schon sinnlos war. Wenn ich mir jetzt Ziele setze, dann nehme ich auch einen Umweg in Kauf. Ich muss oft an einen Spruch von Otto Rehhagel denken: Wut und Hass sind schlechte Ratgeber.

25. April 2000

Noch einmal dazu, dass meine Frau nun doch nicht kommt: Ich mache die Therapie für mich und denke auch, dass das gut ist. Aber ich habe mich wahnsinnig über meine Kinder gefreut und habe den beiden das auch gesagt.

26. April 2000

Ich weiß nicht mehr, was ich sagen soll zu den Themen und Gruppenstunden. Ich spreche Themen an und zwei Mann sagen etwas. Mir kommt die Galle hoch, wenn ich hier eine Therapie machen will und der Rest guckt gelangweilt zu. Die klauen mir meine Therapiezeit und die meisten denken wahrscheinlich, dass sie gar keine Alkoholiker sind. Uwe habe ich angesprochen, weil ich dachte, dass er was zu sagen hätte. Scheiße, der hatte gar nichts zu sagen, der macht hier irgendetwas, aber keine Therapie! Genauso Ingo. Das geht mir auf die Nerven und macht mich wütend. Ich habe jetzt alles versucht, um Antworten zu bekommen, habe auch die anderen böse attackiert. Aber keine Rückmeldung. Ich finde keine Worte mehr und verliere auch so langsam die Lust, weil ich nur gebe und mir selber nichts aus den Gesprächen holen kann. Im Moment ist die Gruppe ein Scheißhaufen. Im Moment trete ich auf der Stelle.

MARADONA UND DAS RAMAZOTTI-BÄUERCHEN

Die Nachricht elektrisierte ganz Bremen: Maradona! Maradonas SSC Neapel im Achtelfinale des UEFA-Cups 1989/90 gegen Werder Bremen! In den Wochen vor dem Spiel war ich ein äußerst gefragter Mann, schließlich war mein (erfolgreiches) Duell mit dem besten Fußballer der Welt gerade einmal eineinhalb Jahre her. Damals hatte ich Diego mit der Nationalmannschaft gegenübergestanden. Jetzt also mit Werder. Auf ein Neues. Bevor wir am 22. November 1989 zum Hinspiel nach Neapel flogen, streichelte ich noch einmal meine Maradona-Trophäe, das blau-weiß gestreifte Trikot der argentinischen Nationalmannschaft.

Ich glaube nicht, dass sich Maradona noch an einen gewissen Uli Borowka erinnerte, eher nicht, aber das tat auch nicht viel zur Sache, denn für das Auswärtsspiel in Neapel hatte sich Rehhagel, typisch für ihn, etwas Neues einfallen lassen. Ich blieb auf meinem angestammten Platz in der Innenverteidigung und sollte mich um Neapels Mittelstürmer Carnevale kümmern, während unser Routinier Mirko Votava die Bewachung des Weltstars übernahm. Wie sich herausstellte, eine sehr gute Idee, doch das alleine war es nicht, was uns schließlich den Erfolg brachte. Die Italiener begingen den größten Fehler, den sich Klassemannschaften erlauben können: Sie waren überheblich wie neureiche Schnösel, die sich vor lauter Arroganz eine Niederlage nicht mal mehr vorstellen können. So eine Einstellung hat noch keinem Fußballspieler der Welt gutgetan. Woran ich diese Überheblichkeit der Neapolitaner festmache? Nun, als wir vor dem Spiel aus den Kabinen kamen und einen kleinen Parkplatz überquerten, um von dort den Spielertunnel und den Rasen im San Paolo zu betreten, durften wir ein seltsames Schauspiel beobachten. Auf dem Parkplatz standen Maradona und sein brasilianischer Kumpel Alemao und grinsten zu uns herüber. Betont lässig jonglierten sie den Ball über die Luxuskarossen. In Badelatschen. Fußballtennis auf dem Parkplatz als Aufwärmübung vor dem Achtelfinale des UEFA-Cups! Nochmals vielen Dank in Richtung Neapel, besser kann man einen Gegner nicht motivieren.

Entsprechend aggressiv legten wir los. Unsere Tore kamen unerwartet wie Wespenstiche, schon nach 46 Minuten führten wir mit 2:0 beim selbsternannten Topfavoriten. Jetzt wurde auch den Superstars bewusst, was sich hier abspielte: Die komplette zweite Halbzeit lang rannten sie auf unser Tor an. In der Verteidigung mussten wir Schwerstarbeit verrichten und waren am Ende froh, dass den Italienern nur zwei Tore gelangen. Ein Unentschieden, damit konnten wir immer noch sehr gut leben. Wenige Sekunden vor dem Abpfiff fuhren wir einen letzten Angriff. Ein letztes Mal wurde Wynton Rufer auf die Reise geschickt. »Entlastungsangriff« nennt man das im Fußballjargon. Doch was machte Wynton? Schoss einfach das 3:2! Der Schiedsrichter pfiff das Spiel ab. Das vielleicht schwerste Auswärtsspiel der Saison hatten wir tatsächlich gewonnen. Während wir uns abklatschten, schielte ich zu Maradona und seinen Mitspielern. Hatten wir ihren Willen, ihre Überheblichkeit gebrochen? Nein. Ich blickte in lediglich leicht verdutzte Gesichter, die mir sagten: Verloren? Na und, dann fahren wir eben zum Rückspiel in das Land, wo diese Typen herkommen, und machen dort das Viertelfinale klar. Wird so schwer schon nicht sein.

Wer es mit Werder Bremen hält, wird wissen, wie fatal diese Einschätzung letztlich war. In einem proppevollen Weserstadion, ausgeleuchtet mit Flutlicht und eingehüllt in feinstes Bremer Schmuddelwetter, katapultierten wir den ruhmreichen SSC Neapel mit 5:1 aus dem Wettbewerb. Dieses Spiel hatte alles, was Werder damals in entscheidenden Spielen ausmachte: Eine knüppelharte Abwehr, die alles über die Mittellinie trat, was nicht bei drei aus der eigenen Hälfte verschwunden war. Ein Mittelfeld, das sich nicht an den eigenen Künsten ergötzte, sondern schnell und effektiv die Bälle verteilte. Und schließlich Stürmer, die ihrem Auftrag – Tore schießen – auch gerecht wurden. Statt Votava hatte es Maradona nun wieder mit mir, seinem alten Kumpel Uli, zu tun. Wie schon 1988 in Berlin schmiss ich mich mit Wonne in jeden Zweikampf und bescherte Diego einen sehr unangenehmen Abend. Mit blauen Flecken auf dem Körper, Schrammen, die unter dem Duschwasser auf der Haut brennen, und einem nur langsam sinkenden Adrenalinspiegel im Körper, hockte ich nach diesem Spiel in der Kabine. Das sind Gefühle, wo du nicht beschreiben kannst, hat ein Kollege von mir mal gesagt. Stimmt. Das braucht man auch gar nicht. Jeder Kontaktsportler wird dieses Gefühl kennen. Ganz egal, ob der Gegner Diego Maradona oder Mensch Meier heißt. Das rauschhafte Glücksgefühl kennt keinen Unterschied zwischen Kreisklasse und UEFA-Cup.

Mit dem Selbstvertrauen aus den Spielen gegen Neapel im Rücken räumten wir im Viertelfinale Standard Lüttich aus dem Weg und trafen nun erneut auf einen Vertreter aus Italien. Die Seria A hatte Anfang der neunziger Jahre noch den Ruf, die beste Liga der Welt zu sein, und unser Halbfinal-Gegner, der AC Florenz, bewies uns auch warum. In zwei Spielen reichte den Italienern ein einziges Tor, um uns auszuschalten. Zweimal 90 Minuten lang blockierte Florenz so geschickt den eigenen Strafraum, stellten wir uns so ungeschickt an, dass der UEFA-Cup einmal mehr nur ein Traum blieb.

Zu Hause mussten sich unsere Fans mit einem laschen 1:1 zufrieden geben, den einzigen Bremer Treffer schoss passend zu unserem Auftritt der Italiener Landucci in der 90. Minute per Eigentor. Im Rückspiel sollten wir dann zunächst eine Einführung in das kleine Einmaleins der schmutzigen Europapokal-Tricks bekommen. Als wir uns eine gute halbe Stunde vor dem Spiel wie gewohnt auf dem Rasen warm machen wollten, wurde uns der Zugang aufs Spielfeld einfach verweigert. Man wolle, so die fadenscheinige Begründung, die Zuschauer nicht unnötig anstacheln. Was für ein Mist war das denn? Notgedrungen zogen wir auf den Busparkplatz vor dem Stadion um, auf Teer und Asphalt versuchten wir ein halbwegs vernünftiges Aufwärmprogramm durchzuziehen, was natürlich äußerst schwierig war. Aller Einspruch unserer Funktionäre bei den italienischen Offiziellen half nichts. Endlich begann das Spiel. Rasen statt Parkplatz, das gefiel uns schon besser.

Es nieselte leicht, das Spielfeld war rutschig. Bei solchen Witterungsverhältnissen graben sich die langen Stollen in den Boden, jeder Schritt kostet noch mehr Kraft. Ob es daran lag, dass ich mir nach einem gewonnenen Zweikampf den Ball im Mittelfeld zu weit vorlegte? Oder doch an meinen begrenzten technischen Fertigkeiten? Jedenfalls tauchte kurz hinter der Mittellinie plötzlich Fiorentinas Abwehrmann Celeste Pin vor mir auf. Der Ball lag nun zwischen mir und ihm. Beide rannten wir mit vollem Tempo aufeinander zu. Nur noch wenige Meter. Gleichzeitig setzten wir zur Grätsche an. Wie in Trance flog ich mit gestreckten Beinen, die Alustollen voran, auf meinen Gegner zu. Jetzt gab es nur noch ihn oder mich. Einer würde dran glauben müssen.

Stollen krachten auf Knochen, Leder auf Haut, Körper auf Körper. Ein furchtbarer Zweikampf, vielleicht die schlimmste Szene meiner Karriere. Wie war ich da nur reingeraten? Der Eisenfuß, die Axt, in einem Showdown wie ein Cowboy im Wilden Westen.

Stille.

Irgendeinen von uns hatte es übel erwischt. Ich wusste nur noch nicht, wen. Ich tastete meine Beine ab. Stand auf. Schüttelte mich und wusste: Du hast noch einmal Glück gehabt. Nicht so Pin. Schreiend vor Schmerzen lag er noch immer auf dem Boden, sein rechtes

Bein war merkwürdig verdreht. Immer noch schreiend wurde Pin vom Platz getragen. Später erfuhr ich, wie schwer die Verletzung tatsächlich war: Unterhalb seines Knies war so ziemlich alles zerstört. Er brauchte 18 Monate, um wieder Fußball spielen zu können. Eine Tragödie, die ich nicht gewollt hatte. Trotz aller Härte und Brutalität. Ich schickte Pin Blumen ans Krankenbett und hörte nie wieder etwas von ihm. Angeblich soll er die Blumen nicht angenommen haben. Ich kann es ihm nicht verübeln.

Nach der Aktion mit Pin war ich bei den italienischen Fans natürlich unten durch. Wenn ich am Ball war, kreischte das ganze Stadion vor Hass, kam ich in die Nähe der Seitenlinie, wurde ich mit Feuerzeugen, Münzen und Steinen beworfen. »Uli, willst du raus?«, fragte mich Otto Rehhagel in der Pause. »Geht schon, ich mach weiter«, antwortete ich. An dem Ergebnis konnte ich allerdings auch nichts mehr ändern – durch ein 0:0 schieden wir wieder einmal vorzeitig aus dem europäischen Wettbewerb aus.

Wir waren raus, der Traum vom Titel war ausgeträumt. Wir beseitigten den Kummer über die Niederlage auf Bremer Art. Im Mannschaftsbus wartete eine Zwei-Liter-Flasche Ramazotti auf willige Abnehmer, und fast jeder griff zu. Gemeinsam mit Jonny Otten, meinem Sitznachbarn, leerte ich den letzten Rest im Alleingang. Eine Schlagzahl, die zumindest Jonny nicht wirklich gut bekam. Kaum war die Flasche geleert, zeigte er sichtbare Anzeichen für ein gefährliches Ramazotti-Bäuerchen. Jede Hilfe kam zu spät: Mit einem satten Schwall erbrach sich Jonny über den Vordersitz und unseren bedauernswerten Vize-Präsidenten, der nun wie von der Tarantel gestochen mit vollgekotztem Jackett durch den Bus tobte. »Halt den Bus an, halt endlich den Bus an«, schrie er unseren Fahrer an. Der gehorchte, der Vize packte Jonny und schmiss ihn aus dem Bus! Was für ein herrliches Schauspiel! Erst das Eingreifen Otto Rehhagels, er wolle keinen seiner Spieler in Florenz zurücklassen, verschaffte Jonny wieder eine Mitfahrgelegenheit. Es stank nach Niederlage und Erbrochenem, als wir den Flughafen erreichten.

TAGESBERICHT, Fachklinik Fredeburg

27. April 2000
Ich mache mir im Moment meine Gedanken über die vielen Abbrüche und Rückfälle. Einerseits sage ich mir, dass mich das nichts angeht, andererseits mache ich mir meine Gedanken, warum es so viele Rückfälle gibt. Ich muss auf mich schauen und meine Therapie machen, alles andere zählt im Moment nicht. Ich werde versuchen, mich weiter einzubringen, aber im Moment vielleicht ein bisschen ruhiger zu sein. Wenn es denn geht und ich mich nicht über jeden Mist aufrege.

VATER AUS DER FERNE

Der erste Tiefschlag meiner Ehe

Saison 1990/91, der 28. September 1990, achter Spieltag, 52. Minute. Werder Bremen gegen Bayern München. Das Tor meines Lebens! Eckball für uns, ein Abpraller. Ich sehe den Ball noch auf mich zufliegen. Langsam, fast in der Luft schwebend, fällt er mir auf den rechten Fuß. Ich stehe zentral 35 Meter vor dem Tor der Bayern und ziehe voll durch. Ich spüre die Vibration in meinem Bein, das Klatschen des Balles auf meinem Spann hallt in den Ohren nach – ein perfekter Volleyschuss. Raimond Aumann hat keine Chance. Der Ball fliegt wie ferngesteuert unter die Latte ins Netz. 1:0 für uns! 38 Minuten später ist das Spiel vorbei, die Bayern sind geschlagen. Nach 23 Spielen ohne Niederlage.

Es gibt Spiele, die den Verlauf einer ganzen Saison entscheiden. Dieser Sieg gegen den FC Bayern war so ein Spiel. Wir waren schlecht in die neue Saison gestartet und standen auf Platz neun, als die Münchner im Weserstadion auftauchten. Eine Niederlage gegen den Erzrivalen und die Spielzeit wäre schon vorzeitig gelaufen gewesen. Doch der Profifußball ist ein sensibles Gebilde. Deshalb trifft Mario Gomez mal wie er will und vergeigt nur Wochen später jede Chance. Deshalb kann ein Sieg gegen die großen Bayern, dank eines sensationellen Tores von einem Spieler, der sonst mit dem Toreschießen nichts am Hut hat, eine ganze Saison retten. Fünf Spieltage später führten wir die Tabelle an, am Ende schafften wir Platz drei. Mission erfolgreich abgeschlossen. Mein Volleytreffer wurde zum »Tor des Monats« gewählt, beinahe hätte ich die Plakette für das »Tor des Jahres« erhalten – wäre da nicht der herrliche Sololauf von Lothar Matthäus bei der WM gegen Jugoslawien gewesen.

Der Treffer gegen München zeigte seine Wirkung auch in einem anderen Wettbewerb. Zum dritten Mal nacheinander schafften wir es ins DFB-Pokalfinale, in Berlin trafen wir auf den 1. FC Köln. Ich würde lügen, wenn ich behaupten würde, dass die Endspielpleiten von 1989 und 1990 in den Tagen vor dem Finale kein Thema gewesen wären. Natürlich dachte ich an diese Spiele. Nicht auszudenken, was passierte, wenn wir auch die dritte Chance auf den Pokal vergeben würden. Auf ewig wären unsere Namen in den Köpfen der Fußballfans eingebrannt: Als die Pokaltrottel von Bremen. Das durfte, das konnte, das sollte nicht sein! So sah es auch die Presse: »Dreimal ist Bremer Recht«, lautete der Schlachtruf von Berlin. Doch als ich mit meinen Kollegen am 22. Juni 1991 ins vollbesetzte Olympiastadion marschierte, versengte die Gluthitze alle Gedanken an eine mögliche historische Eselei.

Schon bei der Nationalhymne schwitzte ich wie ein Finne. Es war unglaublich heiß. Doch was sollte ich machen? Nach Hause rennen und mich unter den Sonnenschirm legen? Das hier war ein Finale. Und diesmal wollte ich den verdammten Pokal endlich in meinen Händen halten!

Die 48. Minute. Freistoß für uns, mehr als 40 Meter vor dem Tor. Ich legte mir den Ball zurecht und knallte einfach drauf. Ein Himmelfahrtskommando von einem Freistoß! Schon an der Strafraumgrenze hielt ein Kölner Bein den Schuss auf, Klaus Allofs reagierte am schnellsten und legte den Ball für Dieter Eilts ab. Unser »Ostfriesen-Alemao« lässt sich nicht lumpen und haut den Ball ins Tor! 1:0 für Werder. Und der goldene Pott war plötzlich ganz nah.

So einfach kamen wir nicht davon, nur 14 Minuten später erzielte Kölns Maurice »Mucki« Banach mit einem artistischen Seitfallzieher den Ausgleich. Und weil selbst in der Verlängerung kein Tor mehr fallen wollte, mussten wir ins Elfmeterschießen.

Mittlerweile hatte es angefangen zu regnen. Für mich eine willkommene Abwechslung, doch die ersten beiden Schützen hätten sicherlich gerne auf die Flut von oben verzichtet. Kölns Andrzej Rudy trat als Erster an den Punkt, traf den Ball nicht richtig – und schoss daneben. Ich stand an der Mittellinie und sah Klaus Allofs nach vorne gehen, ihn hatte Rehhagel als unseren ersten Schützen ausgeguckt. Dass Klaus überhaupt hier war, lag einzig und allein an Otto. Klaus war erst seit Beginn dieser Saison in Bremen, doch kurz bevor er seinen Vertrag unterschreiben sollte, hatte unser Arzt Dr. Meschede sein Veto eingelegt. Der Neuling, so der Doktor damals, sei sportuntauglich, das Knie irreparabel geschädigt. Doch Otto hatte davon nichts wissen wollen, quasi im Alleingang hatte er die Verpflichtung von Klaus Allofs durchgedrückt.

Nun konnte Klaus dem Trainer seinen Dank abstatten, er brauchte nur den Ball an Bodo Illgner vorbei ins Tor zu legen. Doch der Regen! Beim Schuss rutschte der erfahrene Stürmer aus, fiel auf den Hosenboden und Illgner parierte. Es musste schon eine Glanzparade von Oliver Reck gegen Pierre Littbarski sein, um uns wieder ins Spiel zu bringen. Kölns Falko Götz traf zum 4:4 und jetzt hatte der nächste Bremer Schütze die Chance, das Spiel zu entscheiden. Der Schütze, das war ich.

Ich nahm mir den Ball. Ging los. Vom Mittelkreis bis zum Elfmeterpunkt. Ich legte ihn mir zurecht. Ich nahm Anlauf. Zwei Meter, drei Meter, vier Meter. Wo wollte ich denn hin? Der Pfiff vom Schiedsrichter. Wohin sollte ich schießen? Und vor allem wie? Was passierte eigentlich, wenn ich den Ball jetzt nicht versenken … schon lief ich an, den Blick starr auf den Ball gerichtet. Der Regen, der Ausrutscher von Klaus – ich würde mit der Innenseite schießen, die einfache Variante! Ja! Tor! Der Ball lag tatsächlich im Tor! Wohin mit mir? Meine

Beine taten einfach, was sie wollten, ließen mich über die Bande hüpfen und von dort eine halbe Ehrenrunde drehen, kopfüber stürzte ich mich in unseren Fanblock und verschwand in der kollektiven Glückseligkeit. Ich hatte Werder Bremen zum DFB-Pokalsieg geschossen, ich war der König der Welt!

Keine Ahnung, wann ich wieder auftauchte und wer mir die hübsche Mütze geschenkt hatte, die ich bei der Siegerehrung trug. Jetzt war eh alles egal, das ganze Stadion flippte komplett aus und auch bei uns brachen alle Dämme. Arm in Arm hüpften wir in die Kabinen, da nahm mich unser Mannschaftsarzt zur Seite: Man hatte mich als Bremer Kandidaten für die obligatorische Dopingkontrolle ausgelost! Schöner Mist, die Party musste vorerst ohne mich auskommen. Und dann saß ich da. Vollgepumpt mit Adrenalin, verschwitzt und ausgelaugt von mehr als 120 Minuten Pokalendspiel. Wie soll man in so einem Moment pinkeln können? Die Ärzte und Kontrolleure reichten mir ein Bier, um den Harndrang in Gang zu setzen. Und noch eins. Und noch eins. Unter der Aufsicht von Medizinern schüttete ich zehn Flaschen Bier in mich rein, bis sich meine Blase endlich entschloss, dem kuriosen Treiben ein Ende zu bereiten. Wenn es nicht so traurig wäre, könnte man heute darüber lachen: Ein zu diesem Zeitpunkt bereits psychisch abhängiger Alkoholiker wird unter ärztlicher Aufsicht gnadenlos abgefüllt!

Leicht angeschossen torkelte ich endlich mit unserem Doktor davon, singend zog ich in die Kabine ein – und blickte in einen leeren Raum. Die Kerle waren einfach schon ohne mich abgehauen! Nach einer schnellen und einsamen Dusche suchte ich mit Dr. Meschede den Mannschaftsbus, doch auch der war längst abgefahren. Sogar die Stadiontore waren bereits abgeschlossen worden. Mühsam überkletterten wir das Hindernis und streckten den Daumen raus. Ein freundlicher Berliner fuhr uns in seinem Wagen zum Mannschaftshotel, wo bereits die Hölle los war. Unter dem Brüllen und Gejohle von frisch gebackenen Pokalsiegern komplettierten wir die Partyrunde. So ein Tag, so wunderschön.

Die historische Pleite mal drei hatten wir damit verhindert und uns die Saison 1990/91 versüßt. Zwei Titel in vier Jahren – meine Bilanz in Bremen konnte sich sehen lassen. Und nicht nur das: Mittlerweile war die Familie Borowka weiter angewachsen. Doch die Geburt meines Sohnes Tomek sorgte auch dafür, dass die Ehe zwischen Carmen und mir einen weiteren großen Riss bekam.

Anfang September war Carmen hochschwanger. Wie schon Irina, hatte sich offenbar auch mein zweites Kind vorgenommen, an einem Spieltag zur Welt zu kommen. Der Geburtstermin von Tomek war für das Wochenende um den 8. September 1990 ausgerechnet worden, an diesem Tag sollten wir mit Werder auswärts in Frankfurt antreten. In der Woche vor dem Spiel lief ich wie auf heißen Kohlen durch die Trainingseinheiten. Mit nur vier Punkten aus vier Spielen waren wir eher mau in die Saison gestartet, ich wusste, dass mich mein Trainer gegen die starken Frankfurter dringend benötigte. Doch wenige Tage vor dem Spiel fasste ich mir ein Herz und nahm Otto Rehhagel zur Seite. »Trainer«, fragte ich, »brauchen Sie mich in Frankfurt? Meine Frau bekommt ein Kind.« Rehhagel ließ sich nicht darauf ein: »Uli, ich brauche Sie sogar dringend!« Was also sollte ich machen? Einfach nicht mit nach Frankfurt fliegen und einen Vertragsbruch riskieren? Schließlich befand ich mich in einem klaren Angestelltenverhältnis, als Profifußballer sogar noch mehr, als jeder andere Arbeitnehmer. Sollte ich etwa wieder ein Verletzung vortäuschen? Das wollte ich unter allen Umständen vermeiden. Schweren Herzens teilte ich Carmen meine Entscheidung mit. Wie ihre Reaktion ausfiel, kann sich jeder Leser vorstellen. Einer hochschwangeren Frau ist es schließlich herzlich egal, ob der Verein des eigenen Mannes ein schweres Auswärtsspiel zu bestreiten hat. Ich schaltete auf Durchzug und setzte mich am Freitag, den 7. September, schlechten Gewissens mit meiner Mannschaft ins Flugzeug, das uns nach Frankfurt bringen sollte.

Diese Entscheidung werden viele Menschen nicht verstehen können. Die meisten Fußballprofis aber ganz sicher. Als Fußballspieler bist du nicht nur mit deiner Frau verheiratet, sondern in gewisser

Art und Weise auch mit deinem Verein. Fußballspieler sind mehr als reine Arbeitnehmer, wer sich mit seinem Verein identifiziert – und das setze ich bei jedem anständigen Profi voraus – der ist von einer ehelichen Verbindung tatsächlich nicht so weit entfernt, wie man vielleicht denken würde. Doch ich war und bin kein Bigamist, ich konnte (und kann) mich auch nicht zweiteilen. Ich musste eine Entscheidung treffen, und im Gegensatz zur verpassten Teilnahme an den Olympischen Spielen 1988 entschied ich mich diesmal für den Fußball. Wenn mir Rehhagel gesagt hätte: »Uli, ich kann dich verstehen, bleib zu Hause bei deiner Familie«, dann hätte ich nichts lieber als genau das getan. Doch er hatte mich in die Pflicht genommen, und die wollte ich nun erfüllen. Vielleicht, so hoffte ich, würde sich mein Sohn ja etwas Zeit lassen und erst am Sonntag zur Welt kommen. Dann wäre die ganze Aufregung umsonst gewesen.

Am Samstag um 5 Uhr morgens klingelte das Telefon in meinem Wiesbadener Hotelzimmer. Am anderen Ende der Leitung meldete sich die Hebamme meiner Frau: »Herr Borowka, ihre Frau ist bereits eingeliefert worden, es geht los.« Und nun? Was sollte ich tun? Selbst wenn ich direkt nach dem Anruf in ein Taxi gesprungen und sofort nach Bremen gefahren wäre, hätte ich mindestens fünf Stunden für den Rückweg benötigt. Ein Flieger war zu diesem Zeitpunkt auch nicht auf die Schnelle zu bekommen. Keine Chance, ich saß in Frankfurt fest, während gut 450 Kilometer entfernt meine Frau kurz davor war, unser zweites Kind zur Welt zu bringen! Ich stand auf, zog mich an, setzte mich in die Hotellobby und ließ mir einen Kaffee bringen. Noch mehrmals rief die Hebamme an: »Ihre Frau will unbedingt, dass sie kommen!« Natürlich wollte sie das, aber ich konnte ja nicht zaubern! Zweieinhalb Stunden lang saß ich vor meinem Kaffee und dachte daran, dass ich jetzt eigentlich am Bett meiner Frau sitzen sollte und nicht in einem Hotel in Wiesbaden. Dann klingelte schon wieder das Telefon. Die Hebamme. »Herzlichen Glückwunsch, Herr Borowka. Ihr Sohn ist wohlauf!« Ich bekam eine Gänsehaut und fühlte mich trotzdem schlecht. Nach und nach trudelten meine Mitspieler ein, sie schlugen mir fast die Schultern wund, als sie die Neuigkeit erfuhren. Ich war ein zweites Mal Vater geworden!

Otto Rehhagel reagierte auf die Geburt meines Sohnes auf die ihm gemäße Art als Trainer. Als er Stunden später bei der Mannschaftsbesprechung die Aufstellung an die Tafel kritzelte, fehlte mein Name in der ersten Elf. Wollte mich der Trainer auf den Arm nehmen? Nein, das war sein voller Ernst. Fragend schaute ich ihn an. Seine Antwort: »Uli, ich habe mir meine Gedanken gemacht. Sie sind noch viel zu aufgeregt wegen ihres Sohnes, deshalb sitzen Sie auf der Bank.« Meine Bitte, in Bremen bei meiner Frau zu bleiben, hatte mir Rehhagel verwehrt. Und jetzt ließ er mich einfach draußen. Kurz flackerte die aufkommende Wut in meinem Bauch, dann nahm ich es mit Galgenhumor. Wahrscheinlich hatte der Trainer – wie so häufig – sogar recht. Ein Fußballer, der mit seinen Gedanken nicht zu 100 Prozent auf dem Platz ist, kann seine volle Leistung nicht abrufen. Immerhin: Nach 83 Minuten wurde ich für Thomas Wolter eingesetzt, am müden 0:0 konnte ich allerdings auch nichts mehr ändern. Für dieses Ergebnis hatte ich also meine Frau alleine gelassen.

Spät in der Nacht, als wir Bremen wieder erreicht hatten, eilte ich mit einem gigantischen Blumenstrauß im Arm ins Krankenhaus zu meiner Frau. Ein hilfloser Versuch zu retten, was nicht mehr zu retten war. Noch Jahre später machte mir Carmen Vorwürfe, weil ich sie im Stich gelassen hatte, und trieb mich damit zur Weißglut. Ich machte mir selber schwere Vorwürfe. Ausgerechnet die Geburt meines Sohnes Tomek trieb einen Keil in unsere Beziehung, dessen Folgen wir schon bald zu spüren bekommen sollten.

EUROPAPOKAL-SIEGER 1992

Von Thorsten Legat kannte ich bereits ein paar Geschichten aus seiner Zeit als Spieler beim VfL Bochum. Viele von ihnen konnte ich einfach nicht glauben. Das änderte sich erst, als Thorsten vor der Saison 1991/92 als Neuzugang von Werder Bremen vorgestellt wurde. Schon bald war ich es, dem die Storys über Thorsten nicht mehr abgenommen wurden. Dazu später mehr.

Thorsten hatte die besten physischen Voraussetzungen, die ich jemals bei einem deutschen Spieler gesehen habe. Als er das erste Mal in der Kabine seinen Oberkörper frei machte, staunten wir nicht schlecht: Torsten sah aus wie ein Bodybuilder, der in seiner Freizeit Marathon läuft. Kein Fett, nur Muskeln, von den Fußspitzen bis zum Haaransatz durchtrainiert wie ein Zuchtbulle. In den Trainingsspielen zeigte er uns, dass dieser Körper durchaus Fußball spielen konnte. Er war wahnsinnig schnell, mit seiner linken Klebe konnte man Preisboxer k. o. schießen und wenn er zum Kopfball hochstieg, hatte man Mitleid mit seinen Gegenspielern. Kurzum: Der Mann vom VfL Bochum brachte alles mit, was ein erfolgreicher Bundesligaspieler benötigte.

Fast alles. Denn psychisch war Thorsten ebenso labil, wie er körperlich stark war. 60 Minuten lang konnte er ein fantastisches Spiel machen, doch wenn dann fünf Zuschauer pfiffen, weil er eine Flanke hinter das Tor geschlagen hatte, war er plötzlich nicht mehr zu gebrauchen. Dann brach er ein, sein Selbstvertrauen ging in den Keller und zurück blieb ein muskulöses Häufchen Elend. Vielleicht ein Grund dafür, warum dieser tolle Fußballer nie ein Länderspiel gemacht hat.

Dafür war Thorsten immer für ein Späßchen zu haben, wenn auch eher unfreiwillig. Wir Mitspieler bemerkten bald, dass Thorsten in vielen Situationen relativ naiv agierte, also stellten wir ihn einige Male auf die Probe. Nach einem Training schlichen sich Oliver Reck, Günter Hermann und ich davon, bockten Thorstens Wagen auf und schraubten ihm die Reifen ab. Als Thorsten sein Gefährt sah, griff er sofort zum Telefon und rief die Polizei: »Jemand hat mir meine Reifen gestohlen!« Wir hockten derweil hinter einer Mauer und lachten uns schlapp. Auch eine andere Anekdote ist zu schön, um sie nicht zu erzählen. Da tauchte Thorsten beim Training auf, griff sich nach wenigen Minuten mit schmerzverzerrten Gesicht ans Knie und stellte gleich selbst die Diagnose: »Scheiße, Meniskus ist kaputt!« Unser Physiotherapeut Holger Berger untersuchte das Gelenk, war sich jedoch unsicher und schickte Thorsten nach Absprache mit einem Spezialisten ins Bremer Ärztehaus, um das Knie genauer untersuchen zu lassen. Thorsten brauste los, betrat das Ärztehaus und setzte sich in den Warteraum. Zwei Stunden später kehrte er wutentbrannt zurück: »Mehr als eineinhalb Stunden habe ich gewartet und nichts ist passiert. Ich lass mich doch nicht verarschen!« Zornig legte sich der angeblich Schwerverletzte ein paar Bälle zurecht und schoss sich den Frust von der Seele. Physio Berger verstand derweil die Welt nicht mehr und klingelte im Ärztehaus durch. Nein, auf Thorsten Legat habe man vergeblich gewartet, der sei nicht da gewesen. Erst später stellte sich heraus, dass sich Torsten einfach im Stockwerk geirrt und in das Wartezimmer der Gynäkologie gesetzt hatte …

So unterhaltsam seine Fehltritte abseits des Platzes waren, so wichtig wurde er schon bald für unsere Mannschaft. Legat und ich wurden zu einem deutschlandweit gefürchteten Verteidiger-Duo. Wir waren in der Lage, gegnerischen Angreifern richtig Probleme zu bereiten. Und doch musste ich Thorsten ab und an Nachhilfestunden geben, um das Image des kernigen Raubeins zu wahren. Wie im Spiel gegen Schalke 04, als Thorsten schon nach wenigen Minuten neben mir auftauchte und mir sein Leid klagte: »Uli, der Luginger hat gesagt, er will mir gleich eine reinhauen!« Gemeint war Jürgen Luginger, ein 1,80 Meter großer Abwehrspieler von nicht gerade furchteinflößender Statur. Ich schaute meinen Kollegen an, 1,85 Meter groß, ein Baum von einem Kerl, das Trikot spannte an jeder Stelle seines Körpers. »Stell dich nicht so an, bau dich vor ihm auf und zeig ihm, wer hier der Boss ist«, empfahl ich ihm. Doch Thorsten war sichtlich eingeschüchtert: »Ne, das kann ich nicht. Kannst du nicht mal rübergehen?« Ich richtete ein paar warme Worte an Luginger, Thorsten konnte sich wieder entspannen. Prompt erzielte er nach 50 Minuten das 2:0, wir gewannen mit 2:1.

Doch auch Legat konnte nicht verhindern, dass wir eine ziemlich schwache Bundesligasaison spielten. Der Deutsche Meister von 1988 beendete die Spielzeit auf Platz neun, die schlechteste Platzierung, seit ich 1987 zum SV Werder gewechselt war. In anderen Vereinen wäre bei solch schlechten Ergebnissen wahrscheinlich die Hölle los gewesen, doch in Bremen zog das Gewitter weitestgehend an uns vorbei. Selbst als die Zuschauer im Weserstadion unruhig wurden und mit »Uwe, Uwe«-Rufen die Verpflichtung des Ex-Bremers Uwe Reinders als Nachfolger für Otto Rehhagel forderten, kam im inneren Kreis der Mannschaft keine Unruhe auf. Otto, der Psychologe, hatte uns Spieler längst zu treuen Gefolgsleuten gemacht. Was er sagte, war Gesetz für uns – selbst wenn wir nur in den mittleren Regionen der Liga rumkrebsten. Otto selbst war in diesen Jahren im Verein mächtiger denn je, eine schlechte Saison konnte ihm nicht viel anhaben. Außerdem hatten wir 1991/92 noch ein ganz anderes Eisen im Feuer. Den Europapokal der Pokalsieger.

Zur Erinnerung: Das entscheidende Tor auf dem Weg nach Europa hatte ja ich im Finale gegen Köln geschossen. Weil Illgners Fingerspitzen meinen Elfmeter knapp verpasst hatten, waren wir nun hier, im Europapokal der Pokalsieger.

Die erste Runde gegen den rumänischen Vertreter vom FC Bacau überstanden wir im Schongang. 6:0, 5:0, Mund abputzen und weiter. Wenige Wochen nach diesem Spiel versammelte sich irgendwo in Bremen an einem Esszimmertisch eine illustre Runde. Gemeinsam mit Manni Bockenfeld, Oliver Reck, Günter Hermann und unseren Frauen machte ich einen waghalsigen Vorschlag. »Wenn wir den Pokal gewinnen, dann schneiden wir uns alle eine Glatze«, rief ich. Die anwesenden Kerle fanden das super, die Frauen schauten besorgt. Aber der Wetteinsatz hatte von nun an Bestand. Für einen Erfolg im Europapokal konnte man schon mal ein paar Haare lassen.

Die Sorgenfalten der Spielerfrauen wurden immer größer, denn auch das Achtelfinale gegen Ferencvaros Budapest konnten wir für uns entscheiden, wenn auch äußerst knapp mit 3:2 und 1:0. Jetzt wartete im Viertelfinale Galatasaray Istanbul auf uns.

Das Hinspiel in Bremen begann katastrophal: Wynton Rufer verletzte sich nach 30 Minuten und musste durch Stefan Kohn ersetzt werden. Nur drei Minuten später erzielte Roman Kosecki das 1:0 für die Türken. Wir ackerten, wir grätschten und rannten, schossen auf das Tor von Hayrettin. Doch es dauerte bis zur 79. Minute, ehe dem Rufer-Ersatz Kohn das 1:1 gelang. Und fünf Minuten vor dem Abpfiff war es Marinus Bester, der das Tor zum 2:1-Endstand schoss. Kohn und Bester, beide waren von Otto Rehhagel eingewechselt worden. Für den Moment hatten Ottos Kritiker keine Argumente mehr.

Zwei Wochen später in Istanbul. Mit unseren Frauen an Bord flogen wir aus dem sonnigen Bremen ins verschneite Istanbul. Es war Mitte März und in der Türkei schneite es wie in Oberbayern. Damit hatte niemand gerechnet, schon gar nicht unsere Frauen, die sich für den Europapokalabend extra aufgebrezelt hatten und in Stöckelschuhen durch den Schneematsch von Istanbul stolperten. Einen Tag vor dem Spiel versuchten wir uns im Stadion ein paar Bälle zuzuschieben – keine Chance. Der überraschende Schneesturm hatte die Fußballplätze in der türkischen Metropole in eiskalte Sumpflandschaften verwandelt. Bei solchen Verhältnissen konnte kein Europapokalspiel angepfiffen werden. Mit dieser Überzeugung kehrten wir ins Hotel zurück und harrten der Dinge. Stundenlang saßen wir nach dem Abendessen gemeinsam auf unseren Zimmern und spielten Karten, alle halbe Stunde lupfte jemand die Gardinen, Istanbul versank mehr und mehr unter einer Schneedecke.

An ruhigen Schlaf war in dieser Nacht nicht zu denken, denn unsere türkischen Gastgeber zogen alle Register: Mitten in der Nacht klingelte uns der Feueralarm aus dem Schlaf, in Bademänteln versammelten wir uns im Foyer, nur um dann zu erfahren, dass es sich um einen Fehlalarm gehandelt hatte. Und wiederum zwei Stunden später stand ich erneut senkrecht in meinem Bett, irgendjemand hatte eine Glastür auf dem Hotelflur zerschlagen.

Am nächsten Tag das gleiche Bild: Schnee, wohin man nur schaute, der Wintereinbruch hatte Istanbul fest im Griff. Noch immer wollten wir nicht glauben, an diesem Tag ein offizielles Fußballspiel bestreiten zu müssen, doch das Schiedsrichterteam um den Dänen Gitte Nielsen belehrte uns eines Besseren. Obwohl selbst der Unparteiische nach ein paar Schritten bis zu den Knöcheln im vollkommen aufgeweichten Rasen versank, pfiff Nielsen das Spiel an. Was dann folgte, hatte mit Fußball selbstverständlich nicht viel zu tun. Plumpste der Ball in unsere Hälfte, lupften wir ihn aus dem Matsch mit der Fußspitze leicht an und droschen die Pille dann in hohem Bogen wieder nach vorne. An einen vernünftigen Torschuss oder gar einen Doppelpass war nicht zu denken. Noch schlimmer war die Situation für die technisch beschlagenen Türken, deren Stärken bei diesem Wetter praktisch nichts mehr wert waren. Außerdem hatten unsere Gegner einen schweren taktischen Fehler begangen: Gegen die Kälte versuchten sie sich mit langer Unterwäsche zu wappnen, was nur so lange klappte, bis man in voller Montur in eine der großen Pfützen auf dem

Rasen gefallen war. Selbst Kettenhemden dürften angenehmer für ein Fußballspiel sein als mit Wasser vollgesogene Baumwollunterhosen. Wir verzichteten auf lange Beinkleider, froren zwar wie die Schneider, hatten dadurch aber weniger Gewicht zu schleppen. Kurz vor dem Schlusspfiff wurde es dann doch noch einmal gefährlich: Erst schmiss Schiedsrichter Nielsen in der fünften Minute der Nachspielzeit Dieter Eilts vom Platz, dann flog auf einmal der letzte Freistoß des Spiels brandgefährlich vor unser Tor. Roman Kosecki, Galatasarays polnischer Torschütze aus dem Hinspiel, hatte sich bereits in Position gebracht, er spekulierte darauf, dass auch dieser Ball – genau wie in den 96 Minuten zuvor – im Schneematsch liegen bleiben würde. Doch, oh Wunder, dieses eine Mal sprang der Ball ganz normal auf und landete in den Armen von Olli Reck. Dann endlich pfiff Nielsen dieses »Fußballspiel« ab. Das Halbfinale war erreicht.

Jetzt mussten wir nur noch unsere Frauen beruhigen.

Ich hatte bereits während des Spiels mitbekommen, was da auf den Rängen passierte. Statt unsere Angehörigen auf der Haupttribüne unterzubringen, wie es in jedem Stadion der Welt üblich ist, standen unsere Frauen, viel zu leicht bekleidet und in besagten Stöckelschuhen, mitten in der Stehkurve voller Schneematsch. Eine Stunde lang mussten sie es dort aushalten, erst dann führte man sie aus dem Block. Während einer Ecke für Istanbul stand ich am Pfosten und sah die Damen hinter unserem Tor durch den Schnee stapfen, durchgefroren und noch ganz verdattert von dem einstündigen Ausflug in den Fanblock. Erst am Flughafen sahen wir unsere besseren Hälften wieder, auch Carmen war mit dabei. Es dauerte seine Zeit, bis ich meine Frau beruhigt hatte. Endlich hob der Flieger in die Heimat ab.

Das Halbfinale führte uns am 1. April 1992 nach Brügge, der dortige FC machte uns das Leben im Hinspiel richtig schwer. Noch schlimmer als der starke Gegner – der durch ein Tor von Amokachi mit 1:0 gewann – waren allerdings die belgischen Fans. Schon nach wenigen Minuten schmissen ein paar Wahnsinnige Flaschen, Feuerzeuge und Münzen in unseren Strafraum, ein messerscharfer Stein verfehlte Olli

Reck nur um Zentimeter. Der Hass regnete förmlich auf uns herab. Und es wurde noch schlimmer: Ein Irrer aus dem Brügger Fanblock enterte das Spielfeld, um sich auf unseren Torwart zu stürzen. Wie schon so oft waren wir heilfroh, ein Auswärtsspiel im Europapokal relativ unbeschadet überstanden zu haben. Die Rache für den Irrsinn aus der belgischen Kurve wollten wir uns für das Rückspiel aufheben. Und wieder einmal drehte diese Mannschaft ein Spiel im Europapokal, inzwischen waren wir ja auch Spezialisten auf diesem Gebiet. Erst netzte Marco Bode nach einer halben Stunde ein, dann erlöste uns Manni Bockenfeld in der 59. Minute mit einem Schuss aus kurzer Distanz unter die Latte. Manni Bockenfeld! Das 2:0 gegen Brügge war sein erstes und letztes Tor in dieser Saison, den Treffer hatte er sich für den richtigen Moment aufgehoben. Weil Manni dann anschließend mithalf, unseren Kasten sauber zu halten, hatten wir es tatsächlich geschafft: Wir standen im Finale des Europapokals der Pokalsieger!

6. Mai 1992. Der Tag des Endspiels von Lissabon. Unser Gegner, der AS Monaco, wurde von einem Mann trainiert, der noch am Anfang einer großen Trainerkarriere stand: Arsene Wenger. Wenger hatte eine fantastische Mannschaft voller junger Talente zur Verfügung, unter anderem waren die beiden späteren französischen Weltmeister Youri Djorkaeff und Emmanuel Petit mit im Kader. Von den Qualitäten George Weahs habe ich ja bereits ausführlich gesprochen. Dass nur 13000 Zuschauer im Stadion waren? Mir war das vollkommen egal, und wenn nur der Platzwart auf der Tribüne gesessen hätte. Das hier war das erste (und auch letzte) internationale Finale meiner Karriere, vielleicht der größte Tag meiner Laufbahn! Je näher der Anpfiff heranrückte, desto mehr wurde mir das auch bewusst. Mit zitternden Knien zog ich mich in der Kabine um, die historische Bedeutung vernebelte mir so die Sinne, dass ich fast vergaß, mir den Trauerflor über den Arm zu ziehen: Einen Tag zuvor waren 15 Menschen bei einer Stadionkatastrophe in Bastia ums Leben gekommen. Otto Rehhagel schickte uns auf den Rasen zum Warmmachen. Ich vermisste meinen

Kumpel Olli Reck auf dem Platz, kurz vor dem Endspiel hatte er sich an der Schulter verletzt, an diesem Tag musste sein Ersatzmann Jürgen Rollmann die Kohlen aus dem Feuer holen. War Rolli dazu in der Lage? War er, gemeinsam mit uns Abwehrspielern, stark genug, um dem Druck standzuhalten? Meine Knie zitterten noch immer, als wir für eine letzte Besprechung zurück in die Kabinen trabten.

Otto stand an der Tür, die Arme verschränkt. Er sagte nichts, er brauchte auch nichts sagen. Ich schloss die Augen und versuchte mich zu konzentrieren, mich einzig und allein auf dieses Spiel zu fokussieren. Zwei Minuten lang war es mucksmäuschenstill in unserer Kabine. Zwei Minuten absolute Stille in einem Raum voller Fußballspieler. Wie Teilnehmer einer Sekte fühlten wir uns alle irgendwie auf übersinnliche Art und Weise miteinander verbunden. Solch einen Moment der höchsten Konzentration habe ich nur dieses eine Mal in meinem Leben erlebt, an diesem 6. Mai 1992 in den Katakomben des Lissaboner »Stadion des Lichts«. Der Pfiff des Schiedsrichters beendete diesen magischen Augenblick. Die Show begann.

Heute nahezu ausgestorben, aber damals ziemlich in Mode war folgende Anstoßvariante: Der Ball wird vom Mittelkreis nach hinten geschoben, dort steht der Spieler mit dem härtesten Schuss und bolzt den Ball nach vorne, um damit den ersten Angriff des Spiels »einzuleiten«. Auch diesmal wählten wir diese schnelle Version des kick and rush. Und wer bekam den ersten Ball? Natürlich, der Kerl mit den zitternden Knien! Ich zog voll durch und trat den Ball in den Körper meines Gegenspielers, nun war es der AS Monaco, der den ersten Angriff starten durfte! Panisch klärte ich den Ball zur Ecke, draußen spürte ich den Zorn von Otto Rehhagel. Wenn jetzt noch das Gegentor fallen würde, dann war ich geliefert! In Gedanken sah ich schon, wie die Auswechseltafel an der Seitenlinie die Nummer sechs anzeigte … Jürgen Rollmann faustete die Ecke aus der Gefahrenzone. Endlich hatte ich mich im Griff. Das Spiel konnte auch für mich beginnen.

Monaco spielte richtig stark. Immer wieder rollten die Angriffe der Franzosen in unseren Strafraum, selten schafften wir es, das

Heft in die Hand zu nehmen. Nach gut einer halben Stunde musste Otto Thomas Wolter auswechseln, für ihn kam Thomas Schaaf aufs Feld. Wochenlang hatte Thomas nicht gespielt, doch gegen Monaco machte er ein großartiges Spiel. Die 41. Minute. Weit in unserer eigenen Hälfte bekamen wir einen Freistoß zugesprochen. Ich drosch den Ball nach vorne, an der Strafraumkante klatschte die Kugel auf den Kopf von Wynton Rufer und von dort Richtung Elfmeterpunkt. Klaus Allofs, unser Oldie, der Mann, der vom medizinischen Standpunkt aus eigentlich gar nicht spielberechtigt war, reagierte am schnellsten. Hier zeigte sich die Klasse von Klaus: Mit einer schnellen Seitwärtsbewegung legte er den Ball ins Tor. 1:0! Und das war ja noch nicht alles: Wynton Rufer erzielte nach 55 Minuten das zweite Tor. Jetzt mussten wie die Führung nur noch über die Zeit retten. 35 Minuten harte Maloche und es war vollbracht: Werder Bremen – Europapokalsieger 1992!

Unsere Party begann noch auf dem Platz, wurde dann in der Kabine und schließlich im Hotel fortgeführt. Und als ich schon längst jenseits von Gut und Böse war – so gegen halb drei Uhr morgens –, erinnerte sich plötzlich Dieter Eilts an unser großes Pokalversprechen: Glatze schneiden beim Europacup-Triumph, so war es ausgemacht! Selbstverständlich stellte ich mich der Verantwortung, Dieter holte den Rasierer raus und scherte mich wie ein Schaf im Frühjahr. Die Nassrasur übernahm ich selbst. Als ich schließlich oben rum nackt war, schnappte ich mir den Rasierer und rief: »Wer ist der Nächste?« Und was passierte? Meine Kollegen zogen den Schwanz ein und machten sich vom Acker! Mit dem Rasierer in der Hand rannte ich hinter ihnen her, aber ich hatte es hier ja mit Profisportlern zu tun: Ich erwischte nicht einen einzigen. Immerhin erbarmten sich dann noch Günter Hermann, Manni Bockenfeld und Oliver Reck, sich die Haare scheeren zu lassen, allerdings lediglich raspelkurz. Der einzige Idiot, der am nächsten Morgen mit einer Fleischmütze aufwachte, war ich.

Eine Szene ist mir in Erinnerung geblieben, die unsere damalige

Bremer Mannschaft ziemlich gut charakterisiert. Es muss in den frühen Morgenstunden gewesen sein, als uns plötzlich einfiel, dass man uns vor der Saison doch eigentlich eine Siegprämie für den möglichen Erfolg im Europapokal versprochen hatte. Der Kapitän sollte das mal schnell mit dem Manager klären. »Willi«, rief Mirko Votava, »was ist mit der Prämie?« Der Manager druckste herum: »Darüber können wir uns ja in Bremen unterhalten …« Wir lachten uns nur kaputt und hoben weiter fleißig die Gläser. Das liebe Geld war uns in dieser Nacht so was von egal! Wir waren Europapokalsieger, nur das zählte! Und eben diese Einstellung, die nur Profimannschaften haben können, in denen die Chemie stimmt, machte Werder Bremen unter Otto Rehhagel aus. Wir waren nicht unbedingt elf Freunde, aber auf dem Platz ein verschworener Haufen, der sich zwar gerne gut bezahlen ließ, aber vor allem für solch altmodische Werte wie Ruhm und Ehre spielte.

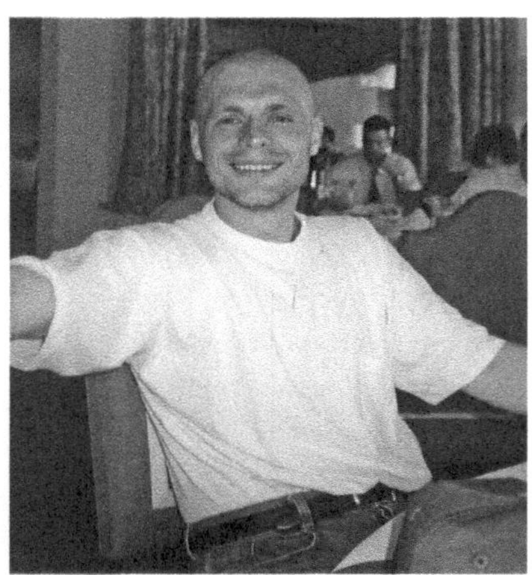

Noch leicht angeschossen und mit frischer Fleischmütze, dafür aber auch als frisch gebackener Europapokalsieger 1992! Das erste Foto nach der eingelösten Wette: Dieter Eilts hatte mir in der Nacht zuvor die Haare abrasiert.

Die Saison 1991/92 war damit für uns gelaufen. In der Liga krebsten wir im tabellarischen Niemandsland, im DFB-Pokal waren wir ausnahmsweise einmal nicht ins Finale gekommen, sondern im Halbfinale an Zweitligist Hannover 96 gescheitert. Sagen wir, wie es war: Für uns ging es um nichts mehr. Also taten wir das, was jede Mannschaft an unserer Stelle getan hätte: Wir schmissen eine Party nach der anderen. Drei Tage nach dem Triumph von Lissabon standen wir schon wieder auf dem Platz, am vorletzten Spieltag der Saison empfing uns Eintracht Frankfurt. Während wir noch immer einen im Kahn hatten und kollektiv alkoholisiert zum Waldstadion fuhren, ging es für die Eintracht um nichts Geringeres als die Deutsche Meisterschaft. Was für eine historische Chance! Die Frankfurter mussten nur noch gegen eine angetrunkene Bremer Mannschaft gewinnen, die ohnehin nicht vorhatte, sich an diesem Spieltag ein Bein auszureißen. Und um es den Hessen noch einfacher zu machen, gaben wir ihnen unmittelbar vor dem Spiel einen zusätzlichen Wink mit dem Zaunpfahl. »Ey Andy«, rief ich im Tunnel zu meinem Spezi Andreas Möller rüber, »macht mal locker, heute gewinnt ihr sowieso. Wir werden euch jedenfalls nicht daran hindern …« Unser Plan: Sollten die Frankfurter an diesem Tag gewinnen und damit vorzeitig die Meisterschaft einfahren, wären sicherlich noch die einen oder anderen Kaltgetränke für uns drin. Die Party wollten wir uns nicht entgehen lassen. Außerdem hatten wir zu den Frankfurter Konkurrenten aus Stuttgart und Dortmund ohnehin nicht das beste Verhältnis; wenn wir mithelfen konnten, diesen Clubs die Meisterschaft zu versauen, bitte, da waren wir gerne dabei.

Es kam natürlich alles anders. Schon im Spielertunnel hatten wir die Aufregung von Möller, Binz, Bein und Co. förmlich riechen können, der saure Geruch von Angstschweiß lag in der Luft. Daran hatten auch unsere warmen Worte nichts ändern können. Statt den Zuschauern und uns ein nettes Spiel zu liefern und ganz entspannt den Sieg einzufahren, traten die Frankfurter auf uns ein, als hätte man ihnen für jeden blauen Fleck eine Prämie versprochen. Nach der dritten harten Grätsche von Libero Dietmar Roth wurde es uns zu bunt, wenn die Frankfurter nicht Meister werden wollten, dann konnten wir auch nichts daran ändern. Ich selbst versuchte es bis zum Schluss, wahrscheinlich wollte der Alkoholiker in mir es nicht wahrhaben, auf einen guten Schluck verzichten zu müssen. Einmal trat ich Tony Yeboah ziemlich übel im Strafraum um, doch der fällige Elfmeterpfiff blieb aus. Wenige Minuten später trat ich ein sagenhaftes Luftloch, erneut in unserem Strafraum, doch auch diese »zufällige« Vorlage wollte Yeboah nicht nutzen. Eine Woche später verlor Frankfurt gegen Rostock und rutschte runter auf Platz drei. Was für ein Jammer.

Wir brachten derweil die Saison am letzten Spieltag anständig zu Ende, jedenfalls eine knappe Stunde lang. Dann schenkte uns Nürnbergs André Golke mit dem wahrscheinlich ersten und letzten Hattrick seines Lebens drei Tore ein und wir verloren mit 1:3. Die Nürnberger hatten wir am Abend zuvor gut kennengelernt: In einem Biergarten, ganz in der Nähe unseres Hotels, hatten auch die Franken bei einem späten Umtrunk zusammengesessen, wir hatten uns fröhlich zugeprostet. Wie tief wir ins Glas geschaut haben mussten, zeigte die Rückfahrt mit dem Fahrrad – für die 800 Meter Wegstrecke benötigte ich rund 30 Minuten … Ein würdiger Abschluss für diese kuriose Saison.

TAGESBERICHT, Fachklinik Fredeburg

28. April bis 1. Mai 2000
Meine Therapieziele:

a) Abstinent leben
b) Ich will lernen, bei Veranstaltungen, die ich häufig besuchen werde, ohne Alkohol auszukommen und trotzdem meine Ziele gut und korrekt anzugehen.
c) Ich will meinen Ärger und meine Enttäuschungen, alles was ich bisher in mich hineingefressen habe, zeigen und ansprechen. Ich will also meine Gefühle zeigen und mit ihnen umgehen. Ich will geduldiger meine Ziele angehen.
d) Mein Ziel ist es, Oberflächlichkeit und Aggressivität vernünftig aufzuarbeiten und mich dementsprechend zu äußern.

2. Mai 2000
Ich verstecke mich hinter Kleinigkeiten. Im Moment sind da so viele Gefühle, die ich sonst nicht kenne, mit denen ich klarkommen muss. Wut auf mich selbst. Traurigkeit, weil ich die ganzen Jahre lang meine Kinder nicht habe aufwachsen sehen, nicht mit ihnen spielen und sprechen konnte.

Viele Dinge sind mir klar geworden, aber die Gefühle tun mir sehr weh. Mit dem Alkoholismus komme ich gut klar, weil ich mich damit sehr viel befasst habe. Ich will immer durch die Wand. Das heißt, es geht mir vieles nicht schnell genug. Ich muss lernen, geduldiger zu sein und meine Ziele auch mit Umwegen anzugehen. Für mich ging alles zu schnell im Leben. Der Aufstieg und der Abstieg.

Ich werde das Ziel, das ich mir gesetzt habe, auch mit Geduld und Gefühl erreichen. Da bin ich mir sicher.

4. Mai 2000
Ich habe heute mit Herbert mitgefühlt und war auch sehr nervös. Das ist schon ein ganz schöner Hammer, wenn sich einer so auf die Therapie versteift und denkt, dadurch werde alles wieder gut und dann doch alles den Bach runtergeht. Ich für mich denke, dass ich meine Lage ganz gut beurteilen kann. Das heißt aber nicht, dass ich mich so auf meine Familie versteife. Es wäre schön, wenn der Kontakt mit Frau und Kindern normal wird und ich mich darüber freuen kann, einiges mit den Kindern zu unternehmen. Ich freue mich eigentlich schon mein ganzes Leben lang über Kleinigkeiten. Das heißt, wenn ich nur eine Aufmerksamkeit bekomme, bin ich schon sehr zufrieden. Geburtstage, Weihnachten usw.

DAS GLÜCK VON STUTTGART

Die zweite Deutsche Meisterschaft

Fußballspieler, die ihre Laufbahn beenden, werden häufig ge-fragt: »Was war der schönste Moment in ihrer Karriere?« Eigentlich kann man darauf keine Antwort geben.

War es mein erster Einsatz als Profi für Borussia Mönchengladbach? Mein erstes Länderspiel? Die Deutsche Meisterschaft 1988? Mein Elfmeter im Pokalfinale gegen den 1. FC Köln 1991? Alles herausragende, einzigartige und unvergessliche Momente, die mir, wenn ich an sie denke, deutlich machen, welche Chancen mir der Fußball geboten hat. Doch eine Szene liegt mir tatsächlich besonders am Herzen.

Die Tische im hinteren Teil des Mannschaftsbusses hatten wir in den Boden senken lassen. Wie auf einer Liegewiese lagen wir da, ich und meine Kollegen. Oliver Reck. Thomas Wolter. Unsere Neuzugänge Didi Beiersdorfer, Andreas Herzog und Bernd Hobsch. Marco Bode. Und all die anderen. Zwei Stunden dauerte die Fahrt von Stuttgart nach Mainz, ins *ZDF-Sportstudio.* Da lagen wir nun, ausgestreckt und leicht besoffen. Von zu viel Alkohol und Glück. Nur wir, die Spieler, die Mannschaft. Keine Frauen, keine Funktionäre, keine Journalisten. Nur ein Haufen Fußballer. Mich durchströmte in diesen zwei

Stunden ein unglaubliches Glücksgefühl, die Ganzkörpergänsehaut verschwand erst, als der Bus vor dem ZDF-Gelände hielt. Eine merkwürdige, beinahe sentimentale Stimmung. Mal spritzten wir uns mit Bier ab und sangen »We are the Champions«, mal lagen wir einfach da, sprachen leise miteinander oder hingen einfach unseren Gedanken nach. Ich glaube, in diesen Momenten ging es vielen im Bus so wie mir: Wir hatten etwas Einzigartiges vollbracht. Und vielleicht leuchtete in diesen zwei Stunden auch eine kleine Warnlampe in unserem Hinterkopf: Vorsicht, genießt den Augenblick, so schön wie jetzt wird es nie wieder werden!

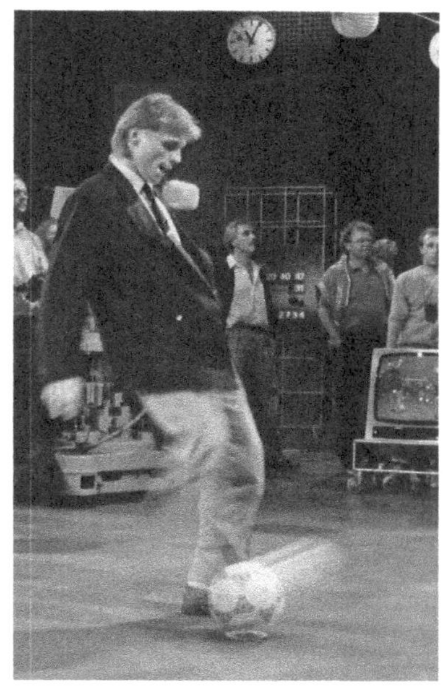

Nach der Meisterschaft 1993 werden wir ins *Sportstudio* geladen und natürlich auch an die Torwand. Günter Hermann versenkt die ersten fünf Versuche und schrammt dann am ewigen Rekord vorbei. Ich treffe einmal – per Vollspann. © Uli Borowka privat

Genau das habe ich getan: Zwei Stunden Glück in vollen Zügen genossen. Mich daran berauscht, Deutscher Meister 1993 zu sein.

Zehn Monate zuvor. Den enttäuschenden neunten Platz in der Liga hatten uns die Menschen in Bremen spätestens nach dem Sieg im Europapokal längst verziehen. Ich war nun schon seit vier Jahren in dieser Stadt und prominenter denn je. Das bedeutete in einer Stadt wie Bremen: Wenn ich beim Bäcker um die Ecke Brötchen holte, bekam ich zwei Stück Kuchen als Anerkennung und Dreingabe. Das Gefühl, ein Super- oder gar ein Popstar zu sein, hatten wir Spieler nun wahrlich nicht. Das machte es uns allerdings leichter, uns auf die Arbeit zu konzentrieren. Und wenn ich doch einmal vorgehabt hätte, aus der Reihe zu tanzen, dann hätte Otto Rehhagel mich sicherlich mit seinem Lasso eingefangen. »Meine Herren«, sagte Otto immer nach erfolgreichen Spielen, wenn unsere Torjäger von den Journalisten hofiert worden waren, während wir Abwehrspieler unter den Fernsehkabeln durchkrabbeln mussten, »glauben Sie ja nicht, dass ich nicht sehe, wer heute die Drecksarbeit gemacht hat! Denken Sie immer daran: Ich habe Sie alle lieb!« Und so war es auch: Otto hatte seine Werder-Familie fest im Griff. Bis auf wenige Ausnahmen konnte sich jeder, der vor der Saison neu dazukam, glücklich schätzen, in dieser Oase gelandet zu sein. Es ist kein Zufall, dass Neuzugänge in Bremen nur eine sehr kurze Eingewöhnungszeit benötigten. Die Saison 1992/93 ist das beste Beispiel dafür: Die Neulinge Beiersdorfer, Herzog und Hobsch wurden beinahe auf Anhieb zu wichtigen Stützen der Mannschaft.

Extravaganzen waren in Bremen recht selten. Den einzigen Spleen, den ich mir leistete – abgesehen von der Sauferei – waren Krawatten und Swatch-Uhren. Auf dem Höhepunkt meiner Sammlung müssen es an die 100 Krawatten und 70 Uhren gewesen sein. Jahre später tauschte ich meine kostbare Sammlung gegen Bier und Schnaps ein.

Auch die Extrawürste für die Mannschaft hielten sich in Grenzen. Wir fuhren die Autos eines Hauptsponsors und wurden natürlich regelmäßig neu eingekleidet, aber das war es dann auch. Ach ja: Alle paar Wochen brachte uns »Fisch-Franke« frisch geräucherte Regenbogenforellen in die Kabine und ein Bäcker schickte regelmäßig »Werder-Brot«. Typisch Bremen. Dem Image des bodenständigen Vereins entsprachen wir Spieler in diesen Jahren voll und ganz zu.

Die neue Saison begann durchwachsen, um es mal vorsichtig zu formulieren. Ehrlich gesagt: Wir spielten grottenschlecht. Nach drei Spieltagen standen wir sogar kurzzeitig auf Platz 16. Gegen Nürnberg und Leverkusen hatten wir nur unentschieden gespielt, gegen den Karlsruher SC führten wir bis zur 38. Minute mit 2:0 – und verloren dann noch mit 2:5! Mein Gegenspieler, Sergej Kirjakow, schoss drei Tore. Muss ich noch mehr sagen? Wohl nicht.

So rumpelten wir durch das erste Drittel der Saison. Bis zum elften Spieltag, bis zum Auswärtsspiel bei Tabellenführer Bayern München. Wie schon zwei Jahre zuvor, im September 1990, sollte das Spiel gegen die Münchner unsere Saison entscheidend beeinflussen.

Mit nur 12:8 Punkten aus zehn Spielen reisten wir als klarer Außenseiter in den Süden. Die Bayern hatten mit Helmer, Thon, Wouters, Ziege, Matthäus und Wohlfahrt eine richtig gute Mannschaft zusammen. Wir hatten das Duo Andy Herzog und Wynton Rufer. 90 Minuten, zwei Tore von Wynton und ein Tor von Andy später, hatten wir die Bayern mit 3:1 geschlagen. Das war der Wendepunkt, von nun an kletterten wir beständig die Tabelle hoch, nach dem 2:0 gegen Schalke am 22. Spieltag hatten wir uns endgültig als Bayern-Verfolger Nummer eins festgebissen. Was solche Siege in München alles auslösen können.

Bevor die Bundesligasaison allerdings in die heiße Phase ging, warteten auf uns noch zwei ganz besondere Highlights: Am 10. Februar und 10. März 1993 traten wir zum Hin- und Rückspiel im damals noch existierenden Supercup gegen den FC Barcelona an. Die Mannschaft von Johan Cruyff hatte 1992 den Europapokal der Landesmeister gewonnen und sich den Beinamen »Dreamteam« schwer verdient. Gegen diese herausragende Mannschaft durften wir nun also in zwei Pflichtspielen antreten. Wann hat man schon mal eine solche Gelegenheit?

Das Hinspiel in Bremen endete 1:1, ein mehr als respektables Ergebnis. Schade nur, dass sich dieses Spiel lediglich 22000 Zuschauer angesehen haben. Das Weserstadion war in diesen Jahren – trotz unserer Erfolge – nur selten ausverkauft. Den meisten anderen Clubs ging es ganz genauso. Von den heutigen Zuschauerzahlen konnten wir damals nur träumen. Ich glaube, ich erzähle keine Märchen, wenn ich behaupte, dass bei einem Pflichtspiel zwischen Werder Bremen und dem FC Barcelona das Weserstadion heute bis auf den allerletzten Platz besetzt wäre. Das Gefühl einer Masseneuphorie mussten wir uns im Frühjahr 1993 woanders holen.

Zum Beispiel in Barcelona. Dort traten wir exakt einen Monat später zum Rückspiel an (vor 75000 Fans) und bewiesen, dass wir mit den besten Mannschaften der Welt durchaus mithalten konnten. Zwar gewann Barca durch Tore von Christo Stoitschkow und Andoni Goikoetxea mit 2:1. Doch was wäre gewesen, wenn der Schiedsrichter Oliver Reck für sein Handspiel außerhalb des Strafraums nicht nach 30 Minuten die Rote Karte gezeigt hätte? Oder Bernd Hobsch kurz vor dem Schlusspfiff die große Chance zum 2:2 genutzt hätte? So blieb uns nur die Erfahrung, eine Ausnahmemannschaft an den Rand einer Niederlage gebracht zu haben. Ich hatte meinen Gegenspieler so gut es ging bekämpft. Bis zum Platzverweis für Olli spielte ich gegen den Bulgaren Stoitschkow, ein unglaublich talentierter und abgezockter Fußballer, dem ich – wie so oft – nur mit Härte beikommen konnte. Das tat ich allerdings so hingebungsvoll, dass mir Stoitschkow mehr als einmal hasserfüllte Blicke zuwarf. Nach der Roten Karte kümmerte ich mich um Michael Laudrup, dem ich unendlich viele Meter hinterher sprinten musste. Thomas Wolter übernahm Stoitschkow – und musste richtig Lehrgeld zahlen. Armer Thomas, er wird diesen Tag sicherlich bis heute nicht vergessen haben. Als das Spiel schließlich abgepfiffen war, hatte ihm sein Gegenspieler mit seinen Dribblings eine schöne Wendeltreppe ins Kreuz gedreht.

Trotz Camp Nou, trotz Stoitschkow – Barcelona war bald nur noch eine flüchtige Erinnerung. In der Bundesliga rückten wir immer näher an die Bayern heran, kurz vor Saisonende war klar, dass die Meisterschaft 1993 nur zwischen Bremen und München entschieden werden konnte. Wobei wir in der wesentlich angenehmeren Situation waren: Als Jäger in der Lauerstellung. Und die Bayern wurden immer nervöser. Am 28. Spieltag fertigten wir sie im Weserstadion mit 4:1 ab, am 32. Spieltag verloren die Münchner auch ihr Auswärtsspiel gegen den Karlsruher SC, während wir mit 4:0 gegen Saarbrücken gewannen. Erstmals in dieser Saison waren wir nun punktgleich mit den Bayern, in der Tordifferenz trennten uns nur zwei Tore. Am 33. Spieltag machten wir auch diesen Rückstand wett. Die Ergebnisse: Bayern München – VfL Bochum 3:1, Werder Bremen – Hamburger SV 5:0.

Ein junger Abwehrspieler namens Markus Babbel erwischte bei den Hamburgern einen rabenschwarzen Tag. Gut für uns, denn nun waren wir mit einem Tor in Front und führten die Tabelle an. Was für eine Aufholjagd! Die Meisterschaft musste am letzten Spieltag entschieden werden. Wir beim VfB Stuttgart, die Bayern auf Schalke. Spannender hätte man diese Saison nicht inszenieren können.

Am Abend vor dem Spiel lag ich mit offenen Augen im Bett. »Olli, kannst du schlafen«, fragte ich meinen Torwart und Zimmernachbarn. »Ne. Du?« »Ne.« Ich machte den Fernseher an. Ich machte den Fernseher wieder aus. »Olli, kannst du schlafen?« »Ne.«

So ging das stundenlang. Es war nicht nur die Aufregung vor dem wichtigen Spiel, die uns nicht einschlafen ließ, sondern auch die drückende Hitze in Stuttgart. Viel zu spät fielen mir die Augen zu.

Der 5. Juni 1993, natürlich ein Samstag. Müde versuchte ich ein wenig zu frühstücken und ging anschließend – zum Friseur. Heute habe ich keine Ahnung, warum ich Stunden vor dem Meisterschaftsfinale meine Haare schneiden lassen wollte. War es die Erinnerung an die Europapokal-Glatze? Oder eine hilflose Maßnahme gegen die Hitze von Stuttgart?

Wie auch immer: Als wir gegen 14 Uhr das Gottlieb-Daimler-Stadion betraten, hätte mir auch die Nassrasur auf dem Schädel nicht geholfen. In dem Kessel, der sich gerade für die Leichtathletik-WM aufhübschte, waren es gefühlte 45 Grad. Eine so drückende und schwüle Hitze hatte ich selbst bei meinen Ausflügen nach Ägypten oder Dschibuti nicht erlebt. Zwei kurze Sprints reichten, um bereits klitschnass geschwitzt zu sein. In meinen Stutzen, nagelneue Dinger, hatte ich das Gefühl, dass meine Waden jederzeit platzen würden. Mit einer Nagelschere schnitt ich mir Luftlöcher hinein, doch auch das half nicht viel.

Meinen Mitspielern ging es nicht anders. Der erste Pass war noch nicht gespielt, da pfiffen wir alle bereits aus dem letzten Loch. Doch für derlei Kleinigkeiten hatten wir keine Zeit, wer Deutscher Meister werden will, muss leiden. Fit genug waren wir allemal, einzig die

Nerven konnten uns noch einen Strich durch die Rechnung machen. Machten sie zum Glück aber nicht. Kühl – zumindest im Kopf – und konzentriert machten wir uns an die Arbeit, und als Bernd Hobsch und Thomas Wolter kurz nach der Pause trafen, war unser Spiel gegen Stuttgart so gut wie gelaufen. Diese Mannschaft würde gegen uns nicht mehr gewinnen können, das war klar. Alle Gedanken gingen nun nach Gelsenkirchen, wo die Bayern schon einen Kantersieg gegen Schalke benötigten, um uns noch zu überholen.

Die 74. Minute. Wieder setzte sich der »Hobscher« durch und erhöhte auf 3:0. Was sollte uns jetzt noch passieren? Mit einem Bein stand ich auf dem Platz, mit dem anderen neben der Seitenlinie, um die nötigen Informationen aus Gelsenkirchen mitzubekommen. Unsere komplette Ersatzbank hatte sich um das Radio geschart, irgendwer brüllte die Ereignisse dann Richtung Rasen. Zeitgleich mit Bernd Hobsch hatte auch Lothar Matthäus ein Tor erzielt, 2:2 auf Schalke. Das musste doch reichen! Jetzt benötigten die Bayern sechs Tore, um uns noch einzufangen. Das war doch eigentlich unmö... 76. Minute, 3:2 Bayern, Jan Wouters. Eklige Zweifel krochen mir in den Nacken.

Die Minuten vergingen. »Was passiert auf Schalke«, brüllte ich. »Noch 3:2 für Bayern!«

86. Minute. »Tor für Schalke! Tor für Schalke! 3:3!« Vier Minuten später war die Saison 1992/93 vorbei. Wir waren Meister! Und jetzt tickten alle komplett aus.

Ich vergaß die Hitze und Stuttgart und Schalke und Bayern und 34 Spieltage und hüpfte wie ein Blöder über den Rasen. Thorsten Legat lief mit nacktem Oberkörper die erste Ehrenrunde, ein schweißglänzender Muskelberg außer Rand und Band. Manni Bockenfeld und Andy Herzog stellten sich vor die Kurve und tanzten einen Walzer, der Werder-Bremen-Meisterwalzer. Wir ersoffen fast vor Glück.

Was ist eigentlich Glück? Das Gefühl, sein neugeborenes Kind im Arm zu halten? Das Gefühl, die beste Mannschaft Deutschlands zu sein? Ein flüchtiges Gefühl oder ein Dauerzustand? Zum Glück bin ich Fußballer geworden und kein Philosoph, so muss ich mich wenigstens nicht schämen, die Antwort auf diese Frage nicht zu kennen. Ich weiß nur eines: Als ich am späten Abend des 5. Juni 1993 auf dem Fußboden unseres Mannschaftsbusses lag, die Haare nass von Bier und Schweiß, meine Mitspieler neben mir, die Meisterschale in der Hand – da war ich glücklich. Da fühlte ich mich so, wie ich mich immer fühlen wollte. Da konnte ich noch nicht wissen, wie viel Scheiße mir das Leben noch bringen würde.

Da lebte ich einfach für diesen Moment.

AM TRESEN MIT MARIO BASLER

Nie würde es wieder so schön werden wie im Sommer 1993. Das konnte ich damals natürlich noch nicht wissen. Inzwischen war ich 31 Jahre alt, zweifacher Deutscher Meister, Pokalsieger, Europapokalsieger, Nationalspieler und EM-Teilnehmer. Das war mehr, als ich mir vor zehn Jahren hätte träumen lassen. Ich hatte eine schöne Frau und zwei gesunde Kinder. Ein großes Haus. Drei Autos vor der Tür. Ich hatte Geld auf dem Konto und einen Stammplatz beim amtierenden Deutschen Meister. Ich hatte Freunde. Ich war beliebt. Ich war auf dem Höhepunkt meiner Karriere.

Und jetzt ging es bergab.

Ich stürzte nicht von heute auf morgen in ein tiefes Loch. Ich soff mich auch nicht plötzlich jeden Abend voll und tauchte betrunken beim Training auf. Ich griff auch nicht meine Frau an oder vernachlässigte meine Kinder. Ich war immer noch ein guter Fußballer und Vater und bestimmt auch noch ein anständiger Ehemann und Freund.

Nein, in der Saison 1993/94 war eigentlich noch alles in bester Ordnung. Doch der Abstieg, sportlich und privat, hatte begonnen. Ganz langsam, schleichend und unmerklich. Wie Gift, das durch die Adern fließt und nach und nach jede Zelle des Körpers lähmt.

Am ersten Trainingstag der Saison 1993/94 durften wir einen Neuzugang begrüßen. Der Mann hieß Mario Basler. Er trug einen Oberlippenbart, war dünn wie ein Strich und rauchte wie ein Schlot. Das gefiel mir schon mal. Und noch viel mehr, was er beim Training mit dem Ball anstellte. Bis heute habe ich nur wenige Fußballer gesehen, die so talentiert waren wie Mario – und gleichzeitig dem Begriff des »schlampigen Genies« so sehr alle Ehre machten. Mario war für den Trainer, Spielervater, Pädagogen und Psychologen Rehhagel eine echte Herausforderung. Doch irgendwie schaffte es Otto, auch diesen verrückten Vogel in unsere Mannschaft zu integrieren, ohne dauerhaften Ärger zu provozieren. Mario hatte das Glück, dass er in Bremen auf eine ziemlich ausgekochte Mannschaft traf, wir hatten schon zu viel gesehen, um uns über seine Extrawürste zu beschweren. Schließlich wussten wir genau wie unser Trainer: An guten Tagen konnte dieser Kerl Spiele alleine gewinnen.

Also nahmen wir es mit Humor, als Mario schon in seiner ersten Woche in Bremen zu spät zum Training erschien. »Mario«, schimpfte Rehhagel, »ich kaufe Ihnen einen Wecker!« »Trainer, die Ampeln standen dauernd auf Rot«, antwortete Mario, nur um zwei Tage später erneut zu spät auf dem Trainingsgelände aufzuschlagen. Bei jedem anderen Spieler wäre Otto wohl ausgerastet, doch gerade als er zu seiner Standpauke ansetzen wollte, rief Mario: »Trainer, ich bin nur eine Minute zu spät! War doch diesmal ziemlich knapp …« Wir schmissen uns weg, und auch Otto musste schmunzeln.

Jeder Fußballer tickt anders. Ich musste als junger Spieler gedrillt werden wie ein Elitesoldat, um meine Leistung abzurufen. Gute Trainer wissen, wie sie mit einem Spieler umgehen müssen und wie nicht. Otto Rehhagel war und ist ein guter Trainer. Er hielt auch dann noch die schützende Hand über Mario, als der sein Vertrauen längst missbrauchte. Das hört sich schlimmer an, als es war, denn dafür hielt er Mario bei Laune. Und ein gut gelaunter Mario Basler war ein besserer Fußballer als fast jeder andere in der Bundesliga. Wir Spieler hatten jedenfalls immer was zu lachen. Eine Zeit lang ließ er Otto so sehr aus seiner Hand fressen, dass wir ihn regelrecht bewunderten: Weil er angeblich ein »Loch in der Leiste« hatte, nötigte Mario Rehhagel die Zusage ab, drei Monate lang nur am Freitag zum Abschlussspielchen zu erscheinen. Nur so, erklärte Mario, sei er am Wochenende auch zu 100 Prozent einsatzfähig. Die übrigen Tage wolle er leichtes Training in der Reha durchziehen. Während wir also jeden Morgen ab zehn Uhr auf dem Trainingsplatz standen, kam Mario meistens gegen zehn nach zehn mit seinem Auto vorgefahren, eine Kippe zwischen den Fingern. Er grüßte uns grinsend und raste dann mit quietschenden Reifen vom Hof. Am Spieltag stand er dann, oh Wunder, kerngesund in der Startelf und zeigte der Welt seine Fähigkeiten.

Weil Mario auch nach getaner Arbeit gerne noch einmal das Haus verließ, freundeten wir uns bald an. Ich zeigte ihm die Bremer Kneipenlandschaft, er spendierte mir zum Dank ein paar Drinks. Das »Jimmy's« wurde bald unser Stammlokal. Wenn ich Stress mit Carmen hatte, dann konnte ich meistens auf Mario als Thekenbruder zählen. Bei ein paar Bier, weit weg von zu Hause, ließen sich meine Probleme vortrefflich vergessen. Eine schnelle Flucht an den Zapfhahn war einfacher, als sich dem Ärger zu stellen.

Aus sportlicher Sicht hatte die Saison für mich – jedenfalls im Vergleich zu den Vorjahren – nur selten etwas Spektakuläres zu bieten. Als amtierender Meister wurden wir unseren Ansprüchen nur elf Spieltage lang gerecht. Nach einer Serie von sieben Spielen ohne Sieg rutschten wir bis zur Winterpause ins Mittelfeld der Tabelle ab, mit der Deutschen Meisterschaft würden wir in diesem Jahr nichts zu tun haben.

Und auch in der 1992 gestarteten Champions League, die an die Stelle des Europapokals der Landesmeister trat, ging uns nach einem guten Beginn bald die Puste aus. Nach Siegen gegen Dinamo Minsk und Levski Sofia erreichten wir das Viertelfinale, das damals noch in einer Gruppenphase ausgespielt wurde. Das erste Spiel verloren wir mit 2:3 gegen den FC Porto. Am zweiten Spieltag standen wir gegen den RSC Anderlecht also bereits ziemlich unter Druck.

Der 8. Dezember 1993, schon wieder so ein Wunder.

Die ersten 45 Minuten waren ein einziges Desaster. Es regnete, der Boden war tief und wir ließen uns von den Belgiern vorführen. Mit Pfiffen schickten uns die Werder-Fans in die Kabine. Dort hatte dann Rune Bratseth seinen berühmten Anfall. Der »Elch«, sonst schweigsam wie ein Grab, immer besonnen, immer freundlich, immer höflich, griff sich einen vollen Getränkebecher und schmiss ihn wutentbrannt gegen die Wand. Nur wenige Zentimeter neben den Kopf von Otto Rehhagel. »König Otto« wischte sich die Mineralwassertropfen aus dem Gesicht und wir schauten uns alle entgeistert an. Hallo, was war denn hier los? Ich war regelrecht schockiert, so viel Emotionen hätte ich Rune nie zugetraut. Otto nutzte den Moment der überraschten Stille: »Meine Herren, das ist ja hier ein schlechter Film. Gehen Sie raus und sehen Sie zu, dass nicht noch mehr Gegentore fallen, sonst wird das richtig peinlich.« Mit hängenden Köpfen marschierten wir zurück auf den Rasen und bemerkten sofort die riesigen Lücken auf der Tribüne. Ein Drittel der Zuschauer hatte das Stadion schon zur Halbzeit verlassen! Das war der Arschtritt, den wir brauchten. Jetzt sollten diese Leute es bereuen müssen, so früh gegangen zu sein.

Bis es so weit war, mussten wir uns noch etwas gedulden. Bis Wynton Rufer in der 66. Minute den Anschlusstreffer erzielte. Danach waren wir nicht mehr aufzuhalten. 2:3 Bratseth, 3:3 Hobsch, 4:3 Bode, 5:3 Rufer. Es war unheimlich. Die verrückten Spiele mit Werder im Europacup wollten offenbar kein Ende nehmen. Bitter, dass diese Aufholjagd gegen Anderlecht letztlich nichts wert war: Als Dritter der Viertelfinalgruppe B flogen wir raus. Die Partie gegen Anderlecht sollte das zweite, aber auch letzte Champions-League-Spiel meiner Karriere sein. Zwar schlugen wir uns, bis auf das 0:5-Desaster beim FC Porto, noch recht wacker in unserer Gruppe (unter anderem in zwei Spielen gegen den späteren Sieger AC Mailand), doch da sollte ich schon nicht mehr mit dabei sein. Schuld daran war, wie in den kommenden Jahren noch so häufig, der Alkohol.

Vor dem Rückrundenstart trafen wir uns mit der Mannschaft zu einem Kohl-und-Pinkel-Abend in der Bremer Gaststätte »Grothenn's Gasthaus«. Bier, Schnaps und Kegeln inklusive. Es wurde, wenig überraschend, ein feuchtfröhlicher Abend. Blöd nur, dass wir am nächsten Morgen zu einem Hallenturnier nach Schwerin aufbrechen wollten und ich, noch ordentlich angeschlagen, die Abfahrt verpasste. Der Mannschaftsbus fuhr ohne mich los. Mit meinem eigenen Auto raste ich meinen Kollegen hinterher, mit zu viel Promille im Blut und Wut im Bauch traf ich verspätet in Schwerin ein. Nur unzureichend aufgewärmt, hockte ich mich hinter die Bande, und als mich Otto Rehhagel im zweiten Spiel einwechselte, passierte es: Nach einem Zweikampf humpelte ich unter Schmerzen vom Platz, unsere Betreuer mussten mich ins Krankenhaus fahren. Die Diagnose war bitter: Bruch des Mittelfußes. Mit einer dicken Schiene um meinen lädierten Fuß kehrte ich zur Mannschaft zurück. An Fußball spielen war nun natürlich nicht mehr zu denken, doch bevor es zurück nach Bremen ging, stand noch ein weiteres Turnier in der Nähe von Graal-Müritz an. Ich setzte mich in den Bus, legte das Bein hoch und ließ einen der Betreuer mein Auto fahren. Auf diesen einen Tag kam es doch jetzt auch nicht mehr an. Und tatsächlich: Der Tag verlief relativ unspektakulär. Doch was sich in der Nacht nach dem Turnier abspielte, verdient in diesem Buch ein paar Sätze.

Nach einigen Bieren mit unseren neuen Freunden von einigen anderen teilnehmenden Vereinen – unter ihnen ein aktueller Bundesligatrainer – nahmen wir bald auch die Dienste der im Hotel anwesenden Freudendamen in Anspruch. Was als gemütlicher Umtrunk begonnen hatte, wuchs sich zu einer waschechten Orgie aus. Hemmungslos wurden Bier und Asbach-Cola an der Theke geordert, reihenweise verschwanden Fußballer mit den Bezahldamen aufs Zimmer oder in die Sauna. Sämtliche Getränke schrieben wir auf eine einzige Zimmernummer an. Den Spaß am nächsten Morgen wollten wir uns nicht entgehen lassen. Denn als wir alle ziemlich verkatert wieder in unseren Bus stiegen, hüpfte plötzlich der Manager mit hochrotem Kopf durch die Vordertür: »Ihr Idioten habt 500 Bier und 200 Asbach-Cola auf meine Zimmerrechnung schreiben lassen! Seid ihr komplett wahnsinnig?« Mario Basler reagierte gewohnt cool: »Schrei hier nicht so rum. Kannste mir vom Gehalt abziehen.« Was dann vermutlich auch geschah …

Zurück in Bremen konnten sich unsere Ärzte endlich in aller Ruhe meiner Verletzung widmen. Entgegen dem Ratschlag des Bremer Orthopäden Professor Lenz entschied sich unser Mannschaftsarzt Dr. Meschede für eine konventionelle Lösung. Das hieß: Keine Operation, keine Metallplatte in den Mittelfuß, einfach natürlich heilen lassen. Wenn ich gewusst hätte, welche Folgen diese Entscheidung haben würde, wäre ich dem Doktor wohl an die Gurgel gegangen. Doch natürlich fügte ich mich – schließlich war er der Experte.

Die Zeit in der Reha ist für jeden Fußballer eine extrem schlimme Erfahrung, für mich war es damals besonders schlimm. Ausgerechnet ich, der Eisenfuß, der unkaputtbare Uli Borowka, war außer Gefecht gesetzt wegen eines kleinen Knochens im Fuß. Ohne die körperliche Auslastung beim Fußball wurde ich von Tag zu Tag mürrischer und immer schlechter gelaunt. Ich trank noch mehr, als ich es sonst schon tat, ich bekam schon Ausschlag, wenn ich nur den Eingangsbereich zur Reha sah. Kurzum, ich litt wie ein Hund. Und was noch schlimmer war: Ich verpasste nahezu ein Drittel der Saison, in den entscheidenden Spielen meiner Mannschaft gegen den großen AC Mailand saß ich mit schmerzendem Fuß auf der Tribüne, hilflos musste ich mit ansehen, wie wir aus der Champions League flogen und in der Tabelle zeitweise auf Platz zwölf abstürzten. Die von Dr. Meschede geforderte »konventionelle Methode« dauerte ein halbe Ewigkeit. Erst am 9. April 1994, zum Derby beim HSV, war ich wieder einsatzbereit. 70 Minuten lang ging alles glatt. Dann flog der Ball ins Seitenaus, ich lief hinterher, um einen schnellen Einwurf auszuführen, knickte auf der Plastikkante der Weitsprunggrube um, hörte ein Knacken und wusste es sofort: Der verdammte Knochen war erneut gebrochen! Reha, Zwangspause, Schmerzen – der ganze Mist ging von vorne los. Mit dem Unterschied, dass ich diesmal sofort operiert wurde und die

Knochen nun von einer Metallplatte samt Schrauben gehalten wurden.

Trotzdem dauerte es erneut mehr als einen Monat, ehe ich wieder Fußball spielen durfte. Im Pokalfinale gegen Rot-Weiss Essen wechselte mich Otto kurz vor Schluss für Andy Herzog ein, beim 3:1-Siegtreffer durch Wynton Rufer stand ich also mit auf dem Platz. Der Jubel nach dem Spiel samt Siegerehrung war ein schöner Trost für die schweren Monate der Verletzungspause. Doch so ganz wollte unsere Party nicht starten, was vielleicht auch an Kollege Mario Basler lag. Weil es Otto gewagt hatte, ihn eine Viertelstunde vor dem Abpfiff auszuwechseln, wollte Mario erst nicht zur Pokalübergabe erscheinen. Olli Reck und ich mussten pädagogische Erste-Hilfe-Maßnahmen anwenden, um unseren beleidigten Mitspieler wieder etwas zu beruhigen.

So endete die Saison 1993/94 wie sie angefangen hatte. Mit ganz viel Basler, einem Pokal in den Händen – und dem leisen Verdacht, dass mein Leben bereits irgendwie eine andere Richtung eingeschlagen hatte. Ich wusste nur noch nicht genau, wohin die Reise gehen würde.

TAGESBERICHT, Fachklinik Fredeburg

7. Mai 2000

Am Freitag habe ich mit Herrn Witt gesprochen, da meine ganzen Gefühle auf einmal über mich hereingebrochen sind. Wut und Traurigkeit waren die beiden Gefühle, die mir am meisten ausgemacht haben. Ich habe das Gefühl, dass meine Frau gar nicht an meiner Alkoholabhängigkeit interessiert ist und meine Meinung nicht akzeptiert, sondern alles, was ich sage, niedermacht. Deswegen weiß ich auch nicht, ob es für mich gut ist, dass sie zum nächsten Besuchertag kommen will. Ihre Einstellung gefällt mir überhaupt nicht.

8. Mai 2000

Mein Gefühle sind nicht mehr so durcheinander. Ich habe mich intensiver damit auseinandergesetzt und bin mir über viele Gefühle klar geworden. Im Endeffekt fällt es mir schwer, Trauer zu zeigen. Wut oder Enttäuschungen kann ich besser zeigen und damit besser umgehen. Dass auch die Mitpatienten Gefühle zeigen und es ihnen nicht egal ist, was mit mir ist, habe ich in den letzten Tagen gemerkt. Das ist auch neu für mich.

9. Mai 2000

Heute habe ich mich wieder über Uwe aufgeregt. Das war das letzte Mal, dass ich mir von ihm die Laune verderben lasse. Wir wollten ihm helfen, aber er lässt das nicht zu. Meine Frau rief an, um mir mitzuteilen, dass sie doch nicht zum Angehörigenseminar kommt. Sie hätte selber eine Fortbildung, die wichtiger sei. Das macht mich wütend und ich bin enttäuscht. Ich bin sehr traurig, weil ich dachte, dass sie für sich und uns etwas über die Krankheit erfahren möchte. Ich denke, dass sie Angst hat herzukommen.

DER FUSSBALLER, DER SEINE FRAU GESCHLAGEN HAT

Wann ist ein Alkoholiker ein Alkoholiker? Wenn er sich fünfmal in der Woche besäuft? Wenn er mit einer Fahne zur Arbeit kommt? Wenn er schon während der Arbeit daran denkt, wo er nach Feierabend einen trinken gehen kann? Wenn er nach einer durchzechten Nacht nicht mehr weiß, wo er ist? Wenn er seine Frau mit dem Kopf gegen die Wand schleudert? Wenn seine Familie ihn verlässt, weil sie es nicht mehr mit ihm aushält?

Bereits seit Mitte der achtziger Jahre bin ich vom Alkohol psychisch abhängig gewesen. Manchmal dachte ich schon beim Training darüber nach, wo ich nach getaner Arbeit mein Feierabendbier trinken gehen konnte. Ich dachte zwar nicht rund um die Uhr an Alkohol, aber mein Geist hatte sich bereits der Sucht zugewandt – natürlich ohne dass ich etwas davon bemerkte oder dass mir das bewusst war. Ich trank schon damals gerne häufig und viel. Allerdings nicht mehr, als Millionen andere Deutsche, die gerne mal ein Bier trinken oder sich beim Abendessen eine Flasche Rotwein teilen. Doch während die meisten Alkohol in Gesellschaft trinken, sich sozusagen »in Stimmung« trinken, betrank ich mich, um den Kräfte zehrenden Alltag, den täglichen Stress beim Fußball und die Probleme mit meiner

Frau zu vergessen. Als unsere Ehe zu Beginn der neunziger Jahre immer mehr zerbrach, flüchtete ich regelmäßig in meine Stammkneipen. Ging die Tür hinter mir zu, stand das frisch gezapfte Bier vor mir auf dem Tisch, dann fühlte ich mich weit weg von allen Streitereien. An der Theke warteten die immer gleichen Gesichter, Stammkunden, die es toll fanden, wenn der berühmte Fußballer mit ihnen ein paar feuchtfröhliche Stunden verbrachte. Ich genoss diese Gesellschaft, denn hier war ich der König. Der Promi, ganz volksnah. Der Uli, ein echter Kumpeltyp. Der Eisenfuß, der am Wochenende Andy Möller wegrasierte und jetzt bei einem gemeinsamen Bier davon erzählte. Der Malocher, der ruhig mal einen saufen durfte, schließlich riss er sich am nächsten Spieltag ja wieder den Arsch auf. Immer volle Pulle. Auf dem Platz und an der Theke.

Ich führte mein Doppelleben. Als Fußballer und Alkoholiker.

Einige Jahre war das gut gegangen. Selbst wenn ich am Mittwochabend bis ein Uhr in der Kneipe versackte, stand ich am Donnerstagmorgen auf dem Trainingsplatz. Selbst wenn ich nach einem Streit nachts stockbesoffen nach Hause kam, schien die Welt am nächsten Morgen schon wieder in Ordnung. Ich frühstückte mit meinen Kindern, häufig vertrug ich mich auch wieder mit meiner Frau, und wenn der Tag gut lief, dann führte ich meine Familie abends schick zum Essen aus. Alles in bester Ordnung. Kein Grund zur Panik. Kam schließlich in den besten Haushalten mal vor.

In blinder Unwissenheit raste ich auf meine persönliche Katastrophe zu.

Und niemand konnte mich stoppen. Meinen Eltern gaukelte ich am Telefon oder bei persönlichen Treffen die heile Welt vor. Der liebende Familienvater und Profifußballer, bei dem alles läuft wie geschmiert. Ich machte mir und meinen Eltern etwas vor.

Etwas anders war es da mit meinen Freunden, vor allem meinen Teamkollegen Oliver Reck und Günter Hermann. Bei ihnen funktionierte das nicht so ohne Weiteres, vor allem nicht bei »Jimmy«, dessen Frau mit Carmen eng befreundet war. Die Hermanns wussten, wie sehr es in unserer Beziehung kriselte. Günters Frau wusste von Carmen, wie häufig ich mich nach heftigen Streitereien in die Kneipen flüchtete. Also wusste es auch Günter. Wie es sich für einen Freund gehört, nahm er mich dann auch regelmäßig zur Seite. »Uli, ist alles in Ordnung bei dir?« »Na klar, Günter, mach dir mal keine Sorgen, ich hab alles im Griff!« Was sollte Günter machen? Meine Frau und mich zur Paartherapie und mich anschließend in die Entzugsklinik bringen? Natürlich nicht. Zur Saison 1992/93 wechselte er zur SG Wattenscheid, der Kontakt wurde immer sporadischer. Was wiederum gut für das Ehepaar Hermann war, die nun nicht mehr so oft mit den Problemen der Borowkas zugemüllt wurden.

Als die Saison 1993/94 endete, steckte ich bereits tief in einer privaten Krise. Doch wie es so ist in einer Beziehung mit Kindern: Carmen und ich wollten den Graben, der sich längst zwischen uns auftat, einfach nicht wahrhaben. Ich rannte vor unseren Problemen davon und ließ meine Frau im Stich, Carmen verschloss die Augen vor meinen Alkoholproblemen und zog sich immer weiter in ihr Schneckenhaus zurück. Wenn man so will, kaufte ich mich quasi frei aus meiner Schuld. Wenn die Liebe auch langsam erlosch und Verachtung anstelle von Zuneigung immer weiter anwuchs, so genoss sie doch das schöne Leben einer Fußballergattin: Mit dem Geld, das ich als Profi verdiente, hatten wir uns eine schicke Villa im schönen Oberneuland gekauft, inklusive Zaun und Panzerglas zur Sicherheit unserer Kinder. In der Garage standen drei Autos. In Carmens Kleiderschrank hingen Klamotten im Wert von mehreren zehntausend Mark. Wenn wir in den Urlaub fuhren, dann nicht auf den Campingplatz nach Holland, sondern in eine edle Finca auf Mallorca. Das Bankkonto war prall gefüllt. Kurz: Dieses Leben wollte Carmen so schnell nicht aufgeben, auch wenn sie dafür mit einem Mann zusammenleben musste, der sich in der Kneipe wohler fühlte als auf dem heimischen Sofa.

Noch etwas änderte sich in dieser Zeit: Während ich früher nach ein paar Gläsern Bier oder Wein immer lustiger wurde und ganze Tischrunden zum Lachen bringen konnte, veränderte der ständige

Alkoholkonsum nun mein Wesen von Grund auf. Mit jedem Tropfen Alkohol mehr in meinen Adern wurde ich stumpfsinniger und aggressiver. Hatten mich die Sprüche von enttäuschten Fans (»Was habt ihr denn da für einen Scheiß gespielt?!«) früher eher zum Lachen gebracht, nahm ich die Kritik nun persönlich und fing an, die entsprechende Person zu beschimpfen. Je aggressiver ich wurde, desto mehr schüttete ich in mich rein. Ich verlor das Gefühl dazu zu sagen: Jetzt ist Schluss, ich gehe nach Hause. Ich soff so viel, bis ich fast vom Hocker kippte. Ich prügelte den Alkohol förmlich in mich hinein. Von Genuss keine Spur mehr. Immer mehr ähnelte ich einem Masochisten, der sich die Peitsche auf den Rücken schlägt, obwohl die Haut schon aufgeplatzt ist. Und für den Fall, dass mir der Weg in die Kneipe zu weit erschien, richtete ich mir einfach in meinem eigenen Haus Rückzugsmöglichkeiten ein, SOS-Stationen, um die Sucht zu befriedigen. Wie den Kühlraum, den ich eigentlich mal dafür hatte bauen lassen, um immer frisches Obst und Gemüse in unserem Haus zu lagern. Jetzt stapelten sich dort die Bierkisten. Wenn mir danach war, hockte ich mich in die Kälte und leerte einen halben Kasten Weißbier.

Für meine Kinder war das eine schlimme Zeit. Natürlich bemerkten auch Tomek und Irina, dass sich ihre Eltern sehr häufig stritten, sie waren ja nicht taub und mussten die lauten Schreiereien irgendwie ertragen. Ich fand das furchtbar und Carmen sicherlich auch. Doch selbst die Liebe zu meinen Kindern hinderte mich nicht daran, dem Abgrund entgegenzurasen. Für nichts schäme ich mich heute mehr. Nichtsdestotrotz versuchte ich meinen Kindern ein guter Vater zu sein. Und ich litt wie verrückt, als mein kleiner Sohn im Alter von gerade einmal einem Jahr am Ohr operiert werden musste. Er reagierte nicht auf die Beruhigungsmittel und schrie wie ein Wahnsinniger, als man ihn in den OP-Saal brachte. Damals stand ich kurz vor einem Zusammenbruch. Noch schlimmer war es Jahre später mit meiner Tochter, die 1997 nach einer Blinddarm-OP große Probleme mit ihrem Darm bekam und notoperiert werden musste. 48 Stunden lang kämpfte das kleine Wesen gegen den Tod, 48 Stunden saß ich an ihrem Bett und vergaß selbst die Sauferei – die mich zu diesem Zeitpunkt schon fest im Griff hatte.

Nein, den Schuh, ein schlechter Vater gewesen zu sein, ziehe ich mir nicht an. Jedenfalls nicht zu diesem Zeitpunkt. Und doch bin ich durch mein eigenes unverzeihliches Verhalten hauptverantwortlich dafür, dass meine Kinder viele Jahre ihres Lebens ohne ihren Vater aufwachsen mussten. Weil der besoffen in der Kneipe hing, statt sich mit ihnen zu beschäftigen. Jahre, in denen ich jenseits von Gut und Böse war, Jahre, in denen mich der Alkohol fast umgebracht hätte. Erst als ich diesen Dämon aus meinem Leben verbannt hatte, war ich als Vater wieder einsatzfähig. Dass der Kontakt zu meinen Kindern heute so gut wie abgebrochen ist, habe ich mir – jedenfalls zu einem großen Teil – selbst zuzuschreiben.

Als die Saison 1994/95 begann, schlingerte ich durch mein Leben wie ein Schiffskapitän in Seenot. Wie ein Kapitän, der nicht erkennen will, dass sein Schiff kurz davor ist, unterzugehen. Die Wellen hatten mich zwar noch nicht verschluckt, aber das Schiff war bereits leckgeschlagen. Es war nur eine Frage der Zeit, bis ich sinken würde.

Während der Orkan privat bereits begonnen hatte, schaffte ich es, meine Rolle als Fußballer weiterhin so gut auszufüllen, dass ich meinen Ansprüchen gerecht wurde. Bis zu diesem Zeitpunkt. Bis zu diesem Zeitpunkt war ich mitverantwortlich dafür, dass Werder Bremen die besten Jahre seiner Vereinsgeschichte durchlebte. Bis zu diesem Zeitpunkt war ich einer der gefürchtetsten Verteidiger der Bundesliga und in einer der besten Mannschaften Deutschlands Stammspieler. Bis zu diesem Zeitpunkt konnte ich nach dem Training meine Runden durch Bremens Kneipen ziehen und am nächsten Morgen trotzdem meine volle Leistung abrufen. Bis zu diesem Zeitpunkt hatte ich meinen Trainer, unseren Übervater, noch nicht enttäuscht. Bis zu diesem Zeitpunkt war ich ein vollwertiges Mitglied der Werder-Familie.

Bis zu diesem Zeitpunkt.

Es passierte gleich am Anfang der neuen Saison. Es begann damit, dass ich morgens um kurz vor zehn Uhr in meinem Auto wach wurde und nicht wusste, wo ich war. Ein Blick aus dem Auto klärte zumindest das: Ich stand auf dem Parkplatz der Raststätte Wildeshausen, etwa 30 Kilometer süd-westlich von Bremen. Mein Mund war ganz belegt von zu viel Bier und Schnaps. Mein Schädel schmerzte. Und mein Tank war leer, bis auf den letzten Tropfen.

Wie zum Teufel war ich hierhergekommen?

Das Gefühl, mit einem Kater aufzuwachen, ja sogar, mit einem Kater Fußball zu spielen, hatte ich hunderte Mal zuvor erlebt. Aber immerhin hatte ich mich dabei, zumindest bruchstückhaft, an die Erlebnisse vom Vorabend erinnern können. Jetzt stand ich auf einem Rastplatz am Arsch der Welt, zehn Minuten vor dem offiziellen Trainingsbeginn, musste mein Auto zur Zapfsäule schieben und hatte einen kompletten Filmriss. So etwas war mir vorher noch nie passiert!

Ich rief Otto Rehhagel an. »Trainer, mir geht es nicht gut. Habe wohl was Falsches gegessen ...« Eine Notlüge, doch Otto war ja nicht blöd. »Uli, hören Sie auf, mir so einen Mist zu erzählen. Sagen Sie mir, was los ist.« Kleinlaut gestand ich ihm meine Lage. Otto blieb ganz ruhig: »Dann fahren Sie nach Hause, ruhen Sie sich aus und kommen Sie heute Nachmittag zum zweiten Training. Ich regele das.« Ich tankte meinen Wagen voll und fuhr los.

Auf dem Weg nach Hause rasten mir die Gedanken durch den Kopf. Wo genau war ich an dem Abend zuvor gewesen? Was hatte ich gemacht? Mit wem hatte ich gesoffen? Gab es Streit? Wie bin ich auf diesen verdammten Rastplatz gekommen? Habe ich einen Unfall gebaut, vielleicht sogar jemanden verletzt? Der Blackout machte mir Angst. Zum ersten Mal in meinem Leben musste ich mir eingestehen, dass mir die Sauferei Schaden zufügte.

Nachmittags fuhr ich wie versprochen zum Training und ging direkt in die Trainerkabine zu Otto Rehhagel. Sein erster Kommentar: »Uli, gehen Sie mal zum Physio und danach in die Sauna.« Und dann sagte er: »Ich biete Ihnen eine Magen-Darm-Grippe an.« Typisch Otto. Er »bot« es mir an, dabei hatte er der Presse längst mitgeteilt, dass der Spieler Uli Borowka deshalb nicht zum ersten Training erschienen war, weil ihn eine tückische Magen-Darm-Erkrankung daran gehindert hatte. Und nicht, dass sich der Spieler Uli Borowka am Vorabend so fürchterlich besoffen hatte, dass er kurz vor Trainingsbeginn in seinem Auto auf einer Raststätte aufgewacht war.

Rehhagel machte mir ein Angebot, dass ich erstens nicht ablehnen konnte und zweitens gerne annahm. Wir profitierten beide davon. Er schützte mich vor der schlechten Presse, die nach so einer Aktion selbst in Bremen die logische Folge gewesen wäre. Gleichzeitig stand ich nun in seiner Schuld und dachte an nichts anderes, als mir in den nächsten Spielen den Arsch aufzureißen, damit mir der Trainer meinen Ausrutscher verzieh. Er rettete mich und irgendwie auch nicht.

In der Suchtklinik sollte ich später lernen, dass Rehhagel spätestens nach dieser Aktion als co-abhängig bezeichnet werden musste. Co-abhängig sind die Menschen, die im nahen Umfeld eines Suchtkranken durch ihr Verhalten dafür sorgen, dass sich der Süchtige seine Sucht nicht eingesteht. Dass er die Behandlung seiner Sucht so lange wie möglich verhindert.

Ich mache Otto Rehhagel keinen Vorwurf. Auch andere Personen in meinem Umfeld waren damals streng genommen co-abhängig. Schuld an dem Schlammassel war einzig und alleine ich. Doch aus heutiger Sicht wäre es sicherlich besser gewesen, wenn mein Trainer den Fehltritt damals nicht vertuscht hätte. Wenn er mich an den Pranger gestellt hätte, wenn ich für mein Verhalten unmittelbar bestraft worden wäre. Und wenn mir die schlimmen Folgen meiner Krankheit – die ich damals natürlich noch nicht als Krankheit anerkannte – direkt vor Augen geführt worden wären.

Stattdessen saß ich in der Sauna und dachte: »Uli, da hast du noch mal Schwein gehabt.« Und in den kommenden Wochen brauchte mich der Trainer nur schräg von der Seite anzugucken, schon rannte ich im Spiel um mein Leben. Selbst Monate später, vor einem wichtigen Spiel in der Rückrunde, holte mich der Blackout vom Rastplatz wieder ein. »Uli«, sagte Otto vor dem Anpfiff, »zeigen Sie, was Sie können. Ich habe die Aktion von damals noch nicht vergessen ...«

Der Filmriss war schlimm, er zeigte mir erstmals, dass mich der Alkohol komplett aus der Bahn werfen konnte. Nicht, dass ich damals mein Suchtproblem erkannte, davon war ich noch weit entfernt. Aber für eine kurze Zeit war ich schockiert.

Aus sportlicher Sicht hatte der vermeintliche Ausrutscher zunächst keine weiteren Folgen. Ich spielte, ich verrichtete meine Arbeit. Wenn wir gewannen, kassierte ich meine Prämie und fuhr nach Hause. Selbst wenn ich die Abende und Nächte in der Kneipe verbrachte, konnte ich am nächsten Morgen wieder voll trainieren. So gesehen war mein Körper ein Wunder der Natur. Wie jeder andere Mensch auch zeigte ich nach zu viel Bier und Schnaps die üblichen Symptome – ich torkelte, ich lallte, ich musste mich auch schon mal übergeben –, doch am nächsten Morgen stand ich auf dem Trainingsplatz und spielte Leistungsfußball, als wäre nichts gewesen.

Wie robust mein Körper auf äußere Einflüsse reagierte, zeigte sich nach einem ziemlich blutigen Zwischenfall mit dem Wattenscheider Stürmer Ali Ibrahim im Sommer 1991. Er jagte mir seinen Ellenbogen so ins Gesicht, dass drei Zähne sofort ausfielen und einer abbrach. Meine Lippe war aufgeplatzt, ich blutete wie ein abgestochenes Schwein. Meine Kollegen mussten mich festhalten, sonst wäre ich Ibrahim an die Gurgel gegangen. Er bekam Rot, ich aber ging nach dem Spiel auf die Suche nach meinen Zähnen. Übrigens zusammen mit meinem Vater, der bei diesem Spiel mit im Stadion gesessen hatte. Montags darauf saß ich beim Zahnarzt. Ich sah aus wie Frankensteins Gesellenstück, der Doktor musste mir die zerstörten Zähne samt Wurzeln ausgraben. Ohne eine Betäubung war das nicht machbar. Doch nun hatten wir ein Problem. Der Inhalt seiner Betäubungsspritzen stand auf der Dopingliste, ohne Betäubung war an diesen komplizierten Eingriff aber nicht zu denken. Und schon morgen mussten wir bei Bayer Leverkusen antreten. Also rief ich unseren Vereinsarzt Dr. Meschede an. »Uli, ich kümmere mich darum«, vertröstete er mich. Keine zehn Minuten später klingelte wieder das Telefon. »Uli, ich habe mich erkundigt: Morgen gibt es keine Dopingkontrolle. Sag dem Kollegen, er kann die Spritzen aufziehen.« So viel zu den Dopingbestimmungen in den neunziger Jahren.

Mein Zahnarzt machte sich ans Werk und drückte mir die erste Spritze rein. Und die zweite. Und die dritte. Und die vierte! Es half alles nichts, mein Körper wehrte die Betäubungen ab wie ein geübter Boxer die gegnerischen Aufwärtshaken. Schon bald standen dem Mediziner riesige Fragezeichen im Gesicht. »So etwas habe ich ja noch nie erlebt«, murmelte er. Erst nach sage und schreibe zwölf Betäubungsspritzen verlor ich endlich das Gefühl im Gesicht, endlich konnte sich der Doktor an die Arbeit machen. Als ich anschließend zum Trainingsgelände fuhr, war der Mannschaftsbus bereits in Richtung Leverkusen aufgebrochen. Mit meinen zwölf Spritzen im Körper setzte ich mich ins Auto und fuhr hinterher ...

Ähnlich verhielt es sich mit dem Alkohol: Mein Körper war perfekt darin, das ihm zugeführte Gift in Rekordzeit abzubauen. Als ich 2000 nach mehr als vier Jahren hemmungsloser Sauferei in die Entzugsklinik eingeliefert wurde, hatte meine Leber ganz normale Werte. Ein teuflischer körperlicher Vorteil.

Meine Organe, meine Arme und Beine ertrugen den Alkohol mit Gleichmut. Doch meine Psyche schien sich nach und nach zu verändern, immer häufiger wurde ich in der Kneipe aggressiv, der Filmriss war der erste böse Vorbote für alles, was da noch kommen sollte.

Während ich langsam, aber sicher mich, meine Familie und meine Karriere versoff, zerbröckelte die Beziehung zu meiner Frau wie ein altes Haus nach dem Erdbeben. Nichts konnte mich mehr auf die Palme bringen als meine Frau. Die Sauferei und der Stress mit Carmen wurden bald zu einer gruseligen Mischung.

Im März 1995 explodierte schließlich eine Bombe, deren Lunte ich selbst angezündet hatte. Schon seit Monaten lag ich mir mit Carmen wegen unserer Finanzen in den Haaren. Im Rausch des vielen Geldes – bei Werder kam ich im Jahr, inklusive aller Prämien, auf gut

500 000 DM Brutto – schien mitunter das Maß verloren zu haben. Zwar verdiente ich mit etwa 25 000 Mark im Monat sehr gutes Geld, doch gingen davon regelmäßig 12 000 DM als Fixkosten für unser Haus, die Autos und verschiedene Kredite drauf. Blieben zwar immer noch 13 000 DM übrig, doch Carmen schaffte es in manchen Monaten bis zu 15 000 DM für aus meiner Sicht unnötige Luxusgüter auszugeben.

600 DM sollte auch ein Fußballerpaar nicht für eine einzelne Kinderjacke ausgeben.

Die Auseinandersetzungen ums liebe Geld wurden immer schlimmer. Kein Abend verging, in denen wir uns nicht lautstark stritten. Was mal Liebe, Zuneigung und Geborgenheit gewesen war, hatte sich längst in Wut, Trauer und Verachtung verwandelt. Und meistens flüchtete ich dann in die Kneipe – noch ein Grund mehr für Carmen, sich über ihren Ehemann zu beklagen.

Am 21. März 1995 fuhr ich am späten Nachmittag nach dem zweiten Training noch kurz bei meiner Bank vorbei. Am Automaten zog ich mir einen Kontoauszug. Für den Umbau unseres Hauses hatte ich mehrere zehntausend Mark beiseite gelegt, Geld, das nun plötzlich nicht mehr da war. Ich rannte zu einem der Schalter und erfuhr, dass das Geld erst kürzlich abgebucht worden war. Rasend vor Wut fuhr ich nach Hause und stellte meine Frau zur Rede. Sieben Jahre zuvor hätten wir die Angelegenheit vielleicht wie zwei erwachsene Menschen regeln können, aber dafür war es längst zu spät. Ich tobte, ich brüllte, und dass Carmen behauptete, sie wüsste nicht, wovon ich spreche, machte mich noch wütender. Wie so oft türmte ich aus meinem eigenen Haus und suchte Trost am Tresen.

Zwei Stunden später war ich bereits stockbesoffen. Doch die Wut hatte selbst der Schnaps nicht ertränken können. Zu Hause angekommen, ging die Streiterei sofort von vorne los. Im Hausflur schrien wir uns an. Und dann sagte Carmen einen Satz, den ich folgendermaßen im Gedächtnis habe: »Wenn du mal keine Kohle mehr hast, bin ich sowieso weg!« In meinem Kopf brannten sämtliche Sicherungen durch. Vor Zorn ganz blind, jagte ich meine eigene Frau, die Mutter meiner

Kinder, die Treppe hoch, packte sie am Hals und schlug ihren Kopf mit voller Wucht gegen die Wand.

Was hatte ich nur getan?

Vollkommen aufgelöst rief Carmen die Polizei. Ich stürmte aus unserem gemeinsamen Haus, das nach diesem Vorfall nie wieder ein Zuhause sein sollte, und rannte die Straße runter. Ich war auf der Flucht. Vor meiner Frau, der Polizei und vor allem vor mir selbst. Nur 300 Meter entfernt wohnte Oliver Reck, die Recks hatten ein Gästezimmer, hier verkroch ich mich fürs Erste. Schon nach ein paar Stunden hielt ich es nicht mehr aus. Wie ein Einbrecher in der Nacht schlich ich zu unserem Haus – wo ich von einer Polizeistreife in Empfang genommen wurde. Sie packten mich in ihren Wagen und fuhren mich aufs Revier. Die letzten Stunden dieser furchtbaren Nacht verbrachte ich in der Ausnüchterungszelle.

»Borowka! Aufstehen. Sie können gehen.« Die schroffen Worte des Polizisten beendeten einen wirren Alptraum, doch die Realität war viel schlimmer. Als ich die Wohnungstür aufsperrte und vorsichtig hineinhorchte, war da niemand. Carmen hatte sich Irina und Tomek geschnappt und war verschwunden, zu ihrer Mutter, wie ich später herausfand.

Ich packte meine Tasche und fuhr zum Training. Bremen ist eine kleine Stadt mit vielen Ohren, mein nächtlicher Ausfall hatte sich natürlich längst rumgesprochen. Die *Bild*-Zeitung berichtete von dem alkoholisierten Fußballer, der seine Frau geschlagen hatte. Als ich mit dem Auto zum Trainingsplatz fuhr, spürte ich tausend Augen, die mich anstarrten, tausend Finger, die auf mich zeigten. Ich schämte mich wie noch nie zuvor in meinem Leben. Ich hatte meine Frau verletzt. In dem Haus, wo unsere gemeinsamen Kinder lebten. Konnte man denn noch tiefer sinken?

Jeder wusste es. Otto wusste es. Der Manager wusste es. Der Vizepräsident. Der von mir hoch geschätzte und später leider viel zu früh verstorbene Präsident Dr. Franz Böhmert wusste es. Meine Mitspieler wussten es. Die ganze Bundesliga wusste es.

Carmen blieb tagelang unerreichbar. Wenn ich nach dem Training nach Hause kam, war der riesige Klotz aus Panzerglas und Marmor leer. Irgendwann, nach Dutzenden Versuchen, erreichte ich sie am Telefon. Ich flehte, ich bettelte, ich kroch zu Kreuze und schwor ihr, dass so etwas nie wieder passieren und ich mich ab sofort im Griff haben würde. Nach langen Minuten ließ sie sich erweichen, auch weil die Kinder ihren Papa und den Kindergarten und ihr Zuhause vermissten.

Doch nichts wurde wieder, wie es mal war. Das war der Anfang vom Ende und es gab auch kein Zurück mehr. Mein Leben entronn mir aus den Händen wie feiner Sand. Meine verzweifelten Versprechungen und Schwüre, von nun an alles anders zu machen, waren lediglich hohle Phrasen, ohne Fundament und Inhalt. Der Alkohol hatte mich viel zu fest im Griff, als dass ich noch etwas an meiner Situation hätte ändern können. Ich versuchte zu retten, was nicht mehr zu retten war. Trocken und nüchtern hätte ich mich vielleicht ernsthaft mit Carmen zusammengesetzt. Wir hätten versucht, uns auszusprechen. Vielleicht hätten wir das nicht geschafft. Vielleicht hätten wir uns getrennt, weil die Liebe zerronnen war. Vielleicht hätten wir irgendwas getan, nur nicht das, was nun folgte.

Kaum waren die ersten Worte der Versöhnung verhallt, gingen die gegenseitigen Beschimpfungen und Erniedrigungen auch schon wieder los. Wir beide kannten die Schwachstellen des Partners ganz genau. Und wie es sich für einen anständigen Rosenkrieg gehört, fügten wir den Schwachstellen Wunden zu. Und streuten anschließend Salz in die Wunden. Es war einfach nur schlimm.

Aus heutiger Sicht frage ich mich, was ich in Gottes Namen damals nur getan habe. Wollte ich nicht erkennen, in welcher Lage ich mich befand? Wahrscheinlich fühlte ich mich der äußerst kritischen Situation noch gewachsen, schließlich, so kurios es klingt, machten sich meine privaten Eskapaden auf dem Fußballplatz zunächst nicht bemerkbar. In einer Mannschaft, die 1994/95 bis zum Schluss um die Meisterschaft mitspielte, war ich gesetzt. Wenn ich den Rasen betrat und die ersten Bälle aufs Tor donnerte, fühlte ich mich frei von allem Stress. Und so hatte der Fußball lange Zeit die gleiche Wirkung wie der Alkohol: Er ließ mich vergessen, in was für einer beschissenen Situation ich eigentlich steckte.

Bis zum Spiel gegen Schalke 04. Bis zu dem Tag, an dem meine Fehler Werder Bremen die Deutsche Meisterschaft kosteten.

An diesem 32. Spieltag war ich schon vor dem Anpfiff fahrig und seltsam unkonzentriert. Hatte ich es in den vergangenen Monaten irgendwie geschafft, Privates und Berufliches zu trennen, brach das wacklige Kartenhaus nun, in einer ernsten Drucksituation, in sich zusammen. Wir verloren mit 2:4 gegen Schalke, zwei Gegentore fielen nach kapitalen Fehlern von mir. Nach 62 Minuten wechselte mich Otto Rehhagel aus. Ich fühlte mich wie ein Boxer, der in der zwölften Runde zusammengeschlagen und ausgeblutet aufgeben muss. Nicht nur, dass mein Leben ein Trümmerhaufen war, jetzt spielte ich auch noch Fußball wie ein Anfänger. Ich bin mir sicher: Mit einem Uli Borowka in Normalform hätte Werder Schalke aus dem Stadion geschossen und wäre anschließend auch Meister geworden.

So aber musste ich mit ansehen, wie wir auf der Zielgeraden ins Stolpern gerieten, am letzten Spieltag mit 1:3 gegen den FC Bayern unterlagen und den Titel an Borussia Dortmund verloren. Natürlich war es die Niederlage gegen die Bayern, die uns die Meisterschaft letztlich kostete. Aber ich war mir dennoch sicher: Ich hatte es versaut. Privat und auf dem Fußballplatz. Und zu allem Überfluss verabschiedete sich am Ende dieser Saison auch noch mein Trainer. Otto Rehhagel verließ Bremen und wechselte ausgerechnet nach München. Die Werder-Familie stand unter Schock. Ich stand unter Schock. Nach Jupp Heynckes war Otto erst mein zweiter Trainer im Profibereich gewesen, unter ihm war ich zum Nationalspieler gereift, hatte zwei Meisterschaften und den Pokal gewonnen. Nun ging er einfach weg.

Wie schon im Falle des Wechsels von Lothar Matthäus von Borussia Mönchengladbach zum FC Bayern bin ich mir auch bei Otto

Rehhagel sicher, dass der Verein ihn hätte halten können. Wenn der Verein denn gewollt hätte. Doch gerade in dieser letzten Saison häuften sich die Spitzen, die Rehhagel von der Vereinsführung ertragen musste. Gerade der Manager, der in den Jahren zuvor von Otto mehr als einmal vor versammelter Mannschaft zurechtgestutzt worden war, dürfte nicht unbedingt unglücklich gewesen sein, als Rehhagel Werder verließ. Ein Beispiel für den Konflikt zwischen Trainer und Präsidium erlebten wir Spieler während der Winterpause, als wir trotz langer Verletztenliste bei zahlreichen Hallenturnieren antreten mussten. »Was haltet ihr davon, wenn wir den Jens mal mitnehmen«, fragte uns Otto. Sein Sohn Jens, der damals bei den Amateuren spielte, war ein guter Fußballer, und da wir ohnehin personell nur unzureichend besetzt gewesen wären, hatten wir natürlich nichts dagegen. »Den schmeißen wir auch nur rein, wenn die Spiele schon entschieden sind«, sagte Otto. Jens machte ein paar Spiele und zog sich durchaus beachtlich aus der Affäre. Aber im Präsidium stieß dieser Alleingang des Trainers sauer auf.

Irgendwann wird es Rehhagel gereicht haben. Anfragen aus München hatte er in den Jahren zuvor ja schon mehrfach erhalten. Ich denke, an einem bestimmten Punkt wird er sich gesagt haben: »Na gut, warum nicht.« Eine Entscheidung, die Werder in den kommenden Jahren noch bereuen sollte.

Doch bevor sich Otto von uns offiziell verabschieden konnte, hatten wir ja noch eine Meisterschaft zu spielen. Ganz ehrlich: Der Titel war mir inzwischen egal. Viel schlimmer als der Verlust der Meisterschaft wog der Weggang unseres Trainers. Viele in der Mannschaft dachten damals wie ich. Entsprechend unwirklich waren die Tage vor dem letzten Saisonspiel gegen die Bayern. Otto bemühte sich, uns auf dieses wichtige Spiel einzustellen, aber was er auch tat, es gelang ihm nicht. »Meine Herren«, sagte er, »Sie können mir und sich selbst einen großen Gefallen tun und hier und heute in München Deutscher Meister werden!« Den Gefallen taten wir uns leider nicht. Obwohl es nichts mehr für sie zu holen gab, spielten die Bayern ganz groß auf und rannten 90 Minuten lang wie die Verrückten über den Platz. Scheinbar wollten sie ihrem neuen Trainer gleich mal zeigen, was sie so draufhatten. Wir verloren und fuhren nach Hause. Als ich meine Haustür aufschloss, hallte das Geräusch des Schlüssels im Flur nach. Carmen und die Kinder waren wieder einmal weg.

Noch ein letztes Mal wurde es gefühlig, dann verschwand Rehhagel aus meinem Leben. Für seinen Abschied hatte Otto eine Bremer Disco angemietet, wo wir es alle noch einmal richtig krachen ließen. Ich hatte mir als Abschiedsgeschenk etwas ganz Besonderes einfallen lassen. Einer von Ottos zahlreichen Lieblingssprüchen hatte sich in mein Gedächtnis eingebrannt: »Meine Herren, Sie müssen immer auf der Hut sein! Jeder muss denken, dass Sie einen Geigenkoffer mit sich herumtragen, aber wenn Sie den Koffer aufmachen, muss da eine Kalaschnikow drin sein sein!«

Wochenlang suchte ich nach den passenden Utensilien. Ich kaufte einen kleinen Koffer und ließ ihn mit rotem Samt auslegen. Ein befreundeter Werkzeugmacher bastelte mir ein kleines Kalaschnikow-Imitat aus Edelstahl mit Holzgriff. Diesen Koffer, mit einer Glasscheibe überzogen, überreichte ich meinem scheidenden Trainer bei seiner Verabschiedung. Otto schaute mich zunächst vollkommen ratlos an, dann verstand er. Ob er dieses Geschenk heute noch irgendwo stehen hat? Ich habe ihn nie danach gefragt.

Dieser Abend war eines meiner letzten Highlights in den kommenden Jahren. Er ließ die Saison 1994/95 mit einem kleinen Lichtblick ausklingen. Doch es dauerte nicht lange, bis schwarze Wolken wieder alles verdunkelten. Meine Frau und meine Kinder verlor ich jeden Tag ein bisschen mehr. Mein Haus, unser Zuhause, war nur noch ein großer lebloser Kasten, der mich daran erinnerte, was einmal gewesen war. Meine Karriere eilte mit riesigen Schritten dem Ende entgegen. Otto Rehhagel war jetzt in München.

Früher war ich morgens aufgewacht und hatte mich über den neuen Tag gefreut – dieses Gefühl kannte ich jetzt nicht mehr.

TAGESBERICHT, Fachklinik Fredeburg

10. Mai 2000

Der Zeitungsartikel, in dem die ganzen schlimmen Geschichten zwischen mir und meiner Frau noch einmal durchgekaut worden war, macht mir nicht viel aus. Ich habe ihn so hingenommen wie jeden anderen Artikel auch. Dass meine Frau nicht kommt, macht mich allerdings wütend und traurig zugleich. Um meine Alkoholkrankheit zu verstehen, muss man sich damit auseinandersetzen und das vor allem wollen. Ich dachte, dass meine Frau das auch so sieht, weil wir ja doch viele Jahre zusammen verbracht haben und zwei wunderschöne und liebe Kinder haben. Ich muss sagen, dass ich meine Frau immer noch liebe und mir das alles sehr wehtut.

12. bis 14. Mai 2000

Ich war am Freitagabend sehr traurig, als einige Mitpatienten ihren Besuch zum Angehörigenseminar bekamen. Ich hätte an diesem Wochenende gerne einiges mit meiner Frau geklärt. Noch ein Wort zu Frank, meinem »Patenkind«. Ich erzähle alles fünf bis zehn Mal und weiß nicht, ob er es dann verstanden hat. Ich weiß, dass Frank krank ist, aber das zehrt auch an mir. Ich weiß auch nicht, was Frank in unserer Gruppe macht, weil ich das Auswahlverfahren nicht kenne. Auf jeden Fall ist das nicht leicht für mich, weil Frank oft abwesend ist.

16. Mai 2000

Über Uwe mache ich mir keine Gedanken mehr. Ich habe versucht, ihm zu helfen, aber es ist mir nicht gelungen. Das reicht. Er hat auch keine Hilfe angenommen. Ich habe Sonderurlaub beantragt. Ich habe viel zu tun, aber ich gehe davon aus, dass sich der ganze Aufwand lohnt. Ich bin gut vorbereitet und habe keine Angst oder das Verlangen, Mist zu bauen. Ich war ein bisschen baff, als mir meine Therapeutin sagte, dass sie Sorgen hätte, ich könne Scheiße bauen. Ich laufe nicht weg. Ich dachte, dass würde man hier auch so sehen und mir mehr vertrauen.

18. bis 21. Mai 2000

Am Donnerstag holte mich mein Vater ab. Für mich war das gut, denn ich konnte ihm meine jetzige Situation und meine Alkoholsucht erklären. Zu Hause habe ich dann noch mit meiner Mutter, meiner Schwester und meinem Schwager gesprochen. Am Abend habe ich noch die Anonymen Alkoholiker in Hemer besucht. Ob ich in die Gruppe gehe, weiß ich noch nicht. Der Altersunterschied ist sehr groß. Der Freitag begann mit Frühstück und Gratulation. Dann bin ich nach Gladbach gefahren und von da zum Arbeitsamt. Danach bin ich zum Anwalt wegen der Gerichtstermine, die nach der Therapie stattfinden oder schon eingestellt sind. Am Nachmittag habe ich schön Kaffee getrunken und mich mit der Weisweiler-Elf zusammengesetzt. In den Tagen habe ich für mich ohne Stress und Hektik viel erreicht und ich bin sehr froh, dass ich alles hinbekommen habe. Meine Frau rief mich am Geburtstag an, ebenso meine Kinder. Meine Frau freute sich für mich, dass ich alles ohne Alkohol erledigen konnte. Ich hatte in der Gaststätte meiner Eltern und die ganzen Tage über keinen Saufdruck.

... SCHRECKEN OHNE ENDE

Meine Zeit in Bremen ist vorbei

Und ich hatte diesen Mann noch empfohlen. Kurze Zeit, nachdem in der Presse bekannt gegeben worden war, dass Otto Rehhagel Werder verlassen würde, bekam ich einen Anruf von einem Bekannten. In Holland gäbe es einen Trainer, so der Anrufer, der zu Bremen passen würde wie die Faust aufs Auge. Sein Name: Aad de Mos. Anschließend war ich ins Werder-Präsidium marschiert und hatte meine Informationen weitergegeben.

Nun stand er vor uns. Aad de Mos. Auf den ersten Blick wirkte er sympathisch. Dann blickte er sich in der Kabine um, erblickte Frank Neubarth und sagte: »Schön, dass Rune Bratseth auch noch mit dabei ist!« Dass Rune Werder ein Jahr zuvor verlassen hatte, war de Mos offenbar entgangen.

Dieser peinliche Ausrutscher wäre sicherlich bald vergessen gewesen, doch der neue Mann schaffte es in Rekordzeit, sich bei uns Spielern unbeliebt zu machen. Ganz besonders bei mir. Gleich in den ersten Tagen hatte er noch behauptet, in Bremen nicht viel ändern zu wollen, schließlich sei ein Großteil dieser Mannschaft für den Erfolg der vergangenen Jahre verantwortlich gewesen. Doch ich spürte schnell, dass de Mos nicht mit offenen Karten spielte. Schlimmer noch, er log uns an. Seine anfangs verkündete Marschrichtung, in Bremen nicht viel ändern zu wollen, warf er bereits in der zweiten Woche über den Haufen. Geradezu manisch versuchte er, mit uns das von ihm propagierte 4-4-2-System einzustudieren. Stundenlang standen wir bewegungslos auf dem Trainingsplatz und mussten uns von ihm wie Schachfiguren bewegen lassen. Im Schneckentempo ging er mit uns, einer Mannschaft, die in der Vorsaison nur mit viel Pech die Deutsche Meisterschaft verbockt hatte, die Laufwege ab! So etwas kann man vielleicht mit einer B-Jugendmannschaft machen, nicht aber mit dem amtierenden Vizemeister der Bundesliga. Für einen behutsamen Übergang zu einem moderneren Spielsystem war Aad de Mos einfach der falsche Mann.

Mir war bald schon klar, dass der Holländer vor allem menschliche Defizite hatte. In der Vorbereitung setzte er mich in jedem Spiel ein, er sagte es mir direkt ins Gesicht: »Uli, Sie sind mein Mann.« Vor dem ersten Saisonspiel gegen Fortuna Düsseldorf war ich mir absolut sicher, zur Stammformation zu gehören. Doch als er vor dem Spiel in der Kabine mit der Kreide die Aufstellung an die Tafel kritzelte, war mein Name nicht dabei. Er hatte mich sogar aus dem Kader gestrichen. Fassungslos nahm ich ihn anschließend zur Seite: »Trainer, was soll das werden?« »Du passt nicht in mein System«, war alles, was er mir antwortete.

Das 1:1 verfolgte ich mit Wut im Bauch auf der Tribüne im Weserstadion. Selbst die zornigen »Uli! Uli!«-Rufe der Werder-Fans konnten meinen Hass nicht dämpfen. Hier zeigte sich meine Wesensveränderung durch den Alkohol und die private Misere erneut: Anstatt mir vorzunehmen, mich wieder in die Mannschaft zurückzukämpfen, schwor ich Rache. Mein Kopf war voll von schlechten Gedanken.

Am Montag nach dem Spiel legte ich es quasi darauf an, mich bei meinem Trainer unbeliebt zu machen. In der Mittagspause überredete ich Mario Basler und unseren Neuzugang Rudolfo Cardoso, mit mir beim Italiener Fünfe gerade sein zu lassen. Wir schaufelten uns Nudeln mit dicker Soße rein und spülten das schwere Essen mit einigen

Flaschen Rotwein herunter. Beim Nachmittagstraining schlurften wir wie kranke Schildkröten über den Rasen. Es dauerte nicht lange, bis de Mos dahinterkam. Am Dienstag stand auf dem schwarzen Brett vor den Umkleidekabinen: »Mittwochmorgen: Straftraining Borowka, Basler, Cardoso«.

Am nächsten Tag standen wir drei pünktlich um acht Uhr mit Co-Trainer Kalli Kamp am Osterdeich. Kalli war sichtlich schlecht gelaunt, schließlich war es seine Aufgabe, dafür zu sorgen, dass wir bei diesem Straftraining nicht ausbüxten. Nach nur einer halben Stunde lockeren Warmlaufens beendete er die »Strafe«. Zurück am Weserstadion stand bereits Physiotherapeut Holger Berger bereit: Er hatte uns Frühstück von McDonald's besorgt ... Wir aßen uns satt und legten uns dann gemütlich schlafen. Eine knappe Stunde später tauchte de Mos auf. »Das soll euch eine Lehre gewesen sein«, sagte er mit triumphierendem Lächeln. Wir schauten uns nur grinsend an. »Danke, Trainer«, trompetete schließlich Mario, »da konnten wir endlich mal richtig frühstücken und ausschlafen!« De Mos verstand kein Wort.

Die Geschichte war noch nicht vorbei: Nach den Trainingseinheiten nahm mich Kalli Kamp beiseite: »Uli, wenn du morgen vernünftig trainierst, dann bist du am Freitag gegen den HSV wieder mit dabei.« Leck mich doch am Arsch, dachte ich, erst sortiert der dich aus, dann lässt er dich laufen und jetzt hat er nicht mal die Eier in der Hose, mit dir persönlich zu sprechen! Der kann mich mal!

Beim Trainingsspiel am Donnerstag setzte ich zu einer Grätsche an, schrie plötzlich auf und hielt mir das Knie. Kalli und de Mos kamen zu mir. »Uli, was ist los?« »Hab' mir das Knie verdreht, verdammte Scheiße.« Humpelnd verabschiedete ich mich vom Training. Und von allem, was mir mal heilig gewesen war. Da war nichts mit dem Knie. Ich war kerngesund. Aber die Genugtuung, mich gegen den HSV wieder aufs Feld zu schicken, wollte ich dem Trainer nicht geben. Im Gegenteil: Sollten die Fans doch weiter »Uli! Uli!« rufen und de Mos in Erklärungsnot bringen!

Mein Gott, so weit war es mit mir gekommen. Ich, der knapp 15 Jahre zuvor noch mit Bleiwesten trainiert hatte, nur um irgendwann einmal die Chance auf ein Bundesligaspiel zu bekommen, ich, der sich jahrelang für seine Vereine zerrissen hatte, der mit ausgeschlagenen Zähnen und blutenden Platzwunden gespielt hatte, schlich mich nun mit einer vorgetäuschten Verletzung vom Platz. Nur, weil ich es meinem Trainer heimzahlen wollte. Die Sauferei, der brutale Stress mit meiner Familie, der schlechte Führungsstil von Aad de Mos, all das vernebelte mir die Sinne und machte mich zu einem Menschen, der ich nie sein wollte. Zwar hatte ich schon einmal, vor den Olympischen Spielen 1988, eine Verletzung vorgetäuscht, um nicht Fußball spielen zu müssen, doch damals schämte ich mich wochenlang für mein Verhalten. Im August 1995 genoss ich Idiot noch meinen »Triumph« und suhlte mich in einer Suppe voller Rachegefühle. Es war erbärmlich. Das 3:3 im Derby gegen den HSV sah ich mir von der Tribüne aus an.

Es war nicht so, dass ich mich bald vor mir selbst ekelte. Im Gegenteil. Eine Woche später stand ich, blitzgeheilt, beim 1:0-Sieg gegen den Karlsruher SC auf dem Platz. Stolz wie ein Gockel lief ich nach dem Spiel vom Rasen. Mein Blick in Richtung Aad de Mos sollte sagen: »Siehst du Trainer, wenn du dich mit mir anlegst, dem großen Uli Borowka, dann hast du keine Chance! Wenn du tust, was ich dir sage, gewinnen wir auch Spiele.« Ich fühlte mich viel größer, als ich eigentlich war. Eigentlich ging es mir beschissen. Mein Familienleben war der reinste Horror. Den einzigen Zuspruch bekam ich längst nur noch von den Schulterklopfern aus der Kneipe. Ich hatte den Zenit meiner sportlichen Leistungskraft überschritten. Doch gegenüber de Mos verhielt ich mich wie ein Superheld, dem nichts und niemand etwas anhaben kann. Ich befand mich im Krieg und glaubte, vollkommen verblendet, auf der Siegerseite zu stehen.

Meine Alkoholexzesse wurden immer schlimmer. Hatten mir früher sieben Flaschen Bier die Lichter ausgeschossen, mussten es jetzt schon zehn Flaschen sein, ehe ich die gewünschte Wirkung verspürte. Bald darauf zwölf Flaschen, dann 15. Bier, Wein, Schnaps – ich soff alles, was ich in die Finger bekam. Meine Beziehung zu Carmen raste auf das große Finale zu. Dass ich nach unseren Streitereien in die Kneipe verschwand und meine Frau mit unseren Kindern zu ihren Eltern flüchtete, wurde bald zur Gewohnheit. Irina und Tomek litten furchtbar unter dieser Situation, doch statt mich irgendwie für meine Kinder am Riemen zu reißen, versuchte ich lieber den Kummer runterzuspülen.

Am 30. September 1995 eskalierte die Lage endgültig.

Als ich nach dem 2:2 bei Bayer Leverkusen spätabends nach Hause kam, waren sie weg. Meine Frau und meine Kinder, geflüchtet mit ein paar Koffern und Taschen. Vor mir.

Und ich? Ich dachte: Die kommen schon zurück.

Natürlich kamen sie nicht zurück. Mehrmals versuchte ich es, mal wütend, mal bettelnd, mal versöhnlich, mit Carmen am Telefon zu sprechen, ein paar Mal setzte ich mich in meinen Wagen und fuhr zu ihren Eltern, um wenigstens meine Kinder zu sehen. Doch nach Bremen, zu mir, würde meine Familie nicht mehr zurückkommen. Das wurde mir langsam klar.

Für Werder absolvierte ich in der Hinrunde der Saison 1995/96 insgesamt noch zehn Spiele. Am 17. Spieltag, am 9. Dezember 1995, verloren wir mit 1:2 beim FC Schalke 04. In der 77. Minute, beim Stand von 1:0 für Schalke, wechselte de Mos mich für Angelo Vier aus. Das 239. Spiel für Werder sollte auch mein letztes sein. Wir beendeten die Hinrunde auf Platz 15. Im Januar 1996 wurde Aad de Mos entlassen.

Nach dem Spiel gegen Schalke kaufte ich mir einen Porsche 911. Die vielleicht dämlichste Investition meines Lebens. Jahrelang hatte mein einziger persönlicher Luxus aus Swatch-Uhren und Krawatten bestanden, jetzt kaufte ich mir in einem Anflug von Schwachsinn diese Angeberkarre. Weiß der Teufel, warum ich das tat. Vielleicht, um mein inzwischen in den Keller gestürztes Selbstvertrauen künstlich wieder aufzupushen, vielleicht war es auch die letzte Zuckung eines Fußballstars, der es nicht wahrhaben wollte, dass sein schönes Leben nun langsam, aber sicher zu Ende ging. Jedenfalls bretterte ich mit meinem neuen Porsche gleich mal Richtung Mönchengladbach, um meine Familie zu beeindrucken. Nur Stunden später drückte ich das Gaspedal nach einem heftigen Streit mit Carmen bis zum Anschlag durch und rauschte in einem halsbrecherischen Tempo über die Autobahn nach Bremen. Bei Recklinghausen begann es plötzlich wie aus Eimern zu schütten. Mir war das egal, ich gab weiter Gas. Plötzlich verlor ich die Kontrolle über den Wagen, durch Aquaplaning geriet der Porsche aus der Fahrspur, ich rutschte über die Autobahn, drehte mich viermal und kam zum Stehen. Nur um Haaresbreite verfehlte mich ein LKW, dessen Fahrer in letzter Sekunde noch das Lenkrad herumreißen konnte. Das wäre der sichere Tod gewesen.

Wer nun glaubt, diese Beinahekatastrophe wäre mir eine Lehre gewesen, der irrt sich. Mir war ja eh schon alles scheißegal.

Es war der 12. Januar 1996. Einsam hockte ich meinem leeren Kasten in Oberneuland und schüttete mir mal wieder alles rein, was der Kühlraum so hergab. Mein Telefon klingelte. Ein damaliger Werder-Mitspieler fragte, ob ich nicht noch Lust hätte, mit ihm in einem nahe gelegenen Hotel einen saufen zu gehen. Natürlich hatte ich das. Besser zu zweit sich betrinken als alleine. Gesellschaft konnte ich gut gebrauchen. Ich setzte mich in meinen Porsche und bretterte los. Die Straßen waren nass und ich war besoffen – eine gefährliche Mischung. Irgendwo auf der Dorfstraße verlor ich die Kontrolle über meinen Wagen, schlidderte über den Seitenstreifen und krachte seitlich mit ziemlicher Geschwindigkeit gegen einen Baum. Kurz vor dem Aufprall schrie ich auf, dann gingen die Lichter aus.

Eingequetscht zwischen den Überresten meines Sportwagens wurde ich wieder wach. Ich hatte Schmerzen, ich blutete stark aus diversen Schnittwunden, doch schon wieder schien ich Glück im Unglück gehabt zu haben. Auf den ersten Blick konnte ich keine schwerwiegenden Verletzungen erkennen. Endlich trafen die Sanitäter ein. Sie befreiten mich aus dem Schrotthaufen und versorgten notdürftig die ersten Wunden. Die Polizei war auch schon da. Sie wussten genau, mit wem sie es zu tun hatten. Leidenschaftlich kämpften zwei Beamte mit den Sanitätern darum, mich mit aufs Revier zu nehmen, um mir dort endgültig den Führerschein abnehmen zu können. »Der Mann gehört ins Krankenhaus«, hörte ich einen Sani sagen. Den Polizisten war das egal. Sie setzten sich durch, packten mich in ihren Wagen und brachten mich zu ihrer Dienststelle. Ich war vollkommen am Ende. Betrunken und verwirrt durch den Unfall, vom Blutverlust geschwächt, hockte ich wie ein Häufchen Elend auf der Wache. Den Polizisten schien das egal zu sein, endlich hatten sie mich, ein paar Wunden an meinem Körper sollten sie jetzt nicht mehr von ihrem Triumph abhalten. Sie flössten mir Kaffee ein, damit ich wieder halbwegs zur Besinnung kam, und nahmen mir Blut ab. Ergebnis: 1,71 Promille. Meinen Führerschein war ich los. Endlich durfte ich ins Krankenhaus.

Als ich am nächsten Morgen aufwachte, schmerzte jede Stelle meines Körpers. Inzwischen hatten die Medien die Geschichte längst genüsslich verbreitet. »Borowka am Baum« stand in den Zeitungen, nach meinem Aussetzer Carmen gegenüber konnten die Deutschen schon wieder lesen, was für ein Saustall mein Leben doch war. Es dauerte nicht lange, bis mein Telefon klingelte. Der Manager zitierte mich aufs Präsidium. Man habe ein Hühnchen mit mir zu rupfen.

Mit leerem Blick starrte ich den Schreibtisch des Vizepräsidenten an und hörte mir das Urteil der Werder-Bosse an. Tenor des Gesprächs: Das war zu viel, eine weitere Zusammenarbeit ist nicht mehr möglich, such dir einen neuen Verein. »Uli«, höre ich sie noch sagen, »es wäre besser, wenn du gehst.« Was für ein trauriges Ende nach neun Jahren Werder Bremen. Immerhin verstand ich die Ansprache von Manager und Vizepräsident so, dass man mich aus Dank für meine jahrelangen Verdienste ablösefrei gehen lassen würde. Da hatte ich die Herren offenbar missverstanden …

War ich traurig, als ich von meinem Quasirauswurf erfuhr? Eher nicht. Wem oder was sollte ich denn schon nachtrauern? Hatte ich mir nicht eh alles kaputt gemacht, was ich mir in Bremen aufgebaut hatte? Was gab es noch, was mich an einem Wechsel hindern sollte? Vielleicht war es sogar besser so. Weg von hier und dem ganzen Scheiß. Weg aus Oberneuland und dem Zuhause, das keines mehr war. Weg von dem Verein, der nach Ottos Abschied kaum mehr wiederzuerkennen war. Weg aus diesem Leben.

Mein Berater Wolfgang Vöge schaute sich nach neuen Arbeitgebern für seinen Klienten um und schon bald meldete er sich mit neuen Informationen: Leeds United, der englische Traditionsverein, suchte für die Rückrunde einen erfahrenen Defensivspieler, um die zahlreichen Verletzten zu kompensieren. Leeds United. Dreifacher englischer Meister. Eine Mannschaft mit Superstars wie Tony Yeboah, Gary Speed und Tomas Brolin. Englischer Fußball! Das war ein Angebot nach meinem Geschmack. Wenige Tage nach Vöges Anruf flog ich nach England.

Etwas verspätet erreichte ich mit dem Taxi wie verabredet das Stadion an der Elland Road. Kein Mensch war zu sehen. Ich blickte ins Stadioninnere – niemand da. Wo waren all die Spieler und Trainer? Sollte ich mich etwa mit dem Termin fürs Probetraining vertan haben? Da tauchte plötzlich Mick Hannigan auf, der Co-Trainer von Chefcoach Howard Wilkinson. Er führte mich in die Kabinen, ich zog mich um und stand kurz darauf alleine mit Hannigan auf dem Rasen im Stadion. »Wollen wir mal sehen, wie fit du bist«, verkündete der Brite und schickte mich auf die Reise. Wer noch niemals alleine mit einem englischen Co-Trainer in einem leeren Stadion Fitnessübungen durchgezogen hat, dem rate ich: Sollte diese Gefahr tatsächlich mal bestehen, dann nehmt die Beine in die Hand und sucht das Weite!

Es war die Hölle. 90 Minuten lang ließ mich der Trainer Steigerungsläufe absolvieren. »Steigerungsläufe« bedeutete hier: Hinter dem Tor zügiger Dauerlauf, dann im Vollsprint die Seitenlinien runter! Runde um Runde hechelte ich an Hannigan vorbei, der gelassen mit einer Stoppuhr und der Trillerpfeife im Mund an der Bande lehnte. Auf dem Zahnfleisch kroch ich anschließend in mein Hotel und schlief noch in meinen Klamotten ein. Die erste Prüfung hatte ich bestanden.

Am nächsten Morgen tauchte ich wieder an der Elland Road auf. Diesmal waren auch die anderen Spieler vor Ort. Fasziniert beobachtete ich die genauen Abläufe vor dem Training. Schon zwei Stunden vor den ersten Übungen bereiteten die Nachwuchsspieler alles vor: Sie schleppten die Tore auf den Platz, pumpten die Bälle auf, legten den Stars die Trainingskleidung und die Schuhe zurecht. Mir gefielen diese englischen Fußballtraditionen auf Anhieb. Vor dem Training nahm mich Howard Wilkinson für ein kurzes Gespräch zur Seite. Er erklärte mir, dass er auf der Suche nach einem erfahrenen Mann für die linke Abwehrseite sei, jemand, der seiner Mannschaft für die letzten Spiele der Saison kurzfristig weiterhelfen konnte. »Können Sie sich das vorstellen, Uli«, fragte der Coach. »Of course«, antwortete ich mit meinem gebrochenen Schulenglisch.

In den Trainingseinheiten schlug ich mich recht wacker und schon nach wenigen Tagen zeigte sich, dass meine Spielweise durchaus zu Leeds passte. Meine knüppelharten Zweikämpfe imponierten den Briten, für das damals noch gepflegte kick and rush war ich mit meiner Zweikampfstärke und dem harten Schuss wie gemacht. Hier im Norden Englands wollte ich den Neubeginn starten und den Mist der vergangenen Monate hinter mir lassen! Doch der deutsche Alltag verfolgte mich bis auf die Insel. Als ich am dritten Tag in die Kabine von Leeds kam, hatte jemand einen Zeitungsausschnitt aus der englischen Presse über meinen Platz gehängt. Eine halbe Seite widmete sich dem möglichen Neuzugang aus Deutschland. Die Schlagzeile lautete: »Borowka, the Bad Boy from Germany: He crashed his car and beat his wife!« Beschämt riss ich die Zeitung von meinem Spind. Doch die Kollegen grinsten nur, sie hatten es nicht böse gemeint. Scheinbar hatten sie nichts dagegen, den »Bad Boy from Germany« schon bald in ihrer Mannschaft zu haben.

Am 20. Januar 1996 fuhr ich mit Leeds United zum Auswärtsspiel beim FC Liverpool an die Anfield Road. Allerdings nur als Zuschauer. Gemeinsam mit den Reservespielern reiste ich der ersten Mannschaft in einem Bus hinterher und sah meine neue Truppe mit 0:5 untergehen. Liverpool hatte damals mit Ian Rush, John Barnes und Robbie Fowler ein großartiges Team zusammen. Besonders beeindruckt war ich allerdings von Neil, genannt »Razor«, Ruddock, einem 1,88 Meter großen Ungetüm in Liverpools Abwehr. Wo der Junge hintrat, wuchs kein Gras mehr. Respekt! Doch was mich an Liverpool wirklich faszinierte, war das Flair in diesem legendären Stadion. Hier konnte man wirklich auf jedem Quadratmeter Fußball riechen, schmecken, erleben. Als der »Kop« das erste Mal zum vielköpfigen Gesang anstimmte, bekam ich eine Gänsehaut. Meine verkorkste Ehe, mein leeres Haus, der Porsche, die Stammkneipe – all das war in diesem Moment ganz weit weg.

Sieben Tage blieb ich in Leeds, trat in einem Spiel mit der zweiten Mannschaft unter Wettkampfbedingungen an und machte meine Sache so gut, dass mich Howard Wilkinson vor meinem Rückflug nach Deutschland noch einmal in sein Büro bat. »Uli, das passt alles, wir können dich wirklich gut gebrauchen. Flieg nach Hause, löse deinen Vertrag auf und dann komm wieder.« Seine Konditionen: ein Halbjahresvertrag für umgerechnet 50 000 DM monatlich plus Haus und Auto. Bei entsprechend guten Leistungen stellte mir Wilkinson sogar einen längerfristigen Vertrag in Aussicht. Der Rettungsanker war ausgeworfen, jetzt musste ich nur noch zupacken.

Zurück in Bremen stürmte ich gleich am Montagmorgen das Büro des Managers. Ich erzählte ihm und dem Vizepräsidenten vom Interesse aus England und bat sie, ihr Versprechen einzulösen und mich mit sofortiger Wirkung ablösefrei gehen zu lassen. Doch nun musste ich einen meiner schlimmsten Momente als Profifußballer erleben. Plötzlich verlangten sie eine Ablöse von 250 000 DM für mich! Ich fragte noch einmal nach. Sie blieben dabei. Von einem angeblichen Versprechen wollte niemand mehr etwas wissen.

Nachdem ich neun Jahre meine Knochen für diesen Club hingehalten, nachdem ich Meisterschaften und Pokale gewonnen, nachdem ich literweise Blut für Werder Bremen vergossen hatte, fielen sie mir in einer schlimmen Phase meines Lebens in den Rücken. Ich lag am Boden, ich war fertig, das wusste jeder im Verein. Doch diese beiden Herren traten noch auf mich ein. Geschockt stolperte ich aus dem Büro.

Verzweifelt rief ich in England bei Howard Wilkinson an und versuchte ihm die Lage zu erklären. »Tut mir leid, mein Junge, das war so nicht abgemacht. 250 000 DM können wir nicht ausgeben«, kam als Antwort zurück. Ein paar Tage lange versuchte ich noch irgendwie den Wechsel zu retten, aber schließlich brach der Kontakt nach Leeds endgültig ab. Es war vorbei.

Die kommenden zwei Wochen waren grausam. Ich trainierte mit der Mannschaft und war doch nicht Teil von ihr. Jeden Tag fraß ich mehr Hass und Wut in mich hinein. Wie ein Schnellkochtopf, der auf der Herdplatte vergessen wurde, drohte ich jeden Moment zu explodieren. Am 17. Februar war es so weit. Nach einem Telefonat mit Carmen stieg ich wutentbrannt, besoffen und ohne Fahrerlaubnis in mein Auto und raste zum Haus ihrer Eltern. Es kam, wie es kommen musste: Der Streit eskalierte, ich begann zu randalieren, Carmen rief die Polizei und ich verbrachte eine weitere Nacht in der Ausnüchterungszelle. Natürlich blieb auch dieser Ausfall meinen Vorgesetzten nicht verborgen. Auf dem Präsidium drohte man mir mit einer dritten und letzten Abmahnung. Die hätte nach damaligen Regularieren eine europaweite einjährige Sperre zur Folge gehabt. Wenigstens das blieb mir erspart. Die eigentliche Strafe konnte sich allerdings durchaus sehen lassen: Meine restlichen fünf Monatsgehälter, also insgesamt 125 000 DM, würde der Verein einbehalten, ab sofort war ich in Bremen nicht mehr erwünscht. Kurz bevor ich gehen wollte, hatte mir der Manager noch etwas zu sagen.

»Uli, bevor ich es vergesse: Du bist ab sofort ablösefrei.«

Wer weiß, was passiert wäre, wenn ich in diesem Moment nicht eine meiner nüchternen Stunden erwischt hätte. Vermutlich hätte ich dem Mann nach allen Regeln der Kunst die Fresse poliert. So aber tickte ich lediglich verbal aus und packte meinen ganzen Zorn in die Hasstirade.

Wochen später saß ich wieder einmal alleine und vor Einsamkeit und Selbstmitleid gebeugt in meinem Haus. Zwei weitere Probetrainingeinheiten mit den Bolton Wanderers und dem FC Southhampton hatten nichts eingebracht. Die Trainingsplätze von Werder hatte ich seit Tagen nicht mehr betreten. Ohne mich war der SVW unter dem neuen Trainer Dixie Dörner in die Rückrunde gestartet. Ich rief Carmen an, ich wollte mit meinen Kindern sprechen. Nur ein paar Worte zwischen Vater und Sohn und Vater und Tochter. Doch niemand nahm ab. Ich versuchte es noch mal und noch mal, doch ohne Erfolg. Mit einer Pulle Wein ging ich durch die Räume unseres Hauses. Unser Schlafzimmer. Die Küche. Die Zimmer von Tomek und Irina. Unser Garten. Wie kalt und abstoßend das alles wirkte ohne meine Familie. Ich fasste einen Entschluss. Wählte die Nummer eines Umzugunternehmens. Trank die Flasche Wein leer und öffnete eine neue. Packte zwei große Sporttaschen voll mit Klamotten, meinen Uhren und Krawatten. Und wartete auf den nächsten Tag.

Stück für Stück trugen die Möbelpacker die restlichen Möbel aus dem Haus. Alles was nicht niet- und nagelfest war, verschwand im Bauch des großen LKWs und machte sich auf die Reise nach Rickelrath und Hemer, zu Carmen und meinen Eltern. Weg, nur weg damit. Zurück blieben die beiden Sporttaschen, eine Matratze, eine Decke, ein Kopfkissen, die Hausapotheke und die Alkoholvorräte.

Als der letzte Stuhl im LKW verstaut war, schloss ich die Tür. In jedem Zimmer löschte ich das Licht und ließ die Rolläden herunter. Kein Licht sollte mehr in dieses Haus dringen. Die Matratze schleifte ich ins Wohnzimmer. Der Kamin war aus.

Ich war der einsamste Mensch der Welt.

TAGESBERICHT, Fachklinik Fredeburg

26. bis 28. Mai 2000

Jetzt hat es mich auch erwischt. Eine Grippe ist im Anmarsch und das nicht zu knapp. Nach einigem Hin und Her habe ich dann auch die Medikamente bekommen, die ich brauche. Ich glaube, wenn ich nicht so ein Palaver gemacht hätte, stünde ich jetzt ohne Medikamente da. Zum Glück kann ich mich ab und zu durchsetzen. Für mich ist das ganz wichtig, weil ich meine Ziele jetzt ganz klar vor Augen habe und mich da auch durchsetzen muss. Am Wochenende haben mich Tomek und Irina angerufen. Tomek war sehr traurig, er fing an zu weinen. Er vermisst mich sehr und ist traurig, dass ich nicht da bin, um mit ihm zu spielen. Das Gleiche gilt auch für Irina. Beide haben sich auch Sorgen gemacht, dass ich krank bin. Mich hat das sehr traurig gemacht, ich hatte Tränen in den Augen. Ich bin aber auch sehr wütend auf mich, dass ich so viel Scheiße gebaut habe, und darüber hinaus jetzt erst merke, wie sehr die Kinder mich vermisst haben und immer noch vermissen. Ich kann das alles nicht ungeschehen machen. Ich kann nur versuchen, oft mit den Kindern zu reden und ihnen zu erklären, was ich fühle und was meine Alkoholkrankheit alles bewirkt hat.

29. Mai 2000

Heute habe ich an den Therapieeinheiten teilgenommen, obwohl es mir sauschlecht ging. Auch heute Abend wieder, jetzt auch noch, Kopfschmerzen beim Husten. In der Gruppe geht es jetzt ein bisschen mehr zur Sache. Das ist gut so, denn ich denke, dass das jedem hilft, der das auch will.

31. Mai bis 1. Juni 2000

Ich freue mich wahnsinnig auf die Heimattage, weil ich wohl auch meine Familie sehen werde. Mein Sohn rief mich am Donnerstagabend an und sagte mir, dass er bei einem Fußballturnier ein Tor geschossen habe. Ich fand das super, war danach aber sehr traurig, weil ich gerne bei Tomek gewesen wäre und ihm bei seinem Tor zugejubelt hätte …

FUSSBALLER UND ALKOHOLIKER

Öffnete mir der gescheiterte Selbstmordversuch – das Glas mit dem Alkohol-Tabletten-Cocktail hatte ich geleert, aber ich wachte wieder auf – die Augen? Ergriff ich diese letzte Chance? Nein, das Gegenteil war der Fall. Da ich mir nun schon bewiesen hatte, wie wenig ich mir inzwischen aus meinem Leben machte, soff ich noch hemmungsloser weiter. Ich erzählte niemandem ein Sterbenswörtchen davon, nicht meinen Eltern, nicht meinen wenigen Freunden und schon gar nicht Carmen.

Erst in der Entzugsklinik befasste ich mich mit dieser schrecklichen Nacht.

Mit Werder war es inzwischen aus und vorbei. Mein Vertrag wurde aufgelöst, die noch ausstehenden Gehälter einbehalten. Immerhin sollte ich die Gelegenheit bekommen, mich von meinen Fans im Weserstadion anständig zu verabschieden. Zu diesem Zweck sollte ich mir ein Heimspiel rauspicken, vor der Partie wollte mich die Vereinsführung mit einem Blumenstrauß im Mittelkreis verabschieden, ich sollte anschließend noch ein paar Abschiedsworte an die Zuschauer richten können. Das zu tun, noch ein letztes Mal das Klatschen und Schreien der Werder-Fans zu hören, war mir ein großes

Bedürfnis. Mal abgesehen von den vergangenen Monaten hatte ich in Bremen die schönste Zeit meiner Karriere verbracht, war dank meiner Spielweise und meiner Nähe zu den Fans zum Publikumsliebling aufgestiegen. Die Kurve liebte mich und ich liebte die Kurve. Ein versöhnlicher Abschied war das Mindeste, was ich meinen Fans bieten konnte.

Ich entschied mich für das Heimspiel am 7. Mai 1996 gegen den FC Bayern. Eineinhalb Jahrzehnte lang hatte ich gegen die Münchner große Schlachten geschlagen, beinahe wäre ich ja sogar an die Isar gewechselt. Der Klassiker zwischen Nord und Süd erschien mir ein würdiger Rahmen zu sein.

Für dieses Ereignis putze ich mich richtig raus. Ich kaufte mir einen neuen Anzug und band mir meine Lieblingskrawatte um den Hals. Fieberhaft überlegte ich in den Tagen vor dem Spiel, was ich meinen Fans sagen wollte, und kritzelte schließlich ein paar Notizen auf einen Zettel. Als ich das Weserstadion erreichte, war ich aufgeregt wie vor meinem ersten Bundesligaspiel. Die Knie zitterten, meine Hände waren so feucht, dass meine Notizen bald unlesbar waren. So hibbelig war ich, dass ich bereits zwei Stunden vor dem Spiel die Katakomben betrat. Mir war richtig übel. Diesen Auftritt, diesen Tag, hatte ich mir verdient, den wollte ich unbedingt! Eine knappe Stunde vor dem Anpfiff traf ich den Manager. Er erklärte mir, dass ich mich nach dem Spiel würde verabschieden können. Nach dem Spiel? Wieder einmal wollte ich nicht glauben, was mir der kleine Mann erzählte. »Was soll der Quatsch, ich wollte mich doch vor dem Anpfiff verabschieden! Nach dem Spiel gehen die Leute nach Hause, da ist alles vorbei!« Doch der Manager ließ sich nicht erweichen, obwohl ich mir sicher war, ihn so verstanden zu haben, dass ich mich – wie allgemein üblich – vor dem Spiel hätte verabschieden können. Das konnte doch nicht wahr sein! Wie sehr musste mich dieser Mensch verachten, dass er mir schon wieder das Messer in den Rücken rammte?

Ich verlor die Fassung. »Steck dir deine Blumen in den Arsch!« Vor lauter Wut stiegen mir Tränen in die Augen. Durch die Katakomben eilte ich Richtung Ausgang. Auf dem Weg nach draußen lief mir Bayern-Manager Uli Hoeneß über den Weg. Er sah sofort, dass mit mir etwas nicht stimmte. »Uli, was ist los?« Ich klagte ihm mein Leid, irgendjemanden musste ich in diesem Moment einfach von der Ungerechtigkeit erzählen. Hoeneß hörte sich das an und schüttelte den Kopf. Dann sagte er: »Uli, du hast uns als Gegenspieler nie Freude bereitet. Aber solltest du mal etwas brauchen, wenn du Karten fürs Olympiastadion benötigst oder irgendetwas anderes, dann ruf mich einfach an. Ich kümmere mich darum.«

15 Jahre lang hatte ich den FC Bayern, das Lebenswerk von Uli Hoeneß, mit allen legalen und illegalen Mitteln bekämpft. Hatte Gift und Galle in Richtung München gespuckt. Und jetzt hatte dieser Mann die Größe, mir seine Hilfe anzubieten, mir zumindest Trost zu spenden, während mein eigener Verein mich mit Füßen trat.

Ich kämpfte mich durch die ins Stadion strömenden Massen, setzte mich in mein Auto und begann hemmungslos zu heulen. Es dauerte Minuten, bis ich wieder einigermaßen klar denken konnte.

In den Monaten vor diesem traurigen Abschied aus dem Weserstadion hatte sich in meinem Leben einiges getan. Nachdem der Vertrag mit Werder endgültig aufgelöst war, brauchte ich einfach eine Auszeit. Das Angebot eines damaligen Freundes, mich für zwei Wochen mit auf die Bermuda-Inseln zu nehmen, nahm ich dankbar an. Wir flogen ins Paradies und ich ließ die Seele baumeln. Bei einem befreundeten Küchenchef des »Lobster-Pot«-Restaurants futterten wir uns durch die Speisekarte, tagsüber ging ich Hummer fischen, tauchen oder Golf spielen. Selbstverständlich soff ich mir auch hier regelmäßig die Hucke voll. Die zwölf Krüge Brandy mit Gingerbier, die ich an einem Abend im edlen Restaurant »Port O Call« in mich hineinschüttete, sind ein bis heute unerreichter Rekord …

Zurück in Bremen bekam ich eines Tages einen Anruf des Spielervermittlers Hans Hägele. Er hätte da einen neuen Verein für mich, aus Berlin, ob ich denn interessiert sei. Das konnte ja nur die Hertha sein. Zwar spielte der Hauptstadtklub zu diesem Zeitpunkt in der Zweiten

Bundesliga – aus meiner damaligen Sicht für einen so tollen Fußballer wie mich natürlich eigentlich zu wenig –, anhören konnte ich mir das Angebot aber ja mal. Ich fragte Hägele, wann die Hertha-Verantwortlichen mich denn sprechen wollen würden. »Hertha?«, antwortete Hägele. »Nix Hertha! Tasmania Berlin, Landesliga!«

In Gedanken rechnete ich die Ligen herunter. Sechste Liga! Wollte mich Hägele verarschen? Nein, er meinte es ernst. Und ich hätte auch sicherlich sofort aufgelegt, wenn mein Gesprächspartner mir nicht anschließend von den finanziellen Konditionen berichtet hätte. 25000 DM monatlich plus Haus plus Auto plus Prämien. So viel wie zu meinen besten Zeiten in Bremen. Außerdem: Ein Dreijahresvertrag als Spieler mit anschließender Option, drei weitere Jahre den Managerposten bei Tasmania zu bekleiden. Bei einem Club, der in diesen Jahren mindestens bis in die Zweite Bundesliga aufsteigen wollte.

Ich legte nicht auf. Ich vereinbarte ein Treffen in Berlin, so schnell wie möglich. Dieses Angebot wollte ich persönlich bestätigt bekommen.

Also fuhr ich Ende März 1996 nach Berlin und mietete mich für acht Tage im »Hotel Estrel« ein. Von den Tasmania-Verantwortlichen wurde ich über die Situation aufgeklärt: Der fußballverrückte und schwerreiche Wachschutz-Unternehmer Oppermann wollte mit seinem Geld die sportlich schwer angeschlagene Tasmania wieder auf Kurs bringen. Dafür brauchte der Klub einen Mann mit Bundesligaerfahrung als Zugpferd. Das sollte ich sein. Mit am Tisch bei diesem ersten Treffen saßen der Tasmania-Manager Bruno Paulenz, sein Sohn Jan und aus dem Tasmania-Vorstand Wolfgang Wendler und ein Typ namens Olaf Balitzki. »Balli«, wie er von allen genannt wurde, war mir gleich sympathisch. Balli, ein ehemaliger Oberligaspieler, schlug sich inzwischen als Lebenskünstler in allen Lagen durch die Berliner Szene. Ich sagte den Berlinern zu. Das musste erstmal gefeiert werden.

Da war ich bei Balli genau an der richtigen Adresse. Schon am ersten Abend zogen wir gemeinsam durch das Berliner Nachtleben, ich trank die Theken leer und tanzte mit meinem neuen Kumpel durch den angesagten Club »Annabelle's«, ein Laden, den ich bereits in meiner Zeit als Profifußballer kennengelernt hatte. Jeden Abend gingen Balli und ich auf Tour, und ich genoss diesen ziellosen Alltag zwischen Berliner Kneipen und der nächsten Party. In dieser Szene konnte ich wieder sein, was ich eigentlich noch immer in mir sah, wenn ich in den Spiegel guckte: der Starfußballer aus der Bundesliga, der Deutsche Meister und Pokalsieger. Uliiiii, die Axt. Der Eisenfuß, der es auf dem Spielfeld und auf der Tanzfläche richtig krachen ließ. Der tolle Typ mit dem vielen Geld. Der Prominente, der Frauenschwarm. Das echte Leben ließ ich am Eingang der Clubs und Kneipen zurück. Dank Olaf lernte ich schnell die Westberliner Szene kennen. Am 1. Mai, als sich die Stadt im Ausnahmezustand befand, nahm er mich mit ins »Rockys Inn«, der Kneipe von Boxweltmeister Ralf Roccigiani. »Jetzt zeig ich dir mal den Weltmeister!« Ralf hatte ein Jahr zuvor den Titel im Cruisergewicht gewonnen. An den Tischen vor seinem Laden schien die halbe Türsteherszene von Berlin zu sitzen! Breitschultrige Typen mit schweren Goldketten und Quarzsandhandschuhen in der Gesäßtasche. Ich war nachhaltig beeindruckt. Wir setzten uns an einen der freien Tische, die Stammgäste musterten uns. Auf einmal stand Michael Pohl, Rockys Manager, vor uns: »Ich habe gerade dem Ralf gesagt: ›Das ist doch der Uli Borowka!‹ Er fragt, ob ihr nicht Lust habt, an seinen Tisch zu kommen.« Bei ein paar Gläsern Maibowle lernte ich den Champion kennen. In den kommenden Jahren würde ich viele Stunden meines Lebens in seinem Laden verbringen. Und einmal sogar kurz davor sein, von beiden Rockys einen auf die Mütze zu bekommen. An meinem 39. Geburtstag bekamen sich Ralf und sein Bruder Graciano wieder einmal in die Haare. Ich ging cool dazwischen und sagte: »Jetzt haltet doch beide einfach mal die Fresse!« Prompt blickte ich in zwei sehr schlecht gelaunte Boxergesichter, die mir dann auch mitteilten: »Was willst du denn? Willst du auf die Fresse?« Ich kam glimpflich davon.

Vorerst aber hatte ich ganz andere Sorgen: Die Aussicht auf ein sagenhaftes Gehalt verdrehte mir schnell den Kopf. Gemeinsam mit Balli suchte ich mir eine Villa in Rudow, großer Garten und Außenpool inklusive. Kostenpunkt: 2000 DM monatlich! Kein Problem für mich, schließlich sollte ich ja nun wieder wie ein Erstligaprofi bezahlt werden. Der Vertrag mit Tasmania war zwar noch nicht offiziell – eine mündliche Zusage reichte dann doch nicht –, aber der Termin mit Geldgeber Oppermann rückte schließlich immer näher. Kurz vor dem Saisonstart wollten wir uns in gemeinsamer Runde treffen und meinen Neuanfang in Berlin unter Dach und Fach bringen.

Ob ich mir das Glück durch die Eskapaden der vergangenen Monate selbst verbaut hatte? Drei Tage vor besagtem Termin bekam ich einen Anruf von Balli: Oppermann war überraschend gestorben, der Vertrag, das viele Geld, die Zukunftsaussichten damit futsch. Oppermanns Erben hatten mit Fußball nicht viel am Hut, sie hätten sich lieber die Hände abgehakt, als das schöne Geld für so etwas Unnötiges zu verbraten. Nun stand ich da. Mit einem Mietvertrag für ein Haus, das ich mir nicht leisten konnte. Mit einem Arbeitgeber in der Sechsten Liga. Mit einem angebrochenen Leben in Berlin.

Um mich bei der Stange zu halten, schrieb mir Bruno Paulenz zumindest noch einen Verrechnungsscheck über 5000 DM aus, in den kommenden Monaten sollte ich nun statt 25 000 lediglich 2000 DM kassieren. Was für ein Absturz! Noch vor einem halben Jahr war ich Spieler von Werder Bremen gewesen, dem amtierenden Vizemeister. Ich hatte eine Villa in Oberneuland, einen Porsche vor der Tür. Jetzt spielte ich im Niemandsland der deutschen Fußballszene für einen Bruchteil dessen, was ich einst bei Werder kassiert hatte.

Irgendwie schafften es Balli und ich aus dem Mietvertrag herauszukommen, ein Sponsor meines neuen Clubs organisierte mir eine kleine Bude mitten im Neuköllner Kiez. Soll man es tapfer oder blind nennen, dass ich selbst in dieser ganz offensichtlich trostlosen Situation noch ernsthaft daran glaubte, noch immer zu den großen Fischen im Fußballteich zu gehören? So gut es ging ackerte ich mich durch die Vorbereitung, im ersten Pflichtspiel – einem Pokalspiel gegen den Adlershofer BC – schlug ich mich trotz der Niederlage ebenfalls recht anständig. Gespannt warteten alle im Verein auf den Beginn der Punktspielrunde. Mit Uli Borowka im zentralen defensiven Mittelfeld sollte sich doch was machen lassen in der Berliner Landesliga. Ich enttäuschte sie alle.

Am ersten Spieltag sollten wir an einem Sonntag um elf Uhr gegen den Neuköllner SC Marathon antreten. Deren Stadion lag (und liegt) direkt an der Sonnenallee, nicht weit entfernt von meiner Wohnung. Am Abend vor dem Spiel saß ich mit Balli auf dem Sofa. Irgendwann wurde es mir zu langweilig, ich erinnerte mich an eine Einladung vom Vortag: »Balli, lass uns doch mal zu dem Geburtstag gehen. Ich versprech dir auch, nur 'ne Stunde!« Mit dem Hinweis auf das Spiel am nächsten Morgen wollte mich Balli zurückhalten, doch gegen meinen Drang, noch einmal aus dem Haus zu gehen, hatte er keine Chance. Es kam, wie es kommen musste: Aus der angekündigten Stunde wurde eine ganze Nacht. Um sechs Uhr morgens ließ mich Balli wütend alleine zurück, erst um neun Uhr torkelte ich in meine Bude zurück. Balli wartete schon auf mich. Entsetzt versuchte er mich mit Kaffee wieder einigermaßen aufzupäppeln oder zumindest die deutliche Alkoholfahne zu überdecken, doch das gelang ihm mehr schlecht als recht. Besoffen und übermüdet fuhr ich zum Sportplatz. 800 Zuschauer wollten sich den Auftritt des ehemaligen Deutschen Meisters nicht entgehen lassen. Selbst meine Eltern waren extra aus der Heimat zu Besuch gekommen, um ihren Sohn wieder Fußball spielen zu sehen. Es wurde ein Trauerspiel: Sichtlich gezeichnet schlurfte ich wie ein Geist über den Rasen und verletzte mich nach gut einer halben Stunde zu allem Übel auch noch schwer am Meniskus und musste ausgewechselt werden. Schockiert und sprachlos saßen meine Eltern auf der Tribüne und schauten mir hinterher, als ich in die Kabine humpelte. Ich habe nie wieder ein Spiel für Tasmania Berlin bestritten.

Was nicht heißen soll, dass ich sofort wieder aus Berlin verschwand. Mir gefiel es hier. Mit Balli hatte ich einen echten Freund gefunden, der nicht nur Gott und die Welt kannte, sondern auch keine Verbindung zu meinem alten Leben hatte. Ich versuchte zwar weiterhin in unregelmäßigen Abständen bei meiner Frau und den Kindern anzurufen, aber die Versuchung, mich spontan, wenn mich die Sehnsucht überkam, einfach ins Auto zu setzen und ins Rheinland zu fahren, war in Berlin naturgemäß geringer. Die Berliner Partyszene hatte mich in ihrer Mitte aufgenommen, hier interessierte es niemanden, ob ich besoffen war oder nicht, ob ich Probleme hatte oder nicht. Hier interessierte sich jeder für sich selbst. Eine Umgebung wie geschaffen für mich! Eine Zeit lang blühte ich förmlich auf. Ich schlief den halben Tag, bis mich Balli abholte und wir uns für den nächsten nächtlichen Ausflug vorbereiteten. Gut gelaunt schmetterte ich dann meinen Lieblingssong von Queen, während Balli schon mal den Wagen vorfuhr: ein orangefarbener und ziemlich ramponierter VW-Bus, mit dem wir quer durch Berlin kurvten. Nicht selten saß ich am Steuer, mit reichlich Promille im Blut und ohne Führerschein. Mit unserem Bus selbst kleinste Parklücken zu füllen, erhoben wir zum sportlichen Wettkampf. Dutzende Berliner Stoßstangen mussten dafür dran glauben.

Wie ein Sonnenkönig verschleuderte ich mein Geld in Kneipen, Clubs und Spielkasinos. Wir soffen, wir zockten, wir hurten herum. Die vielen schönen Frauen und der Alkohol vernebelten mir Abend für Abend die Sinne. Ich lebte nur noch von Party zu Party. Es war ein Leben ohne Sinn und Verstand. Frei wie ein Vogel und doch nur erbärmlich. Dabei hatte ich noch das Glück, mit Balli einen echten Beschützer an meiner Seite zu haben. War ich bei den ersten Bieren noch ein geselliger Spaßvogel, konnte meine Laune spätestens nach den ersten Schnäpsen schnell ins Gegenteil kippen. Dann brauchte mir nur einer einen schiefen Blick zuwerfen, schon zog ich mir das Sakko aus und suchte den Nahkampf. Kein Zweifel: Der Alkohol veränderte mich. Wenn Balli nicht gewesen wäre, hätte ich mir sicherlich noch häufiger eine blutige Nase geholt.

Aus heutiger Sicht ist mein damaliges Wesen für mich nicht mehr zu verstehen. Ich war doch mit gewissen Werten erzogen worden und aufgewachsen. Harte Arbeit. Höflichkeit. Anstand. Zucht und Ordnung. Werte, die ich danach längst über den Haufen geschmissen hatte, die ich entsorgt hatte wie Müll. In Berlin verschwand mein Leben endgültig in der Bedeutungslosigkeit. Ich war zu einem Menschen mutiert, der ich nie hatte sein wollen.

Meine Zeit als Spieler von Tasmania Berlin war dementsprechend bald beendet. Kurz vor dem endgültigen Abgang sorgte ich noch für ein weiteres »Highlight«. Als am 10. August 1996 am Hamburger Millerntor der WM-Kampf zwischen Dariusz Michalczewski und Graciano Rocchigiani stieg, musste ich als Neukumpel von Gracianos Bruder Ralf natürlich mit dabei sein. Schon am Vormittag schlug ich in St. Pauli auf, gemeinsam mit Balli erkundete ich die Kneipenszene auf der Reeperbahn. Entsprechend angeschlagen tauchte ich am Abend bei der Veranstaltung auf. Ralf hatte uns Karten für die erste Reihe besorgt, dort verfolgte ich den Kampf und goss mir weiterhin fleißig einen hinter die Binde. Als der Fight dann in einem Skandal endete und Flaschen, Stühle und Becher in den Ring flogen, machte ich mich schnell aus dem Staub. Im VIP-Bereich soff ich gnadenlos weiter, schließlich torkelte ich mit Schlagseite durch die Gegend und machte mich wieder einmal komplett zum Affen. Natürlich erfuhren auch die Tasmania-Verantwortlichen davon, sie erteilten mir eine Abmahnung, die eigentlich einem Rauswurf glich. Nach dem Tod von Geldgeber Oppermann, nach meiner frühen Verletzung und den ständigen Saufereien wollten mich die Berliner so schnell es ging wieder loswerden. Wer konnte es ihnen verübeln? Statt die Mannschaft zu verstärken und eine verantwortungsvolle Aufgabe im Verein zu übernehmen – was ich ohne den Alkohol sicherlich geschafft hätte –, wurde ich zu einer Belastung, die dem Club mehr schadete als half.

Kein Wunder, dass die Tasmanen heilfroh waren, als zu Beginn des neuen Jahres ein Angebot von Hannover 96 reinflatterte. Die junge Mannschaft von Reinhold Fanz stand nach der Hinrunde in der Regionalliga Nord auf Platz eins, ich sollte mithelfen, den Aufstieg in die Zweite Bundesliga klarzumachen. Eine neue Chance, ein neuer Verein, ein nächster Versuch des Neuanfangs – was hatte ich schon zu verlieren? Inzwischen konnte ich ja schon froh sein, wenn sich überhaupt noch ein Verein für mich interessierte. Denn natürlich war ich körperlich nicht so auf der Höhe, wie sich das für einen Spitzensportler gehörte. In Mönchengladbach und Bremen war ich stets durch meine beeindruckende Physis aufgefallen, doch nun spürte ich längst die Folgen der ständigen Besäufnisse und des unsteten Lebens.

Im Haus des damaligen 96-Präsidenten bezog ich Anfang Januar 1997 ein Gästezimmer. Zum Glück hatte mein Gastgeber ein weiches Bett für mich parat – Schlaf hatte ich den wenigen Wochen als Spieler von 96 bitter nötig. Es klingt verrückt, aber in Hannover hätte ich tatsächlich beinahe die Kurve gekriegt, dem Alkohol und all seinen schlimmen Nebenwirkungen vielleicht abgeschworen. Nicht weil ich das so wollte, ich fand einfach nicht mehr die Zeit und Energie für die Sauferei.

Nie habe ich so hart trainiert wie unter Reinhold Fanz. Und das soll kein Kompliment sein. Der Mann verstand von Fußball offenbar so viel wie ich vom Eisstockschießen. In der Vorbereitung auf die Rückrunde ließ uns Fanz Runde um Runde um den Maschsee in Hannover laufen, jeden Tag mussten wir uns die Laufschuhe anziehen und Kondition bolzen. Das mag für Abstiegskandidaten eine gute Methode sein, aber diese Mannschaft stand damals an der Tabellenspitze und hatte Sahnefußballer wie Gerald Asamoah, Fabian Ernst, Otto Addo oder Christoph Babbatz in den eigenen Reihen. Fanz schien das nicht zu interessieren, er formte täglich weiter an seiner Marathonstaffel. So etwas hatte ich in meiner langen Karriere noch nicht erlebt. Wochenlang bekamen wir, die doch eigentlich mit Fußball Geld verdienten, keinen einzigen Ball zu Gesicht. Stattdessen: Maschsee, Maschsee, Maschsee. »25 Minuten pro Runde sind eine gute Zeit«, erklärte Fanz. Zu mir sagte er: »Wenn du unter 26 Minuten läufst, lasse ich dich auch spielen!« Ein einziges Mal schaffte ich eine Runde unter 27 Minuten, und selbst diese Laufleistung war schon abenteuerlich. Wenn wir uns morgens zum Training versammelten, hatten die jungen Spieler Ringe unter den Augen und eingefallene Wangenknochen, so fertig waren sie vom Drill des Trainers. Bei einer Blutuntersuchung stellten die Mannschaftsärzte bei mir sogar Eisenmangel fest. Eisenmangel! Als ich Fanz darauf ansprach, antwortete er nur: »Dann musst du eben mal ein paar Eisentabletten schlucken.« So langsam kam mir der Verdacht, dass er uns alle kaputttrainieren wollte.

Andererseits hielt mich diese Trainingsarbeit allerdings vom Alkohol fern. Wenn ich abends nach Hause kam, wollte ich nur noch schlafen. Ein besserer Fußballer wurde ich dadurch aber nicht – im Gegenteil. Als wir nach Wochen der Rennerei endlich wieder am Ball trainieren durften, musste ich schockiert feststellen, dass das Spielgerät zu einem Fremdkörper für mich geworden war. Dank der pausenlosen Läufe kannte mein Körper nur noch ein Tempo: Dauerlauf. »Trainer«, sagte ich zu Fanz, »ich geh dann lieber noch mal ein paar Runden laufen.« Und was antwortete Fanz? »Uli, vorbildlich. Das ist die richtige Einstellung!« Der Mann hatte definitiv den falschen Beruf gewählt.

Trotz Fanz: Mir gefiel es in dieser Mannschaft. Dass es dennoch so schnell vorbei war in Hannover, war ausnahmsweise einmal nicht meine Schuld. Sieben Tage die Woche, vier Wochen lang hatte ich nun schon für meinen ersten Einsatz geschuftet. Die ersten beiden freien Tage nutzte ich, um Bekannte in Hamburg zu besuchen. Wir saßen gerade gemütlich beim Essen, als mein Handy klingelte, Hannovers Konditionstrainer hatte mir was zu sagen: »Uli, morgen früh um neun Uhr ist Training. Es geht wieder an den Maschsee.« »Tut mir leid, ich habe morgen noch frei und bin in Hamburg. Ist so mit dem Trainer und dem Präsidenten abgesprochen.« Was passierte? Kurz darauf rief mich der Präsident an, er bat mich inständig, trotz der Absprache beim morgendlichen Training zu erscheinen. Das sah ich nicht ein. Die Situation schaukelte sich hoch, eskalierte, bald holte ich meine Klamotten aus dem Präsidentenwohnsitz, der Bruch zwischen mir und dem Verein war vollzogen. Schade, dass die Trennung nicht sauber vollzogen wurde, sondern mit vollkommen unnötigen Nebengeräuschen. Am 26. Februar 1997 textete die *Hamburger Morgenpost*: »Uli Borowka hat endgültig ausgespielt. Ausschlaggebend war sein Auftritt beim Boxabend in Wandsbek. Dort hatte Borowka kräftig getankt, war dann einer Besucherin im Ibis-Hotel auf die Damentoilette gefolgt.« In hohem Bogen schmiss mich 96 raus. Wahrheit und Lüge: Ja, ich hatte »kräftig getankt«, nein, ich war natürlich nicht einer Besucherin auf die Toilette gefolgt. Schon gar nicht hatte ich sie bedrängt, wie andere Zeitungen schrieben. Folgendes war in Wandsbek passiert: Weil die Dopingkontrollen der Boxer auf dem Herrenklo stattfanden, mussten sämtliche Besucher ihre Notdurft auf der Damentoilette verrichten. Dafür hatte der Veranstalter extra zwei Türsteher abgestellt, die dafür sorgten, dass Männer und Frauen getrennt den Raum betreten konnten. Selbst wenn ich also eine der Damen auf dem Klo hätte bedrängen wollen, hätte ich keine Möglichkeit dazu gehabt. Weiß der Teufel, warum die Medien diese Geschichte so verdrehten. Doch ist der Ruf erst ruiniert … Jetzt war ich nicht nur Borowka der Säufer und Borowka der Frauenschläger, sondern auch noch Borowka der Stelzbock. Der nächste Nackenschlag, die nächste Abfuhr, der nächste Rauswurf. So langsam musste ich mich offenbar an dieses traurige Dasein gewöhnen.

Es klingt schlimm, aber mit dieser Existenz hatte ich mich irgendwie schon abgefunden. Der Mensch ist eben ein Gewohnheitstier. Selbst wenn er in der Scheiße steckt. Die narkotisierende Wirkung des Alkohols wird ihr Übriges dazu beigetragen haben. Was ich nicht akzeptieren konnte und wollte, war mein distanziertes Verhältnis zu meinen Kindern. Es war nicht so, dass mir Carmen den Kontakt zu Irina und Tomek verweigerte, aber natürlich sah ich die beiden viel zu selten. Die paar Stunden, die uns bei gemeinsamen Treffen blieben, verbrachten wir auf dem Spielplatz oder bei Spaziergängen im Wald. So nah mit meinem Fehlverhalten konfrontiert, plagten mich dabei jedes Mal starke Gewissensbisse. Die Kinder waren noch zu klein, um ihnen zu erklären, warum Papa nicht in ihrer Nähe war und sich so häufig mit Mama stritt. Warum die anderen Kinder in der Schule mit dem Finger auf sie zeigten, wenn mal wieder eine negative Schlagzeile in der Zeitung auftauchte. Ich konnte meinen »Job« als Vater einfach nicht mehr anständig erledigen. Dafür war ich inzwischen auch viel zu sehr mit mir und meinem Schicksal beschäftigt. Häufig passierte es allerdings auch, dass ich zu einem verabredeten Termin vor der Haustür meiner Frau auftauchte und sie samt den Kindern spurlos verschwunden war. Carmen wusste ganz genau, wie sie mich zur Weißglut treiben konnte.

Anfang des Jahres 1997 überschattete ein Vorfall all die tagtäglichen Probleme und Zwistigkeiten. Selbst die Sauferei geriet für ein paar Tage komplett in den Hintergrund: Irina musste schwerkrank ins Krankenhaus gebracht werden. Eine Monate zuvor erfolgte Blinddarm-OP hatte Verwachsungen in ihrem Körper zur Folge gehabt, die bereits Teile des Darms hatten absterben lassen. Es war furchtbar. Die Kleine musste mit einem Krankenwagen abgeholt und notoperiert werden. Wie der Teufel jagte ich nach Carmens Anruf über die Autobahn und hielt erst an, als ich den Parkplatz des Krankenhauses erreicht hatte. Nach der OP hatte man sie auf die Intensivstation gebracht, ihr Leben hing buchstäblich am seidenen Faden.

Jeder, der selbst Kinder hat, wird sich vorstellen können, wie Carmen und ich litten. 48 Stunden lang saß ich an Irinas Bett und verfolgte voller Panik die Geräusche der Apparate in ihrem Zimmer. Mitten in der Nacht bemerkte ich einen rötlichen Ausschlag in ihrem Gesicht und rief die Schwester. Sie behauptete, das sei nicht weiter problematisch, alles ganz harmlos, doch ich forderte das Urteil eines Arztes. »Der Doktor schläft gerade«, sagte die Schwester. »Dann machen Sie ihn wach, sonst nehme ich Ihnen den Laden auseinander«, antwortete ich. Und tatsächlich: Irina reagierte allergisch auf ein Antibiotikum, und nachdem der Arzt die Medikamente gewechselt hatte, verschwand auch der Ausschlag. Endlich, am nächsten Morgen, kam sie wieder zu sich, das kleine Geschöpf hatte die Anstrengungen der OP überstanden. Irina wurde wieder gesund. Wenigstens ein Lichtblick in diesen dunklen Monaten.

Meine Zeit in Hannover war vorbei. Ohne ein einziges Ligaspiel im Gepäck verschwand ich wieder aus Niedersachsen. Doch noch immer war meine Karriere als aktiver Fußballer nicht beendet, auch wenn ich damals bereits als Schwerstalkoholiker bezeichnet werden musste. Der kleine Kosmos Fußball hatte mich noch immer nicht aufgegeben. Nur wenige Tage nach der Trennung von Hannover 96 kontaktierte mich Jakub Andreas Grajewski, ein umtriebiger Manager mit Kontakten in die Boxszene und zum polnischen Fußball. Widzew Lodz suchte einen Verteidiger für die Rückrunde, Grajewski brachte mich ins Spiel. Und dann ging alles sehr schnell: Innerhalb von wenigen Tagen hatte ich einen Vertrag mit Lodz bis zum Saisonende unterschrieben und ein Hotelzimmer in der Innenstadt von Lodz bezogen. Mittlerweile griff ich nach jedem Strohhalm, den man mir anbot. Und Widzew war so ein Strohhalm.

Ein Deutscher im polnischen Fußball? Das war schon eine Seltenheit. Aber ich war ja nicht in die saudische Wüste gewechselt, sondern zu einem Traditionsverein, der in der Saison zuvor noch Champions League gespielt und dort in der Gruppenphase unter anderem dem späteren Sieger aus Dortmund einen Punkt abgetrotzt hatte. Trainer war kein geringerer als Franciszek Smuda, der Mann, der Polens Nationalmannschaft bei der EM 2012 im eigenen Land anführte.

Ich begriff schnell, dass Smuda ein hervorragender Fachmann war. Und auch die Mannschaft war äußerst talentiert. In Lodz machte mir das Fußballspielen endlich wieder Spaß. Aber auch nur das. Mein Leben außerhalb des Rasens beschränkte sich auf acht potthässliche Quadratmeter Hotelzimmer, das hoteleigene Spielkasino und einen Irish Pub in der Lodzer Einkaufsstraße, der schnell zu meiner Stammkneipe wurde. Meistens hielt ich es abends vor lauter Einsamkeit und Langeweile nicht aus, verprasste ein paar Zloty im Spielkasino und versackte anschließend im Irish Pub. Weil ich kein Wort Polnisch sprach, bestellte ich jedes Mal die gleiche Anzahl Bier beim Wirt: »dwanascie«, zwölf, meine Rückennummer …

Regelmäßig fanden in meinem neuen Zuhause Misswahlen statt. Scheinbar übte ich als deutscher Fußballer eine besondere Wirkung auf die hübschen Mädchen aus, die an diesen Wahlen teilnahmen. Nicht selten legte mir eine der Damen einen Zettel mit der Aufschrift »I want you« auf den Tisch, Steilvorlagen, die ich mir meistens nicht entgehen ließ. Wie es so ist mit seelenlosem Sex – anschließend fühlte ich mich nur noch einsamer und verlorener. Lediglich der Alkohol schaffte es, die trüben Gedanken für ein paar Stunden in Luft aufzulösen.

Sportlich war Lodz eine durchaus reizvolle Erfahrung. Ich machte insgesamt sieben Spiele in der Rückrunde und konnte dazu beitragen, dass Widzew die Meisterschaft eintütete. Dennoch: Wenn die Wirkung des Alkohols verflog, zeigte sich mir das ganze Grauen. Dann kamen die Fragen, Fragen, die mit jedem Wort in meinem Schädel brannten wie Feuer. Wie kam ich hierhin? Als Deutscher zum polnischen Fußball? In mein verschissenes kleines Hotelzimmer? In eine Stadt, die auf mich so trostlos wirkte, dass selbst die 100. Misswahl nicht darüber hinwegtrösten konnte? Es kotzte mich alles nur noch an.

Noch vor dem letzten Spieltag flog ich wieder nach Deutschland. Meine Zeit in Polen war vorbei, die Aufgabe erledigt. Wie ein Söldner nach dem Einsatz ließ ich alles hinter mir. Selbst an der Meisterfeier nahm ich nicht mehr teil. Ich freute mich für meine Mitspieler, aber im Grunde war mir die Meisterschaft egal. War nicht alles egal? Alles sinnlos, was ich tat? Was kam es da auf einen polnischen Meistertitel an? Das Leben ging weiter – aber ohne mich. Genauso fühlte ich mich: vom Leben ausgeschlossen. Wenn sich das Leben hinter einer Tür abspielte, stand ich davor und schaute durch den Türspion.

Ich kehrte ein letztes Mal zurück nach Oberneuland, dort, wo ich die schönsten, aber auch die schlimmsten Momente meines Lebens erlebt hatte. Ein letztes Mal bot sich mir eine Chance: Der FC Oberneuland, soeben in die Oberliga Niedersachsen/Bremen aufgestiegen, stellte mich als Spielertrainer an. Das war ja mal was ganz Neues. Warum also nicht? Tasmania, Hannover, Lodz und nun Oberneuland – meine wilde Reise ging weiter. Auch in Oberneuland soff ich regelmäßig, natürlich. Aber die Verantwortung als Spielertrainer brachte eine gewisse Struktur in mein Leben. Die Erfolge taten mir gut. Am Ende der Saison wurden wir Dritter, für einen Aufsteiger eine stolze Leistung. Ich hatte meine Sache gut gemacht.

Im Gegensatz zu meinem Privatleben. Bereits im April 1997 wurde die Scheidung eingereicht und damit viele Anwälte glücklich – weil reich – gemacht. Erst 2009 wurde die Scheidung tatsächlich vollzogen. Mein Rosenkrieg mit Carmen befand sich auf dem Höhepunkt. Jedes verfluchte Telefonat endete mit wüsten Beschimpfungen und Schreiereien, wir hatten es richtiggehend verlernt, normal miteinander zu kommunizieren. Carmen traf mit ihren Worten jeden offenen Nerv in meinem Kopf. Häufig hatte ich auch nach solchen Telefonaten nicht genug, setzte mich in mein Auto und riss die vier Stunden Fahrzeit bis Rickelrath ab. Dort angekommen, war mein Ärger noch immer nicht verraucht. Ich klingelte an der Tür, Carmen öffnete, wir schafften es, uns drei Minuten normal miteinander zu unterhalten, dann ging die Streiterei wieder los. Ende Dezember 1997 bekam ich erneut Ärger mit dem Gesetz. Nach einem heftigen Wutausbruch vor der Wohnung meiner Frau, bei dem ich ein paar Gartenmöbel kurz und klein schlug, rief Carmen die Polizei. Auf dem Parkplatz des »Queens Hotel« in Mönchengladbach erwischten sie mich schließlich und ließen mich pusten: 1,4 Promille. »Jetzt steht er in Oberneuland vor dem Rausschmiss«, mutmaßten die Zeitungen. Aber diesmal lagen sie daneben. Zunächst jedenfalls. Denn der Verein rüffelte mich zwar öffentlich für mein Vergehen, an meiner Aufgabe als Spielertrainer dieser Mannschaft änderte das nichts. Bis zum Saisonende. Bis ich nach dem letzten Spiel in den Flieger stieg, um für zwei Wochen auf Mallorca Urlaub zu machen.

Während ich in der Fußballschule eines Bekannten aushalf, erreichte mich der Anruf eines Mitspielers. »Die haben dich rausgeworfen«, hörte ich ihn sagen. Wie bitte? Hektisch kehrte ich nach Bremen zurück. An meiner Wohnung angekommen, steckte ich den Schlüssel ins Schloss – er passte nicht mehr. Jemand hatte das Türschloss in meiner Anwesenheit ausgewechselt! Ich schaute durch die Fenster – alles leer. Was war denn hier los? Erst auf dem Vereinsgelände erfuhr ich, dass man mich wegen der ständigen Sauferei rausgeworfen habe, meine Ausfälle würden das Image des Clubs dauerhaft beschädigen. Dass ich ab und an mit einer Fahne auf dem Trainingsplatz erschienen war, war kein Geheimnis. Jeder wusste von meinem Problem. Aber hatte ich nicht den Aufsteiger gleich in meiner ersten Saison auf den dritten Platz geführt? Spielten wir nicht einen Fußball, der über die Grenzen von Bremen hinaus viel Beachtung fand? Offenbar suchte Oberneulands Geldgeber einen Grund mich loszuwerden, lange brauchte er dafür ja nicht suchen. Während ich also auf Mallorca weilte, hatte man meine Klamotten aus der Wohnung geschafft, die Schlösser ausgetauscht und mich somit einfach aus Oberneuland verdrängt. Selbst noch ausstehende Gehälter wollte man mir nicht zahlen, erst mit Hilfe meiner Anwälte konnte ich die Clubführung vor Gericht zur Zahlung bewegen.

Meine Zeit als aktiver Fußballer war damit endgültig vorbei, meine Zeit als Arbeitnehmer ebenfalls. Ich war so gut wie pleite. Verspielt, versoffen, verzockt – in kurzer Zeit war aus mir, einem wohlhabenden Fußballer, ein armer Schlucker geworden. Den größten Teil meines Ersparten hatte Carmen erhalten beziehungsweise meine Kinder. Mehrere zehntausend Mark hatte ich im Laufe der Jahre auf Sparkonten für Irina und Tomek eingezahlt, der Rest meines Gehalts war für Fixkosten wie die drei Autos, das Haus und unsere Urlaube draufgegangen. Meine Beteiligung an drei Autohäusern war im Laufe der vergangenen Monate ebenfalls zerbröselt, ein Freund, dem ich mein Geld anvertraut hatte, hinterging mich böse. Merke: Wenn du eh schon am Boden liegst, bekommst du mit ziemlicher Sicherheit auch noch einen Tritt in die Magengrube. Zusätzlich hatte die Versicherung meinen Antrag auf Sportinvalidität abgelehnt, und so stand ich im Frühjahr 1998 da: mehr oder weniger mittellos, ohne geregeltes Einkommen, psychisch ein Wrack. Für einige Wochen kam ich bei meinen Eltern unter, doch sie hatten gar keine Chance zu erkennen, wie schlecht es ihrem Sohn eigentlich ging. Schon seit Jahren belog ich meine Mutter und meinen Vater nach Strich und Faden, was meine private Situation anbelangte. Ich verwendete sehr viel Energie darauf, meinen Eltern das Gefühl zu vermitteln, dass ich lediglich in einer kleinen Krise steckte, die ich schon bald überwinden würde.

Mein einst großer Bekanntenkreis war auf einige wenige Freunde zusammengeschrumpft. Meine ehemaligen Mitspieler Oliver Reck und Günter Hermann sah ich in jenen Monaten so gut wie gar nicht, selbst meinem engsten Freund in dieser Zeit, Balli aus Berlin, ging ich aus dem Weg. Tief in meinem Inneren wusste ich wohl, wie erbärmlich meine Situation war, zugeben wollte ich das selbstverständlich nicht. Ein Uli Borowka brachte seine Probleme schon selbst in Ordnung! Doch Geld herbeizaubern, das konnte auch kein Uli Borowka, und wenn er noch so ein toller Hecht war. Also fing ich an, mir Geld zu leihen. Waren es anfangs noch kleine Kleckerbeträge, die ich versprach, bald wieder zurückzugeben (womit selbst die Geldgeber nicht rechneten), lieh ich mir nun auch größere Summen. Ich sank so tief, dass ich meinen ehemaligen Mitspieler Mario Basler auf dem Handy anrief und ihm meine Sorgen auf die Mailbox quatschte. Ob er mir nicht mit 10 000 DM aushelfen könne. Der alten Zeiten wegen. Mario hat sich nie bei mir zurückgemeldet. Ich bin ihm nicht böse, dass er mir kein Geld geliehen hat, aber einen kurzen Rückruf hätte ich in meiner Situation gut gebrauchen können.

Mein Dasein als Schuldner brachte mich bald in große Gefahr. Von einem Bekannten lieh ich mir mehrere hundert Mark und versprach, ihm sein Geld innerhalb von vier Wochen zurückzuzahlen. Was ich, wie so häufig, nicht tat. Als der vereinbarte Zahltag längst überfällig war, fiel mir nichts Besseres ein, als mich in meiner Wohnung – nach der kurzen Zeit bei meinen Eltern hatte ich mich in einem Ein-

Zimmer-Loch in der Nähe von Rheydt einquartiert – vor ihm zu verstecken. Drei Tage und Nächte ging ich nicht aus dem Haus, ließ die Jalousien geschlossen und traute mich nicht, das Licht anzumachen.

Am vierten Tag trat mein Bekannter die Tür ein. Ein Hüne, der nun ziemlich wütend war. Er packte mich, schleuderte mich an die Wand und zog mich an den Ohren nach oben. »Wo ist mein verdammtes Geld, Borowka?« Ich hatte keinen einzigen Pfennig mehr. Er verpasste mir ein paar Ohrfeigen, bis ich aus der Nase blutete, doch so besoffen wie ich war, bekam ich die Schläge schon gar nicht mehr mit. Blutend ließ er mich auf meiner schmutzigen Matratze liegen.

Mein Alkoholkonsum hatte einen bis dahin nicht gekanntes Level erreicht. Innerhalb von nur wenigen Wochen brach alles in mir zusammen, selbst der letzte Rest von Stolz wurde in einem Meer von Bier, Schnaps und Kotze aufgeweicht. Mein Tagesinhalt bestand nur noch darin, aufzuwachen und irgendwie wieder auf den nötigen Pegel zu kommen. Zum Frühstück kippte ich die Reste vom Vorabend zusammen, um dieses furchtbare Gesöff dann in schnellen Zügen zu leeren. Das Licht in meinem Appartement war meistens aus, nur der Fernseher sorgte in Dauerschleife für ein kaltes Leuchten. Ich verließ die Wohnung nur selten, und wenn, dann schleppte ich mich in die nächste Kneipe und soff mich voll. Mein immer noch vorhandener Promistatus half zumindest dabei, dass mich andere Schluckspechte auf ein Bier einluden oder die Wirte erstaunliche Geduld mit meinen unbezahlten Deckeln hatten.

Aus dem gefeierten Fußballstar, dem liebenden Familienvater, dem Eisenfuß, war ein Schwerstalkoholiker geworden. Ein Niemand. Ein Nichts. Ein Mensch, der morgens aufwachte und nicht mehr wusste, wofür er das eigentlich tat.

Meine täglichen Rationen wurden immer heftiger. Bier und Wein trank ich nur noch, um meinen Körper in Gang zu bringen. Abends zog ich mir jetzt die harten Sachen rein. Underberg wurde zu meinem zweiten Vornamen. Mit dem Schnaps veränderte sich mein Wesen immer drastischer. Ständig war ich gereizt, misstrauisch und aggressiv.

Es brauchte nur einen falschen Blick, eine falsche Jacke, eine falsche Geste, schon suchte ich den Zweikampf. Nicht immer gingen diese Zwischenfälle glimpflich aus. Irgendwann in dieser Zeit tauchte ich noch einmal in Berlin auf. Wie war ich dorthin gekommen? Warum war ich überhaupt da? Vor meiner alten Tränke, dem »Rockys Inn«, sah mich durch Zufall mein alter Kumpel Balli, der mit einem Bekannten im Auto an der Ampel stand, als ich gerade an ihm vorbeimarschierte. »Ist das nicht der Uli Borowka?«, fragte Ballis Begleitung. Mein Freund brauchte eine Weile, bis er mich erkannte. Mein T-Shirt war voller Blut. Drei Vorderzähne waren ausgeschlagen. Als Balli mich ansprach, lächelte ich nur debil. Bis heute weiß ich nicht, wer mich damals so übel zugerichtet hatte.

Der Filmriss, der mich 1995 noch so erschreckt hatte, war längst zu einem ständigen Begleiter geworden. Nicht selten erwachte ich morgens in meinem eigenen Erbrochenen, die Matratze umstellt von mehreren Paletten Dosenbier. Wo war ich gestern gewesen? Was hatte ich getan? Hatte es Streit gegeben? Meine Erinnerungen an den Vortag waren gelöscht wie Dateien von einer Festplatte.

So wie an jenem Tag, als ich dem Tod erneut von der Schippe sprang.

Es war dunkel, als ich die Augen öffnete. Ich versuchte meinen Körper zu bewegen, doch die Schmerzen drangen selbst durch den Nebel des Vollrauschs. Wo war ich? Endlich hatten sich meine Augen an die Dunkelheit gewöhnt. Ich lag, die Hose zerrissen, das Gesicht blutverschmiert, auf den Flussbettsteinen unter einer Brücke in der Nähe von Rheydt. Was war passiert?

Ich musste die fünf Meter heruntergestürzt sein.

War ich im besoffenen Kopf gestolpert? Hatte man mich die Brücke hinuntergeschmissen? Mein Schädel schmerzte fürchterlich. Vorsichtig ertastete ich mit den Fingern eine mehrere Zentimeter große Wunde am Kopf. Wie hatte ich das überlebt? Irgendwie schleppte ich mich zurück in mein Loch. Erst nach Stunden rief ich einen Bekannten an, der mich ins Krankenhaus fuhr. Auf seine Kosten flickten mich die Ärzte wieder zusammen. Vollkommen vergessen hatten mich meine Mitmenschen also noch nicht.

Wie bereits erwähnt, wohnte ich in Rheydt, um irgendwie in der Nähe meiner Familie zu sein. Einer Familie, zu der ich eigentlich nicht mehr gehörte. Nur sehr selten ließ mich Carmen noch zu den Kindern – wenn man meinen Zustand bedenkt, eine aus heutiger Sicht vernünftige Entscheidung. Damals aber sah ich das selbstverständlich ganz anders.

Immer wenn mir die Einsamkeit die Kehle zuschnürte, rief ich bei Carmen an. Es waren sinnlose Gespräche. Sie wusste das und ich eigentlich auch. Doch was sollte ich machen? Meine Familie einfach so aus dem Gedächtnis streichen? Meine Kinder waren doch im Prinzip das Einzige, was mir noch geblieben war.

Eines Abends jedoch rief zur Abwechslung Carmen mal bei mir an. Sie wolle mich sprechen, ob ich mich nicht schnell ins Auto setzen könne. »Ich kann nicht«, lallte ich, ich war viel zu betrunken, um noch Auto zu fahren. Scheinbar hatte ich einen hellen Moment erwischt, normalerweise war mir das scheißegal. Nach mehrmaligen Bitten ließ ich mich dann doch überreden, stieg in die Klapperkiste, die ich mir von welchem Geld auch immer geleistet hatte, und fuhr los. »Bring doch bitte noch was zu essen mit«, hatte Carmen noch gesagt, bevor sie aufgelegt hatte. Am Ortseingang von Erkelenz, wo Carmen inzwischen mit Irina und Tomek wohnte, gab es einen chinesischen Schnellimbiss, den steuerte ich an. Mit Tüten voller heißer Frühlingsrollen kam ich aus dem Laden und setzte mich wieder ans Steuer. Kaum hatte ich den Zündschlüssel umgedreht, klopfte es an meine Scheibe. Vier Polizisten, zwei in Zivil, zwei in Uniform. »Guten Abend, Routinekontrolle. Bitte steigen Sie aus Ihrem Wagen.« Kaum war ich ausgestiegen, packten sie mich grob am Arm, schmissen mich auf die Motorhaube und legten mir Handschellen an.

Sie brachten mich aufs Revier. Und was tat ich Idiot, als wir das Gebäude betraten? Fing an, die Polizisten wüst anzupöbeln, versuchte sogar, sie anzugreifen. Das lässt kein Polizist ungestraft mit sich machen. Natürlich drehten sie mir den Arm nur noch heftiger um. »Was soll der Scheiß«, brüllte ich, »warum springen Sie so mit mir um?« »Zu Ihrer eigenen Sicherheit«, kam es als Antwort.

Endlich hielt ich still, sie nahmen mir Blut ab und natürlich war mein Promillegehalt wieder weit über dem erlaubten Wert. Den Führerschein, den ich vor wenigen Monaten erst zurückbekommen hatte, war ich wieder los.

Das Essen vom Chinamann war längst kalt, als ich wieder in meine Wohnung zurückkam und Carmen am Telefon von der Aktion berichtete.

Am 8. September 1999 kam es zum nächsten Eklat. An diesem Tag feierte mein Sohn seinen neunten Geburtstag. Ich war zu seiner Party nicht eingeladen. Mehrfach versuchte ich ihn anzurufen, doch Carmen blockte alle meine Anrufe ab. »Lass uns einfach in Ruhe«, schrie sie ins Telefon, »wir wollen hier Tomeks Geburtstag feiern.«

Wir? War ich nicht auch »Wir«?

Wütend schmiss ich das Telefon in die Ecke und goss mir erst mal das nächste Glas voll. Stundenlang trank ich so vor mich hin, dann fasste ich einen Plan. Von meiner Bude bis zur Wohnung meiner Frau waren es etwa 15 Kilometer – wenn man die Haupt- und Nebenstraßen mied. Und das wollte ich tun. Ich riss mir die letzte Büchse Bier auf und marschierte los: Durch Wald und über matschige Wiesen, über Stacheldrahtzäune und Kuhweiden erreichte ich nach einer halben Ewigkeit mein Ziel. Es war längst dunkel. Ich klingelte Sturm und verlangte lautstark nach meinem Sohn. Durch die Milchglasscheibe der Haustür sah ich Licht brennen. Niemand machte auf. Immer heftiger drückte ich die Klingel und schlug mit den Fäusten gegen die Tür.

Irgendwann reicht es mir: Ich trat die Tür ein.

Plötzlich stürzten sich zwei bullige Typen auf mich, der eine hatte einen Baseballschläger in der Hand und versuchte, mir das Ding über den Kopf zu ziehen. Ich wehrte den Schlag ab, taumelte nach hinten, die Kleiderschränke drückten die Tür zu. Mit der Faust schlug ich die Scheibe ein und für einen kurzen Moment sah ich durch das Loch meine Kinder. Meinen Sohn, das Geburtstagskind. Er weinte und hatte Angst. Vor seinem eigenen Vater.

Mit blutiger Faust ergriff ich die Flucht und rannte davon. Über den Hof, die Straße und ab ins nahe Maisfeld. Kurze Zeit später holte mich die herbeigerufene Polizei ein.

Mein Verhalten brachte mir einen erneuten Termin vor dem Richter ein. Diesmal reichte es dem Mann, der mich in der jüngeren Vergangenheit schon mehrfach wegen verschiedener Delikte verurteilt hatte. Er erteilte mir ein Besuchsverbot für meine Familie und sagte dann: »Herr Borowka, ich bin es langsam leid, Sie hier dauernd vor mir sitzen zu sehen. Das Maß ist voll. Diesmal schicke ich Sie in den Bau!« Mir rutschte das Herz in die Hose. »Aber«, sagte der Richter, »bevor das passiert, gebe ich Ihnen noch eine allerletzte Chance. Sie geben mir hier und heute Ihr Wort, dass Sie sich, so lange ich Richter an diesem Amtsgericht bin, nie wieder im Landkreis Erkelenz blicken lassen. Sie bekommen von mir eine Geldstrafe, die zahlen Sie und hauen ab. Wenn ich Sie noch einmal hier sehe, sperre ich Sie weg. Endgültig.«

Doch nichts konnte mich davon abhalten, weiter meine Kinder sehen zu wollen. Besuchsverbot hin oder her. Noch mehrmals tauchte ich vor der Wohnung meiner Ex auf, klopfte gegen Scheiben, klingelte Sturm, trat gegen die Tür. Es muss eine schlimme Zeit für Tomek und Irina gewesen sein, ihren Vater vor der eigenen Haustür wie einen Hooligan randalieren zu sehen. Erst nach meiner Therapie nahm ich den Warnschuss ernst und habe bis heute sein Hoheitsgebiet nicht mehr betreten. Selbst als ich Ende 2001 eine Anfrage für eine Autogrammstunde in Erkelenz bekam, sagte ich ab.

Lag es an dieser komplizierten Situation, dass ich Ende des Jahres 1999 so freimütig auf das Angebot eines Bekannten einging? Der Mann sprach mich irgendwann in einer meiner Stammkneipen an. Ob ich nicht Lust hätte, auf seine Kosten für ein Wochenende in die Türkei zu fliegen, um dort in einem hübschen Bungalow mit hübschen

Bezahldamen eine gute Zeit zu haben. Einzige Bedingung: Ich müsste eine Kleinigkeit für ihn erledigen.

Ich Idiot sagte begeistert zu.

Es kam mir nicht mal in den Sinn, mich zu fragen, warum dieser Kerl, der mich ja eigentlich gar nicht kannte, so freimütig auf einen Trip in die Türkei einlud. Und was für »eine Kleinigkeit« ich für ihn erledigen sollte. Das zeigt, wie blind ich damals für meine Umwelt war. Ich dachte wahrscheinlich noch immer, dass meine Heldentaten auf dem Rasen für die Einladung verantwortlich wären.

Also flog ich in die Türkei. Tauschte meine versiffte Bruchbude gegen einen eleganten Bungalow und genoss ein paar Tage den Luxus von schönen Frauen und teurem Alkohol. Auf der Fahrt zum Istanbuler Flughafen drückte mir jemand eine vollgepackte Sporttasche in die Hand. Das war besagte Kleinigkeit: Ich sollte die Tasche durch den deutschen Zoll bringen.

Noch immer verschwendete ich keinen Gedanken daran, was wohl in dieser Tasche sein könnte, der Rausch vernebelte mir die Sinne.

Am Flughafen Düsseldorf fischte ich die Tasche vom Gepäckband und marschierte unbehelligt an den deutschen Zollbeamten vorbei. Links und rechts neben mir wurden die Leute rausgewunken, um ihre Taschen zu öffnen, für mich und die große Tasche interessierte sich merkwürdigerweise niemand.

Erst im Taxi kamen mir Zweifel. Was hatte ich da eigentlich gerade quer durch Europa transportiert? Ich öffnete die Tasche. Sie war vollgepackt mit Ampullen und Spritzen, verschiedenfarbiger Inhalt waberte mir entgegen. Rasch schloss ich den Reißverschluss. Doping? Drogen? Steroide? Weiß der Teufel, was tatsächlich in dieser Tasche steckte, legal war es sicherlich nicht.

Nur dem raschen Eingreifen meines Schutzengels war es zu verdanken, dass mich der Zoll nicht mit meiner heißen Fracht erwischt hatte. Bei meiner Vorgeschichte wäre ich sicherlich ins Gefängnis befördert worden. Zielsicher taumelte ich weiter dem Abgrund entgegen. Es war nur noch eine Frage der Zeit, bis ich entweder eingesperrt oder tot sein würde. Eine andere Alternative schien es in meiner Situation nicht mehr zu geben.

TAGESBERICHT, Fachklinik Fredeburg

2. bis 4. Juni 2000
Im Großen und Ganzen bin ich auch gut über das Wochenende gekommen. Einige Zeit habe ich mich noch über Ingo aufgeregt, aber jetzt ist es mir gleichgültig, was er macht. Innerhalb der Gruppe wünsche ich mir, dass es noch lebhafter wird, denn ich will in den letzten Wochen noch sehr viel für mich selbst tun. Willi hat am Sonntag noch Kuchen in der Teeküche ausgegeben. Wir haben viel gelacht und rumgealbert. Aber einige gehen hier zum Lachen in den Keller. Ich denke, dass Humor zur Therapie gehört, aber viele können damit gar nicht umgehen.

5. Juni 2000
Über die heutige Gruppenstunde noch zu reden, hat für mich wenig Sinn. Ich will helfen, bekomme einen auf den Deckel, ich will andere auffordern, mitzureden, das passt auch nicht, ich will in Ruhe Anstöße geben, keiner sagt ein Wort, und dann denke ich doch zum Schluss: »Bin ich denn der einzige Alkoholiker hier im Raum?« Ich will hier für mich noch arbeiten und werde auch weiterhin meine Meinung sagen, auch wenn diese einigen nicht passt oder sie diese nicht hören wollen.

6. Juni 2000
Nach dem Gespräch mit meiner Therapeutin habe ich einiges verstanden. Wenn ich mal laut werde, dann sind gleich die Mitpatienten eingeschüchtert. Ich habe noch mit Dirk II gesprochen und mir auch seine Meinung eingeholt. Jetzt kann ich die Lage noch besser einschätzen. Letztlich muss ich aber selbst sehen, wie ich mit den einzelnen Situationen und meinen Gefühlen besser umgehen kann.

9. bis 12. Juni 2000

Mein Vater holte mich pünktlich am Freitagmorgen ab. Zu Hause sprach ich dann als Erstes mit dem Suchtberater in Hemer. Er fragte nach meiner Therapie und was danach geschieht. Wir verblieben bis auf Weiteres, da auch meine Versicherungsbelange nicht ganz geklärt sind. Am Samstag fuhr mein Vater mit mir nach Duisburg zum Spiel der Weisweiler-Elf. Alle freuten sich, mich zu sehen, und fragten nach den Fortschritten der Therapie. Fand ich super! Den Montag hatte ich eigentlich für meine Familie freigehalten, die aber leider nicht kam. Ich sprach mit meiner Frau und sagte ihr, dass ich traurig sei, dass wir uns nicht gesehen haben. Ich spreche jetzt aus, was mir gefällt oder auch unangenehm ist. Es waren schöne Tage. Jetzt fange ich an, die letzten Tage in der Klinik zu zählen. Ich bin froh, wenn ich alles überstanden habe.

14. Juni 2000

Heute Abend waren wir Billard spielen und Eis essen. Das war ein schöner Abend mit viel Spaß und guten Gesprächen. Ich merke aber, dass für mich so langsam das Ende der Therapie naht und ich auch nicht mehr auf die Gespräche eingehe.

15. Juni 2000

Ich denke, wenn meine Frau doch noch kommt, ist das eine gute Chance, um über die Vergangenheit und Gegenwart zu sprechen. Ich hoffe doch ein bisschen, dass es klappt. Meine Therapiebilanz zu schreiben, war so weit kein Problem. Die letzten Sätze sagen aus, wie ich mich gefühlt habe.

BAD FREDEBURG
In der Entzugsklinik

Ich brauchte Hilfe. Ich war nicht mehr in der Lage, mir selbst zu helfen. Schlimmer noch: Ich wollte mein Problem einfach nicht erkennen. Es war ja nicht so, dass ich in den Spiegel schaute und sagte: Du hast ein Alkoholproblem! Du bist ein Trinker und ein Säufer, und wenn du nicht aufpasst, bringt der Alkohol dich um! Siehst du nicht, was der Alkohol schon mit dir gemacht hat? Er hat dein Leben zerstört, deine Karriere ruiniert und dir deine Familie genommen! Hol dir endlich Hilfe!

Nein, so war es leider nicht. Viele Alkoholiker kennen das Problem: Es dauert unendlich lange, bis man sich seiner Dämonen bewusst wird. Im Laufe der Jahre hatte ich gelernt, mich bei jeder Gelegenheit selbst zu belügen. Ich glaubte mir schon selber nicht mehr.

Ähnlich verhielt es sich bei meinen Eltern, meiner Schwester oder meinen wenigen Freunden, allen voran Balli. Sie bemerkten wohl, dass es mir schlecht ging. Aber wenn sie mich darauf ansprachen, redete ich das Problem klein. Als das Jahr 2000 begann, war es allerdings nicht mehr zu übersehen: Der Alkohol fraß mich auf, und wenn ich noch irgendetwas im Griff hatte, dann war es die nächste Flasche Schnaps.

Trotz meiner Sauferei hatte ich in den zurückliegenden Jahren in unregelmäßigen Abständen ein paar Spiele für die Weisweiler-Elf, die Mönchengladbacher Traditionsmannschaft, bestritten. Ich wohnte ja wieder vor den Toren des Bökelbergs, regelmäßig erhielt ich Einladungen von den Verantwortlichen. Im Februar 2000 tauchte ich plötzlich im Büro meines alten Mitspielers Christian Hochstätter auf, der inzwischen als Sportdirektor für die Borussia arbeitete. Ich weiß nicht mehr genau, warum ich ohne Termin vor seinem Schreibtisch landete, wahrscheinlich ein neuerlicher Versuch, einen ehemaligen Weggefährten um Geld anzupumpen. Christian merkte sofort, dass ich in den letzten Zuckungen lag. Ich sah furchtbar aus und stank wie eine Zapfanlage. Kaum war ich wieder verschwunden, suchte er das Gespräch mit Gladbachs Präsidenten Wilfried Jacobs und erzählte ihm von meiner Situation. Die beiden wurden sich schnell darüber einig, dass mir geholfen werden musste. Nur wie? Jacobs wusste, was zu tun war: Er rief seinen alten Bekannten, Dr. Dieter Geyer von der Suchtklinik Bad Fredeburg, an, um sich nach einem freien Platz für den ehemaligen Fußballer Uli Borowka zu erkundigen.

Ich bekam von alledem nichts mit. Der Alltag ging seinen gewohnten Gang. Bis zum 6. März 2000. Da klingelte mein Telefon, am anderen Ende der Leitung war Robby Hansen, der Betreuer der Weisweiler-Elf. »Uli, mach dich bereit, ich hole dich in drei Tagen ab.« »Sehr schön, wo steigt das Spiel?« »Kein Spiel, keine Party. Ich fahre dich nach Bad Fredeburg in die Suchtklinik. Die werden dir helfen. Am Donnerstag um Punkt neun Uhr stehe ich vor deiner Tür.« Robby legte auf. Ich überlegte. Bad Fredeburg? Suchtklinik? Hatte ich das nötig? Andererseits: Warum eigentlich nicht? Und wenn der Laden mir nur helfen konnte, mich ein wenig von meinem verschissenen Leben abzulenken, hätte sich die Anfahrt schon gelohnt.

Am Abend vor dem vereinbarten Termin ließ ich es noch einmal richtig krachen. Ich schüttete jeden Tropfen Alkohol, den ich in meiner Wohnung finden konnte, in mich hinein. Bis ich irgendwann einfach umkippte und auf meiner Matratze einschlief.

Das Hupen weckte mich. Draußen vor meiner Tür stand Robby Hansen mit laufendem Motor. Ich schnappte meine Tasche und stolperte aus dem Haus. Auf der zweistündigen Fahrt zur Klinik sprachen wir nur wenig. Mein Kopf war leer. Mal sehen, was mich da so alles erwartete.

Das Erste, was ich in der Klinik sah, die mir das Leben retten sollte, war das Sixpack Bier in der Hand eines Mannes, der sich direkt vor mir am Empfang meldete. »Bei uns herrscht strenges Alkoholverbot«, sagte die Dame hinter dem Tresen. »Bitte entsorgen sie umgehend das Bier.« Das brauchte man dem Mann nicht zweimal zu sagen. Kurzerhand setzte er sich auf die Bordsteinkante gleich gegenüber dem Empfangshaus und leerte die sechs Dosen in schnellen Zügen. Offensichtlich nicht sein erster Alkohol an diesem Tag. Als ich ihn Stunden später beim Klinikarzt ins Röhrchen pusten sah, zeigten die Messgeräte unglaubliche 4,1 Promille an. Hektisch fummelten die Ärzte an dem Gerät herum und tauschten es aus. Bei diesem Promillewert fielen normale Menschen eigentlich ins Koma. Doch auch im zweiten Versuch blies mein neuer Freund seine 4,1 Promille. Wo war ich denn hier gelandet?

Kurioserweise wurde mein Promillegehalt mit 0,0 angegeben, dabei hatte ich doch noch Stunden zuvor heftig gebechert. Auf die Abwehrmechanismen meines Körpers war also weiterhin Verlass. Was soll's, hier wollte ich ohnehin nicht alt werden. Eigentlich, so stellte ich fest, als mich die Pfleger in den geschlossenen Aufnahmebereich brachten, tat ich das alles hier doch nur, um meinen Freunden aus Mönchengladbach einen Gefallen zu tun. Ein kleines Dankeschön für ihre Bemühungen, und ein Zeichen dafür, dass ich mir schon würde helfen können, wenn ich denn mal ein echtes Problem hätte.

Es kam anders.

Nach der Aufnahme brachten mich zwei bullige Pfleger auf mein Zimmer, das ich gemeinsam mit vier anderen Patienten teilen musste. Die Pfleger durchsuchten meine Reisetasche und wurden schnell fündig: Schmerztabletten, Schokolade, meinen Flachmann – alles nahmen sie mir weg. Lediglich das in meinem Geheimfach verstaute Handy fanden sie nicht. Ein kleiner Triumph.

Nach dem Abendessen saß ich im Raucherraum und zog an einer Zigarette. Auffällig unauffällig tauchten vor den großen Fenstern des Raucherraums erstaunlich viele Patienten auf, um mich verstohlen zu mustern. Ich kapierte schnell, was hier los war. In einer Entzugsklinik sprechen sich Neuigkeiten schneller rum als beim Kaffeekränzchen des örtlichen Hausfrauenbundes. Dass Uli Borowka, der Fußballer, auch in Bad Fredeburg war, war nun kein Geheimnis mehr.

Was ich in diesen ersten Tagen an Schicksalen mitbekam, ließ meine eigenen Probleme irgendwie schrumpfen. Da waren Menschen kurz vor dem Exitus, von Drogen vollkommen zerrüttet. Einer meiner Mitbewohner schmierte sich riesige Berge Butterbrote, um die Nacht zu überstehen – von den Entzugserscheinungen wurde ihm mal heiß, mal kalt, an Schlaf war kaum zu denken. Ein anderer berichtete unter Tränen, wie ihn seine Mutter im Alter von eineinhalb Jahren wie eine Katze in der Badewanne ertränken wollte.

In Fredeburg waren die Spielregeln ziemlich simpel: So lange man morgens nach dem Frühstück noch sein Namensschild an der Zimmertür im Aufnahmebereich vorfand, blieb man auch im Aufnahmebereich. Es dauerte fünf Tage, ehe ich am 14. März meine Sachen packen konnte und in den Therapiebereich der Klinik gebracht wurde. Von nun an hatte ich mich bei jedem Gespräch, jeder Diskussion, jedem Antrag folgendermaßen vorzustellen: Uli, 32, Alkoholiker. Die 32 setzte sich aus meinem Team 3 und der Gruppe zusammen, der Beiname »Alkoholiker« – nun ja, deshalb war ich ja da. So planlos ich die vergangenen Jahre durch den Alltag getorkelt war, so durchstrukturiert sah mein Leben in der Klinik aus: Frühstück, Mittagessen, Kaffeetrinken, Abendessen, Sport, Werkstattaufenthalt, Therapiesitzungen, Gruppen- und Einzelgespräche, Bettruhe – alles war bis ins kleinste Detail geregelt. Und wer sich nicht an die Spielregeln hielt, der riskierte im schlimmsten Fall den Rauswurf. Ich merkte schnell: Wer von der schiefen Bahn kommt, braucht klare Vorgaben.

Jeden Tag musste ich einen Tagesbericht für meine Therapeutin verfassen, quasi eine Art Tagebuch. Auszüge davon sind in diesem Buch veröffentlicht. Viele Stunden des Tages gingen dafür drauf, mit anderen Patienten oder den Therapeuten über sich und seinen Zustand zu sprechen. Warum hast du überhaupt Alkohol gesoffen? Warum geht es dir so dreckig? Warum bist du hier? Was sind deine Pläne? Und immer wieder: Wie geht es dir, wie gehst du mit deiner Krankheit um? Akzeptierst du überhaupt die Krankheit? Plötzlich musste ich, der doch bis vor Kurzem noch geglaubt hatte, die eigenen Probleme selbst in den Griff zu bekommen, mich mit meinen Fehlern auseinandersetzen. Ich, der knüppelharte Eisenfuß, musste über meine Gefühle sprechen, und nicht nur das – ich musste tagtäglich vor fremden Menschen einen Seelenstriptease hinlegen, die Hosen runterlassen bis zu den Knöcheln! Doch es dauerte ein oder zwei Wochen, bis ich mir vor dem Spiegel eingestehen konnte: Ja, du bist ein Alkoholiker! Und hier kann dir geholfen werden. Nimm die Hilfe an, oder verkriech dich wieder in deinem Loch! Viele Tage sträubte ich mich dagegen, schließlich hätte das Eingeständnis, ein Problem mit dem Alkohol zu haben, bedeutet, Schwächen zuzugeben. Persönliche, ganz intime Schwächen. Das fällt sicherlich den meisten Menschen sehr schwer, aber für mich, der ja sein komplettes Image und damit seine Identität darauf aufgebaut hatte, stets der Härteste und Brutalste zu sein, war das eine extrem hohe Hürde. Je mehr ich mein Verhalten der vergangenen Jahre durchschaute, desto klarer wurde mir, warum ich mich vor allem auf dem Fußballplatz wie ein gefühlskalter Roboter benommen hatte. Die Furcht davor, nach dem Spiel vor meinen Mitspielern, dem Gegner, den Zuschauern, als Weichei oder gar als Versager dazustehen, der Druck, den ich mir selber machte, hatte mich dazu gezwungen, den harten Mann zu markieren. Eher kloppte ich den gegnerischen Spielmacher über die Seitenlinie und holte mir dafür eine Ladung Hass aus der gegnerischen Kurve ab, als mir den Vorwurf gefallen zu lassen, nicht gut genug für die Spitze zu sein. Nicht falsch verstehen, ich gefiel mir mit meinem gefährlichen Image

– zum Teil sogar noch heute –, und doch trieben mich die Angst, der Druck und mein daraus resultierendes Verhalten Stück für Stück in die Sucht. Vielleicht hätte es mir geholfen, wenn mich meine Trainer oder ältere Spieler zur Seite genommen hätten, um mir zu sagen, dass die Angst vor der Niederlage und dem Versagen eine ganz normale Begleiterscheinung im Leistungssport ist – doch so etwas war insbesondere in den achtziger und frühen neunziger Jahren im deutschen Fußball nahezu unmöglich. Bis heute hat sich daran ja eigentlich nicht viel geändert. Die Zahl derer, die offen über persönliche Ängste oder Schwächen sprechen, ist erschreckend gering. Und ich kann meine Nachfolger verstehen. Image ist im Fußball immer noch alles – vor allem dann, wenn man nicht vom Talent geküsst ist, sondern sich seinen Platz an der Sonne hart erkämpfen muss.

In Fredeburg ging es zunächst vor allem genau darum: Dass ich aufhörte, mir selbst etwas in die Tasche zu lügen, dass ich meine Fehler eingestand. Ich bin froh, diesen ersten Schritt überhaupt geschafft zu haben. Viele Alkoholiker sind unglaublich erprobt darin, sich bis zum bitteren Ende selbst zu verarschen und ihrer Umwelt etwas vorzugaukeln. So ganz ließ ich mir allerdings die Maske nicht vom Gesicht reißen. In meinem abschließenden Therapiebericht heißt es recht treffend: »Auffällig blieb, dass Herr B. in der Bezugsgruppe, die ausschließlich aus Männern bestand, nur selten in der Lage war, seine weichen Seiten zuzulassen und Sensibilität im Kontakt mit sich selbst und anderen zu zeigen. In Einzelgesprächen gelang ihm dies dagegen mit zunehmender Therapiedauer häufiger, so konnte er hier seine Traurigkeit über das Scheitern der Ehe und über das bis heute kaum erlebte Heranwachsen der Kinder zulassen.« Weiterhin versuchte ich also in der Gruppe den harten Mann zu mimen. Glücklicherweise verhielt ich mich in den Einzelgesprächen anders. Wer weiß, ob ich sonst die Therapie erfolgreich überstanden hätte.

Wie gefährlich die Krankheit wirklich sein konnte, musste ich bereits in den ersten zwei Wochen erfahren. Es war üblich, dass sich Patienten am Tag ihrer Entlassung mit Kaffee und Kuchen bei den Mitpatienten verabschiedeten. Werner war einer der Ersten, dem ich persönlich alles Gute für die Zukunft wünschen durfte. Mit vollem Mund und leuchtenden Augen berichtete er uns von seinem viermonatigen Aufenthalt und seinen Plänen für die Zukunft. Seine Frau hatte ihn zwar verlassen, doch »jetzt kaufe ich mir ein neues Auto, renoviere die Bude neu und fange einfach noch mal von vorne an!« Werner klang so enthusiastisch, so lebensmutig, dass ich ihm begeistert zuhörte.

Acht Tage später erhielten wir die Nachricht, dass Werner sich umgebracht hatte. Sturzbetrunken war er mit seinem Wagen vor das Haus seiner Exfrau gefahren, dort hatte er gehupt und gewartet, bis seine Ex am Fenster erschien. Dann hatte er sich selbst angezündet und war in seinem Auto bei lebendigem Leib verbrannt.

Eine furchtbare Tragödie. Aber Werners grausamer Tod machte mir eines klar: Die Gefühle sind tausendmal stärker als der Kopf. Wer glaubt, nur durch gute Vorsätze und vernünftiges Denken den Alkohol und seine Sucht zu besiegen, der bekommt früher oder später Probleme. Ein Suchtkranker muss immer auf der Hut sein, muss immer aufpassen. Bis heute bin ich selbst, gemeinsam mit meiner Frau Claudia, mein strengster Beobachter. Ich muss es auch sein.

Drei Menschen wurden für mich schon in den ersten Wochen meines Aufenthalts zu unverzichtbaren Stützpfeilern auf dem Weg durch meine Therapie: meine Therapeutin, der Cheftherapeut und mein Zimmernachbar Karl-Friedrich, auch er ein Alkoholiker, mit dem ich mich sehr schnell eng verbunden fühlte. Mit meiner Therapeutin hatte ich beinahe jeden Tag zu tun, und ihr Chef, seines Zeichens trockener Alkoholiker, hatte mich fest im Griff. Ihm konnte ich nichts vormachen, er ließ sich nicht mit billigen Ausreden und Ausflüchten abspeisen. Schließlich hatte er die ganze Scheiße selbst durchgemacht. Er war es auch, der mich vor die erste richtige Aufgabe stellte. »Uli, seit wann glaubst du, bist die psychisch abhängig?«, fragte er mich nach wenigen Tagen. Psychisch abhängig? Ich? Ich ließ seine Frage unbeantwortet und wand mich irgendwie heraus. Immer wieder sprach er mich anschließend darauf an. Und als ich Tage später noch immer keine vernünftige Antwort geben konnte, sagte er: »Wenn du das nicht aufarbeitest, dann schmeiße ich dich raus. Das verspreche ich dir.« Endlich brummte es in meinem Schädel. Gemeinsam gelangten wir zu folgender Erkenntnis: Schon am Anfang meiner Karriere, 1983, 1984, musste ich psychisch abhängig geworden sein. Wenn ich schon beim Training an das Bier danach dachte und Carmen zu einem vermeintlichen Ausflug nach Düsseldorf überredete, dann nur, weil mein Unterbewusstsein bereits nach dem nächsten Rausch verlangte. Ein kleiner Schritt in Bad Fredeburg, aber ein großer Schritt für mich. Es tat erstaunlich weh, mir selbst einzugestehen, wie viele Jahre ich eigentlich schon an der Flasche hing.

Karl-Friedrich wiederum half mir dabei, nach und nach meinen selbst fabrizierten eisernen Schutzmantel aufzubrechen und endlich einen Blick in mein Inneres zu werfen. Stundenlang saßen wir auf unserem Balkon und sprachen über alles, was uns bewegte und durch den Kopf ging. So offen und ehrlich über meine Gefühle zu sprechen, war absolutes Neuland für mich. Im Fußball ist so etwas einfach nicht möglich. Mit Lothar Matthäus oder anderen Mitspielern unterhielt ich mich vielleicht über die Macken des Trainers, den neuen Sportwagen vom Kollegen oder hübsche Frauen am Trainingsplatz, aber nicht über die wirklich wichtigen Dinge im Leben. Kurzum: Einen Freund wie Karl-Friedrich hatte ich vorher noch nicht kennengelernt. Die gemeinsame Leidenszeit, die ähnliche Vergangenheit schweißte uns fest zusammen. Wieder lernte ich eine Lektion: Alleine kommt kein Mensch durch so eine Therapie. Wer sich innerhalb der Klinikmauern abschottet und glaubt, mit seinen Problemen alleine klarzukommen, der wird über kurz oder lang scheitern. Karl-Friedrich und ich bauten uns gegenseitig auf, motivierten uns, traten uns auch mal in den Hintern. Nicht selten flossen bei uns nach besonders intensiven Gesprächen Tränen.

Karl-Friedrich wurde auch deshalb so wichtig für mich, weil ich, im Gegensatz zu vielen anderen Mitpatienten, fast nie Besuch bekam. Ich führte viele gute Telefongespräche mit Carmen, häufig lud ich sie zu den Besuchertagen ein, häufig sagte sie auch zu. Doch jedes Mal fand sie einen anderen Grund, um den Besuch kurzfristig abzusagen. Teilweise konnte ich sie verstehen, dann aber auch wieder nicht. Ich fand es sehr schade, dass Carmen die Chance auf ein gemeinsames Gespräch mit meiner Therapeutin nicht nutzen wollte. Schließlich hatte auch unsere Beziehung Einfluss auf meine Krankheit gehabt. Meine kaputte Ehe, auch das musste ich in Fredeburg schmerzhaft feststellen, war eines meiner größten Probleme. Ganz klar: In meiner Beziehung zu Carmen hatte ich versagt, auf dem »Höhepunkt« hatte ich es sogar gewagt, meine eigene Frau tätlich anzugreifen. Dieses Versagen wollte ich mir nicht eingestehen. Anfangs versuchte ich den Vorfall im Treppenhaus sogar kleinzureden, erst als mich meine Therapeuten »weich geklopft« hatten, sah ich ein, dass ich mich so sehr für meine zahlreichen Ausfälle schämte, dass ich geglaubt hatte, es sei besser diese so gut es eben ging auszuklammern, wenn es um meine Ehe ging. Auch die eben angesprochenen angenehmen Telefonate mit Carmen waren Teil einer schrittweisen Entwicklung. Zu Beginn meiner Therapiezeit war ich noch häufig ausfällig geworden und hatte meine Frau wüst beschimpft. Diese Gespräche hatten dann jedes Mal in wilden Schuldzuweisungen geendet. Erst nach einigen Wochen in Fredeburg gelang es mir, die Aggressionen, die ja auch Folge der Sauferei waren, zu verdrängen oder gar nicht erst aufkeimen zu lassen und halbwegs vernünftig mit Carmen zu kommunizieren. Dass ich unsere Ehe trotzdem nicht mehr würde retten können, war mir irgendwie klar. Auch wenn ich zu hoffen vorgab, dass alles bald wieder so werden würde wie am Anfang unserer Beziehung.

Fast noch schlimmer als der fehlende Kontakt zu Carmen war, dass ich in all den Monaten meine Kinder so selten zu Gesicht bekam. Sie fehlten mir jeden Tag. Manchmal sprachen wir am Telefon, doch das half nur kurzfristig. Nicht selten musste ich mich nach solchen Telefonaten bei Karl-Friedrich auf dem Balkon ausheulen. Nur einmal kamen sie mich besuchen – tagelang sprach ich anschließend von nichts anderem.

Wenn ich dagegen etwas in der Klinik hatte, dann war es Zeit. Manchmal wusste ich nicht, wohin mit meiner Langeweile, doch genau diese freie Zeit gehörte ja auch zum Therapieprogramm. Zeit, um sich mit sich selbst und seinen Problemen, seinen Träumen und Hoffnungen zu beschäftigen. Ich war, auch durch die ständigen Gespräche, dazu gezwungen, intensiv über mich, mein Verhalten und meine Ziele für die Zukunft nachzudenken. Wie war ich zu dem Menschen geworden, der ich war? Wann hatte das ganze Elend angefangen? War ich wütend auf mich? Stolz? Enttäuscht?

Nach und nach setzte ich die Puzzleteile meines in tausend Stücke zerbrochenen Lebens zusammen. Die Fahrten mit Carmen nach Düsseldorf, meine Kneipenbesuche, während sie auf Shoppingtour ging. Warum hatte ich das getan? Weil ich schon damals, also 1984, ganz am Anfang meiner Karriere, psychisch abhängig gewesen war. Ein Kranker, ein Alkoholiker. Dessen Körper und dessen Wille es ihm erlaubten, trotzdem eine beachtliche Laufbahn als Profifußballer hinzulegen. Und die vielen Abende und Nächte in meinen Stammkneipen? Warum hatte ich die Gesellschaft von losen Bekannten vorgezogen und mich besoffen, statt mich den Problemen meiner Familie und meiner Beziehung zu stellen? Weil ich schwach gewesen war. Weil mich die Probleme neben dem ja ohnehin anstrengenden Dasein als Leistungssportler schlichtweg überfordert hatten. Trotzdem: Warum wurde mir, der sich doch tagtäglich um die Befindlichkeiten seines Körpers kümmerte, der sich im Training schindete, sich regelmäßig von Spezialisten massieren und behandeln ließ, nicht bewusst, dass der viele Alkohol meinem Körper schadete? In Ralf Schneiders *Die Suchtfibel,* einem Standardwerk zum Thema Alkoholsucht, fand ich Antworten auf die vielen Fragen in meinem Kopf. »Der Trinker«, heißt es da unter anderem im Kapitel »Wie entwickelt sich die Abhängigkeit?«, »führt seine Erleichterung eher auf die Situation, die anregenden Partner und die lustige Gesellschaft als auf das Trinken zurück.

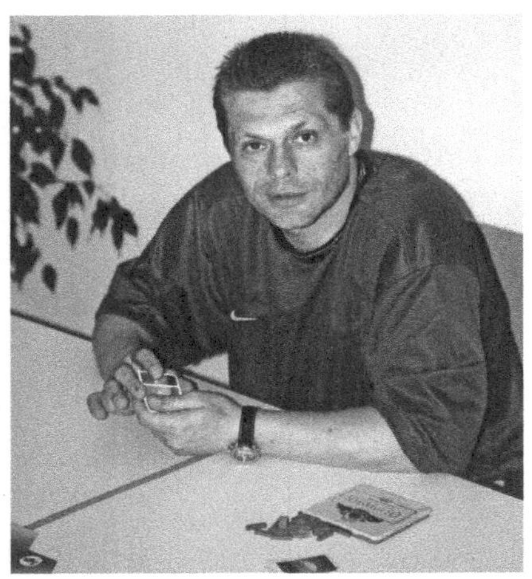

2000 in der Suchtklinik Fredeburg. Während einer der stundenlangen und äußerst intensiven »Siedler von Catan«-Spielchen schenke ich der Kamera einen kurzen Moment. © Uli Borowka privat

Deshalb sucht er häufiger die Gelegenheit, Alkohol zu trinken.« Ganz genau. Zu Hause bekam ich mich mit meiner Frau in die Haare. In der Stammkneipe fand ich die Streicheleinheiten, die ich brauchte. Das Bier, der Schnaps, der Rausch? Hinderten mich ja nicht daran am nächsten Morgen auf dem Trainingsplatz meiner Arbeit nachzugehen. Wo also war das Problem? In Fredeburg lernte ich, dass gerade diese Passivität dafür gesorgt hatte, dass ich mein Leben schließlich blindlings vor die Wand gefahren hatte.

Solche Dinge rauschten mir tagtäglich durch den Kopf. Möglichkeiten, um meinem Kopf auch mal Ruhepausen zu gönnen, fand ich auf dem klinikeigenen Bolzplatz, bei ausgiebigen Spaziergängen (die genehmigt zu bekommen allerdings einen nicht unerheblichen bürokratischen Aufwand erforderten) und in der Werkstatt. Das erste Mal in meinem Leben sollte ich töpfern und – Fensterbilder gestalten! Töpfern Sie einen Gebrauchsgegenstand, lautete die Aufgabe. Ich töpferte einen Krug in Form des DFB-Pokals und musste mich anschließend vor meiner Therapeutin rechtfertigen, die den Pokal zunächst nicht als Gebrauchsgegenstand akzeptieren wollte. Kreativer war ich da schon bei den Fensterbildern, auch »Window Colour« genannt. Viele Bilder malte ich für meinen Sohn und meine Tochter, von den künstlerisch begabteren Patienten schaute ich mir ein paar Motive ab.

Zu einer weiteren Leidenschaft in Bad Fredeburg wurde für mich das Brettspiel »Siedler«. Weiß der Teufel, wie viele Partien ich gemeinsam mit Karl-Friedrich und zwei weiteren Mitspielern an dem kleinen Tisch im Aufenthaltsraum absolvierte! Mitunter konnte es bei unseren Spielen auch schon mal derber zugehen. »Jetzt gib mir schon das Korn, du Arsch«, war typisch für unseren Umgangston. Sehr zum Ärger der Therapeuten, versteht sich.

Kein Entzug ohne Entzugserscheinungen. Das musste auch ich am eigenen Leib erfahren, wenn auch nicht so brutal wie manch anderer, dem der Alkohol schon den Körper zerfressen hatte. Ich habe es selbst nach meiner Therapie lange Jahre geleugnet (was zeigt, wie sehr ich weiterhin Angst davor hatte, Schwächen zuzugeben), doch heute kann ich mir eingestehen, selbst Entzugserscheinungen gehabt zu haben. Nach den ersten Tagen ohne Alkohol bekam ich immer häufiger unkontrollierte Schweißausbrüche und Angstattacken. Heimlich heulte ich dann nachts in mein Kissen, den Kopf ganz schwarz vor lauter schlimmen Gedanken. Eine furchtbare Erfahrung, doch auch sie half mir, mich noch intensiver mit meiner Therapie zu befassen. Wenn es noch eines Beweises bedurfte, dass ich Alkoholiker war, dann war er hiermit gegeben.

Es war nicht so, dass ich jeden Tag Fortschritte in der Therapie machte, aber recht schnell entwickelte ich den Ehrgeiz, diese Herausforderung erfolgreich zu bewältigen, sprich: als trockener Alkoholiker die Klinik zu verlassen, um einen Neuanfang zu wagen. Ich ärgerte mich furchtbar, wenn ich diesen Ehrgeiz nicht auch bei anderen Mitpatienten spürte, häufig geigte ich allzu passiven Therapiegruppenmitgliedern deshalb meine Meinung. Und meine Worte hatten in Fredeburg Gewicht. Durch meine Prominenz und mein im Therapiebericht passenderweise als »robust« bezeichnetes Sozialverhalten wurde ich bald zu einer Art Anführer in unserer Gruppe. Eine Position, die ich beispielsweise bei den äußerst unbeliebten Aufräumarbeiten missbrauchte. Wenn die anderen den Flur schrubbten, legte ich mich ab und zu hin und machte ein Nickerchen.

Die bereits angesprochene *Suchtfibel* bildete die Grundlage für die Zeit in der Klinik. Gleich zu Beginn meiner Zeit in Fredeburg musste ich einen »Suchtvertrag« unterschreiben, in dem ich mich dazu verpflichtete, den einzelnen Stationen des Entzugs meine volle Aufmerksamkeit zu schenken. Ganz grob lauteten die Zwischenziele: »Von der Ahnungslosigkeit zur Ahnung«, »Selbstaufmerksamkeit: Die Bedingungen von Missbrauch und Abhängigkeit erkennen«, »Sich selbst die Diagnose stellen«, »Sich ändern und Hilfe annehmen«, »Dem Rückfall vorbeugen«. Schritt für Schritt zum Neuanfang. In meinem Abschlussbericht heißt es: »Abschließend bleibt festzuhalten, dass Herr B. zum Ende der Entwöhnungsbehandlung eine stabile Krankheitseinsicht aufweist und Fortschritte in Bezug auf die emotionale Akzeptanz seiner Abhängigkeit erzielt hat.«

Ich blieb insgesamt vier Monate in Bad Fredeburg. Es ist unmöglich, alle Erfahrungen, die ich dort gemacht habe, auf ein paar Buchseiten wiederzugeben. Vielleicht haben die Tagesberichte, die lose in dieses Buch eingestreut sind, einen Eindruck davon geben können, wie es mir in der Suchtklinik erging. Bad Fredeburg hat aus mir keinen neuen Menschen gemacht, das würde zu weit gehen. Aber Bad Fredeburg spülte mir den letzten Rest Alkohol aus Körper und Geist. Seit jenem ersten Tag in der Klinik habe ich nie wieder einen Tropfen Alkohol angerührt.

Die Therapie hat mir das Leben gerettet. Aber wie ich dieses Leben weiterleben wollte, das konnte und musste ich selbst entscheiden. Die Probleme außerhalb der Klinikmauern waren in den vier Monaten ja nicht gelöst worden, sie waren weiterhin existent. Doch nun hatte ich mir eine gesunde Grundlage geschaffen, um die Hürden auch anständig zu bewältigen.

Am 27. Juni 2000 war ich es, der die Gruppe zu Kaffee und Kuchen einlud. Ein paar warme Worte, ein paar feste Umarmungen und schon ging die Tür hinter mir zu. Ich hatte die Therapie geschafft. Aus »Uli, 32, Alkoholiker« war in den vier Monaten »Uli, 38 Jahre, trockener Alkoholiker« geworden.

Hallo Welt, hier war ich wieder. Runderneuert, frisch gewaschen und gewachst. Trocken. Endlich.

TAGESBERICHT, Fachklinik Fredeburg

21. bis 22. Juni 2000

Ich habe mich über das Abschlussgespräch gefreut und darüber, dass ich die Therapie so gut durchgezogen habe. Am Donnerstag habe ich länger mit meiner Frau und den Kindern gesprochen. Meine Frau hat sich sehr für meine Therapie interessiert und viele Fragen gestellt. Beim Abendessen haben wir in der Klinik unsere Therapie nochmal Revue passieren lassen. Dabei wurde auch über unsere Zeit danach geredet. Hier in Fredeburg kann ich meine Gefühle oder Unzufriedenheit ansprechen. Aber draußen? Da wartet noch viel Arbeit auf mich. Ich denke, dass meine Mutter, meine Schwester und mein Schwager mich dabei unterstützen werden, wenn ich reden möchte. Später rief meine Frau nochmals an und sagte mir, dass Irina wütend auf mich sei und weine. Tomek sei still und traurig und fresse alles in sich hinein. Ich wünsche mir, dass ich noch oft mit den Kindern über meine und ihre Probleme reden kann und so wieder Vertrauen herstellen kann. Das wird schwer.

23. bis 25. Juni 2000

Am Wochenende habe ich oft mit meiner Frau, Irina und Tomek gesprochen. Sehr lange und gute Gespräche, wie ich meine. Die Kinder freuen sich und ich mich auch. Ich denke, dass die beiden sehr gerne in der nächsten Woche zu mir kommen wollen. Meine Frau hat sich in der letzten Woche sehr für meine Therapie interessiert, aber auch meine Befürchtung bestätigt, dass sie kaum noch in der Lage ist, mit mir zusammenzuleben. Wenn sich unser Kontakt verbessert, bin ich sehr froh, denn ich meine, gerade für die Kinder ist der Vater auch sehr wichtig. Ich bin auf einem guten Weg und will das durchzuziehen, ohne mich dabei zu vernachlässigen. Ich werde mit mir besser umgehen und meine Gefühle genau beobachten und auch aussprechen.

26. Juni 2000

Mein Abschied vom Team III war sehr schön. Ich habe alles rübergebracht und auch ausgedrückt und gesagt, was ich wollte. Das hat mir gutgetan.

Dann kam das Gespräch mit Herrn Spieckhoff. Für mich sehr gut, weil ich seine Meinung unbedingt hören wollte. Im Positiven und im Negativen. Wir haben auch über meine Familie gesprochen, und ich habe auch gesagt, dass ich Angst habe, mich gegenüber den Kindern falsch zu verhalten. Ich bin froh, dass ich das Gespräch gesucht habe. Ich weiß jetzt auch, dass ich noch vieles verinnerlichen muss, um suchtfrei leben zu können. Ich führe viele Gespräche mit Mitpatienten, meinen Eltern, Kindern und meiner Frau, weiß aber, dass ich meine Meinung voll vertreten, diese auch durch Fakten belegen und aussprechen kann. Trauer, Wut, Enttäuschung genauso wie Angst. Das ist mir bewusst geworden. Nicht alles in mich reinfressen, sondern aussprechen.

Abschlussbericht

Ich bin ein wenig stolz auf mich, dass ich hier alles so gut wie möglich für mich erledigen konnte. Ich gehe hier weg von Fredeburg mit einem guten Gefühl für mich. Ich habe vieles für mich aufgearbeitet und verstanden. In meinem Sonderurlaub und in meinen Heimattagen hatte ich keine Probleme und keinen Saufdruck. Das stimmt mich sehr positiv für meine Zeit nach der Therapie. Ich habe hier am eigenen Leib erfahren, wie schmerzlich es ist, nicht über Ärger oder Trauer zu reden. Ich habe hier Freunde gefunden, denen es nicht egal ist, was mit mir passiert. Ich habe gelernt, über Freude, Trauer und Ärger zu sprechen; dass es sich manchmal lohnt, Hilfe zu holen. Es macht mich traurig, dass ich die letzten Jahre durch den Suff meine Kinder nicht habe aufwachsen sehen. Das tut sehr weh. Doch ich kann das nicht ungeschehen machen und muss noch vieles für mich aufarbeiten. Das, was ich am meisten liebe, habe ich verloren. Über diese Dinge zu sprechen, fällt mir wahrlich nicht leicht, aber es hilft. Vor ein paar Monaten hätte ich schon bei dem Gedanken an meine Familie zum Glas gegriffen. Jetzt habe ich den Willen, das alles zu ändern. Ich höre jetzt auf zu schreiben, sonst fange ich noch an zu weinen. Mir ist gerade danach.

Und tschüss.

TROCKEN: EIN NEUSTART MIT HINDERNISSEN

Es ist schwer zu beschreiben, wie es ist, wenn man als trocke-ner Alkoholiker eine Klinik verlässt, die man Monate zuvor als hoffnungsloser Fall betreten hat. In meinem Schädel tobte ein Gefühlsmatsch aus Dankbarkeit, Müdigkeit, Stolz, Ungewissheit und Freude. Den ersten Schritt in ein neues Leben hatte ich getan. Erfolgreich. Doch die eigentliche Arbeit begann erst jetzt.

Es war ja nicht so, dass mich meine Frau und meine Kinder freudestrahlend erwarteten, wir uns herzlich umarmten, in unser gemeinsames Zuhause fuhren und alle früheren Probleme ganz schnell vergaßen. Die Wunden, die ich mir und meiner Familie zugefügt hatte, waren noch längst nicht verheilt. Ich stand weiterhin vor einem privaten Scherbenhaufen, daran hatte auch der Entzug nichts geändert. Ich war pleite, meine Frau wollte mich nicht, meine Kinder durften mich nicht sehen und ich durfte meine Kinder nicht sehen. Ich hatte keinen Job und keine Perspektive. Ich musste wieder ganz von vorne beginnen.

Aber immerhin war ich nun trocken. Nüchtern. Der Alkohol war in vier harten Monaten aus meinem Körper und meinem Kopf gewaschen worden. Was nicht hieß, dass ich nun geheilt war. Alkoholiker bleiben ihr ganzes Leben lang gefährdet. Es gibt verschiedene Arten, damit erfolgreich umzugehen. Ich wählte die radikale Variante. Natürlich. Seit dem Tag meiner Entlassung untersuche ich jeden Einkauf im Supermarkt, ob er nicht doch irgendwie Alkohol enthält. Das ist gar nicht so einfach. Gummibärchen, Tomatensuppe, bestimmte Eissorten, Cocktailsoßen – überall ist Alkohol drin! Wenn ich in ein Restaurant gehe, frage ich die Kellner, ob in den Speisen Alkohol enthalten ist. Ein trockener Alkoholiker ist immer auf der Hut.

Entsprechend geschockt reagierten meine Ärzte, als ich ihnen von meinen unmittelbaren Plänen in der Zeit nach Bad Fredeburg erzählte. Für den Neuanfang wollte ich dorthin zurück, wo alles angefangen hatte. Nach Hause, nach Hemer, an die Oese, zurück zum Ascheplatz, zurück zu meinen Eltern. Zurück in die Gaststätte.

Ein trockener Alkoholiker, der den Neustart am Tresen beginnt, was für ein Widerspruch! Doch wo sollte ich sonst hin? Außerdem passte die Gaststätte meiner Eltern zu meinem Radikalplan. Wenn ich es hier ohne Alkohol überstand, würde ich es überall schaffen.

In den letzten Telefonaten vor der Entlassung hatte ich mit meinen Eltern telefoniert. Ganz bewusst bat ich meinen Vater, mich am Tag der Entlassung mit dem Auto abzuholen. Allein. Es war Zeit, mich mit meinem Vater zu unterhalten. Ein Gespräch unter Männern. In der einen Stunde, die man von Bad Fredeburg nach Hemer braucht, konnte mir mein Vater nicht davonlaufen, hier musste er mir zuhören.

»Papa«, begann ich, als die ersten Begrüßungsfloskeln getauscht waren, »wir müssen reden.« Also redeten wir. Ich habe in diesem Buch viel, sogar sehr viel aus meinem Leben verraten. Doch dieses Gespräch geht im Detail nur mich und meinen Vater etwas an. Es war mir einfach ein Anliegen, meinem alten Herren von mir und meinen Plänen und meinen Gedanken zu erzählen. Der nächste Erfolg. Erst in der Klinik hatte ich gelernt, wie wichtig solche offenen Gespräche sein können. Wie viel Mut es braucht, einfach mal den Mund aufzumachen und über seine Gefühle zu sprechen, statt jeden Tag den har-

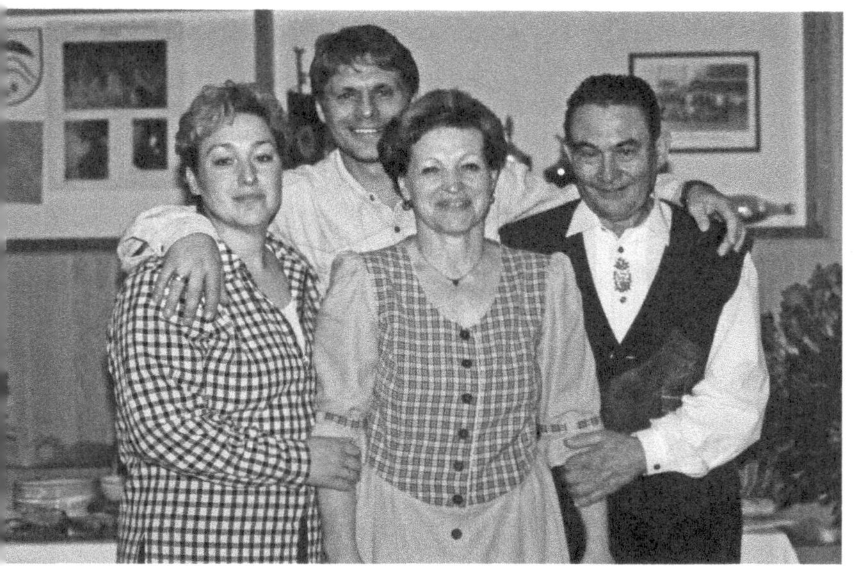

Papa wird 60, gefeiert wird natürlich in der heimischen Gaststätte. Mit dabei von links nach rechts: meine Schwester Astrid, ich, meine Mutter Erika und der Jubilar Ernst Borowka. Vier Jahre später verstarb mein Vater viel zu früh an den Folgen eines Nierenleidens. © Uli Borowka privat

ten Hund zu mimen. Als wir die Gaststätte meiner Eltern erreichten, fühlte ich mich leicht wie ein Vogel. Und auf der Rückbank lag der Ballast, den ich in der Stunde zuvor abgeworfen hatte. Ich glaube, meinem Vater ging es genauso.

Ich blieb einige Wochen bei meinen Eltern, ehe ich den nächsten Schritt wagte. Wieder hätten meine Therapeuten die Hände über dem Kopf zusammengeschlagen ob der Wahl meines neuen Wohnorts. Ich zog nach Berlin. Zurück zu Balli, der mich bei sich wohnen ließ. Zurück zu den alten Saufkumpanen, den Zockern, Spielern, Trinkern, Feierbiestern. Zurück in die Höhle des Löwen. Wenn man nicht weiß, wohin der Weg führt, muss man eben manchmal auch zwei Schritte zurückgehen.

Als eine meiner ersten Amtshandlungen stattete ich dem »Rockys Inn« einen Besuch ab, dem Ort, wo ich an manchen Abenden im

Alleingang dafür gesorgt hatte, dass dem Barkeeper nicht langweilig wurde. Die Stammkunden, meine alten Bekannten, begrüßten mich freundlich, aber auch skeptisch. War das nicht noch immer der Borowka, der hier so häufig zum Tresen getorkelt war? Ich konnte die Fragezeichen in ihren Gesichtern erkennen. Aber auch damit muss ein Suchtkranker nach erfolgreicher Therapie klarkommen, auch davor hatten mich die Therapeuten gewarnt: vor den Zweiflern, den Unwissenden, ja, sogar den Idioten, die es offenbar als sportlichen Wettbewerb ansehen, einem trockenen Alkoholiker das erste Bier unterzujubeln. Die Welt ist voller Arschlöcher. Das wusste ich schon vorher, aber jetzt wurde ich darin noch einmal bestätigt. Viele Jahre später musste ich erleben, wie mir ein Wildfremder heimlich Wodka in ein Glas Red Bull schütten wollte, obwohl ich ihm zuvor ausführlich von meinem Problem berichtet hatte.

Gemeinsam mit Balli klapperte ich alle unsere alten Tränken ab. Ich wollte den Leuten zeigen, dass ich mich verändert hatte. Und zwar zum Positiven hin. Ich überstand diese ersten Konfrontationen problemlos. Doch nun meldete sich ein anderes Übel mit voller Lautstärke: Ich war faktisch pleite. Von meiner langen Karriere war mir kein Pfennig mehr geblieben. Die Autohäuser waren Vergangenheit, meine Uhrensammlung futsch, den Rest hatte ich längst versoffen. Im Gegenteil: Ich hatte Schulden, und das nicht zu knapp. Zudem lief die Scheidung mit Carmen im Hintergrund. Ich hatte kein geregeltes Einkommen, und nachdem ich mich offiziell als Untermieter bei Balli in Berlin angemeldet hatte, flatterten schon bald die ersten Mahnungen für ausstehende Unterhaltszahlungen und unbezahlte Rechnungen ins Haus. Es ging so weit, dass der Gerichtsvollzieher eine Wohnungsuntersuchung anordnete, jedoch ohne Erfolg. Was sollte sie mir denn auch wegnehmen und zu Geld machen? Meine alten Unterhosen? Ich war blank wie ein Mönch.

Wäre mein Freund Balli nicht gewesen, ich hätte wohl wieder bei meinen Eltern wohnen oder auf der Straße leben müssen. Er ließ mich umsonst bei sich wohnen, lediglich an den Telefonkosten beteiligte ich mich, wenn ich mal wieder etwas Geld gemacht hatte. Solche Menschen wie Balli gibt es nur wenige auf der Welt. Ich bin froh, so ein seltenes Exemplar kennengelernt zu haben.

Es half nichts, ich brauchte Geld. Was lag da näher, als mich in meinem zweiten Wohnzimmer, dem »Rockys Inn«, an den Spieltischen zu versuchen? Ich begann, Rommé zu lernen und bald auch zu spielen. Nach den ersten Lehrgeldwochen wurde ich immer besser und fing tatsächlich an, mit Kartenspielen Geld zu verdienen. Dabei kam mir ein entscheidender körperlicher Vorteil zugute: Während meine Spielpartner ein Bier nach dem anderen tranken und folgerichtig immer betrunkener und müder wurden, schüttete ich literweise Kaffee und Cola in mich hinein. Aufgeputscht und hochkonzentriert konnte ich stundenlang am Tisch sitzen und meine Gegner nach und nach mürbe machen. Einmal zockte ich sage und schreibe 32 Stunden am Stück durch. Wenn das »Rockys Inn« um zehn Uhr öffnete, stand ich bereits mit einer Zeitung in der Hand vor der Tür und setzte mich alleine an die Theke, bis gegen zwölf Uhr endlich die ersten Gegenspieler auftauchten. Wie so viele andere ehemalige Suchtkranke auch, machte ich eine Wandlung durch, die Sucht verlagerte sich. Rommé wurde zu meiner Ersatzdroge. Geradezu manisch sog ich alle Kniffe und Tricks auf, spielte bald rund um die Uhr. War ich spielsüchtig? Vermutlich schon. Aber alles war besser, als sturzbesoffen von einer Brücke zu stürzen, von einem Daumenbrecher wegen ein paar hundert Mark verprügelt zu werden oder mit Baseballschlägern vom Geburtstag seines eigenen Sohnes vertrieben zu werden, weil man nicht mehr Herr seiner Sinne war. Die Zockerei mochte nicht unbedingt das Gelbe vom Ei sein, doch zumindest hatte ich eine Beschäftigung und brachte etwas Geld mit nach Hause, denn normale Jobs waren rar gesät und lagen nicht auf der Straße – schon gar nicht in Berlin. Den ersten Lohn abseits des Fußballplatzes und der Spieltische verdiente ich mir gemeinsam mit Balli als Gärtner in der »Britzer Mühle« Anfang 2001. Zu zweit schufteten wir auf dem riesigen Grundstück und brachten die Blumenbeete und Bäume für den Frühling in Schuss.

Dafür gab es etwas Geld – und Filetspitzen vom Besitzer. So hatte ich mir den Neuanfang nicht unbedingt vorgestellt, gleichzeitig war es ein schönes Gefühl, im Schweiße seines Angesichts zu malochen und dafür auch bezahlt zu werden.

So überstand ich die ersten Monate. Ich zuckelte von einem Tag zum anderen, machte mal hier ein paar Mark (und bald Euro), mal dort. Mit winzigen Schritten schlich ich zurück in den normalen Alltag. Sämtlichen Versuchungen aus Zapfhähnen oder Spirituosenregalen im Supermarkt hatte ich bislang widerstanden. Wie ich das schaffte? Ein Patentrezept gibt es für Suchtkranke nicht, jeder muss seinen eigenen Weg finden. Mir half (und hilft) sicherlich meine Vergangenheit als Fußballprofi. In den langen Jahren als Leistungssportler hatte ich ja auch von meiner eisernen Disziplin gelebt, diese Fähigkeit kam nun wieder zum Vorschein. Ich wusste ganz genau, wie gefährlich die Sauferei war, die einzige logische Konsequenz daraus war, nie wieder einen Tropfen Alkohol anzurühren. Ich stellte extrem viele Regeln auf, um den Alltag zu bewerkstelligen. Ich lernte, nein zu sagen. Ich lernte, mich zu beherrschen. So wie ich mir einst meine Karriere als Fußballer durch brutalen Willen und Ehrgeiz ermöglicht hatte, arbeitete ich nun an meiner Laufbahn als trockener Alkoholiker. Leicht war es nie. Gerade in der Anfangszeit machte ich, der doch früher regelmäßig die Nacht zum Tage gemacht hatte, einen großen Bogen um Partys oder andere Veranstaltungen. Und wenn ich dann doch dazu überredet wurde, auf eine Geburtstagsfeier zu gehen, verschwand ich meistens nach ein oder zwei Stunden wieder. Nicht dass ich nicht auch ohne Alkohol Spaß an einer anständigen Feier gehabt hätte, im Gegenteil, aber die ständigen Fragen nach meinem Trinkverhalten und die daraus resultierenden Antworten gingen mir schlichtweg auf den Keks. In Deutschland ist es ja so: Wenn man keinen Alkohol trinkt, muss man sich dafür rechtfertigen! Wenn man sagt: Ich trinke nicht, denn ich bin alkoholkrank, dann hauen einem die Menschen nicht anerkennend auf die Schulter, nein, sie schauen dich an, als ob du der Mann vom Mond wärst. Und wenn sie dich dann endlich in Ruhe lassen, kannst du ihnen dabei zuschauen, wie sie sich die Lampen ausschießen und debil grinsend an dir vorbeitorkeln. Sicherlich, ich spreche hier von den extremen Fällen. Ich habe auch einige Menschen getroffen, die meine Entscheidung aufrichtig anerkannten – aber die waren klar in der Minderheit. Ich sollte bald merken, wie tief die Vorurteile gegenüber trockenen Alkoholikern wirklich sitzen.

Die ersten beiden Jahre hatte ich schadlos überstanden. Ein echter Erfolg, wenn man bedenkt, wie viele Menschen nach überstandener Suchttherapie wieder rückfällig werden. Doch dann passierte etwas, das mich fast aus der Bahn geworfen hätte: Am 20. Februar 2002 starb mein Vater an den Folgen eines Nierenleidens.

Etwa eine Woche vor seinem Tod hatte ich meinen Vater noch im Krankenhaus besucht. Gemeinsam mit Balli war ich von Berlin nach Hemer gefahren, um ihn und meine Mutter zu sehen. »Junge, mach dir mal keine Sorgen um mich. Ist nicht so schlimm. In zwei Tagen bin ich wieder zu Hause«, hatte mein Vater in seiner typischen Art gesagt.

Sieben Tage später rief meine Mutter an und teilte mir mit, dass mein Papa soeben gestorben sei.

Viele Mitmenschen in meiner unmittelbaren Umgebung, allen voran natürlich Balli, machten sich große Sorgen um mich. Wenn es einen Grund gab, wieder mit dem Saufen anzufangen, jetzt hatte ich ihn. Und tatsächlich schwirrten diese hässlichen Gedanken für einen Moment durch meinen Kopf. Aber nicht lange. Ich erinnerte mich an unsere gemeinsame Fahrt von der Klinik nach Hause und die so wichtige Aussprache. »Papa, ich bin jetzt trocken«, hatte ich ihm gesagt. Und als wir uns wenige Tage vor seinem Tod am Krankenbett trafen, da blickte mein Vater in das Gesicht seines Sohnes, der den Worten von damals tatsächlich Taten hatte folgen lassen. Der sein Versprechen einlöste. So und nicht anders sollte mich mein Vater in ewiger Erinnerung behalten: Nüchtern. Trocken. Ein Mensch, der seinen inneren Dämon erfolgreich bekämpfte. Mein Vater hatte mich als gesunden Mann gesehen. So sollte es auch bleiben. Ich schaffte das, was ich eigentlich für unmöglich gehalten hatte: Aus dem Tod meines Vaters zog ich die Motivation, meinen eingeschlagenen Weg fortzusetzen. Wer weiß, wie ich mich entschieden hätte, wenn ich meinem alten Herrn nicht noch so kurz vor seinem Tod Auge in Auge gegenübergestanden hätte.

Derweil war der Kontakt zu meiner eigenen Familie nur noch sporadisch vorhanden. Telefonate oder gar Treffen mit meinen Kindern wurden immer seltener und fanden bald gar nicht mehr statt. Ich konnte es Irina und Tomek nicht verübeln, dass sie ihrem Vater mit einer riesigen Portion Skepsis gegenübertraten. Denn: Wo war ich denn in den vergangenen Jahren gewesen? Wann war ich der Vater gewesen, den sie eigentlich verdienten?

Und trotzdem traf mich jedes abgeblockte Telefonat, jedes verhinderte Treffen bis ins Mark. Ich hatte mich geändert, ich arbeitete hart an mir und hatte meiner Sucht in einer brutalen Therapie abgeschworen. Ich wollte gerne wieder ein Vater für meine Kinder sein. Aber statt sich wieder langsam einander anzunähern, drifteten wir unweigerlich immer weiter auseinander. Es war furchtbar. Bis zum heutigen Tag ist der Kontakt bis auf wenige Ausnahmen so gut wie eingeschlafen.

Ich war dankbar für jede Aufgabe, in die ich mich stürzen konnte, um meine zerbrochene Familie irgendwie zu vergessen. Zu Beginn des Jahres 2002 trat ich mit einem alten Bekannten in Kontakt, einem Spielervermittler aus dem Bremer Umfeld. Mit der Fußballszene hatte ich schon seit einer halben Ewigkeit nichts mehr zu tun gehabt, als Ehemaliger und Alkoholiker war ich schnell vergessen worden, abgeheftet in der riesigen Datei »Ex-Profi«. Das wollte besagter Spielervermittler ändern. Es sollte doch wohl möglich sein, einen ehemaligen Nationalspieler und Deutschen Meister irgendwo im Geschäft unterzubekommen! Unter seiner Anleitung schrieb ich Bewerbungen, insgesamt 16 Stück, die ich an verschiedene Vereine in der Zweiten Bundesliga und Regionalliga schickte. Uli Borowka. 388 Bundesligaspiele. Zweimal Deutscher Meister. Zweimal Pokalsieger. Sechsfacher Nationalspieler. Trockener Alkoholiker. Sucht Arbeit.

Die Reaktionen hätte ich mir lieber ersparen sollen. Wenn sich überhaupt mal jemand auf meine höflichen Anfragen meldete, dann konnte ich mir sicher sein, dass am Ende folgendes Totschlagargument sämtliche Pläne für die Zukunft zunichtemachte: Ein Alkoholiker in unserem Verein? Nein, danke. Ein Club, der sich meine Verpflichtung ernsthaft überlegte, ließ schließlich fünf Vereinsvertreter darüber entscheiden. Ergebnis: 3:2 gegen mich. Später erfuhr ich, warum sich die entscheidende fünfte Person gegen mich entschieden hatte. Man hatte sich die Frage gestellt: Was passiert, wenn der uns besoffen von der Bank kippt? Dass ich ein ehemaliger Alkoholiker war, einer, der seine Krankheit erfolgreich bekämpfte, wurde einfach ignoriert. Einmal Alki, immer Alki. Dieses Negativimage haftet mir bis heute an. Das Schlimmste ist: Ich kann nichts dagegen tun.

Ich hatte sicherlich damit gerechnet, dass mich nicht unbedingt die halbe Bundesliga mit offenen Armen und gut bezahlten Jobs willkommen heißen würde, aber dass die Ablehnung so weit verbreitet war, die Vorurteile gegenüber dem ehemaligen Trinker so stark waren, hätte ich nicht für möglich gehalten. Balli versuchte es Ende 2002 sogar über Vitamin B und rief beim damals noch kommissarisch eingesetzten FC-St.-Pauli-Präsidenten Corny Littmann an, um ihn nach einer möglichen Arbeitsstelle zu fragen. Wenn ein Verein in Deutschland tolerant genug war, um einem ehemaligen Alkoholiker eine neue Chance zu geben, dann doch der Club vom Kiez. Doch auch in Hamburg war für mich kein Platz frei. Immerhin reagierte Littmann auf unsere Anfrage, meldete sich auch zurück und zollte mir Respekt für meinen Therapieerfolg. Aber eine Stelle hatte auch er nicht für mich.

Mein altes Leben hatte ich hinter mir gelassen. Die Pokale und Medaillen verstaubten im Keller meines Elternhauses. Meine Familie wollte nichts mehr mit mir zu tun haben. Der Sauferei hatte ich abgeschworen. Ich wollte gerne ein neues Leben beginnen. Aber statt helfende Hände gereicht zu bekommen, bekam ich tagtäglich eins in die Fresse. Es war frustrierend.

Das Jahr 2002 plätscherte an mir vorbei. Weiterhin bestanden meine einzigen Einnahmen aus den Gewinnen am Spieltisch und Gelegenheitsjobs. Immerhin spielte ich wieder Fußball, in der Berliner Ü-40-Altliga mischten wir mit den Neuköllner Sportfreunden die Szene richtig auf. Es war großartig, mal wieder ein wenig Wettkampfatmosphäre zu schnuppern. Aber auch nicht mehr als ein paar Stunden Ablenkung.

Umso mehr freute ich mich, als zu Beginn der neuen Saison 2003 der Berliner AK erneut auf mich zukam und meine Hilfe benötigte. Schon einmal, Ende 2001, hatte ich beim BAK für zehn Spiele ausgeholfen, von denen wir fünf gewonnen und fünf unentschieden gespielt haben und damit nicht abgestiegen sind. Jetzt stand ich vor einer richtigen Aufgabe. Und ich war erfahren genug, um in einem Club, dem damals ein ziemlich chaotischer Ruf anhaftete, ganz normal meiner Arbeit nachzugehen. Dachte ich jedenfalls. Denn bereits 2002 hatte ich in nur vier Monaten Türkiyemsspor Berlin vor dem Abstieg gerettet, ein kurzes Intermezzo, das mich ganz euphorisch gemacht und dann doch nur wieder auf den harten Boden der Tatsachen zurückgebracht hatte. Balli hatte mich noch vor den Vereinsverantwortlichen und ihrer ziemlich kuriosen Personalpolitik gewarnt, doch nach den ersten Trainingseinheiten mit meiner neuen Mannschaft war ich so beseelt gewesen, dass ich seine Warnungen in den Wind geschossen hatte. Bis ich urplötzlich, kurz nach der Saison, mit dem obligatorischen Tritt in den Hintern, aus dem Amt gekegelt worden war. Sämtliche Warnungen meines Freundes, der die Berliner Fußballszene seit Jahren kannte, waren vollauf berechtigt gewesen.

Doch nun, in meiner zweiten »Amtszeit« beim BAK, waren die Monate bei Türkyiemsspor längst verdrängt und vergessen. Mit manischem Eifer stürzte ich mich auf meine neue Aufgabe, änderten in den ersten zwei Wochen die Taktik komplett und ließ innerhalb der Mannschaft keinen Stein auf dem anderen. Die Mannschaft ließ sich von meinem Eifer anstecken. Wir bewegten uns im sicheren Mittelfeld. Endlich hatte ich das Gefühl, in meinem neuen Leben durchzustarten. Eine Aufgabe zu haben, an der ich wachsen und gedeihen konnte, an der ich mich verausgaben konnte. Mein Verdienst als Trainer beim BAK war nicht der Rede wert, viel wichtiger war einzig und allein die Aufgabe. Doch kaum hatte ich mich an dieses Gefühl gewöhnt, war die Zeit beim BAK auch schon wieder vorbei. Immerhin hatte ich mich diesmal aus freien Stücken dazu entschieden. Regelmäßig hatten mir Vereinsverantwortliche in meine Arbeit als Trainer reingequatscht, und obwohl ich dieses Vorgehen wiederholt kritisierte, wurde es nur noch schlimmer. Nach einem Auswärtsspiel gegen Hansa Rostock II fuhr ich nicht, wie sonst üblich, mit dem Mannschaftsbus zurück nach Berlin, sondern stieg zu unserem Präsidenten ins Auto und erklärte ihm meinen Rücktritt. Trotz meiner Perspektivlosigkeit, trotz des schönen Gefühls, wieder Verantwortung zu übernehmen, wollte ich mir die Art und Weise der BAK-Entscheider nicht mehr gefallen lassen und kündigte nach sieben Monaten.

Bruchstücke. Kleine Sprünge im neuen Leben. Nichts Halbes und nichts Ganzes. Mal auf und mal ab. Ein Leben wie ein Börsenkurs. Heute hier, morgen dort. Wo wollte ich hin? Was war der Plan? Was hatte ich selbst mit mir vor? Im Mai 2002 hatte ich meinen 40. Geburtstag gefeiert, die Hälfte meines Lebens war damit erreicht. In diesem Alter wissen andere Menschen ganz genau, wo sie stehen, was sie wollen, wohin sie noch können. Ich nicht. Ich hatte die große berufliche Karriere bereits hinter mir, mein Privatleben glich einer Großstadt nach einem Bombenangriff. Überall Zerstörung und verletzte Seelen. Wo sollte ich mit den Aufräumarbeiten beginnen? Und eigentlich: War ich dazu überhaupt in der Lage? In der Klinik war es der klar geregelte Tagesablauf gewesen, der mich wieder aus dem Dunklen geführt hatte, jetzt war ich für diesen Tagesablauf selbst verantwortlich. Eine verdammt schwere Aufgabe. Ich kam mir vor wie ein Schiff, das zwar mit Kapitän, aber ohne Rettungsanker auf hoher See durch die Wellen schlingerte.

Zumindest blieb ich nicht einfach morgens im Bett liegen oder verplemperte meine Zeit vollständig in den Berliner Casinos. Kurzzeitig hatte ich mich als Zugpferd für zwei Berliner Sportmarketing-Agenturen einspannen lassen, war für einen kurzen Moment sogar sehr gut bezahlt worden. Sie boten mir an, schon sehr bald eine eigene Zweigstelle zu leiten. Gutgläubig und naiv wie ich war, war ich prompt darauf reingefallen, nach zwei Monaten hatte auch ich begriffen, dass meine neuen Kollegen Hochstapler waren, denen ich helfen sollte, irgendwelche Luftschlösser aufzubauen. Wieder so ein Bruchstück.

Etwas erfolgreicher war die Zeit als Spielervermittler. Gemeinsam mit Balli hielt ich parallel zu meinem Trainerjob beim BAK Ausschau nach Talenten aus dem Berliner Raum. Unser erster Spieler war ein gewisser Francis Banecki, ein 1,92 Meter großer Abwehrhüne. Ein riesengroßes Talent. Francis spielte damals in der Jugend bei Tennis Borussia Berlin und wollte, wie man so schön sagt, den nächsten Schritt machen. Durch einige alte Kontakte vermittelte ich ihm ein Probetraining bei Manchester City. Schon nach dem ersten Training wollten die Engländer Banecki nicht mehr hergeben. Doch noch bevor er auf die Insel wechseln konnte, entschied er sich für das Angebot von Werder Bremen, auch diesen Kontakt hatte ich ihm vermittelt. Das Fundament für eine große Karriere war gelegt. Banecki hatte alles: Er war jung, er war stark, er war groß, er war talentiert. Doch er ließ sich – wie so viele vor und nach ihm – vom schnellen Erfolg blenden. Kaum dass er sein Debüt für Werders Profis gegeben hatte, in der Champions League gegen den RSC Anderlecht, bekam ich einen Anruf von ihm. Er habe sich einen anderen, besseren, Berater gesucht, er brauche mich nicht mehr. Schade. Heute spielt er in der Oberliga.

Eine ähnliche Erfahrung machte ich mit Sejad Salihovic, dem sein Verein, Hertha BSC, einen Fünfjahresvertrag untergejubelt hatte – zu entsprechend günstigen Konditionen. So förderte man sicherlich keine Talente. Balli und ich sahen uns das Schriftstück noch einmal ganz genau an – und siehe da: Es fehlten wichtige Unterschriften, der Vertrag zwischen Hertha und dem Jugendspieler Salihovic war damit eigentlich hinfällig. Schnurstracks marschierten wir zu den Berliner Verantwortlichen und forderten: »Gebt dem Jungen einen neuen, besser dotierten Vertrag, sonst wechselt er zu Borussia Mönchengladbach. Dieser Vertrag ist ungültig.« Hertha reagierte, Sejad bekam einen neuen Vertrag und verdiente statt 500 Euro nun 2500 monatlich. Genug, um seine bosnische Familie zu unterstützen, die mit ihm vor vielen Jahren im Zuge des Balkankonflikts nach Berlin geflüchtet war. Doch nur wenig später bekam ich auch von Salihovic das zu hören, was mir schon Banecki mitgeteilt hatte: Tschüss, mach's gut, ich habe da jemand anderen. Die nächste Enttäuschung. Wie schlecht das Gewissen der Familie Salihovic gewesen sein muss, zeigte eine Szene, die ich Wochen später auf einem Berliner Sportplatz erlebte. Auf dem Weg zum Kaffeestand lief ich direkt Salihovic Senior in die Arme. Als er mich sah, fielen ihm vor lauter Schreck die Kaffeebecher aus der Hand …

Es blieb dabei: Ich hangelte mich weiterhin von Tag zu Tag ohne ein echtes Ziel. Es ist schwer, diese Zeit angemessen zu beschreiben. Es war ja nicht so, dass ich dieses Leben nicht ertragen konnte, nach den Jahren am Abgrund war ich froh, überhaupt noch am Leben zu sein. Aber ich wurde zunehmend frustrierter von den regelmäßigen Tiefschlägen, die mir der Alltag verpasste. Zu meinen Kindern war der Kontakt inzwischen komplett abgebrochen. Wenn ich mit Carmen kommunizierte, ging es lediglich um ausstehende Unterhaltszahlungen, die ich aufgrund meiner finanziellen Situation schlicht und einfach nicht leisten konnte.

Mitten in diesen so unaufgeräumten Lebensabschnitt trat eine Frau, die schon bald mein Leben verändern sollte. Sie hieß Claudia, war 26 Jahre alt und Polizistin. Ich lernte sie im September 2004 auf einer Party in der »Amber Suite« kennen, einem angesagten Berliner Club. Ich war nicht auf der Suche nach einer festen Beziehung und sie auch nicht. Wir wollten ein bisschen Spaß, mehr nicht. Ich sprach sie an. »Hallo. Ich heiße Uli, bin 42, trockener Alkoholiker und Egoist!« Welch ein Anmachspruch! Aber so war die Katze wenigstens gleich aus dem Sack, außerdem benutzte ich diesen Satz ja nicht zum ersten Mal. Claudia jedenfalls schien der Spruch gefallen zu haben, wir flirteten noch ein bisschen, ich gab ihr meine Nummer und wir verabschiedeten uns voneinander in die Nacht. Erst viel später erfuhr ich, dass sie erst am nächsten Morgen im Internet las, wer dieser Uli Borowka wirklich war, der ihr gestern seine Nummer gegeben hatte. Ausgerechnet zu dieser Zeit veröffentlichte die *Bild*-Zeitung Berichte über meine schlimme Vergangenheit. Die Saufereien, die tätlichen Übergriffe, die Polizeigeschichten, alles wurde wieder aufgewärmt. Doch selbst davon ließ sich Claudia nicht abschrecken. Auch nicht davon, dass sie zu diesem Zeitpunkt gerade frisch verheiratet war. Wir verabredeten uns. Noch einmal. Und noch einmal. Lange konnte sie dieses Verhältnis nicht geheim halten, schon bald bekam ihr Mann Wind von der Sache – eine Freundin von Claudia hatte ihm alles gesteckt. Claudia beendete unsere Liaison, ein letzter Versuch, ihre bereits zerbrochene Ehe zu kitten. Das Ende vom Lied: Ihr Mann flog alleine in die geplanten Flitterwochen nach Ägypten, Claudia reiste ihm nach, bereute das schnell und schon kurz nach dem Urlaub trennten sie sich und ihr Mann schmiss sie aus dem gemeinsamen Haus. Sie packte ihre Klamotten und zog in eine Wohnung in Berlin-Adlershof – noch am gleichen Tag zog ich bei ihr ein. Klingt komisch, war aber so.

Wäre mein Leben der große Kitschfilm am Sonntagabend, dann müsste ich jetzt beschreiben, wie sich von einem Moment auf den anderen alles änderte, wie ich eine neue Partnerin fand, eine neue Familie, ein neues Leben.

So war es natürlich nicht.

Ich war zwar bei Claudia eingezogen, wir hatten auch eine schöne Zeit zusammen, aber das änderte alles nichts an meiner Situation. Längst hatte ich mir außerdem geschworen, nicht noch einmal zu heiraten und Kinder zu bekommen. Ein radikaler Standpunkt, den Claudia von Anfang an kannte. Wir lebten gemeinsam in den Tag hinein.

Sie stand morgens auf und ging zur Arbeit, zahlte die Miete und anstehende Rechnungen. Ich schlief bis mittags, stand dann auf und wartete, bis Claudia nach Hause kam. Zocken ging ich nur noch gelegentlich, die Arbeit als Spielervermittler oder als Trainer ruhte komplett. Ehrlich gesagt hatte ich mich in dieser Zeit vom Fußball verabschiedet. Wenn mich schon niemand haben wollte, wollte ich nicht derjenige sein, der weiterhin sehnsüchtig auf die nächste Chance hoffte. Ähnlich war es mit meinen Kindern. Ich zwang mich, nicht so häufig an Tomek und Irina zu denken, an die verpassten Möglichkeiten als Vater. Wir verloren uns. Ich musste das akzeptieren und konnte nur mehr hoffen – was blieb mir anderes übrig?

Lange konnte es so nicht mehr weitergehen. Da ich notorisch knapp bei Kasse war, übernahm Claudia so gut wie alle anfallenden Kosten. Und wenn ich sie mal schick zum Essen ausführen wollte, lieh ich mir das Geld von ihr. Claudia hatte eine erstaunliche Geduld mit mir, doch nach etwa eineinhalb Jahren fing sie an, mir regelmäßig in den Hintern zu treten. »Du kannst hier nicht den ganzen Tag rumhängen und einfach nichts tun. Geh raus, arbeite an dir, such dir einen Job. Sieh zu, dass du dein Leben geregelt bekommst!« Anfangs ignorierte ich ihre Warnrufe, doch es dauerte nicht lange, bis sie mir die Pistole auf die Brust setzte: Beweg deinen Hintern, sonst ist das hier mit uns vorbei!

Das wirkte. Nach und nach kroch ich wieder aus meinem Schneckenhaus. Ich hörte mich nach möglichen Jobs um, machte meinen Führerschein neu und zeigte endlich die Bereitschaft zur Veränderung, die Claudia so an mir vermisst hatte. Das half unserer Beziehung, die sich langsam, aber sicher zu einer ernsten Angelegenheit entwickelt hatte, und natürlich auch meinem Selbstwertgefühl, das durch die Enttäuschungen der vergangenen Jahre arg gelitten hatte.

Anfang 2007 dann bekam ich endlich die Starthilfe, auf die ich so lange gewartet hatte: Über die GOFUS, einer gemeinnützigen Organisation golfender Fußballer, der ich bereits seit dem Gründungsjahr 2001 angehörte, wurde ich von den Organisatoren der »Bitburger

Talentförderung« kontaktiert. Gemeinsam mit den GOFUS hatte die Brauerei die Aktion ins Leben gerufen, die Kindern aus kleinen Amateurvereinen die Chance geben sollte, von ehemaligen Profis trainiert zu werden. Ich sollte einer dieser Trainer sein. Der trockene Alkoholiker im Dienste einer Bierbrauerei? Es funktionierte ganz wunderbar, und außerdem wurde ich ja nicht mit 0,33-Flaschen bezahlt. Da war sie, die neue Aufgabe, die Chance, mal wieder meine Energie sinnvoll einzusetzen, statt mir auf der Couch den Hintern breit zu sitzen!

Den Sommer 2007 habe ich in geradezu seliger Erinnerung. Vier Monate tourte ich mit meinem Auto, den Kofferraum immer vollgepackt mit Bällen und Trainingsmaterial, durch die neuen Bundesländer, GOFUS und Bitburger hatten mir den kompletten Osten Deutschlands als Zuständigkeitsbereich zugeteilt. Ich hatte eine großartige Zeit. Als der Sommer vorbei war, hatte ich 58 Vereine trainiert und dabei mehr als 30000 Kilometer abgerissen. Heute hier, morgen dort, ich genoss jede Tour, jeden Verein, jedes freundliche Gesicht, jeden Fußballzwerg. Meine Gastgeber hießen FC Rot-Weiß Nennhausen, SV Blau-Gelb Falkensee, FSV Havelberg 1911 oder SV Rüdnitz/Lobetal. Wenn ich mit meinem Auto auf die Sportplätze fuhr, erwarteten mich bereits komplette Dorfgemeinschaften. Die Vereine hatten sich schließlich im Zuge der Talentförderung bewerben müssen, ich war der Hauptpreis. Dementsprechend ausgelassen war die Stimmung. Ich wurde mit Kaffee und Kuchen begrüßt und nach dem Training mit einem Grillfest verabschiedet. Nach den Jahren voller Ungewissheiten und Trainingseinheiten mit unmotivierten Pseudoprofis, die sich als Oberligaspieler schon in der Champions League kicken sahen, waren die Tage auf den Provinzplätzen eine reine Wohltat.

Als kleiner Wicht hatte ich mich selbst in den Fußball verliebt und war ihm so viele Jahre treu geblieben, immer mit der besonderen Motivation, die nur das Gefühl auslösen kann, wenn man als Fußballverrückter gegen einen Ball treten kann. Diesen Spaß am Spiel entdeckte ich im Sommer 2007 wieder. Wenn mich die F- oder E-Jugendlichen anstrahlten, obwohl sie gar nicht wussten, wer ich war, oder die A-Jugendlichen nach einer knallharten Trainingseinheit mit stolzgeschwellter Brust in die Kabinen trabten, weil ich sie für ihre Maloche ausdrücklich gelobt hatte, ging mir einfach das Herz auf. Die langen Fahrten durch Brandenburg, Mecklenburg-Vorpommern oder Thüringen fand ich ganz wunderbar. Ich erinnere mich an einen wahnsinnig heißen Tag im Juli, als ich an einer Talsperre hielt, in die Badehose schlüpfte und einfach ins Wasser sprang. So lebendig hatte ich mich schon seit einer Ewigkeit nicht mehr gefühlt, so intensiv seit Jahren nicht mehr den Alltag genossen.

Die Zeit als Trainer der »Bitburger Talentförderung« brachte einen Prozess in Gang, von dem ich bis heute profitiere. Mit Claudias Hilfe gründete ich eine Sportmarketing-Agentur, um fortan regelmäßig für Fußballcamps oder andere Veranstaltungen gebucht zu werden, unter anderem trainiere ich Kinder auf den AIDA-Kreuzfahrten.

Ende 2008 lernte ich einen weiteren Menschen kennen, von dessen Bekanntschaft ich bis heute sehr profitiere. Christian Wagner hatte von meinen Gastauftritten als Trainer gehört, über einen Bekannten besorgte er sich meine Handynummer und wir vereinbarten einen Trainingstag beim SV Adler Hämelerwald, dem Club seines Sohnes Paul. Nach diesem ersten Treffen blieben wir in Kontakt, nach und nach freundeten wir uns an. Bald schon entwickelte sich eine echte und sehr enge Männerfreundschaft, für die ich Christian heute sehr dankbar bin. Wenn es mir dreckig geht, wenn mir die Luft zum Atmen fehlt, dann weiß ich, wo ich Hilfe finde. Mit Christian kann ich über Dinge sprechen, von denen ich zu meiner aktiven Zeit als Fußballer nicht im Traum gedacht hätte, dass ich sie mal mit Mitmenschen würde teilen können. Gefühle, Ängste, Schwächen. Dinge, über die man eben mit guten Freunden sprechen kann.

Christian war es auch, der mir klarmachte, wie wenig Kapital ich eigentlich aus meiner Vergangenheit als Fußballstar schlug. 2010 ging, vor allem dank des Einsatzes von Christian, meine Homepage an den Start, ein weiterer Schritt, um mich wieder zu vernetzen, mir langsam aber sicher eine eigene Existenz aufzubauen.

Es sind kleine Schritte zurück ins Leben, aber sie sind, so kitschig sich das auch anhören mag, echte Geschenke, über die ich dankbar bin. Wenn dieses Buch erscheint, bin ich seit zwölf Jahren trocken. Das heißt: Vor etwas mehr als zwölf Jahren hauste ich noch in einem Drecksloch, abgeschottet von der Realität, ohne jede Selbstachtung, lediglich darauf programmiert, mir innerhalb des Tages die Birne zuzuknallen. Wenn ich morgens mit dem falschen Fuß aus dem Bett steige, dann reicht ein kurzer Gedanke an diese furchtbare Zeit, um mich wieder auf den Tag zu freuen. Und wenn mir die trüben Gedanken doch zu sehr den klaren Blick auf mein Leben vernebeln, dann packe ich meine Golftasche, setze mich ins Auto und schlage ein paar Bälle. Golf ist zu meiner Ersatzdroge geworden. Als aktives Mitglied bei den GOFUS kann ich meine Leidenschaft sogar für den guten Zweck einsetzen. Dann treffen sich die alten Säcke, wir stürzen uns in den Wettkampf, den wir jahrelang gebraucht haben wie die Luft zum Atmen, und am Ende des Tages geht es mir einfach gut. Was will man mehr?

Während ich Ende der Nullerjahre im beruflichen Bereich auf einem guten Weg war, tat sich auch privat einiges. Aus Claudia und mir war inzwischen ein richtiges Paar geworden, diese Zweisamkeit wollte ich mir eigentlich nicht nehmen lassen. »Keine Kinder!«, hatte ich Claudia immer wieder mitgeteilt. Meine verkorkste Vaterschaft hatte mich diesbezüglich doch sehr sensibilisiert. Doch 2008 legte Claudia die Karten auf den Tisch. Sie wollte ein Kind. Und zwar jetzt. Nun musste ich mich entscheiden. In meiner Not rief ich meine Mutter an, meine Mama als moralische Stütze für ihren Sohn. Diese Frauen. Kaum hatte ich meiner Mutter von meinem Problem berichtet, da flötete sie auch schon ins Telefon: »Also ich würde mich sehr über ein weiteres Enkelkind freuen!« Zwei gegen einen, das war nicht fair. Ich ließ mich überzeugen. Am 19. Juni 2009 kam unsere Tochter Melina zur Welt. Und schon als ich sie das erste Mal im Arm hielt, wusste ich, dass ich alles richtig gemacht hatte. Eine neue Chance, auch als Familienvater. Am 19. September 2011 haben Claudia und ich geheiratet. Eine neue Chance, auch als Ehemann.

Ich lebe ein neues Leben. Ein Leben. Als Uli Borowka, Ex-Fußballer und trockener Alkoholiker. Ein Leben, das noch immer volle Pulle gelebt wird. Aber ein Leben, in dem das Glas halb voll und nicht halb leer ist. Und das ich trotzdem nicht austrinken werde.

NACHSPIELZEIT

Im Juni 2012 hielt ich mein Leben in der Hand. Komprimiert auf rund 300 Blatt Papier. Alle meine Erfolge, meine Siege, alle Niederlagen, alle Fehler. Meine Biografie. Mein Leben als Profifußballer. Mein Leben als Alkoholiker. Erst nass, dann trocken. Das Leben eines Mannes, der vielleicht mehr erreicht hat, als viele andere. Der aber auch viel mehr Fehler gemacht hat, als einem Leben eigentlich gut tun.

Ich begann zu lesen.

Die Arbeit an meiner Biografie hatte mich viel Kraft gekostet. Viele Stunden saß ich gemeinsam mit dem Journalisten Alex Raack zusammen und erzählte ihm von meinem Leben. Nach unseren Gesprächsrunden war ich wie ausgebrannt, gerade wenn es um Niederlagen und Fehler in meinem Leben ging, an die ich eigentlich nie wieder erinnert werden wollte. Schon gar nicht von mir selbst.

Und doch waren diese Gespräche, besser gesagt: meine Monologe, wie eine Art Therapie für mich. Die Stationen meiner Biografie nach und nach aufzuschlüsseln half mir, mich selbst zu verstehen. Falsche Schritte zu rekonstruieren und als Teil eines großen Ganzen zu erkennen. Und erneut wurde mir schmerzhaft bewusst, welche Schäden der Alkohol bei mir angerichtet hatte. Was ich verloren hatte, vieles sogar unwiederbringlich. Wie weh ich geliebten Menschen getan, wie viele ich schmerzhaft vor den Kopf gestoßen hatte. Wie ich, der Sucht erlegen, eine einzige Enttäuschung gewesen war.

Als ich das Manuskript zu Ende gelesen hatte, war ich fix und fertig. Meine eigene Biografie hatte mich bis ins Mark erschüttert. Ich fiel buchstäblich in ein Loch. Kaum war die letzte Seite zu Ende gelesen, schien der Boden unter meinen Füßen wegzusacken. Ich verlor meinen inneren Halt, der mich in den vergangenen Jahren so gut durch mein Leben als trockener Alkoholiker geleitet hatte. Die Freude am Alltag, an ganz normalen Dingen, war wie weggeblasen. Ich wurde verschlossener, reagierte gereizt auf Sachen, die mich vorher nicht gestört hatten. Ein langer Schatten legte sich auf mein Gemüt. Es waren durchaus depressive Züge.

Bei trockenen Alkoholikern schrillen in solchen Momenten sämtliche Alarmglocken. Nie ist der so genannte Saufdruck höher als in jenen Momenten, wo einem das Leben zu entgleiten droht, wenn man mit harten Rückschlägen zu kämpfen hat. Gott sei dank verspürte ich diesen Druck nicht. Und Gott sei dank verfüge ich inzwischen mit meiner Frau Claudia und vielen guten Freunden über einen sehr belastbaren doppelten Boden. Und nur mit einem verlässlichen Umfeld kann man sich aus diesem psychischen Sumpf befreien.

Natürlich beging ich erneut den Fehler, mich ganz alleine aus meinem Loch herauskämpfen zu wollen. Zwei, drei Wochen ging das so und meine Verfassung wurde immer schlimmer. Erst dann gelang es mir, die Weichen in die richtige Richtung zu stellen: Ich setzte mich ins Auto und fuhr zu einem meiner besten Freunde nach Hannover. Raus aus Berlin, raus aus dem selbst gebauten inneren Exil. Auf der Fahrt tobte in meinem Kopf ein Feuerwerk vertrackter Gefühle. Nur mit Müh und Not gelang es mir, mich auf den Verkehr zu konzentrieren. Mindestens vier- oder fünfmal musste ich an einer Raststätte halten, ehe ich endlich mein Ziel erreicht hatte.

Wir gingen auf den Golfplatz. Droschen ein paar Bälle, liefen von Loch zu Loch – und redeten. Ich sprach über alles, was mir auf der

Seele brannte. Die Scham, die ich empfunden hatte, als ich von meinen Fehlern las. Die Angst, dass das, was in dem Buch stehen würde, mir sehr liebe Menschen vielleicht dauerhaft verschrecken könnte, wo ich sie doch jahrelang so erfolgreich belogen hatte. Den Schiss vor der Wahrheit.

Es war eine Befreiung. Und mir erneut eine Lehre für ein Leben, in dem ich nicht den Alkohol, sondern mich selbst bestimmen lasse. Raus mit den Gefühlen. Zum Teufel mit der Angst davor, die eigenen Wahrheiten nicht auszusprechen! Es ist in der Tat eine verdammt schwierige Aufgabe, mit sich selbst reinen Tisch zu machen. Abends fuhr ich in einem Rutsch zurück nach Berlin. Ich hatte das Loch unter meinen Füßen geschlossen.

> *»Hut ab vor Uli Borowka! Habe Dich gerade auf ›Sport1‹ gesehen, Du warst hammerklasse! Ich lasse auch niemanden an mich ran, meiner Freundin sage ich seit sieben Jahren, die gemeinsame Wohnung ab, weil ich weiß, dass ich alleine das machen kann, was ich wirklich will: Nämlich etwas trinken. Bin 48 Jahre alt und hoffe, auch mal diesen Schritt hinzubekommen wie Du.«* Jens, 12. Oktober 2012

Einige Wochen später besuchten wir meine Mutter im Sauerland. In meinem Gepäck befand sich eine Kopie des Manuskripts. Doch ich hatte furchtbare Angst, es meiner Mutter zu übergeben. Gerade sie und meinen leider viel zu früh verstorbenen Vater hatte ich jahrelang am konsequentesten angelogen. Zu groß war die Scham, ihr wirklich zu erzählen, wie sehr ich in die Sucht gerutscht war und dadurch mein Leben verpfuscht hatte. Viele Dinge, die in dem Manuskript standen, würde meine Mutter zum ersten Mal erfahren. Selbst nach meinem erfolgreichen Entzug hatte ich es stets vermieden, wirklich reinen Tisch mit meinen Eltern zu machen.

Zwei Tage lang blieb das fast fertige Buch in meiner Tasche. Dann hatte Claudia genug. Sie übergab den Stapel Papier meiner Mutter. Und die fing an zu lesen.

Sie benötigte zwei Tage. Zwei Tage, in denen ich schlecht schlafen konnte und keinen Bissen runterbekam. Ich war wie gelähmt vor Angst über ihre Reaktion. Dann legte sie das Manuskript zur Seite, lächelte mich an und sagte: »Das ist ja ganz gut geschrieben.« Mehr nicht, das reichte. Mir fiel ein Stein vom Herzen.

Am 4. Oktober 2012 erschien der erste Vorabdruck in der bundesweiten Ausgabe der Bild-Zeitung. Am nächsten Tag der zweite Teil, anschließend noch ein ausführliches Interview. Am Montag, dem 8. Oktober, kam das Buch schließlich auf den Markt. Der Stein war ins Rollen gebracht. Jetzt gab es keine Chance mehr, ihn wieder aufzuhalten. Die Frage war nur, in welche Richtung er rollen würde.

Die ersten Reaktionen kamen via Facebook. Und ich war selbstverständlich extrem erleichtert, dass sie positiv ausfielen. Die Menschen bedankten sich für meine Offenheit und Ehrlichkeit, sie bewunderten meinen Mut und die Entscheidung, meine Biografie zu veröffentlichen. Der Stein rollte in die richtige Richtung.

Natürlich gab es auch negatives Feedback. Ich erinnere mich gut an die Nachricht eines Vaters, der einige Jahre zuvor sein Kind in einem meiner Trainingscamps hatte mitspielen lassen: »Wenn ich gewusst hätte, was du für ein Schwein bist, hätte ich mein Kind niemals zu dir geschickt!« So etwas liest niemand gerne.

Selbstverständlich interessierte mich auch die Kritik der Leser. Fühlten sie sich angemessen unterhalten? Erkannten die Leute, dass ich mit diesem Buch nicht als Mahner, launiger Anekdotenonkel oder Botschafter rüberkommen, sondern ganz einfach meine Story erzählten wollte? Täglich checkten Claudia und ich die Rezensionen bei Amazon, das Gästebuch meiner Homepage, meinen Mail-Account und Facebook. Auch in dieser Hinsicht waren wir erleichtert und zum Teil sogar überrascht. Mit so viel inhaltsvollem Feedback, mit zum Teil so persönlichen Reaktionen hatten wir nicht gerechnet.

Für die erste Lesung konnte es nur einen passenden Ort geben: Bremen. Die Stadt, die ich bis heute im Herzen trage, wo meine Kinder aus erster Ehe geboren wurden. Wo ich in einer der besten Mannschaften Deutschlands zum Nationalspieler reifen durfte, wo ich meine größten Erfolge feierte. Wo ich abstürzte, die Kontrolle über mein Leben verlor und alles zerstörte, was mir lieb und heilig war. Wo ich in einer einsamen, nackten Villa versucht hatte, mir das Leben zu nehmen.

»Hallo Uli, hier schreibt Dir ein großer Werder-Fan, der selber betroffen ist. Ich war damals mit Werder in Berlin, Mailand und Lissabon – heute gehe ich kaum noch ins Stadion und habe auch keine Kontakte mehr. Im Moment bereiten meine Frau und ich uns auf eine Entwöhnungsbehandlung als Paar vor. Ich habe 20 Jahre gesoffen und an die 100 Entgiftungen hinter mir. Ich kann und will nicht mehr. Bin jetzt seit einem Monat trocken. Ich war auch schon mal vier Jahre trocken, machte sehr viel Sport und war extrem fit. Bis ich auf einmal wieder anfing zu saufen. Dein Buch werde ich auf alle Fälle mit in die Therapie nehmen!« Mario, 18. November 2012

Die Veranstaltung sollte in einer großen Buchhandlung stattfinden. Der Raum für die Lesung war riesig. Wie einsam würde ich mich wohl hier auf der Bühne fühlen, wenn nachher nur eine Handvoll Besucher kommen würden, um meine Geschichte zu hören, dachte ich, als ich noch während der offiziellen Öffnungszeiten in der Cafeteria einen Cappuccino trank.

Eine Viertelstunde vor der Begrüßung rannte ich wie ein eingesperrter Tiger durch das Treppenhaus. Ich war aufgeregt wie vor meinem ersten Bundesligaspiel. Ganz ehrlich: Mir ging der Arsch dermaßen auf Grundeis, dass ich am liebsten aus dem Gebäude geflüchtet wäre, um mit meinem Auto zurück nach Berlin zu fahren. Dann wurde mein Name aufgerufen. Es war zu spät für eine Flucht.

Ich betrat den Raum – und wäre fast rückwärts wieder rausgetaumelt. Die Buchhandlung war brechend voll, sämtliche Plätze waren belegt, in den hinteren Reihen standen die Menschen, selbst die Treppen waren besetzt. Gleich mehrere Medienvertreter waren gekommen. Es war unglaublich. Nach einer kurzen Begrüßung las ich den Prolog, die Geschichte meines gescheiterten Selbstmordversuchs. Ein Ritual, dass ich bis heute bei sämtlichen Lesungen wiederhole.

Nach meinem Vortrag war es mucksmäuschenstill. In der ersten Reihe saßen zwei Frauen und weinten. Später würde ich erfahren, dass auch sie bzw. ihre Lebenspartner furchtbare Erfahrungen mit der Alkoholsucht hatten durchstehen müssen.

Bis zum heutigen Tag mache ich solche und ähnliche Erfahrungen: Dass nicht nur Fußballfans den Weg zu meinen Veranstaltungen finden oder sich mit meiner Biografie beschäftigen, sondern vor allem Suchtkranke oder Freunde und Angehörige von Suchtkranken. Es waren und sind diese Begegnungen, die mich in meinem Weg bestätigen. Dass es durchaus Sinn gemacht hat, meine bescheidene Popularität zu nutzen, um das Tabuthema Sucht in der Öffentlichkeit publik zu machen. Wie viele Fragen habe ich seit der Veröffentlichung beantwortet, wie viele Gespräche nach Veranstaltungen geführt, wie viele Telefonate, Mails und Briefe entgegengenommen, die unter die Haut gingen! Fremde Menschen, die mir ihre Geschichte erzählten. Biografien, die meiner sehr ähnelten.

Natürlich wurde ich mit der Zeit routinierter bei Lesungen, Talkshows oder Interviews. Doch wenn ich die ersten Zeilen vortrage oder ich zu den ganz harten Themen befragt werde, läuft es mir nach wie vor kalt den Rücken runter. Ich werte das als gutes Zeichen. Es zeigt mir, wie sehr ich mich von meinem Dasein als Alkoholiker entfernt habe, wie groß meine Furcht ist, irgendwann wieder an der Flasche zu hängen.

Egal, wo ich nach dem 8. Oktober 2012 auch saß, um über mein Buch zu sprechen – ich musste mich immer wieder neu überwinden. Es ist eine Sache, sich mit Hilfe eines Buches bis zur Unterhose auszuziehen und den Menschen einen intimen Einblick ins eigene Seelenleben zu geben. Aber es ist eine ganz andere Erfahrung, dies dann auch im direkten Kontakt zu tun. Und jeder, der mich in den vergangenen zwei Jahren erlebt hat, wird bestätigen können, dass ich offen und ehrlich über meine Fehler, Ängste und persönlichen Schiffbrüche berichtet habe. Die von mir im Buch erwähnte Ritterrüstung, die ich mir während meiner Zeit als aktiver Profi zum Schutz angezogen hatte und später fatalerweise vergaß, rechtzeitig abzulegen, existiert bereits seit Jahren nicht mehr. Ich brauche sie nicht mehr.

Ich bin viel stärker ohne sie.

Das ist mir in den vergangenen Monaten noch einmal sehr klar geworden: Wer offen und ehrlich über eigenes Versagen und Fehlverhalten spricht, der wächst daran und ist letztendlich stärker als jeder, der glaubt, seine Emotionen mit einem Schutzpanzer vor der Außenwelt abzuschirmen. Meine Furcht bei den ersten Veranstaltungen nach der Buch-Veröffentlichung war eher anderer Natur: Wie würden die Menschen wohl auf meine ungewöhnliche Offenheit reagieren? In der Therapie lernen die Patienten, mit dieser emotionalen Transparenz des Nächsten umzugehen. Aber in der »normalen« Öffentlichkeit? Die Reaktionen meiner Zuhörer und Interviewpartner, eine Mischung aus Dankbarkeit und Bewunderung, habe ich daher mit großer Erleichterung wahrgenommen.

Es war mir auch nach Erscheinen meiner Biografie und dem überraschenden Erfolg nie ein Anliegen, als Mahner oder Botschafter aufzutreten. Jedenfalls nicht im Sinne von »Jetzt kommt der Uli Borowka und klärt euch mal auf, wie man aus der Sucht wieder zurück ins Leben findet«. Das habe ich auf jeder Veranstaltung gesagt: Dass mein Weg vom nassen zum trockenen Alkoholiker ein ganz individueller war und sicherlich nicht als Musterbeispiel dient. Aber ich hoffe, dass ich Süchtigen und ihren Angehörigen Mut gemacht habe. Und sei es nur der Mut zur Offenheit. Denn das ist, gerade in Deutschland, wo die Alkoholsucht solch ein Tabuthema ist, eines der schwierigsten Dinge für Alkoholiker: Sich selbst und schließlich anderen gegenüber offen zu sein. In den Spiegel zu sehen und sich einzugestehen: Verdammt, du bist krank! Du brauchst Hilfe!

Eigentlich ist die Alkoholsucht ja eine anerkannte Krankheit. Es ist nur scheiße, wenn gerade du sie hast.

Noch heute muss ich mich auf Partys dafür rechtfertigen, dass ich keinen Alkohol trinke. Muss sich ein Magen-Darm-Patient erklären, wenn er Schonkost bestellt?

»Lieber Uli, ich war selber mal ein Fußballtalent und wurde von der E-Jugend bis zur ersten Mannschaft gefördert. In meiner Karriere gab es nur einen Gegner, der schnelle und trickreicher war als ich: Der gute Freund Alkohol! Ich denke oft an diese Jahre zurück und was aus mir hätte werden können, wenn da nicht immer wieder dieser scheiß Kasten Bier gewesen wäre. Im Gegensatz zu Dir bin ich kein trockener Alkoholiker, aber Dein Buch gibt mir Kraft! Fußball ist und bleibt das Geilste der Welt und ich wünsche mir, dass ich irgendwann einmal diesen Alkohol besiegen kann …« Ansgar, 2. Februar 2013

Es hat mich wirklich überrascht, wie sehr sich die Menschen für meine Biografie nicht als Fußballer, sondern als Alkoholiker interessieren. Selbst auf Veranstaltungen im Werder-Land, wo ich eigentlich mit Fachfragen rund um meine Zeit beim SVW gerechnet hatte, ging es bei 90 Prozent der Fragen aus dem Publikum um mein Leben an der Flasche bzw. um meinen Kampf gegen die Sucht. Die Fragen ähnelten sich zum Teil auffälliger Weise: Was ist Co-Abhängigkeit? Wann kann ich helfen? Wie kann ich helfen? Es gab mutige Menschen, die während der Lesungen aufstanden und sich als Alkoholiker zu erkennen gaben. Viele teilweise verzweifelte Angehörige von Suchtkranken, die mich um Rat fragten. Das machte mir eines klar: Wir leben in einer kranken Gesellschaft. Und das im doppeltem Sinne. Es gibt nahezu keine Familie oder keinen Freundeskreis, ohne einen Problemfall in Sachen Sucht. Und gleichzeitig scheint die deutsche Öffentlichkeit ein großes Problem damit zu haben, fair und angemessen über dieses Thema zu sprechen.

Selbstverständlich habe ich das in der jüngeren Vergangenheit ebenfalls zu spüren bekommen. Ganz extrem war es nach meinen kritischen Äußerungen während der Trainerdiskussion um Thomas Schaaf im Frühjahr 2013. Ich fand damals, dass mein ehemaliger Mitspieler nicht mehr geeignet war, Werder aus der Misere zu führen – all seiner großartigen Verdienste zum Trotz. Viele Werder-Anhänger nahmen mir das übel. Einige schossen dabei über das Ziel hinaus. Mein Postfach war voll von Nachrichten wie: »Was weißt denn du schon, du dreckiger Alkoholiker?«. Das fand ich bemerkenswert. Und es machte mir wieder einmal deutlich, wie wenig die Alkoholkrankheit wirklich als solche akzeptiert wird. Niemand würde doch auf die Idee kommen und schreiben: »Was weißt denn du schon, du dreckiger Krebspatient?« Oder?

Ich habe in all den Monaten nach Erscheinen meiner Biografie unglaublich viele Erfahrungen gemacht. Ich habe so viele Menschen mit ihren unterschiedlichsten Geschichten kennengelernt. Sie alle haben mich berührt. Manche davon sind mir besonders unter die Haut gegangen. Wie mein Besuch in meiner ehemaligen Entzugsklinik in Bad Fredeburg. Nach zwölfeinhalb Jahren fuhr ich das erste Mal wieder den Berg zur Klinik hoch. Am liebsten wäre ich sofort wieder abgehauen. Die Lesung vor rund 300 Menschen in der Turnhalle, die meisten von ihnen Suchtpatienten, bewies mir, dass das eine sehr dumme Idee gewesen wäre. Es war ein unglaubliches Gefühl, nach so vielen Jahren wieder an den Ort zurückzukommen, wo ich einst als versoffenes halbtotes Bündel eingeliefert worden war. Die vielen Gleichgesinnten in der Turnhalle gaben mir Kraft. Ich hoffe, auch ich habe ihnen an diesem Abend etwas geben können. Als ich Bad Fredeburg wieder verließ, wusste ich, dass ich erneut ein wichtiges Kapitel in meiner Resozialisierung abgeschlossen hatte.

Und dann war da noch dieser 18-jährige Junge, der während einer meiner Lesungen bitterlich anfing zu weinen. Es war herzzerreißend, ihn so zu sehen. Nach der Veranstaltung kam er zu mir. Er weinte immer noch. Inzwischen hatte ich erfahren, dass sein Vater schwer alkoholkrank war und jämmerlich an seiner Sucht zu Grunde ging. Mit tränenerstickter Stimme fragte er mich etwas, das ich nie im Leben vergessen werde: »Herr Borowka, können sie mir sagen, ob mich mein Papa lieb hatte?«

Ich war einfach nicht in der Lage, ihm eine vernünftige Antwort zu geben. Aber ich sagte: »Ja, ganz bestimmt.« Schon alleine deshalb, weil ich wusste, dass ich meine Kinder die ganzen Jahre lieb hatte.

Dass ich den Kontakt zu meinen Kindern Irina und Tomek aus erster Ehe verloren hatte, war mit Abstand der schlimmste Verlust, den ich während meiner Jahre als nasser Alkoholiker produziert hatte. Was ich meinen Kindern für ein Vater gewesen war, hat man diesem Buch ja entnehmen können. In den Jahren nach meinem Entzug suchte ich verstärkt den Kontakt zu beiden, doch inzwischen war so viel kaputt gegangen, dass ein Wiederaufbau unserer Beziehungen unmöglich erschien. Immer, wenn ich es mal wieder versuchte, stieß ich auf Ablehnung, Trauer und Wut. Absolut verständliche Reaktionen, doch tief im Inneren hoffte ich, dass ich irgendwann mal die Chance bekommen würde, meinen Kindern wieder ein Vater zu sein. Vielleicht war mein Buch ja dienlich, um bei Irina und Tomek zumindest das Interesse an einer Beziehung zu wecken.

»Lieber Herr Borowka, ich habe Ihren Auftritt bei ›Markus Lanz‹ gesehen und habe ihnen, wie so viele andere Zuschauer sicherlich auch, interessiert zugehört. Ich bin Tochter eines Alkoholikers, der vor vier Wochen im Alter von 62 Jahren

an Leberzirrhose gestorben ist. Auch mein Vater hatte alles verloren: Job, Haus, Familie und einige kurze Entzüge hinter sich. Nun hatte er gerade seine Rente durch und ich dachte, dass er sein Leben wieder einigermaßen im Griff hat. Leider hatte ich falsch gedacht. Ich wünsche keinem solch einen Leidensweg und ich bin mir sicher, dass viele Alkoholiker keinen Tropfen mehr trinken würden, wenn sie sähen, was das für Folgen haben kann! Ich hoffe sehr, dass Sie mit Ihrem Buch viele Menschen erreichen und der ein oder andere Alkoholiker durch Sie motiviert wird und Sie Ihre Bekanntheit nutzen, um auf das Thema aufmerksam zu machen.«
Sandra, 14. März 2013

Wie sehr ich mich von meinem Fleisch und Blut entfernt hatte, wurde mir schmerzhaft bewusst, als mich mein ehemaliger Mitspieler und Freund Günter Hermann darauf aufmerksam machte, dass meine Tochter in der Zwischenzeit geheiratet hatte. An dem Tag, an dem ich eigentlich meine Tochter zum Altar hätte führen sollen, saß ich viele hundert Kilometer entfernt auf meiner Couch und ahnte nicht mal was da gerade zeitgleich passierte. Einige Tage später sah ich ihr Hochzeitsfoto bei Facebook.

Im Mai 2013 telefonierte ich das erste Mal mit meinem neuen Schwiegersohn. Bereits nach zwei Minuten lagen wir uns in den Haaren. Er machte mir Vorwürfe, ich versuchte, mich zu verteidigen. Schließlich griff sich Claudia den Hörer und sagte: »So macht das doch alles keinen Sinn. Lasst uns ein Treffen vereinbaren und die Dinge persönlich besprechen.«

Drei Tage später stand ich vor der Tür meiner Tochter und drückte mit klopfenden Herzen den Klingelknopf. Ich hatte Angst vor dieser Begegnung, die ich so sehr herbeigesehnt hatte. Zehn Jahre lang hatte ich Irina nicht gesehen. Die Tür wurde geöffnet und mich begrüßte eine äußerst attraktive erwachsene Frau. Meine Tochter.

Während Claudia mit meinem Schwiegersohn einen Spaziergang machte, saßen wir in ihrem Wohnzimmer – und redeten. Sie hatte das Buch gelesen, einige Mosaiksteinchen in ihrem Bild von mir und unserer gemeinsamen Vergangenheit fehlten ihr aber noch. Also stellte sie mir viele Fragen. Und ich antwortete. Ich vermied es, reumütig zu Kreuze zu kriechen. Ich bedauerte mein Verhalten zutiefst, sagte ihr aber auch, dass ich die Dinge aus der Vergangenheit nicht mehr ungeschehen machen könne, nun aber versuchen wolle, mit all meiner Kraft ein vertrauensvolles Vater-Tochter-Verhältnis aufzubauen. Und mir fielen LKW-Ladungen Steine vom Herzen, als mir Irina zu verstehen gab, dass auch ihr sehr daran gelegen sei. »Weißt du, was ich möchte?«, fragte sie mich. »Ich möchte meinen Papa wiederhaben.«

Nach vier Stunden verabschiedeten wir uns wieder voneinander. Ich fuhr mit einem guten Gefühl nach Hause. Ein erster Schritt in die richtige Richtung. Bereits 4 Monate später besuchte uns Irina mit ihrem Mann in Berlin und lernte das erste Mal ihre Halbschwester Melina kennen. Man kann sich vorstellen, was für ein unglaubliches Gefühl mich durchströmte, als ich meine beiden Töchter gemeinsam bei uns im Garten lachen sah. Das Weihnachtsfest 2013 feierten wir gemeinsam bei meiner Mutter. Und heute kann ich voller Stolz sagen, dass ich meiner erwachsenen Tochter wieder ein Vater sein darf.

Mit meinem Sohn gestaltete sich die Kontaktaufnahme deutlich schwieriger. Bei den wenigen Treffen oder Telefonaten, die wir in den vergangenen Jahren hatten, war immer viel böses Blut geflossen. Nach der Veröffentlichung meines Buches versuchte ich es wieder. Ich schrieb Mails, ich schrieb Nachrichten – doch all diese Versuche blieben unerwidert. Endlich, im Januar 2014, schrieb er: »Danke für Eure Nachrichten in der letzten Zeit. Ich melde mich, wenn ich so weit bin.« Zwei Stunden später telefonierten wir. Zum Osterfest kam er uns mit seiner Freundin für vier Tage in Berlin besuchen. Bis heute telefonieren wir regelmäßig oder schreiben uns. Ich darf wieder Anteil am Leben meines Sohnes nehmen.

Dass ich heute wieder ein Vertrauensverhältnis zu meinen beiden älteren Kindern haben kann, ist wahrlich das Beste, was mir je im Leben passiert ist. Ich hatte die Hoffnung daran eigentlich schon aufgegeben. Jetzt hoffe ich, dass meine Kinder sehen können, dass ihr Vater sein Leben wieder im Griff hat. Dass er da ist, wenn sie ihn brauchen. Dass er ihr Papa ist und das bis zum Ende seines Lebens auch bleiben wird.

EPILOG

Gute Fußballer werden mit dem Alter immer wichtiger. Sie nutzen die über viele Jahre gesammelte Erfahrung und Routine, um ihrer Mannschaft weiterzuhelfen oder nachrückenden Talenten den Weg zu einer Karriere zu ebnen. Wie ich mich diesbezüglich während meiner Laufbahn als Profifußballer verhalten habe, müssen andere beurteilen. Ich habe inzwischen ein anderes Themenfeld gefunden, in dem ich meine Erfahrungen sinnvoll einsetzen möchte.

Die Idee – als Folge meines Entzugs, der Rückkehr ins Leben und meiner Biografie – einen Suchthilfe-Verein zu gründen, kam Claudia und mir bereits einige Monate nach Erscheinen des Buches im Herbst 2012. Dass mich Betroffene als mögliche Bezugsperson akzeptierten, hatte ich bereits nach der Veröffentlichung meines ausführlichen Interviews in 11 FREUNDE im Mai 2011 erfahren. Bereits in den ersten Tagen danach meldeten sich verschiedene Leistungssportler bei mir und berichteten mir von ihren Problemen. Vermutlich eigne ich mich deshalb so gut als Vertrauensperson für Sportler, weil ich selber mal einer gewesen bin. Diese Männer und Frauen würden sich niemals mit ihren Süchten und Sorgen an ihren Verein oder einen Verband wenden. Zu groß ist die Angst, dass ihnen diese Offenheit die Karriere verbauen könnte. Und in den allermeisten Fällen glaube ich auch, dass das passieren würde.

Ich wusste zunächst nicht, wie ich mich angemessen verhalten sollte, wenn mir wildfremde Menschen das Herz ausschütteten. Ich hatte und habe keine therapeutische Erfahrung und würde mir als Laie auch niemals das Recht herausnehmen, Ratschläge oder Maßnahmen zu erteilen, die einer Person vom Fach vorbehalten sind. Aber ich höre zu und die Menschen reden. Das ist schon mal ein erster und sehr wichtiger Schritt. Anschließend verweise ich meine Gesprächspartner an professionelle Einrichtungen und unterstütze sie dabei, auch diesen Schritt zu tun. Im Idealfall bekommen sie tatsächlich die Kurve. Ich hatte Erfolgserlebnisse, die mich darin bestärken, das Richtige zu tun. Da war der Profifußballer, der der Spielsucht verfallen und drauf und dran war, sein Leben in die Katastrophe zu führen. Seine Familie hatte sich bereits von ihm abgewendet, sein Stammplatz war verloren, die Karriere hing am seidenen Faden. Und nicht nur das. Ich sagte ihm wortwörtlich: »Ich habe keine Lust, in sechs Monaten Blumen auf Dein Grab zu legen. Aber wenn Du so weiter machst, wird das genau der Weg sein.« Viele Monate später sah ich ihn im Fernsehen. Er hatte seine Mannschaft als Stammspieler zu einem wichtigen Sieg geführt und dabei sogar ein Tor geschossen. Wie er da stand beim Interview, so voller Energie und Lebensfreude, da wusste ich, dass er die Kurve bekommen hatte. Als ich den Fernseher wieder ausmachte, hatte ich Tränen in den Augen.

»Lieber Uli, als Betroffener kann ich nur sagen, dass Sie den Nagel auf den Kopf getroffen haben. Sie haben so geschrieben, wie es wirklich ist, wie man sich fühlt, wie lange man versucht, sein Lügengebilde aufrecht zu erhalten – bis es mit einem lauten Knall in sich zusammensackt. Ich habe es auch geschafft, trocken zu werden und habe meine Lebensqualität wieder. Ich bin stolz auf mich und ich hoffe, dass Sie mit Ihrem

Buch dazu beitragen, dass man trockene Alkoholiker nicht abstempelt und schief ansieht. Wir haben es geschafft und das ist die Hauptsache. Bleiben Sie trocken und glücklich.«
Heidi, 6. Januar 2014

Nach Erscheinen meines Buches verstärkten sich solche und ähnliche Hilferufe rapide. Gemeinsam mit Claudia versuchte ich mich als Ansprechpartner und als Vermittler. Uns wurde bald klar, dass wir noch mehr machen wollten, als diesen ehrenamtlichen Telefondienst. Unser Plan sah die Gründung einer eigenen Stiftung vor, doch dafür braucht man in Deutschland viele tausend Euro. Geld, dass wir nicht hatten. Ich wendete mich an den DFB, bekanntermaßen der größte und vermutlich auch einflussreichste Sportverband der Welt. Nach einigem Hickhack bekam ich im Februar 2013 die Chance, mit einem hochrangigen Funktionär über meine Pläne zu sprechen. Es war ein gutes Gespräch, der DFB erschien durchaus zu erkennen, dass in dieser Hinsicht noch eine ganze Menge zu tun war. Doch wenige Monate später bekam ich eine Absage. Kernaussage: Wir sehen keinen Bedarf einer finanziellen Unterstützung.

Ich habe es auf Lesungen und in Interviews immer wieder gesagt und möchte es auch hier betonen: Für mich kommt dieses Verhalten einer Art unterlassener Hilfeleistung gleich. Ich behaupte sogar, dass gerade der Profisport jedwede Unterstützung gebrauchen kann, wenn es um das Problemfeld Sucht geht! Ist die deutsche Gesellschaft schon weit entfernt, ein gesundes, tolerantes und hilfsbereites Verhältnis zu Suchtkrankheiten zu haben, so ist es der Leistungssport erst recht.

Geld, um eine eigene Stiftung ins Leben zu rufen, war also nicht vorhanden. Deshalb gründeten wir den gemeinnützigen Verein »Uli Borowka Suchtprävention und Suchthilfe e. V.«.

Unsere Ziele lauten: Beratung und Betreuung von Suchtkranken und suchtgefährdeten Leistungssportlern, Präventionsarbeit durch den Aufbau und Erhalt von suchtpräventiven Strukturen, speziell in Sportvereinen und Fanclubs, sowie die aktive Unterstützung von Kindern aus suchtkranken Familien bei der Integration in Sportvereinen. In ersten Projekten, sei es bei einem mehrtägigen Lese- und Kunstprojekt in der Jugendarrestanstalt Berlin oder verschiedenen Veranstaltungen mit Sportvereinen und Fanclubs, haben wir unsere Idee bereits öffentlich machen können. Wer mehr über unseren Verein wissen oder uns unterstützen möchte, dem sei der Besuch unserer Homepage verein.uli-borowka.de empfohlen.

Bis heute habe ich den Schritt der Vereinsgründung nicht bereut. Ich habe das gute Gefühl, meine Vergangenheit als Profisportler und Alkoholiker für etwas Sinnvolles und Nachhaltiges zu nutzen. Es ist eine neue Aufgabe in meinem Leben, und wie jede andere Herausforderung nehme ich auch diese mit vollem Ehrgeiz an. Im Auftrag des Vereins bin ich überall unterwegs, um neue Förderer und Unterstützer zu akquirieren. Ich lese und diskutiere bei Fanclubs, in Sportkneipen oder Jugendgefängnissen. Ich spreche mit Kindern, Jugendlichen, Eltern. Mit Betroffenen, Angehörigen von Betroffenen oder Menschen, die sich für die Thematik interessieren. Mit Politikern, Funktionären, Therapeuten und Wissenschaftlern. Es ist mir eine Freude zu erkennen, dass meine Stimme Gehör findet und die verschiedensten Menschen erreicht. Selbstverständlich wäre das ohne die Arbeit meiner Mitstreiter im Verein und ganz besonders meiner wunderbaren Frau Claudia wertlos. Claudia habe ich sämtliche Erfolge meiner jüngeren Vergangenheit zu verdanken. Wo ich ohne sie heute stünde, darüber möchte ich lieber nicht nachdenken.

»Danke für das Buch! Ich arbeite als Therapeut und helfe bereits seit 1999 alkoholkranken Menschen. Vorbildwirkung ist nach wie vor erforderlich, da niemand je alkoholkrank werden wollte. Es ist erfrischend, wie Sie in die Offensive gehen, seien Sie weiterhin so erfolgreich auf der Hut. Wir können nur

hoffen, dass die Wiesentrinker, Karnevalisten und Komasäufer Ihr Buch lesen und vorsichtiger und verantwortungsvoller mit dem Alkohol umgehen.« Arne, 25. September 2013

Viele Menschen haben mich bereits gefragt: Warum tust du dir das an? Warum steckst du so viel Energie in dieses so vertrackte Themenfeld, wenn du doch selbst mit Müh und Not der Sucht entkommen bist? Nun, vermutlich hat es auch damit zu tun, dass ich mir mit der Aufgabe, anderen Menschen zu helfen, auch selber helfe. Ich habe nach dem Entzug nie eine Suchtgruppe besucht. Das ist kein Erfolgskonzept, sondern war mein ganz persönlicher Weg. Jeder Suchtpatient muss die für sich richtigen Entscheidungen treffen. Ich weiß heute, dass die Arbeit für den Verein eine Art Ersatz-Therapie für mich ist. Weil ich mich täglich damit befasse, lerne ich dazu, lerne mich noch besser kennen – und verkleinere die Chance, dass ich jemals wieder zur Flasche greife.

Seit die erste Ausgabe von »Volle Pulle« über den Ladentisch gewandert ist, hat sich eine Menge getan. Ich habe viele wichtige Erfolge in meinem Leben feiern können: Das neue Vertrauensverhältnis zu meinen Kindern, das Feedback meiner Leser und Fans, die Gründung des Vereins. Ich habe Englands Fußballikone Tony Adams treffen dürfen und mit ihm über seine Arbeit als trockener Alkoholiker und Initiator einer eigenen Stiftung gesprochen. Ich habe vielen Menschen helfen können, auf welche Art auch immer.

Aber wie das so ist im Leben: Es sind die Rückschläge und Niederlagen, die einen klüger machen, aus denen man lernen kann und die einen motivieren, immer weiter zu machen. Da war dieser Mann, mit dem ich in Kontakt stand. Auch er war krank und hatte schon sehr Vieles in seinem Leben verloren und kaputtgemacht. Doch mit jeder Nachricht gewann ich an Hoffnung, dass ich ihm aus dem Schlamassel würde helfen können.

Dann las ich eines Abends kurz vor dem schlafen: »Es hilft

alles nichts!!! Ich gehe jetzt zum Bahnhof und schmeiße mich vor den Zug …«

Ich sagte zu Claudia: »Den haben wir verloren.«

Drei Tage später sah ich ihn Gott sei Dank bei Facebook wieder.

Ich bin mir bewusst, dass ich nicht jedem Suchtkranken Mut machen oder helfen kann.

Aber versuchen will ich es.

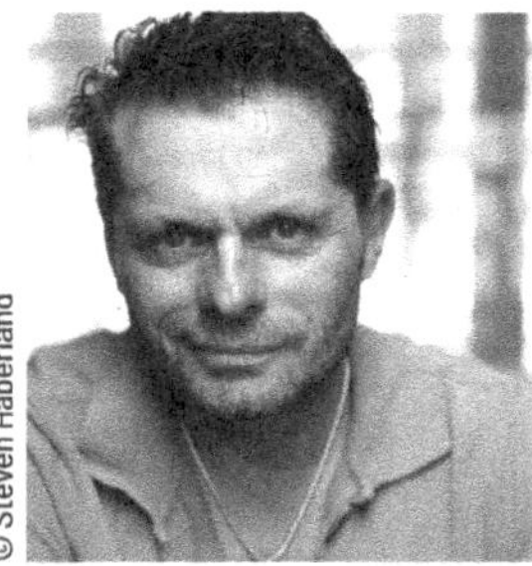

© Steven Haberland

ZUM AUTOR

Uli Borowka, 1962 in Menden im Sauerland geboren, begann seine Fußballkarriere unter Jupp Heynckes bei Borussia Mönchengladbach. Mit Werder Bremen (1987–1996) unter Otto Rehagel wurde er mehrfach Deutscher Meister, Pokal- und Europapokalsieger. Der 6-fache Nationalspieler kämpfte damals mit Alkoholproblemen. Nach erfolgreicher Therapie engagiert er sich heute in der Suchtprävention.

IMPRESSUM

Projektkoordination: *Dr. Marten Brandt*
Layout, Herstellung, Satz und Umschlaggestaltung: *Groothuis. Gesellschaft der Ideen und Passionen mbH | www.groothuis.de*
Umschlagabbildung: *Steven Haberland, Hamburg | www.stevenhaberland.com*
Lithografie: *Frische Grafik, Hamburg*
Druck & Bindung: *GGP Media GmbH, Pößneck*

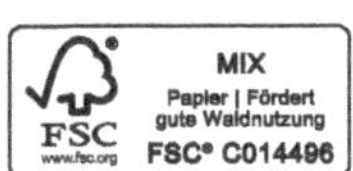

2. Auflage 2024
© 2012 Edel Verlagsgruppe GmbH
Neumühlen 17
D-22763 Hamburg
ISBN: 978-3-98588-008-9

LIEBE LESERINNEN, LIEBE LESER

wie schön, dass Sie ein Buch von EDEL SPORTS lesen! Wir lieben große Geschichten, herausragende Persönlichkeiten und starke Meinungen aus der faszinierenden Welt des Sports und freuen uns sehr, dass Sie diese Leidenschaft mit uns teilen. Sport ist Emotion, Entertainment und Business zugleich. Geben Sie uns gern Ihr Feedback auf Instagram (@edel.sports) oder schreiben uns an: *info@edelsports.com*

UNSER VERLAGSHAUS

Mit Standorten in Hamburg und München zählt die Edel Verlagsgruppe zu den größten unabhängigen Buchanbietern Deutschlands. Zur Gruppe gehören die Verlage Dr. Oetker Verlag, Edel Sports, KARIBU und ZS.

EDEL Sports – Ein Verlag der Edel Verlagsgruppe
www.edelsports.com
www.instagram.com/edel.sports